GROSSE HEILIGE

偉大な聖者たち

ヴァルター・ニック Walter Nigg

石井 良〔訳〕 Ryo Ishii

春秋社

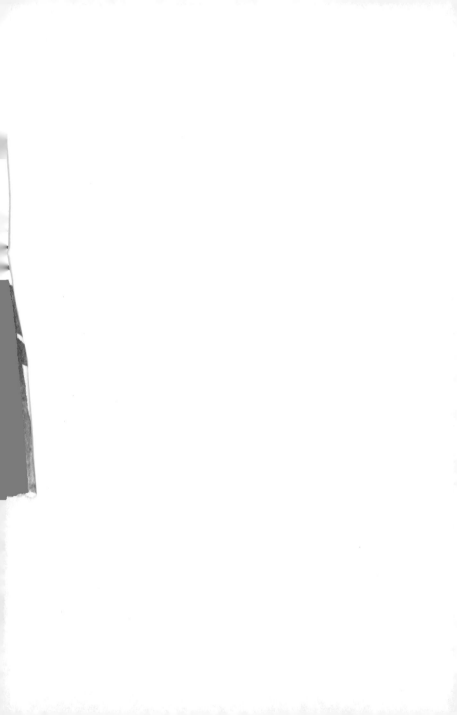

目次

偉大な聖者たち
(1182-1873)

序説
聖者という現象

1
中世のキリストの象徴
アッシジのフランシスコ
(1182-1226)

2
フランスの天使
ジャンヌ・ダルク
(1412-1431)

3
スイスのスタレツ
フリューエのニークラウス
(1417-1487)

4
セラフィムの炎
ジェノヴァのカタリナ
(1447-1510)

5
神との対話
アヴィラのテレサ
(1515-1582)

6
神秘主義の詩人
十字架のヨハネ
(1542-1591)

7
奇蹟の漁り
フランシスコ・サレジオ
(1567-1622)

8
カリスマに恵まれた痴れ者
コペルティーノのジュセッペ
(1603-1663)

9
プロテスタンティズムの聖者
ゲルハルト・テルステーゲン
(1697-1769)

10
照明を受けた痴れ者
アルスの司祭 ヴィアンネ
(1786-1859)

11
神的な微笑
リジューのテレーズ
(1873-1897)

訳者あとがき／ W・ニックの紹介
聖者伝の現代的な意義

序説

聖者という現象

聖者に出会うと、未知の世界が開けてくる。さまざまな新たな次元に限りない驚きを覚える。聖者の偉大さを語るには、人間の言語では不十分である。神的な要因との直接の関係、深い宗教的な叡智、魂の深遠な理解の点で、聖者は、精神史上、ほとんど類例のない存在である。その尋常でない生の点では、王侯や哲学者をもしのいでいる。聖者には、別の法則、別の基準が必要である。彼らの生は、地上の空間で演じられるとしても、他のあらゆる次元と交わる次元上に位置している。聖者に出会う場合、人は予期せぬ驚きを体験する。聖者は、まだ神秘的世界感情を分け持ち、現象世界の背後の存在を感じ取る感覚をそなえている。そのような聖者たちに近づくには、新たな現実を体験する心構えが必要だ。だが、この新たな現実は、通常の現実と合致するものではなく、したがって、通常の現実に則って判断してはならない。

聖者の隠れた生についての内的な知識に恵まれた人間は、つねに大きな畏敬の念を抱いて聖者を語ってきた。パスカルは、彼の悲劇的な生涯の晩年になって聖者の世界に近づいたが、その時、彼の内部に目覚めていたのは次のような認識だった。「聖者は、独自の国をもち、彼らの輝きを、彼らの勝利を、彼らの栄光をそなえている。彼らは地上的な偉大さも精神的な偉大さも必要としない。聖者は、偉大さなどとは何の関係もない。偉大だからといって、聖者は何かを得るわけでも奪われるわけでもないからだ。彼らは神と天使に見守られているが、肉体や悪霊からは気づかれていない。神は彼らに満足している」(『パンセ断章793』)。

自ら神の炎の中に立っていたパスカルによれば、聖者は、彼ら独自の存在の秩序を形成しているが、この秩序は他の秩序とは異なり、その宗教的構造を認識するには超自然的な照明なしには不可能だと言う。聖者の神秘を直観的な感受性によって認識していたのは、『パンセ』の作者一人ではない。力の哲学に幻惑される以前のニーチェにも、次のような認識があった。「自然は、詮ずるところ、聖者を必要とする。なぜなら、自我は聖者に接することで消失し、聖者の受苦の生が、もはや個人的なものとは感じられず、生きとし生けるものすべてに極めて深い同感、共感、一体感をもつものと感じられるからである。また、聖者を通じて、生成の作用が及ばない変化の奇蹟、究極にして最高の受肉の奇蹟が現れ、救いを求めるすべての自然がその奇蹟に群がり、追い求める」。宗教的な価値を本能的に感受していたニーチェは、聖者が脱魂状態の存在であることを予感していた。聖者には、灼熱の溶岩流が未だ灰色の溶岩に硬化する前の様相が見られるのだ。ニーチェが、聖者を芸術家や賢者と一緒に言及しているのは、そのためである。

中世には、聖者が未だ永遠との関連で描かれていたから、人びとには少なくとも聖者が別格の存在であるという観念が植え付けられていた。だが、近代にいたって、この観念は失われた。近代には、聖者について経験的に得られた知識が欠けている。聖者の姿は近代人の視野から消失し、彼らの啓蒙された意識には、聖者の輝きの僅かな光も差し込むことがなくなってしまった。聖者の世界の没落には、さまざまな原因がある。一つには、代願の対象としての聖者と、人格としての聖者の区別が不十分だったことが関係している。つまり宗教的な人間である聖者と、代願者として崇拝される聖者とが同一視されたということだ。

このことに劣らず聖者の世界に不利に働いたのは、合理主義的な思考であった。合理主義的思考は、聖者が生きていた象徴的な意味をもつ世界を理解せず、最も深遠な本質から見て超合理的な要因さえも合理主義的に理解しようとした。聖者の現実が失われたのは、聖者を理解する意識が合理主義には欠けていたからである。

近代にあって、聖者の理解をさらに阻害したのは、聖者伝の誤った書法だった。適切か否かを問うことなく、何もかもが同じ型にはめこまれた。聖者は、この真実にもとる潤色で生命を失い、近代人の意識には疑わしい存在となった。聖者の圧倒的な偉大さが、実際にそれに相応する語り口で語られたのは、近代では例外にすぎない。

前述の理由のどれが、聖者の世界を徐々に退色させた主原因かは別にして、いずれにしても、それによって、キリスト教が貧困化したことに議論の余地はない。キリスト教は、聖者の世界の崩壊によって重大な損失を被り、埋め合わせることができなかった。聖者の世界が黄昏《たそがれ》る過程は、比べるもののない悲運の過程と言わなければならない。キリスト教は、そのために、最も卓越した代表者たちについての知識を失った。食物に力を与える塩を失ったのだ。教会史の魅力は、人間の矮小な面や弱点を克服し、福音を大胆に主張し、聖なる狂気に捉えられた聖者が存在したことで保たれてきた。それらの燃えるような人物たちが、人びとに知られなくなれば、キリスト教全体が衰亡せざるを得ないだろう。キリスト教は、それによって、破滅的な傷を受け、どんな事情があっても放棄することが許されない要素を失うことになった。

聖者を捨て去ることは、それほど禍多いことなのだ。聖者は、最も重要なキリスト教的在り様の一つだからである。このことは、どんなに強調してもしすぎることはない。こう言ったからと言って、聖者が一般的な宗教史上の現象でもあることを否定するつもりはない。重要な点は、聖者の存在をキリスト教の特徴の一つと見る観点であり、この観点を、単なる宗派次元の事柄にしてしまってはならない。これまでキリスト教内部では、カトリック教会が聖者を生む最も実り豊かな母体であったことは疑いない。聖者を誕生させたことは、カトリシズムの最も輝かしい業績の一つであり、このことは無条件に認めることができる。だが、聖者をもっぱら一つの宗派に所属する存在とする見方は当を得ていない。聖者は、キリスト教が分裂する以前に、古代の教会にも中世の教会にも既に存在した。東方教会にも、同じように、ラドネシュのセルギウスやサロフのセラフィムらの偉大な聖者が生まれており、ロシアの民衆に心から愛されている。残念ながら、彼らの霊的経験は文書に記録されることがなかった。聖公会でも、聖者は民衆の意識から完全には消えておらず、意味深い伝承が残されている。ヨーロッパ大陸のプロテスタンティズムにも、後述するように、聖者が完全に消えたわけではない。宗派的な観点に対しては、真正の聖者は、その偉大な魂によって、自らの宗派の埒を超えているという事実を指摘せねばならない。ゼバスティアン・バッハは、その音楽でルター派の枠を遥かに超え、プロテスタント以外の人びとの心を掴むことができた。真の聖者は、当該宗派に理解されるだけでなく、全キリスト教徒から理解される。このことを強調するのは、聖者を所属する教会の土壌から引き抜くためではなく、彼らの帰属する眼に見える教会が、眼に見えない教会の円蓋に包み込まれていることを示すためである。キリスト教的現象である聖者の真理については、すでに使徒の信仰告白（使徒信経）に「聖者の共同体」（諸聖人の通功）という言葉で語られている。偉大な福音の信仰者として、聖者は、あらゆるキリスト教徒に関係がある。彼らは、新たな宗教意識から失われてはならない隠れたキリスト教を代表しているからである。

この真理を見誤ることでキリスト教が受けた重い傷は、聖者の世界を新たに呼び起こすことで以外は癒すことはできない。今日のキリスト教徒は、聖者との交わりが計り知れない内的な豊かさを生むことを、改めて意識せねばならない。聖者を盲目的に無視する傾向には、すでに十九世紀に自由思想の教会史家カール・ハーゼが異論を唱え、プロテスタント教会に「遠慮することなく中世の聖者を受け入れるよう」(『アッシジのフランシスコ』一八五六)勧告している。エルンスト・トレルチも「アウグスティヌス、偉大な聖者たち、神秘家たち、とりわけ宗教改革者たちを、キリスト教本来の基本的な力の刷新者、継承者」(『信仰論』一九二五)と見なしている。もちろん、勧めるだけではない。ヘルマン・クッターによれば、「少なくとも文言から見ると、われわれの言葉とほとんど変わらぬ言葉を、しばしば口にしていた聖者たちの隠されたカトリシズム」(『苦難と確信』一九二七)を、さまざまな小石の中から再び掘り出して、巨大な力を秘めた彼らの知られざる世界を現代の人間の前に押し出さねばならない、と言う。

だが、こうした努力のさいに、教会史の歩みの中で聖者の概念が変化したことに注意を促しても、ほとんど助けにはならない。原始キリスト教の時代には、キリストを信じた人間すべてが聖者とされたことに始まり、殉教という行為で抜きんでた個々のキリスト教徒を聖者とする初期カトリックの解釈を経て、中世に至り、再び聖者の概念は変更され、故人のキリスト教徒で長い列聖手続きに合格した者だけが聖者とされるようになった。こうした聖者概念の変遷の歴史を参照しても、新しい聖者の世界は見えてこない。むしろ試みなければならないのは、キリスト教的な姿形である聖者の本源的な解釈に再び迫ることであろう。

そのためには、聖者の新たな観法(Schau)が不可避的に要求される。観法という語を選んだのは、単なる概念規定では聖者は理解できないからである。聖者の真の本質は、社会学的な概念でも、宗教史的概念でも把握することはできない。聖者は観じられねばならないが、ゲーテの原植物の意味の抽象ではない。「聖者自体というものは存在しない。存在するのは個々の具体的な聖者のみである」（アルノルト・ラーデマッハー『聖者たちの心的活動』一九一六）。したがって、聖者の本質的な特徴は、一連の聖者の生きた姿形による以外には示すことはできない。だが、そのような処置の場合にも、なお多くのことが神秘的な雰囲気の中で行われ、本質的な事柄は言表されないまま残る。同じ基盤にあっても異なる形で顕現する聖者の型のすべて捉えるには、ジョルジュ・ベルナノスが暗示する次のような難しさと闘わねばならない。

「聖性は、いかなる形にも定式化できない。あるいはむしろ、あらゆる形に定式化するほかはない。聖性は、あらゆる力を包含し、かつ超えたものである。聖性は、人間のもつ至高の諸能力を、ただ一つの次元に凝集する。聖性を単に認識するだけでも、そのためには、聖性の作用形式を、その言語に絶する躍動の幾ばくかを共有する努力が必要となる」（『聖ドミニコ』一九二五）。

新たな観法によれば、聖者は、まずもって例外的人間として把握される。聖者自身は、普通の人間の中から出て来るものではなくて、神によって連れ出され、特別な召命を受けた存在である。聖者が偉大なのはそのためで、この偉大さは、他の人間の偉大さとは本質的に異なっている。それは、神以外は与えることのできない聖性の偉大さであり、人間の名誉や名声とは何の関係もない。聖性は、人に全く知られないところにも存在する。聖者は、例外的な性格だからといって、興味をひく人間のカテゴリーには属さない。その種の粗雑なカテゴリーは、聖性とは何の関係もない。聖者とは、聖なる神により聖化された尋常でない人間である。聖者を考察するさい、第一の特徴として目につくのは、選ばれた人間のもつ高貴な要因だが、同時に選ばれた人間の危険も目につく。聖者は神が特徴を与えた例外現象だとすれば、そのことは同時に、聖者を人間一般と考えてはならないことを意味してもいる。聖者だけが存在すればよいわけではない。人間の個性には、聖者では実現されない属性や可能性が備わっているからだ。

聖者の例外的な性格として、普通、倫理的な純粋性が挙げられる。伝統的な聖者伝では、主人公が若いころから美徳の標本だったように描くのが好まれる。世の誘惑に全く惑わされることがなかった人間であるかのように描かれる。倫理的要素のこうした強調は、視点の置きどころが間違っている。聖者には、自分を理想的な人間に見せかけるようなところは全くない。多くの聖者の生は、彼らも始めは罪の道を歩み、困難な闘いを経た挙句に、そこから抜け出したことを示している。コルトーナのマルゲリータの生は、キリスト教の歴史の中でのそうした贖罪の生の印象深い例の一つである。低い次元の生を克服することが、聖者の本質的特徴の一つであることは言うまでもない。傑出した人間であっても、自分の過ちを克服できなければ、聖者とは認められない。高い倫理性は、聖性と同じではない。聖者を倫理的人間と見るのは誤解である。聖者の本質は、聖性と倫理性とを明確に原理的に区別して、はじめて把握することができる。聖者が倫理的な行為と関わらねばならない場合、その要求は、つねにヒロイックな次元のものとなる。聖者は、つねに通常の倫理規定を超えたところで行動し、そこに、彼等の行動の驚異的な点が見られるのだ。彼らにとって重要なのは、倫理的な行動以上のことであり、この「以上」によって、彼らは神秘の次元に入り込むのである。

ルードルフ・オットーが、その著書『聖なるもの』の中で述べているように、聖者には宗教的な要因が、その最も深遠な本質的特性として現れる。聖者は、先ず第一に宗教的な人間として把握されねばならない。聖者にあっては、宗教的な要因が稀有の高い密度で現れる。すべてが、この内的な炎を中心として渦巻いている。聖者は、宗教的でもある人間なのではなく、宗教的のみの人間なのであり、このことが、いわば、すべてを焼き尽くす炎のような排他性を形成している。確かに、同じように宗教的なカテゴリーに組み入れねばならない他の姿形も存在する。例えば司祭、預言者、使徒、宗教改革者等。この宗教の本来的カテゴリーに、あくまで特別に重要な類型として聖者も組み入れられる。

宗教性は、どんな個人や民族にも備わる人間の最も本源的な原感情だが、実際には、それが誰にも同じように集中的に現れるとはかぎらない。宗教的原感情は、多くの人間の場合、育てる意欲に欠けるため、委縮していることが多い。これに対して聖者の場合には、宗教性が特徴的な素質である上に、この素質が、あらゆる手段で限りなく高められる。聖者とは、宗教的な天賦に恵まれた人間である。聖者の本質は、先ず一度このように定式化することができる。この定式は、もちろん宗教的な現実を非宗教的な文言で表現したものにすぎないが、「恩寵に満たされた人間」といった使い古された表現でない点が利点だろう。宗教的天賦は、聖者の場合、天才的な形を取り、人間から失われた可能性を再び蘇生させていることが少なくない。聖者の独自の才能は、科学者や技術者とは異なり、宗教性を本質とし、科学者や技術者が世界の征服を目指すのに対して、聖者は、もっぱら内的な、しかも彼岸の現実を目指す。教会史に現れる宗教人の恥ずべき代表者たちを論難して、否定的結果を得るよりも、宗教的な素質に恵まれた人間に着目するほうが有益だろう。そのような人間は、キリスト教的な創造性を備えた人間として、価値段階の最高の段階に位置させねばならず、本質的な事柄は、そのような人間から学ばねばならない。

聖者の宗教的な天賦は、完徳へのたゆまぬ努力に発揮される。イエスの山上の垂訓「汝らの天の父の全きが如く、汝らも全ったかれ」(マタイ5－48)が、聖者にとって最高の目標であり、この目標に到達することに、魂のすべての力が傾注される。聖性が揺り籠のころから与えられていた聖者も存在する。だが大多数を占めるのは、聖性が深められるまで粘り強く努力をした聖者だ。聖化は、つねに生きる上で終りのない宗教的な魂の過程である。神に選ばれた彼ら聖者の場合、最も重要な目標は、認識上重要な真理に至る努力ではなく、宗教的な完徳を実現する聖化への努力である。聖者たちは、霊的エネルギーのすべてを傾注して、この目標に到達しようとし、途轍もない心的努力を集中し、新約聖書の言葉「それ神の御旨は、汝らの聖たらんこと」（一テサロニケ4－3）を実現しようとする。人間を変えることを目的とするこの要求を、聖者は妥協の余地なく真剣に受けとめる。聖化への闘いは、彼らにあっては全生涯を通じて止むことがなく、最後に初めて神の聖性に与ることになる。完徳への彼らの努力は、決して休むことがない。絶えず自らと闘い、自らを克服しようと試み、最高の目標に近づこうとする。聖者とは、つねに内的に高められるように駆り立てられ、決して到達した境位に満足することのない人間である。聖者の生には、完成ということがない。完徳の目標が、つねに聖者を呼び続け、聖者は、日常生活に埋没している人間たちには想像できない高所にすでに到達していても、さらに高いところへ登攀するように、絶えず努力する。聖者の生に固有の例のない内的躍動は、そこから由来する。

聖者は、すべて、比喩的な意味でのゴシック様式の子供である。天空へ向かって際限ない努力を重ね、決して十分ということがないからだ。こうしたことから、聖者の生には、宗教的要因に必ず備わる力動的な性格が与えられている。聖者を特徴づけているのは、すべてを拉し去る暴風に似た推進力を聖者に与える内的在り様を希求する闘いである。聖化には種々の程度があるとしても、己の生を意識的に形成する決して止むことのない努力が見られない聖者はいない。

この止むことのない完徳への努力を、神との交わりの基盤が、罪人の義認から己の徳行に変ったと見るのは誤解である。そうした疑念は、「聖徳を追求せよ。これなくては、誰も主を見ることあたわず」（ヘブレオ書12－14）という新約聖書の要求を無駄なものにしてしまう。内的在り様を求める真正な努力で、人間が自己正当化に陥ることは決してない。聖者が真剣に完徳を求めて努力すれば、それだけ自らの至らなさが意識されるようになる。どの聖者も自分を聖者とは認めはしない。彼らは、つねに聖性が、とりわけ神の本質的な特徴であり、選ばれた者に贈られるもので、人間の思い上がった行為で得られるものではないことを知っていた。聖者には、繊細な良心のゆえに明確な罪の意識があり、その背後には卑下の意識が隠されている。至らなさを感じるのは、むしろ神の聖性に近づけば近づくほど、自らが聖性に欠けることが意識されるからである。だが、「すべての人、罪を犯したれば、神の栄光を受くるに足らず、功なくして神の恵みにより義とせらるるなり」（ローマ3－23）と言うパウロの言葉は、聖化の可能性を打ち消すものではない。罪は聖性と対立はするが、聖者は、寺院の幻視で、セラフィムによって燃えさかる炭で罪を贖われたイザヤ同様、罪の赦しを与えられた人間なのだ。

宗教的な完徳への努力の根底には、キエルケゴールが死の床で述べた目的、つまり「できるかぎり神に近づく」目的が存在する。目的は神に近づくことであって、禁欲の記録をつくることでもなければ、奇蹟を起こす力を手に入れることでもない。また、聖者の特徴である神秘的な恵みを受けることでもない。聖者は地上の生で神にできるかぎり近づくように努め、自分自身との闘いは、すべて自分が神に相応しい人間になり、安んじて神の前に立つための道程にすぎない。この神への接近ということから、自己を無にして完全に神に没入する感情と同時に、言表しがたい超地上的な至福感が育ってくる。とりわけ、この神への接近により、聖者の生には、他の場合、人間にはほとんど知覚できない意味が与えられる。聖者の生は、それによって、きわめて意味にあふれたものになるだけではなく、他の人間の生に隠されている意味をあらわにもする。

聖者の生の意味は、二つの主要な掟を実現することにある。すなわち心底より神を愛することと、己のように隣人を愛することである。神の近くにある状況が、聖者の場合、神への愛を言葉の上でしか知らない普通のキリスト教徒とは異なり、燃えるような神への愛となって現れる。この愛により聖者は聖化される。神から名状しがたいものを恵まれるからだ。どの聖者にも備わる自己犠牲的な隣人愛は、そこから生まれてくる。この二つの掟の成就に注目することで、聖者の最も核心的な努力が理解される。神への愛により、聖者は神に近づこうとするだけではなく、すでに近いところに在るのだ。神は聖者に出会い、聖者は神の現存を経験する。聖者には、とりわけ、この神の現存の体験が求められ、他の人間より神との結びつきが深い人間と見られる。このため、聖者は神から聖性の光を受け、言いようもない芳香が聖者から発せられる。聖者が人間に及ぼす抗いがたい魅力は、神の近くにある神秘から流れ出たものである。聖者に近づくほとんどすべての者が、文字通り神的な力をもつカリスマ的な雰囲気を感得する。聖者の生の記録を読んでも、神の近くにあることが感じられ、生きた聖者に会いたい気持ちが目覚まされれば、それだけ強烈に聖者が意識される。聖者の不在は、キリスト教徒にとって苦しみ以外の何ものでもないというレオン・ブロワの叫びは、聖者が常に人間に与えるこのような独特の感銘から出ていると言ってよい。

聖者の特徴である神秘性は、この神との近さに関係している。聖者は、絶えず求める人間であり、その特徴は、熱心な求めに応じて宗教的な発見がなされ、発見されたものから、さらなる求めが生まれるところにある。聖者という呼称が与えられるのは、彼らが、範例として生き、ひたすら神を目指す信仰の生を体現しているからである。彼らがキリスト教的な要因を実現していることに注目せねばならない。

彼らは「汝……すべし」という掟に捉われて生きているのではなく、イエスの福音「幸いなるかな……」（マタイ5－3以下）を体現して生きているからである。もちろん、彼らの生にも生成過程があり、多くの人間のように、その生成過程は彼等の本質理解には不可欠である。だが聖者は、生成過程の疾風怒濤の時代から抜け出して、成熟する。沸き返る過程は、神への接近によって静謐なものに代わる。聖者には、つねにゴシック的な憧憬と同時に、神の内にあるロマネスク的な静謐さが認められる。聖性のしるしが輝き始めると、完成の域に近づく。聖者の業とは、したがって、その業を完全に包含する聖者自身の生そのものなのだ。聖者は神的な存在の秩序のうちにあり、その存在の秩序が、聖者の生の定義不可能な秘密となり、その作用は、究極的には説明不能な要因にもとづいている。聖者は、光に包まれ人びとは聖者を愛するほかはない。

聖者の新たな観法の最終的な深さは、この神の使いとしての働きに着目して初めて明らかになる。聖者は、世の営みに加わっていないからといって、無用の人間ではない。聖者には、果たすべき重要な役割がある。人間社会は、長期にわたって聖者を欠くことはできない。社会は、他の成員同様、聖者を必要とする。聖者をキリスト教的な姿形と理解すれば、種々の使命が当然課せられるが、ここでは、それらすべてを明らかにすることはできない。キリスト教の枠内で、聖者に課せられる最も大きな課題に言及するにとどめなければならない。

聖者に常に負わされる役割は、範例の役割だった。聖者の生には模範としての価値が当然認められるので、神への感謝の実例と見なされ、その実例に接して信仰を強めることができるとされたのである。聖者は理想を体現した存在であり、人間にどのような手段で理想に到達できるかを示す存在でもあった。実例が存在するという事実の力は、きわめて強力である。キリスト教は、生きたキリスト者との出会いで発展するからである。キリスト教は、あらゆる時代のキリスト教の、現実に存在する範例を否定することはできない。否定すれば、己自体を否定することになる。聖者は、日常生活に埋没している人間を覚醒させ、高みを照らす強烈な光の象徴に比せられる。だからこそ聖者は、すでに、福音書の言葉を行為で示す「生きた福音書」と呼ばれたのである。『黄金説話』に含まれるような聖者暦の意味はそこにある。「人間の魂は、創世記から最後の審判まで、神と悪魔の国で象徴的に演じられている世界の大きな出来事と永久に接触し続ける」（『黄金説話』、邦訳では『黄金伝説』）。

だが、聖者の実例は、あらゆる世紀に絶えず新たな姿で現れることで、その意義が高められる。聖者の生は一度だけのものではなく、神は、あらゆる時代に聖者を通じて存在を新たに証明する。聖者は、神が時勢の変化に応じて人間に示す実例である。神は聖者を通じて自らの存在を明示すると言われるのは、そのためだ。聖者たちは、絶えずキリスト教を新たに体現し、いわばキリスト教的理念を肉化する生きた記念碑なのだ。神的な存在は、過去に現れただけで、其の後は地上から姿を消したとする見方、これは、あらゆる宗教性の死を意味する見方だが、そうした見方の誤りを、聖者の存在は、反論の余地なく証明している。キリスト教的な本質は、繰り返し体現され、人間にはどの世紀にも、その世紀の性格に応じた姿で人間に示されるのだ。実例のこの絶えざる改新によってのみ、生きた宗教的な影響が与えられる。

聖者は、例外的現象であっても、人びとの模範となる人間の現れである。聖者の生は、そのまま真似ることはできないが、当然、理想像としての価値がある。聖者との真剣な交わりは、最終的には、つねに宗教的実質の覚醒に役立つ。聖者は、交わる相手の内部に消えることのない火をともすからである。聖者によって生きた刺激が与えられ、人間は、自分の生を形成する闘いを受け入れることを促される。

新たな実例が示されることに関連して、聖者の別の役割が生まれる。この役割は、聖者の内部に入り込んで初めて明らかになる。聖者については、その言葉を中心に論じるのは間違っている。聖者は、何よりも宗教思想家として重要な存在なのではない。聖者の言葉を哲学的な内容の観点から論じるのも、誤りである。確かに聖者にも、限りなく貴重な言葉を見出すことはできる。だが、彼らが語るのは必ずしも新しい思想ではない。むしろ重要な点は、彼らの生の在り様が、宗教的な真理をどのように体現しているかという点である。彼らは、自らの生を通じて、しばしば聖書の言葉に、それまで全く知られていなかった側面から新たな照明を当て、人びとに、その真理を初めて耳にするかのような印象を与えることができる。だが聖者は、通常の見方を主張するだけではなく、神的な認識を、しかも他の人間には隠されている超地上的な要因に関連する認識を示すのだ。どの宗教的発言もそうだが、自明のことながら、聖者の発言も、神的な要因の言い換えであり、文字通りに受け取ってはならないものだ。背後に客観的な真理内容が隠されているからである。宗教の次元では、しかし、先ず第一に重要なのは、認識ではなく、魂の故郷である。聖化は魂と関係し、悟性とは関わらない。聖者のなかに多くの女性が含まれているのは、聖化が魂と関係しているからにほかならず、他の場合、教会史が、しばしば、もっぱら男性の歴史のように見えるのは、キリスト教に相応しくはない。聖女の世界が、広い範囲を占めていることは、いかに聖化が、神に接する体験をもつ宗教的な心の結果であるかを示している。こうした点からも、聖者が、自然科学者や実業家のように理性では考えないことが分かる。聖者の場合に見られるのは、心による思考であり、これこそが宗教に相応しい思考と言える。聖者の思索は、因果関係を問う合理主義的な思考とは、全く別の法則に従う比喩的な思索なのだ。

キリスト教の内的崩壊は、近代に至って人間が神を見失い、物質主義に陥ったからだけではない。宗教の問題で、比喩的思索より合理主義的思考に重きが置かれるようになったことにも原因がある。キリスト教が近代に崩壊したより深い理由を掴もうと思えば、このような禍多い成り行きに着目せねばならない。合理主義的思考の分析的手法を比喩的世界に適用すれば、解体的な作用しか及ぼさない。近代の人間に対する聖者の最大の貢献の一つは、聖者との交わりによって、埋もれた心の思索の再覚醒が可能になる点である。この思索はまた、概念による思考ではなく比喩による思考であり、対立する要因を一つに統合できない通常の論理に勝る思考でもある。心は、直観的思考によって、いわば真理を観じ、これまで全く未知の仕方で宗教的な真理に観入し、真理を内部から照明する。比喩的思考は、単なるイメージによる思考ではなく、その現実性の点で、合理主義的な立証に劣るものではない。真理の諸相を同時に包含でき、実際に宗教性の理解には唯一相応しい方法であるこの心の論理学に、ほとんど注意が向けられないのは理解しがたいことである。

この原理的に異なる二つの思考方法に注目し、その途方もない重要性を明確に理解していた最後のキリスト者が、ほかでもないパスカルであった。パスカルは言う。「人間にかかわる物事の場合、愛する前に認識せねばならないと言われる。このことが諺のようになってしまった。だが聖者は、彼らが神的な事柄を語る時には、認識するには愛さねばならないと言う。愛によってのみ真理に観入できるからである」（『大いなる心の遺産』）。

聖者には、アクチュアルな次元に通じるもう一つの役割がある。聖者は、その在り様が永久的な妥当性をもつ時代を超えた人間と呼ぶことができる。超時代的な人間であるにもかかわらず、聖者は、しばしば、虚無に転落しようとする時代に激しく抵抗する人間でもある。時として、聖者は、必要な一つのことに集中し、内的な一致を求める努力の重要性を、ただ一言で強調した。さまざまなことに気が散じる人間と異なり、聖者は、つねに本質的なことを問題にし、人間が陥る混沌とした状況を克服しようとする。ドストエフスキーが近代のニヒリズムとの闘いにさいして、聖者に助言を求めたのは偶然ではない。虚無主義者イヴァン・カラマーゾフに対して、ドストエフスキーは、意識して長老（スタレッ）ゾシマを聖者として対置し、聖者ゾシマは、カラマーゾフ一族の混迷の闇を照らす光として現れる。聖者は、あらゆる時代に何らかの形で存在するニヒリストの偉大な抵抗者なのである。永遠の、不可欠で、本源的な要因を問題視し、そうした要因の存在を否定しようとする人間に対して、聖者は、絶対的な価値を現前させる。聖者は、神の照明を受けた絶対的な人間として、破壊の悪霊に立ち向かう。聖者は、人間の腐敗について深い知識をもち、そのような人間を救うのに必要なことを承知している。聖者は、一般に思われているように、自覚もなしに無垢の生を送る存在なのではない。聖者は、人間の生の底しれぬ深みを知悉する少数の人間の一人であり、しばしば、眠った人間のなかの唯一の覚醒者なのだ。聖者は、本来的に肯定的な人間と呼ぶことができ、破壊的な傾向に抗して建設的な生を実現する。聖者は、その宗教的な立場から歩み出て、圧倒的な力で時代の破壊的な潮流に立ち向かう。宗教的に見れば、聖者は神の代理であり、悪魔の手下と生死をかけて闘う存在である。この行為が、中世にはすでに聖者の役割だった。

もちろん、この闘いが、今日でも当時と同じ形で行われていると思うのは誤りだろう。そう思うには、近代人の意識状態は、あまりにも著しく変化してしまった。現代には、破壊的な傾向を克服する新たな聖性が必要である。現代の聖者は、伝統的な図式で習慣的に考えられている姿とは全く異なる姿をしている。十九世紀のロシアの革命家たちには、近代の聖性の弱々しい萌芽が認められたが、無神論によって枯死せざるをえなかった。新しい型の聖者は、世の営みの渦の中で活動し、とりわけ社会的な窮状の苦しみにかかわることなしには在りえないだろう。求められる生の変化は、党派や世界観では実現されず、新たな姿の聖者に拠るほかはないだろう。

新たな聖者の像を描くには、新たな聖者伝が必要である。聖者の本質的な特徴について証言せねばならないからである。新たな聖者伝は、旧来の叙述を前提にはするが、決定的に異なる点は、現代の意識が叙述に取り入れられる点である。新たな聖者伝の第一の要求は、したがって、長い年月の間に聖者像に付着した煤や埃の層を取り除いて、独特の輝きをもつ原初の色調を取り戻すことである。この聖者像の修復作業は、死者の不気味な呼び出しの領域にもかかわる極めて常ならぬ作業である。聖伝作者は、この目的のために、聖者を長い時間にわたって観じ、聖者たちの尋常でない行為を常に精密に観察し、語りかけるに値すると聖者たちに思われるまで、途轍もない忍耐力をもって待つことができなければならない。聖者を生きた姿で叙述できるのは、聖者自身が聖伝作者に語りかけた場合のみである。しかも、この語りかけは、しばしば不意に行われる。聖者は、いわば聖伝作者に歩み寄って、他の場合には人間が口にすることの不可能な、他の書物には書かれていない永遠の言葉を語るにちがいない。聖者の叙述は、この体験に相応しく、通常の歴史叙述と同一視することはできない。聖者の超自然的な世界は、例えば十六世紀の金細工について記述するのとは異なり、内的な関与なしに冷静な態度で記述することはできない。聖者の叙述には、神的な要因を感じることのできる能力が要求され、この能力は、単に聖者を人間的な感情移入により理解する能力以上のものでなければならない。聖者は、宗教的に理解する以外に適切には捉えられない。宗教的な理解のみが、聖者を生んだのと同じ領域に由来するからである。宗教的な次元は宗教的な次元から以外には把握できない。他のあらゆる叙述は表面的理解に留まる。聖者の世界は、神との関連でのみ理解でき、神を無視しては決して理解できない。聖者の生を記述するのは、聖者でなければ不可能だというのは行き過ぎだとしても、宗教的次元以外の試みに、聖者が秘密を打ち明けることはない。聖者を聖性を欠く形で叙述しようとしても、あらゆる宗派のキリスト教徒に本質的な認識を仲介する新たな宗教的な理解は得られない。

聖者の理解には、何にもまして畏敬にあふれる愛が必要である。この愛はしかし、擁護のための美化や、無責任な讃美と混同してはならない。畏敬の念を抱くことで、聖者が教会史上の卓越した愛の実践者であり、あら探しをされるいわれのない存在であることが分かる。実際に愛をもって聖者に接する聖伝作者に対してのみ、聖者は秘密を開示する。この点でも、愛は、閉じた扉を開く鍵なのだ。独りの人物を真に愛するときにのみ、その人物の最も深い本質が明かされる。新しい聖伝作者は、愛のために、自らが消えがたい感銘を受けた聖者のことを、明らかな感激を抱いて描くことを恐れない。エルネスト・エローの『聖者たちの相貌』(Physiognomies des Saints)(一八七五、独訳は一九三四)やフーゴー・バルの『ビザンチンのキリスト教』(一九二三)は、聖者に対する新たな感銘の最初の徴候である。真正な聖者伝には、昂揚した調子の愛が相応しい。真正な聖者伝は、ほとんど未知の分野についての単なる材料の紹介では決してなく、常に人間の育成をも志向するものなのだ。

宗教的なリアリズムは、伝統的な聖者伝とは異なる新たな聖者伝の信条だが、こうした愛にもとづく畏敬と決して内的に矛盾しない。どのような聖者伝にも常に伴う危険は、讃美の観点から歴史的な像を変造し、聖者を非の打ちどころのない姿に描こうとすることである。だが、そうすることで、必然的に誤った理想像が描かれ、傾向的な宣伝文書という印象を与え、真実性は失なわれる。聖者の、どの行為も、どの言葉も正当化されると思うのは子供じみていよう。聖者とても人間であり、欠点がないわけではない。聖者自身、そのことを誰よりもよくわきまえている。彼らの生にさす影を拭おうとするのは、真の愛とは言えない。一人の人間に深い愛を感じても、その人間の誤った行為を不問に付すことはできない。そうした誤りに言及することは、悪意を抱いて聖者も他の人間と変わらないことを暴露するためではない。そうした単純な見方は、いずれにせよ間違っている。聖者は、普通の人間より偉大である。否定的な点の強調は、真実に対する愛と事実を尊重する意図以外から行われてはならない。とはいえ、この意図は、しばしば、聖者を特に容易ならぬ危険にさらすことにもなる。だが、厳しい闘いによって己の忌むべき特性を克服した事実のほうが、どのような誘惑にもさらされなかったとする類の、ありえない話より、聖者には栄誉となろう。アウグスティヌスは、『告白』のなかで、どんなに率直に罪との関わり合いを述べていることか。この事実に対する率直さは、新しい聖者伝も踏襲せねばならない。聖者も自分の内部の暗い力と闘わねばならならず、しかも、つねに勝利者だったわけではないことを、真実にもとづいて記述した場合にのみ、その記述が聖者の生の現実の記述となる。神的な要因を現実の外にではなく、現実のうちに見るこの宗教的リアリズムは、聖者の生特有の溢れんばかりの法悦的光との釣合いとなる重りでもあるのだ。

聖者伝に対する批判も、このリアリズムから生まれてくる。歴史学的・批判的方法の正当性は明らかだが、その真理に対する情熱が、しばしば、その担い手を悲劇的な挫折に追い込む。聖者伝の叙述の場合も、批判的方法には、聖者の周囲に繁茂している蔓植物を除去する仕事が課せられている。聖者の本質的な姿が再び現れるようにするには、絡み付いている多くの蔓を剪定せねばならない。だが聖者伝の分野では、批判的方法に一定の制限が加えられることに注意せねばならない。聖者は、抒情詩と同じで、分析的に切り刻まれれば芳香を失ってしまう。聖者には、あらゆる攻撃的論調がなじまないのと全く同じように、破壊的な分析はなじまない。この真理を考慮しなかったため、エリーザベト・ブッセ＝ウィルソンの才気豊かな著作『聖エリーザベトの生涯』は、すぐれた人間理解にもかかわらず聖者像の破壊に終わっているきわめて教訓的な実例である。批判的方法は、比喩的な世界解釈とは架橋不能な深淵で隔てられた合理主義的な思考世界に由来する。

ほとんどすべての聖者の伝承は、説話で織りなされ、信ずるに値する話と、そうでない話とが奇妙に混在している。説話と歴史を完全に分離することは、聖者の場合は不可能である。説話を、はじめから価値の低い史料として排除してはならない。説話が、聖者の生きた生活圏と同じ生活圏から出ている場合には、とくにそう言える。説話の重要性を近代に最初に再評価した一人はヘルダーだが、その功績は不朽である。説話のなかでも区別の必要はある。聖者の意味を、この上なく適確に比喩的に表現し、時には、あらゆる歴史的伝承の内的真実に、はるかに勝る説話的叙述も存在する。説話は、比喩的思考の場合、最も重要な意味をもつ。聖者の生に伝えられる多くの奇蹟にしても、原理的に同意できないというものではない。確かに、奇蹟には、潤色された虚構であることが明らかなものも多ければ、宗教的に無価値のものも少なくない。だが、その生が奇蹟の次元に達していない聖者はいないことも、同じように確かである。超自然的な出来事と無縁な聖者は、聖者ではない。聖者を説明不可能な事象なしで描くことは不可能である。詮ずるところ、奇蹟を忌避するのは、奇蹟を求めること同様に馬鹿げたことである。どちらも、現実を超えた次元に留意していない点では変りないからだ。

真正の聖伝作者は、新たな認識を得ようとする意志にあふれ、聖者を自分の世界観であれこれ突っつき回すことはしない。観じた事柄から新たな認識が得られるが、そのさいに常ならぬ道を歩まねばならない。この開かれた心のみが、人間を内的に発展させ、自我の狭い領域内に留まるのを防ぐことができる。聖者の世界には、きわめて稀な、未聞の出来事が出来するので、新たな理解を促されざるをえない。

きわめて奇異な出来事をも理解することを試み、きわめて謎めいた事象に対しても、早まって理解を断念しないようにせねばならない。聖者伝の叙述の場合に、他のどの叙述の場合よりも決定的に重要な点は、どれだけ大胆な心構えで宗教的な現実に迫ることができるか、どれだけ新たな発見の力が働くか、という点である。

実際、新たな聖者伝は、どんなに長いこと聖者と交わっていたからといって、聖者の最後的な秘密が究められるわけではない。究め尽くせぬものを残さざるを得ないのだ。聖者との交わりには終わりがない。聖者の最も深いところは、言葉では捉えられないからである。聖者について書く者は、つねにフォリーニョのアンジェラの司牧者が体験した苦痛を味わう。彼は、アンジェラが神から受けた啓示を光彩あふれる言葉で伝えたことを記録したが、記録した言葉を彼女に読んで聞かせたところ、次のような嘆きを聞くことになったからだ。

「私には、もうそのことが何も理解できません。あなたが書いている言葉には力がありません。神が言われたことは覚えてはいます。でも、とてもおぼろげです。そのことを、私がどういうふうに理解していたのかが表されていません。あなたが書き留めたのは、最低の事柄で、最上の事柄は抜け落ちています！」。これは、一見不当な判定のように見える。だが、このことは、むしろ聖者の現象が理論的には究明できないことを直感的に示している。聖者について何かを言ったとしても、すべては口ごもるような表現にならざるを得ず、最も重要なことは、つねに行間から読み取らねばならない、ということだ。聖性は、現実の人物の姿から明らかにできるにすぎず、しかも、現代人の感覚では、説話的でない人柄からのほうが、よりよく聖性を理解できる。生きた感銘を伝えるには、歴史の中に光を浴びて立つ一人の聖者を示すだけでは十分ではない。一人の聖者だけで聖性全体を体現できるものではない。むしろ、一人一人の聖者が照らし出すのは、それぞれ一つの重要な相だけである。それぞれの聖者が反映するのは、神の光の一部のみだからだ。したがって、多数の聖者の中から数人の聖者の姿形を詳細に描き、少なくとも理解のできる愛すべき像が浮かび上がるようにする必要がある。聖者たちは鐘の音のようなものである。一つ一つの鐘が、それぞれの音をもつが、すべての鐘が一緒に鳴ることで豊かな全体の鐘の音が響き渡る。人間が福音に背を向けることが次第に明らかになりつつある時代に、永遠の存在のこの楽の音に耳を傾ける必要がある。西欧の自己崩壊の暗夜に、聖者たちのキリスト教は、暗夜にさす光となろう。その光は、一人一人の人間の歩む道を照らし、彼らのうちに再び新たな聖性への渇望を目覚めさせるだろう。この渇望は、すでにミヒャエル・バウムガルテンが預言的な言葉で言いまとめている。「必要な真理を誰にも分かるように述べるには、もはや語りや書き物では十分でない時代がある。そのような時代には、聖者たちの行為と受難が、真理の秘密を新たにあらわにする新たな文字を作り出すのだ。今の時代とは、そのような時代にほかならない」(『四十五年の経験による教会問題への寄与』一八九一)。

1

中世のキリストの象徴

アッシジのフランシスコ

（一一八二―一二二六）

第一章

修道士マセオが、ある時、フランシスコの前に出て、「何で、あなたの、何で、あなたの、何で、あなたの」と訊ねた。この奇妙な問いに、フランシスコは訊ね返した。「一体、何が言いたいのだね」。マセオの答えは、こうであった。「私が聞きたいのは、なぜ世の人びとは、みな、あなたの後を追うのか、なぜ誰もかれもが、あなたを見ようとし、あなたの言うことに耳を傾け、あなたに従うのかということです。あなたは美男子でもなければ、学があるわけでもなく、貴族でもない。人びとが、あなたの後を追うとは、一体、どういうことなのですか」（フォン・タウベ編『アッシジの聖フランシスコの花冠』一九〇八）。この伝説的な出来事から始めるのは、フランシスコの秘密への問いが含まれているからである。アッシジ出のこの男は、なぜキリスト教が生んだ最大の聖者なのか。いまもなお、この人物についての問いが絶えないのは、なぜなのか。この注目すべき人物を、どう解釈すべきなのか。彼が語った言葉の新しさの本質は、どこにあるのか。そう、何であなたの後を・・・なのか。

修道士マセオの問いは、フランシスコにまつわる謎を暗に示している。フランシスコという人間には、はじめは、なじめないどころか、きわめて異様な印象を受ける。彼を先入見なしに見た場合、そうした訝《いぶか》しい思いに駆られるわけにはいかない。ふつう考えられるより、はるかに奥深い背景を思わせる彼の異様さは、合理主義的な近代人が、象徴的に考える中世の人間に覚える違和感に根があるだけではない。その異様さは、むしろ、キリスト教を極限までおしすすめたフランシスコの人格にある。トマス・アクィナスやマルティン・ルターは、どのような人間か言うことができるが、フランシスコは、どんな人間か言うことはできない。定義できない人間に属している。彼の秘密は、かろうじて予感できるだけである。その謎めいた異質な要素を強調しても、彼の偉大さを傷つけることにはならない。むしろ逆である。異様さを指摘することで、彼を計り知れない存在として捉えることが可能になる。彼の存在は、論者自身の小さな枠内へ彼を組み入れようとしたり、大胆でもあり危険でもある彼の行為に対する直覚なしに、彼を近代キリスト教に適合させようとしたところで、捉えられるものではないからだ。フランシスコ自身、その見きわめがたい謎めいた面を拭い去ろうとはしなかった。そうした面を和らげるよりは、むしろ強めさえしたのである。「彼は、自分を満たしていた天上の愛の偉大さをまったく語らなかったわけではないが、きわめて用心深く、謎めいた言葉でしか語らなかった」（チェラーノのトマス著、シュミット編『アッシジの聖フランシスコの生涯』一九一九）。フランシスコが矛盾した性格を併せもっていること自体が、すでに奇妙なことである。彼には、すべてを究極の愛で包み込むやさしい柔軟な面と同時に、おどろくほど苛酷な厳しい面がある。この二つの面を、共に強調する必要がある。二つの面が一緒になって彼の在り様を規定しているからである。一方だけを取り出して論じれば、偏った理解となる。彼の容易には理解できない人格の独自な点は、この対立的な性格が生き生きと統合されている点にある。

この謎めいた異様さは、当時の人びとも感じており、このため、彼を無言の驚きの眼で眺めていた。

この聖者の、革命的と言ってもよい出現に、彼らは、驚愕し、中世的な人間観に組み込むことができなかった。その異様さになじめなかったのだ。すでに、最初の伝記作者が、叫んでいる。「何と驚くべきことだ。今の時代に聞いたことがない。驚異の念で言葉もなく凝り固まってしまう。似たようなことを聞いた者はいまい」（トマス）。

『三人の兄弟が伝える聖フランシスコの生涯の物語』（Legenda trium sociorum）（一二四六）にも、人々がフランシスコに感じた「限りない驚き」が語られ、「いわば別の世紀の人間として彼の姿を見、彼の言葉を聞こうとして集まる」ことが記されている。この謎を解き明かせなかったにもかかわらず、「大胆きわまりないフランシスコ」には、抗しがたい魅力があった。「彼が町に入ると、聖職者たちは鐘を鳴らし、男たちは歓声をあげて喜び、女たちも彼らとともに喜び、子供たちは手を叩いてはしゃぎまわり、木の枝を折って、歌いながら彼に近づいた」（トマス）。彼の同伴者は、彼を「別の世界から来た新しい人間」と呼んでいた。十字軍の戦いのさなかに、サルタンも同じ印象を受け、フランシスコを「他のどんな男とも全く似ていない」（トマス）と評していた。ペトルス・ヨハネス・オリヴィによれば、「フランシスコは、実際、第七の封印を開く天使」であり、ダンテによれば、「世界に昇った新たな太陽」なのであった。一人の人間について、これ以上の高い評価の言葉は聞かれないだろう。

フランシスコの人格から見れば、このような異質感からの同時代人の驚きは、謎の多い彼の姿を解き明かすものではないが、近代の美的見方による無害化よりは当を得ているだろう。過去数十年の間に、『聖フランシスコの小さき花』を通じて一面的にフランシスコを捉え、この説話集の愛らしい芳香を喜ぶ傾向が生じた。フランシスコは、このために詩的な汎神論者となり、あらゆる文人たちを熱狂させた。人びとは、生きる上でのさまざまな難問を遊びながら解決できた無邪気な修道士《インマーフロー》

（"Immerfroh"）（「常に陽気」の意。フランシスコの通称）の素朴さを強調した。フランシスコは、「人間の苦しみを美しい夢で和らげる」（サバティエ）高級なワンダーフォーゲルと解釈された。とりわけ、彼の中世的な行為を意識的に無視することで、フランシスコが考えもなしに近代化されたのである。

こうした美的な解釈によって、魅惑的なフランシスコ像が描かれたのは疑いない。このフランシスコ像は、現代人の感情に媚びたものだったから、受け入れられるのに手間はかからなかった。このロマン的な姿は、一度受け入れられると容易なことでは払拭できなかった。だが、この近代的な見方が、歴史的にはまったく不当なことは明確に指摘しておかねばならない。それは優雅な誤解であって、最古の伝承に何ら根拠をもつものではない。だが、あまりにも軟弱なこうしたフランシスコ像には、この聖者自身の仮借《かしゃく》ない肉体敵視によって決定的な終止符が打たれることだろう。彼の自然に対する関係も、近代の自然観とはまったく違う前提に立っている。フランシスコの美的な解釈は、どの点から見ても誤りであり、この聖者の内部に生まれた巨大な力を無視するものだった。「何で、あなたの…」という問いに、まったく答えていないからである。

その答えは、むしろ真逆の方向にあり、フランシスコのキリストとの類似性を示唆すること以外にない。フランシスコの生を考察するには、この観点に立つほかはない。だが、こう言ったからといって『小さき花』に述べられているように、「ほとんど別のキリストとして世に救いをもたらした」ということではない。そのような見方は、フランシスコ自身が、キリストを冒瀆するものとして峻拒《しゅんきょ》したことだろう。彼自身、自分を「第二のキリスト」などと感じたこともなければ、自分を主の再来だなどと称したことも絶えてなかった。とはいえ、彼が「名状しがたく捉えがたい栄光にあふれる恍惚感」（トマス）にひたされて眼にしたキリストとの神秘的結びつきにより、彼の生はキリストの象徴となり、このため、そのような象徴の観点から以外は彼の秘密は説明不可能なものになったのだ。彼のキリストとの類似性は、きわめて大きい。フランシスコは、イエスの生の姿をよみがえらせ、そのことを、当時の人々はすでに気づいていた。キリストとの類似性は、後にピサのバルトロメオ（一三三八－一四〇一）が、その著作『主イエスの生との聖フランシスコの生の類似性について』の中で、残念ながら、きわめて図式的に扱ったために、硬直した人工的な印象を与えるにとどまった。ルターがそれに憤慨して、フランシスコを「無礼なやから」と非難したとはいえ、類似性の指摘には正しい予感が基礎になっていた。アッシジの聖者は、キリストの中世的象徴だった。彼がどのような図式にも収まりきれないのは、そのためである。

「多くの点で、彼はイエスと共通している。彼は心にイエスを抱いており、口のなかにもイエスを携行し、耳にもイエスを入れており、眼にも手にもイエスを入れ、それればかりか、あらゆる他の部分にも常にイエスを担っていた」（トマス）。

フランシスコのイエスとの親近性は、つねに確認できる。この親近性は、絶えず観察者に迫ってくる。フランシスコは、イエスにつき従う者たちに加わっていたかのように、イエスとの同時性を保っている。彼は、時をへだててイエスの近くに身を置いていたのである。グレキオで彼が祝った降誕祭は、その一例にすぎない。そのさい彼は、この福音的な出来事を生き生きと再現できたため、当時の人々は「眼の当たりに、それを見ることができた」（トマス）のである。この実際に眼で見た体験からは、誰も逃れることはできず、彼らは、フランシスコのなかにキリストの完全な写しを見たのだった。フランシスコの生がイエスの生に変貌したのである。グァルディーニによれば、「イエスを想起させることが、フランシスコの特別なカリスマ」であった。彼は、他の聖者のように、イエスを翻訳したのではなく、イエスを現前させたのである。このため、「キリストの顔そのものがフランシスコの顔から浮かび出て、キリストの表情が彼の表情から明らかになった」（リュテナウア編『完徳の鏡』）のだ。フランシスコは、二度と望まざるとにかかわらずキリストを想起する。これが、あらゆる基準を超えたフランシスコの生の最大の凌駕《りょうが》することのできない現実性をもってキリストを現前させた。フランシスコを見た者は、望むと望奇蹟である。

このキリストの象徴について学問的論文を書くことは、重要ではない。そのようなものは適切な叙述にはならないだろう。フランシスコは、キリスト教の暗い夜を照らした閃光のようなものだった。それに近づくには、内部の何かに点火する必要がある。フランシスコは、世に新たな痴れ者として在るよう召命されていると感じていた。だから彼に忠実であろうとすれば、彼の痴れ者的な愛を証言しなければならない。彼は神の吟遊詩人だったから、彼についていては、彼がとても愛していた雲雀のように歌わねばならない。そうしたことは滑稽《こっけい》で、馬鹿げたことだろうか。構わないではないか！　フランシスコがそうしたのだから。それだからこそ、彼の生には真似のできない輝きが具《そな》わり、その輝きは太陽の輝きのように捉えがたいのだ。取り出すことができるのは、彼の独特な生の個々の姿のみであり、それらの姿はすべて基本的に同じことを意味している。この謎めいたキリストの象徴は、今の時代に、どんなに遠く、また、どんなに近いことか！　この絶対的な異質性に気づいた時、一人の未知のフランシスコが浮かび上がる。その姿は、つねに現れてもいれば、覆われてもおり、闇の中にレンブラント的な光のように、突然現れては、また消えてしまう。

第二章

　フランシスコは、彼の『遺言』の自伝的な叙述を、意外な告白で始めている。「神が、私、修道士フランシスコに、贖罪の行いを、このように始めるように命じられた。私が、まだ罪のうちに生きていた時、レプラの病者を見るのはまったく苦痛だった。だが、主自ら私を彼らのなかへ連れて行かれ、私は彼らに慈愛の行いをした。それまで苦痛に思われたことが、彼らとの別れぎわには、霊や体の甘美の思いに変っていた。その後、私はまだしばらくは、ためらったが、最後には世俗から抜け出した」（ボンマン編『アッシジのフランシスコ著作集』一九四〇）。この控えめな記述の一文一文を考量する必要がある。そこには、この聖者の生から聞こえてくる、緊張に始まり内的喜びで終る基調音が鳴り響いている。

　若いころについて、「私が、まだ罪のうちに生きていた時」という厳しい言葉が述べられている。名声や栄誉を目指す冒険的な夢のことや、若いころに熱中していた高貴な騎士道精神のことなどは、まったく触れられていない。夢の話や騎士道精神についての記述は、すべて世俗に生活していた頃に不当な行いがなかったかのように、若年時を美化する意図から出たものである。真実に悖《もと》る若年時のこうした美化に対しては、チェラーノのトマスの最初の伝記を参照するのがいいだろう。それによれば、フランシスコは、「二十五歳までは、嘆かわしい行状で時間を浪費していた」のであった。青春時代に時間を浪費したとするこの最も古い伝承は、フランシスコ自身の記述と合致している。聖者自身、自分の前半生を容赦なく非難している。彼が、若いころ湯水のように金を使い、宴会にうつつを抜かしていたのか、もしくは自分の名を高めるために好戦的な計画を抱いていたのか、どちらだったかというような詮索は些細なことである。宗教的観点からすれば、どちらも同じように虚しいものであり、他者に先んじようとする放埒《ほうらつ》な野心にほかならず、悪行も暴食も虚しいことに変りはない。そうした区別は、フランシスコには、どうでもいいことだった。彼は、自分のこの時期を失われた時期と見、後悔するほかはない時期と見ていた。その時期に唯一相応しい言葉が《罪》であった。だからと言って、彼の後半生を高尚なものにするために、若い時期を貶《おとし》めることはできない。重要なことは、ありのままに真実を確認すること、言い換えるならベルナルドーネ家の息子が、平坦な道を歩いて完徳に至ったのではなく、虚しい道を歩きもしたことを確認することである。

この罪の生が、神の意表外の介入によって切断される。「神が、私、修道士フランシスコに贖罪の行いを、このように始めるように命じられた」という言葉で、フランシスコは、大きな変わり目を告白する。彼の口からのこうした表現は、決して空言ではなく、フランシスコのみが知る彼岸の力を示唆している。彼は自分の生の決定的な転換を、世俗的な理由からは理解できなかった。若きフランシスコの生活への神の明らかな介入なしには、彼の人生に起こった一切の出来事は説明できない。「神の手が彼に触れた」（トマス）ことが、通常の回心とは同列には論じられない、いまだに解明しつくされていない変化を生じさせたのである。フランシスコのキリスト教的生の開始点に、「神が、私に命じられた」という言葉を置かない者は、他の点で、いくら機知に富んだことを述べたところで、出だしを誤ることになるだろう。

分かり切ったことだが、フランシスコは典型的なイタリア人であり、枢機卿らの前でも、踊る足取りで動き回った人物である。だが、彼の生のさまざまな行為は彼の民族的な素質や、あくまで青い空のウンブリアの地方色から導き出すことはできない。南国気質の人間は数多いが、キリスト教の歴史でフランシスコのような人間はただ独りである。この布地商人の息子は、自分がイタリア人であることを強調したことはなく、彼の同時代人たちも、彼がイタリア的な性質を反映しているとは見なかった。フランシスコという名が由来すると言われるフランスのプロヴァンス地方と関係しているという証言も不確かなものであり、ヴァルド派の影響も推測されているが、史料の裏付けはない。いずれも、解明にはほとんど役に立たない。これらの自然的な説明は、彼の生に起こった超自然的な出来事を認めようとしない。また、そうした説明は、論拠がフランシスコ自身が捉えたように形而上学的に奥深いものではなく、経験的‐表面的であるため、フランシスコ自身の解釈と矛盾することになる。彼にとって彼の生の変化は、理解不能な神の介入によってはじまり、この介入によって彼は、それまでの行路から投げ出されたのである。フランシスコが最も重視したのは、その決定的な転回が神自らに帰せられ、彼の生の形成が神の直接的な啓示に関係しているということであった。彼自身の言葉によれば、「神は私が贖罪行為から始めることを命じられた」のだ。

以後、フランシスコは、キリスト教をつねに実存的な告知と捉え、知的な問題とは捉えなかった。これが、彼の福音理解に明るい色を与えている最初の重要な認識であり、この自己説明が見逃されたのは奇妙というほかはない。フランシスコにとって、自由な生活を元気に楽しく送るようなことは重要ではなかった。そうした単線的な解釈は禍多い誤解を招く。彼は失われた青春時代を体験し、それに深い悔恨を覚えていた。彼には贖罪が重要だったのだ。「悔い改めよ、神の国が近い」という、イエスの呼びかけは、彼にも届いていた。一見、太陽のようなアッシジのこの人物は、キリスト教精神史の傑出した贖罪者の一人だった。贖罪者が何かを知る人は、今日では多くない。贖罪者の苦しみ多き魂の深みで演じられる名状しがたい事柄を予感することは、ほとんどできなくなっている。このことを知っていた傑出した人物の一人がドストエフスキーであり、それだからこそ長老（スタレツ）アンブロジイも、彼を贖罪者と呼んだのだ。フランシスコの生も、彼の罪の絶えざる償いだった。しかもそれは、彼の新たな生の最初の数カ月のことだけではなかった。贖罪のメッセージは彼の生全体の変わらない構成要素を形成している。このメッセージは、彼の後の説教の中心に置かれてもいる。神に命じられた贖罪が、彼の禁欲の実行にあっても重要な契機になっていた。

フランシスコの禁欲的贖罪の最初の行為は、レプラ患者との出会いにより達せられた。フランシスコは、以前から彼らには吐気をもよおし、恐怖を感じていた。彼らのからだの患部を見ると、眼を背けたくなるような嫌悪を覚えていた。上品な若者にとって、それ以上に耐えがたかったのは、鼻が曲がるような悪臭だった。レプラは若いころのフランシスコにとって、中世に《聖なる病》と言われていたようなものではなかった。この上ない嫌悪を覚えるだけの病にすぎなかったのである。彼は、普通、レプラ患者には近寄らなかった。遠くに見えただけでも鼻をつまんだ。ひどく崩れた姿は遠くからでも想像できたので、こうした嫌悪は十分理由があった。あるとき、独り馬で遠乗りしていた時、アッシジ近郊で思いがけずそのような患者に出会い、自然と激しい吐き気を覚える。すぐに引き返そうとしたが、心が定まらず、少しの間ためらった後、吐き気を抑えながら馬を下りた。その瞬間、「主自らが私をそこへ導かれた」と感じるような場面が現出する。彼は同情の気持ちに打ち勝てず、男に財布を与えた。それだけでは満足しなかった。嫌悪感を抑えながら、彼は、突然、男をかき抱き、熱い心で「接吻」した。これを見た人びとは、ほとんど息がとまるほど驚いた。いまだに世俗生活にとらわれていたフランシスコの、超人的ともいえる最初の自己克服がこれであった。これを彼は、自分の最も喜ばしい体験の一つとも感じていた。数日後、彼はレプラ患者の病院を訪れ、自分の手で患者の膿瘍を洗い、悪臭にもめげず、彼らの「手や口」に接吻することを厭わなかった。古史料に明瞭に言及されている唇での患者との接触は、病的傾向といったものではまったくない。確かに接吻には感染の危険があり、患者の快癒にも役に立たない。だが接吻の行為は、そうしたこととは関係がない。むしろ、それは贖罪の表現であり、フランシスコの宗教観の表現なのだ。以来、彼はレプラ患者を「キリストにあっての我々の兄弟」と呼んでいるからである。彼は彼らのなかに隠された主を見ていた。このように考えることによってのみ厭わしい接吻が理解できる。

いずれにしても、この時点から、ぼろにくるまれ、顔や四肢の崩れたレプラ患者の姿が、フランシスコの生に登場し、そこから除きえないものとなった。その姿は彼にとって決定的に重要なものとなり、後に彼は、ふたたび「レプラ患者の看護にもどる」ことを考えるほどである。既述のフランシスコの謎めいた異様な点は、この接吻という振る舞いで改めて意識される。それは、今日の人間の自然的な感情とはまったく合致しない。人びとは「彼らに示されたこの同情」に目をくぎ付けにするだろう。いずれにせよ、フランシスコに内的に近づくには、嘔吐を催させるレプラ患者に彼と共に近づく精神的な覚悟が必要となる。これが、この聖者と真剣に出会うさいに通過せねばならない最初の関門である。

だが、このレプラ患者に捧げられた贖罪行為から、独特の実りが得られている。比類のないその実りについては、フランシスコ自身が語っている。「彼らとの別れのさい、それまで嫌に思っていたことが、心身に快いものに変ったのだ」と。幾度となく証明される永遠の真理である。真の自己否定で報われないものはない。フランシスコが自己克服した瞬間に、理解しえない何か、聖者たちの生にのみ見ることができる何かが起こったのだ。質的転換が起こったのである！　考えられる限り光に溢れた仕方で、苦痛が快さに変ったのだ。フランシスコは生まれ変わる。右側のものが左側になり、すべてが一新した。

彼のそれまでの体験能力の完全な変換が、これ以上ないほど急激に出来した。この苦痛から甘美なものへの変換は真の奇蹟であった。それまで愛らしく感じていたものが、耐え難いものに変り、それまで嫌悪していたものが、計り知れない喜びに変った。すべてが、この心的な鋳直し過程にさらされ、それによってフランシスコは、再び福音の最も深い本質的特徴の一つを発見したのである。福音とは転換である。この秘密を把握した者は、フランシスコの生の隠された法則をも理解できる。

この奇蹟的な転換によって、彼の生には新たな旋律が響きはじめ、これが常にリフレインのように繰り返されて、消えることがなかった。甘美な思いを彼は語っており、それによって、福音が貴重で優雅ですばらしいものであり、不平を覚えるようなものではないことを、当初すぐに体験した。フランシスコを「この世から引きはなし、神に引きつけた要因は、はじめから彼に十二分に与えられた甘美な思いであり、これが生涯、彼から失われることがなかった」（トマス）のだ。苦痛から甘美への転換に、フランシスコの新しい点が見られる。この隠れた関連に留意することがなければ、彼の生は、単に心理的な、珍重すべき事例に留まり、キリストの中世的象徴とはならないだろう。

フランシスコは贖罪者であり、それも痛憤の念を抱いた贖罪者であった。だが、彼は陰気な贖罪者ではなかった。彼の禁欲的な贖罪は天上の光に照らされていたからである。このことは、フランシスコから発せられる晴朗な雰囲気にふさわしい。近代の多くの観察者は、これに幻惑されて、彼の贖罪意識に気付かない。このために誤ったフランシスコ像が描かれる。彼に見られる甘美な面は、苦痛の変換された姿なのだ。彼の明朗な面は、自然的な素質ではまったくなく、神秘的な変貌に起因している。だから、どのように巧みな方法を用いたところで模倣することはできない。それは神秘的なもので、捉えようとしても捉えられず、宗教的な人間にのみ開示されるものなのだ。フランシスコは神の勧めに従うことで、この変換する力に触れたのだった。

「お前が好んできた肉体的なものや虚しいものではなく、聖なるものを把握せよ。甘きものではなく苦いものを受け入れよ。私を識ろうと思うなら、自らを否定せよ。私が、お前に言うことは、尋常でない性質のことであっても、お前を賢くするからである」（トマス）。アッシジの聖者の快活さは、人間が実現できる最も困難な自己克服の結果であり、それだからこそ、どんなに言葉を費やしても語り尽くされることのない限りなく貴重な体験が彼には与えられたのだ。彼にあっては、「苦い体験が、精神と肉体の甘美な体験に変った」のである。

こうした稀有の序曲の後、フランシスコは、もはや、それまでの状態にとどまることはできなかった。彼は「しばし、ためらった後、世俗の生活から離れ」、聖者の道を歩み、その道が、さらに奇蹟的な体験へと彼を導いたのだ。

第三章

フランシスコは、新しい生により「突然、高みに持ち上げられたのではない。徐々に肉の世界から霊的世界へ移った」（トマス）のである。比較的長い発展過程を経て、「低いところから高いところへ」（ボナヴェントゥーラ『アッシジのフランシスコ』）達したのだ。一歩一歩、完徳にいたる闘いを経たことで、彼の生には段階的な上昇が可能になった。

フランシスコは自伝の中でこう続けている。「まず神は、教会を信頼して単に次のように祈るよう私に命じられた。主イエス・キリストよ、私たちは、ここでも、どこの貴方の教会でも、貴方を崇め、祝福します。なぜなら、貴方は、聖なる十字架によって世の人びとを救い給うたからです、と」（『著作集』）。この祈りのさいにフランシスコは、サン・ダミアーノの崩れかかった小さな教会のなかでキリストを幻視する。幻視は神秘的な出来事であり、単なる傍観者的な好奇の眼では捉えられない。これを捉えるには第六感が必要である。第六感によれば、幻視は神が人間の心に生じさせる客観的な実体をもった現象と理解され、主観的な幻覚とは見なされない。十字架に架けられたキリストの像の前で、フランシスコは「只ならぬ聖霊の訪れによって激しく震撼」させられ、「フランシスコよ、行って、私の家を建て直しなさい。お前が見るように、まったく崩れてしまっているからだ」（トマス）という声を聞く。驚愕したフランシスコは言葉も出ず、このためチェラーノのトマスも、このキリストの出現についてでは沈黙するほかはなかった。ただ、次のように言わずにはいられなかった。「あの時以来、彼の心は、愛するお方が彼に話しかけたため柔和になった。今や彼の心は、傷のために愛に目覚めた。この時から、彼は泣くことをこらえられなくなり、声をあげて、あたかもキリストが眼前にいるかのように、キリストの受難を嘆き悲しむのだった」。

キリストの幻視は、チェラーノのトマスの補完的な第二の伝記にだけ記載され、第一の伝記には記載されていない。だからといって、これを疑う理由はない。フランシスコは、その後もしばしば脱魂状態に陥っている。彼のイエスとの関係は、通常の信仰上の関係をはるかに超えたものだった。この最初のキリストの幻視の意味合いは、イエスの姿が彼の生に入り込んだことにある。これは、しかも他の人びとの場合のように、単なる幼児洗礼時の出来事とは異なる。キリストは、彼の生の上に、いわば吹き荒れる嵐のようにやってきて、すべてを根底から変えてしまったのだ。以後、フランシスコがキリストを語る時は、使い古された硬貨のような言葉を用いることはなかった。彼の場合には、イエスが解明不可能と感じられており、この認識が、彼の人格を把握するさいの鍵を含んでいる。キリストとのこの幻視的関係に、フランシスコの生の根が存在している。既述の、「神が私に命じた」事態を前提にしない見方は、すべて基礎を欠いたフランシスコ解釈であり、同じように、キリストによって規定されたフランシスコの生の方向を無視ないしは軽視するような見方は、すべて根拠を欠くと言ってよい。あらゆるフランシスコ解釈の基本的な出発点は、この聖者が、イエス以外からは理解できないという点にある。彼の生は、ひたすらイエスの姿を目指しており、しかも、その志向は、イエス以外の姿を追うのは不可能なほど強いものだった。ひとえに、その目標を追うことに使命を感じていたからである。イエスの姿を抜きにしてフランシスコは捉えられない。彼は、歴史に登場した最強のイエス中心主義者であった。

　イエスとのフランシスコの関係からは、埋もれていた真実が輝き出ている。教会にとってと同じように、フランシスコにとっても、キリストは主であった。だが、この言い方では、まだ事態全体が捉え尽くされてはいない。フランシスコは高い直観力に導かれて、パウロの手紙以上に、福音書と再びかかわりを結んだ数少ないキリスト教徒の一人だった。このことは、目立たないために、ほとんど注目されることがない。だが、きわめて重要な出来事であり、きわめて重大な結果をともなってもいる。なぜなら、フランシスコの場合、そこからキリスト教ではほとんど忘れられてしまった原初的なキリストとの関係が再現されたからである。パウロは、「かつて肉によりてキリストを知りしが、今より後は、かくのごとくに知ることをせじ」（二コリント5－16）と言ったが、フランシスコは、この使徒とは異なり、主を肉によっても知ろうとしたのである。彼にとっては、栄光に輝くイエスのみでなく、貶《おとし》められた主も重要だった。何世紀にもわたって起こらなかったことが、フランシスコにいたって出現した。福音書のイエスがフランシスコにあって再び生きたものになった。埋もれていたものが、再び姿を現したのだ。

だがその結果、フランシスコの場合には、キリストの死と復活だけが単独で中心に位置することがなくなった。むしろ、福音書が語るイエスの生全体が、フランシスコにあっては再び重要な意味をもつことになったのだ。アッシジの聖者は、イエスの生を灰塵のなかから発掘し、この発掘行為によって、彼自身の生が新たな創造の日に類する日を思わせる福音的な刻印を受けたのである。このことは、実際、幻視的な想像力をもってしか現前させることはできない。あたかも、十字架上のキリストがフランシスコの熱烈な祈りの間に十字架から降りてきて彼の生に入り込んだかのように見える！　このことは、適切な言葉が見つからないほど名状することが難しい。フランシスコにとってイエスは、過去の存在ではなく、昼夜を問わず彼に迫る現実の生きた存在だったのだ。彼はキリストと神秘的関係にあり、彼のあらゆる行為も、彼にあって類を見ない形を取ったこのキリスト神秘主義から説明できる。フランシスコは、歴史的な時間を介在させることなく、神秘的にイエスの近くに立っていた。福音書のイエスが、フランシスコを通じて再び姿を現し、しかも、それは、フランシスコの後にも先にも例がない集中性をもっていた。クレルヴォのベルナールの受難の神秘をも凌ぐものだった。

フランシスコは、最初のキリスト幻視の内容を、彼の具体的な思考方法から、自分が崩れた小さな教会の内部にいるイメージで示していた。彼は主の要請を、当初、外目には繁栄しているように見えるが、実は危機的状態にあった教会全体に対するものとは解釈しなかった。幻視による命令を言葉どおりに解釈して、サン・ダミアーノの小さな教会を再建し、そこで、レプラ患者訪問後、新たな活動を行っていた。アッシジの聖者は、小さな教会の再建者として、根気よく石を運び、石畳を敷いて、本職の石工のように働いた。労苦も、擦り切れた衣服も、意に介さなかった。文字どおり一心不乱に崩れかかった教会を修復した。このため、父親の布地会社の仕事が疎《おろそ》かになり、けっきょく両親の家には姿を見せなくなる。

息子と父親の間には、すでに争いがくすぶっていたが、息子のこの腹立たしい振る舞いで父親の怒りが爆発する。フランシスコのイエスへの転回は、父親との深刻な対立を引き起こした。親子の対立は、アッシジの司教裁判で頂点に達する。このドラマの全容を感じ取るには、いささか当時の状況を考えて見なければならない。この状況は、「物事は涙をはらむ」というヴェルギリウスの言葉を思い出させる。実際、それはフランシスコの生涯の最も衝撃的な場面の一つである。この恩知らずめという父親の罵声に、彼は「すぐさま身に着けた衣服をすべて脱ぎ、父親に投げつけた。居合わせた人びとの眼前で下袴も脱ぎ捨てて素っ裸になった」（トマス）。アッシジの広場に素裸で立つフランシスコの姿は、レプラ患者への接吻同様に、尋常の光景ではない。この光景には、風紀を乱す行為として憤激するだけでは捉えられない深い象徴性が含まれている。明らかに、フランシスコは、この争いの中で遺産の相続を放棄し、最も近い血縁関係である親子の関係を容赦なく断ち切ったのだ。父親との、自然の感情を踏みにじる離別は、容易なことではなかった。自分の人生の最も苦痛に満ちた事件の一つと感じていた。両親の家とのこの断絶は、きわめて苦しい心の葛藤なしには不可能なことだったから、それについては、抑えた調子で以外は語ることはできない。もちろん、親を敬わねばならない掟も知っていたから、それを明らかに傷つける生き方が、彼の良心を苦しめないわけにはいかなかった。だがイエスは、彼の生を決定する力として存在していた。「それ我が来たれるは、人をその父より…分かたんためなり。…我より父または母を愛する者は、我にふさわしからず」（マタイ10－35－37）。フランシスコは、この残酷な要求に服することを拒まなかった。しばしば彼は、夢見がちな憧れを抱いた若者と見なされるが、そうではなかったことが、このことからも分かる。固い決意が彼の内部には生きており、イエスの命令とあれば、この決意が、不安な気持ちであれこれ考えて動揺するようなことはなかった。柔和と言われるフランシスコには、このような厳しい在り様が可能だったのであり、究極的な真剣さを備えた人間としてつねに極限まで歩み通したのだった。

父親との別離については、個々の出来事に執着するのではなく、それがもつ世俗との断絶の本質的な意味合いを明らかにせねばならない。フランシスコの生は、都市文化の勃興を特徴とする時代に重なっている。フランシスコは、この新しい文化によって華やかに彩られた生活といったものに、まったく関わりをもたなかった。彼をルネサンスの創造者と評価するのは、大きな誤りである。彼の行為は、その世紀の社会変動に組み込むことはできない。事実、彼はイタリアの都市文化の物質的成果に拒否的態度を取っていた。文化的営みに、彼が誤解のしようのない軽蔑を示したのは、「皇帝オットーが、世俗を支配する王冠を戴くために、あの地方を騒々しく、かつ仰々しく通行した時代だった。聖なる父フランシスコは、他の者たちと一緒に、行列が通る道の近くの納屋のなかにいたが、出て行って見ることはしなかった。他の者たちにも、一人以外は出て行くことを許さなかった。しかも、その一人には、皇帝に、この名声は長くは続かないことを告げさせたのだった」(トマス)。フランシスコが皇帝に示した態度以上の文化の蔑視はないだろう。フランシスコを時代の代表者と見ることはできないし、いわんや時代から説明することもできない。中世の輝かしい皇帝像であるフリードリヒ二世とも、共通点はまったくない。むしろフランシスコは、フリードリヒの最大の敵手だった。この両者は互いに排除し合う存在なので、同時に扱うことはできない。

アッシジの広場での考えさせられる情景以来、フランシスコは意識して世間から離間した。背後の橋はすべて破壊したから、もはや戻ることはありえなかった。この時から、彼は非市民的存在となった。

だが、この言葉は無時代的な意味で理解されねばならない。フランシスコは、まさに挑戦的な所作で決闘の手袋を世俗世界に投げつけたのである。世の秩序の前提に疑問符を突きつけ、生涯、世俗の秩序とは一切妥協することがなかった。中世の社会秩序から脱出したフランシスコの偉大さは、独特のものである。封建的な貴族主義的貨幣経済から決別したことによって、彼は彼の世紀を否定しただけではなく、中世の特徴だったキリスト教と文化の同盟をも解体した。フランシスコにあって、キリスト教は、ふたたび、成立期のように反文化的となった。この点が、彼を理解する上での第二の隘路となっており、今日の人間には彼が容易に理解できないのは、そのためだ。これは、彼が問題を別様に考えており、彼の最終的な切望は、それを解くことに向けられていたからである。その生を通じて人間にきわめて深刻な問題を突き付けたフランシスコを肯定するとは、どういうことなのか。芸術、学問、文化を断念するのは容易なことではない。フランシスコが単に何もない世界に飛び込んだと思うのは間違いである。彼は、世界史上最も積極的な人物の一人であり、否定のための否定は決してしなかった。意識して敵対的な争いを断念し、それが、サバティエによれば、彼の主な強みだった。すべてが、彼にあっては肯定的立場から出ており、否定的な姿勢からは出ていない。フランシスコが何かを拒む場合は、より大きなことのためなのだ。文化的な価値を断念することで失ったものは、宗教的な完全性のかたちで得ることができた。文化に関しても、「我がために、己が生命を失う者は、それを得べし……」（マタイ16‐25）という言葉が真実であることとが証明されたのである。

社会との断絶によって、フランシスコは、貧在への決定的な一歩を踏み出す。中世の宗教性にとって貧在の理想は既知のことだったが、彼は、この伝統的な理想を継承したのではなかった。彼の場合、貧在への歩みは、彼自身の発展の結果であり、そのためにまったく新しい在り様を生むことにもなった。

フランシスコにとって貧は重要だったが、内部の輝きである貧に浪漫的に熱狂しただけではない。彼の場合、貧への転回が、社会問題の解決策とも多少のかかわりをもつのは、その解決策が、この難問を個人的に片付けようとする急進的なキリスト教的試みである場合に限られる。

彼が自らに引き受けた貧しさは、人間のあらゆる自然の本能にさからうもので、社会的な問題設定をはるかに超えており、所有関係を変えるだけで所有の魔力自体には触れることがない近代の解決策とは無関係である。この貧しさへの志向は、貪欲に物に執着する人間の志向とは正反対のものであり、そうした人間の幻想を、フランシスコは見ぬいていた。貧在への彼の歩みは、ひとえに宗教的な動機から理解せねばならない。すでに以前から、彼は貧しい男に快く施しを与えており、男はフランシスコの慈愛の心に魅力を感じていた。フランシスコは、レプラ患者にキリストを見るのと同じように、貧しい者にキリストを見ていた。だが、今や、彼自らが、この貧しい人間となり、自らの意志ですべてを断念するに至ったのだ。「貧しい者を見た時には、その者に、私たちの貧しさと弱さとを一身に引き受けられたキリストを見ねばならない。なぜなら、人間の貧しさや弱さは、私たちには鏡だからである。その鏡を通じて、私たちは敬虔な心で主イエス・キリストの弱さと貧しさを見、その貧しさと弱さとを、主は自分の肉体で私たちの救いのために耐えられた」(リュッテナウアー編『完徳の鏡』)のであった。フランシスコが、自らも貧者に数えられることを望んだのは、この理由からであり、それは、イエスも貧しく、枕するところがなかったからにほかならない。

フランシスコの貧在への熱烈な愛は、宗教的な事柄である。彼は聖なる貧しさということを言う。充溢と感じられた貧は、フランシスコの場合、神秘主義的な次元に属している。このため、彼の場合、抽象的な貧の概念が、超理性的な仕方で女性の姿に変り、その女性と婚姻を取り結んだのだ!

「彼は完徳の最高の段階に達しようと努め、そのために熱烈な愛をもって貧しさをかき抱いた。事実、神の子ご自身が貧しかったから、彼は、いたるところで人が忌避する貧しさと、永久的な愛の心をもって婚姻を結ぼうとした。彼は、通常、人が妻に愛着する以上に貧しさに愛着し、貧しさと精神的に完全に一つになっていたので、両親のもとを去っただけではなく、他の一切を拒否することになった。彼は貧しさを純潔な心で抱擁し、片時も貧しさの忠実な夫であることをやめようとはしなかった」（トマス）。

現代人は、このエロス的な関係になぞらえられた貧との関係に、はじめは言葉を失うだろうが、この関係は、フランシスコが、福音書に反するような新たな掟を、神秘主義的な貧しさから作り出したのではないことを示している。貧に対するフランシスコのこのエロス的関係は、官能的なものと紙一重の濃密さを示している。同時に、この濃密さは、キリスト教の歴史にほとんど類例を見ないほど精神化されたものになっている。どんな夫も、フランシスコが愛妻である貧しさを抱擁したほどの熱烈な愛をもって、妻を抱擁することはできないだろう。フランシスコは、貧について、あたかも血と肉を備えた愛らしい姿に寄り添うように、優しく親密な調子で語り、極限的な欠乏のなかで名状しがたい歓喜を体験した。フランシスコと貧しさとは、密に絡み合った恋人同士にほかならなかった。この神秘の前に畏敬の念を抱いて静かに立つことができない者には、この人物の本質を理解できないままに終わるだろう。貧しさとの神秘的婚姻から、素裸になった行為も理解できる。これについて、これまでに詳しい考察を残しているのは、メレジュコフスキーただ独りである。司教の前で父親との裁判の審理にのぞんだ時、彼は衣服を脱いで素裸になった。また、死のさいには、素裸で地面に横たえられることを望んでいた。これらすべては、貧しさとの婚姻が、最後の覆いが取り去られる実際の結婚と変わりないことを示す象徴的な行為なのだ。フランシスコが、彼の高貴な女主人である貧しさと愛の婚姻で結ばれていたため、その愛を誰とも分かつことはできず、自分より貧しい者がいないか、まぎれもない嫉妬心で監視していた。

こうした現象は、言葉では表すことはできない。結婚した男が、何も所有せず、自分のものと呼べるものは何一つもっておらず、あらゆる負債からまぬがれていたとは！　どんなに身軽に感じ、どんなに他の者と違う感じをもっていたのか。彼は、イエスが福音書で語った鳥、播かず、刈らず、命を保つ鳥のようになったのだ。フランシスコが体現したのは、そのような福音書の自由だったが、イエスが「汝ら、汝らの生命を思い煩うな」と語ったことも、そのような自由な在り様からだった。貧者フランシスコは、人間を所有物に縛り付けていた鎖を断ち切り、自由の国に到達した。「自分の内部でも、外部でも、彼はあらゆる物から解放されていた」（『三人の兄弟が伝える聖フランシスコの生涯の物語』）と、同伴者が語っている。実際、彼は、天国的な空気を呼吸し、浄福の雰囲気に生きた最初の人々の一人だった。似たような高みに達していた仏陀が、自然に思い出される。しばしば人間を脅かす生の不安は、彼からは払拭された。一切を捨てたがために、一切を得たのである。貧しいことは、彼にとって苦痛ではなく、きわめて幸福なことだった。一人の人間が無一物となり、極貧になった瞬間以上に自由で豊かなことはなかった。フランシスコが宗教的な自由の偉大な代表者に数えられるのは、通常は見過ごされることだが、このためだ。これは、近代人にとっては極めて貴重な精神の自由とは異なる自由である。聖者が財産という偶像から自由になったことは、信仰や良心の自由と同等のことである。財産のあらゆる桎梏《しっこく》からの解放を幸せと体験するのは、厳しい状況を経て甘美な域に達した人間のみである。彼が司教の裁判へ歌いながら赴いたのは、理由のないことではない。彼が昂揚した声に全人格を響かせ始めた頃、辻強盗に行手を阻まれたことがあった。その時、口にした言葉は、「私は偉大な王の先触れだ」（トマス）であった。フランシスコのこの最初の自己命名は偶然ではない。彼は、実際に、神の新たな先触れだった。

この先触れは、宗教的貧にもとづく真の自由の福音を、眼のくらんだ世人に告げ知らせねばならなかった。世人は、所有物の奴隷となりながらも、この福音を魅惑的な目標のように感じたのだった。この貴重な意識は、彼が所有からの自由を勝ち得た時に体験した恍惚状態のさいに彼の内にあっただけではない。昂揚した感情が全生涯にわたって、あたかも器からあふれ出るかのように、この意識を彼に与え続けたのだ。

第四章

フランシスコの奇行を内側から見ず、単に外側から見ていた人々には、フランシスコが痴れ者に映っていた。彼らは、フランシスコを《狂人》(un pazzo) と見なして、嘲笑した。「彼のすることなすことを気ちがい沙汰と見た」(トマス) のだった。彼らは、フランシスコが人にそう見られるようなことを、自分からしでかす馬鹿者と見ていた。事実、彼は、愚か者のように振る舞うことで、原キリスト教の最も深い秘密の一つを再生させていたのである。彼らの嘲笑に対して文句を言うようなことはまったくなく、他人が彼を馬鹿というのは当然のことと見ていた。それというのも、「世に痴れ者として在ること」(『完徳の鏡』) を神に命じられていたからだ。彼はこれを実行しようとした。

神の命によるこの聖なる奇行は、伝染するという妙な特徴があった。フランシスコは、あらゆる点で尋常でない行動によって、多くの人々に抗いがたい牽引力を及ぼした。彼のところへやって来て、貧しい、自由な生き方を望んだのは、初めは一人の男だったが、それが徐々に数を増して行った。フランシスコが条件としたのは、つねに、財産を売り払い、得た金銭は貧しい者たちに施すことであった。彼の行動は、共同体を形成する体験として影響を及ぼし始め、彼が意図することなく、彼個人を超えた次元へ成長していった。フランシスコは初めは当惑したものの、この経過を喜んでいた。

そうこうするうちに、手近な問題が、緊急に解決を要する形を取り始め、その責任が彼の肩にのしかかり始める。だが彼には、帰依者たちと何を始めればよいか分からなかった。『遺言』で彼は、こう告白している。「主が私に兄弟を送ってくださってからは、誰も私が取るべき道を示してはくれなかった」。誰も、つまり教会もである。カトリック教徒が、つねに奇異に思うのは、「フランシスコの宗教的な理念について、そうした指導を与える側、つまり聖職者側がほとんど指導していなかった」(シュニューラー『アッシジのフランシスコ』)ことである。フランシスコの決定的な出発点で聖職者の助言はなかったのだ。彼は自分自身に頼るほかはなく、兄弟たちの問題をどう解決するか考えねばならなかった。誰にも頼ることとなく彼は己の道を歩んだ。新たな自由にあって、彼は人間の導きを受けることなく、ひたすら神の指示に従ったのである。

一二〇九年のこと、フランシスコはふたたび或る教会のなかにいた。司祭が、イエスが弟子たちを送り出すさいの言葉を読み上げた。「行って宣べ伝え、《天国は近づけり》と言え。病める者をいやし、死にたる者をよみがえらせ、らい病人をきよめ、悪魔を追い出せ。価なしに受けたれば価なしに与えよ。帯のなかに金、銀または銭をもつな。旅の袋も、二枚の下着も、靴も、杖も持つな。……」(マタイ10–7以下)。この言葉にフランシスコは稲妻に打たれたような衝撃を受ける。礼拝が終わると、彼は司祭に、このくだりを詳しく説明してくれるように頼んだ。内容豊かなこの言葉を、フランシスコは二度、黙って聞いていたが、一語一語が彼の心には重く響き、突然激しい喜びを覚えた。「これだ。私が求めていたものは。これが、心の底から私が求めていたものだ」(トマス)。フランシスコは、感激のあまり我を忘れた。何世紀にもわたる塵の層の下から、貧者フランシスコはふたたび原初のイエスの指示を発見したからである。使徒の教会をこえて、主自身の言葉までさかのぼったわけである。これは、彼の生涯での最高の瞬間の一つであった。彼は、福音書のあふれる光により内面を照射され、以後、自分の望むことを極めて明確に意識するようになる。これによって、フランシスコは、中世全体にとっても重要な意味をもつ存在となった。長いこと求め、迷った後に、ようやく幸せを見出し、その一つの目標に至るべく全精力を傾注した場合には、つねに三重の祝福（民数記6－24－26）の時が与えられる。これを、フランシスコは、この上ない恩寵として体験し、『遺言』のなかでも「至高のお方自らが、私に聖なる福音書の掟に従って生を送るよう理解させてくださった」と述べている。彼の企図は、神の啓示によって生命を吹き込まれたものなので、フランシスコにとっては議論の余地も疑う余地もないものだった。

弟子たちを送り出すイエスの言葉は、キリストの幻視以来、フランシスコが自分の第一の課題と見ていたキリストに倣う生の具体的な形を指し示すものとなったのだ。弟子たちの証言によれば、彼は、「福音書に完全に従うこと以外何も望まなかった」（『完徳の鏡』）。フランシスコの場合、すべてがこの目的から導き出されていた。贖罪、レプラ患者の看護、貧との婚姻、すべてがキリストに倣うこと以外のことではない。彼の場合、「我に従え」という、よく挙げられるイエスの要求のおよぶ全範囲を、はじめて現実に理解した人間という印象を受ける。フランシスコのその後の生は、イエスのこの呼びかけに、つねに新たな形式で従うことに費やされる。キリストに従うとはどのようなことなのかが、フランシスコにあって初めて明らかになり、しかも、それまでまったく知られていなかった形で明らかになったのだ。イエスの命令を実現した彼の行動は、このテーマについて人間が行ってきたすべてを凌駕するものだった。それまで知られていた行動は、彼に比べれば取るに足りないものだったと言ってよい。フランシスコは、キリストと同時代に生きているような無上の激しさでキリストに倣う行為を実行した。彼は、千二百年の時間を一挙に消し去り、重荷を負った教会史が、いまだ存在しなかったかのように、もう一度最初から始まったのだ。この同時性の状況は、キェルケゴールがきわめて印象的に語っているが、フランシスコにあってそれが再現されたのである。この同時性により、彼は中世の偉大な覚醒家の一人となった。彼は、イエスの言葉に改めて従うことで、中世の人々の魂を根底から震撼させ、一つの動きに生命を吹き込んだのである。そうした動きの内的な力は、今日の人間にはまったく想像がつかない。

フランシスコは、キリストに倣うという目標によって兄弟の問題を解決しようと試みた。司教の側から修道士か隠修士なるよう勧められたとき、「フランシスコは、この提案を丁重だが、できるだけきっぱりと断った」（トマス）。伝統的な修道制には関わろうとはしなかった。彼の説明ははっきりしていた。「したがって私は、あなた方が私に何らかの規則を、聖ベネディクトの規則であれ、聖アウグスティヌスの規則であれ、聖ベルナールの規則であれ、その他どんな形式のものであれ規則を示されても、主が私に慈愛の心から示された規則以外は望まない」（『完徳の鏡』）というのであった。

彼の脳裏には、それまでキリスト教にはいまだ存在しなかった、まったく新しい共同体が浮かんでいた。キリスト教徒は、エルサレムの最初の教区に新しい共同体を形成することを試みたが、発端で失敗し、彼らにふさわしい形を作ることをあきらめてしまっていた。これは、彼らが、単純に異教徒の組織を模範にして、教会内にきわめて緩やかな形でのキリスト教固有の共同体を実現しようとしたからであった。

フランシスコは、これに対して大きな課題を解決する使命を感じていた。「先行するあらゆる民とは異なる少数の新たな民を集める」（『完徳の鏡』）という課題だった。当時の報告によるこの言葉は、フランシスコの心を射当てている。きわめて明確に、そこには貧者フランシスコがそれまで存在した類の人間ではないことが語られている。彼は意識的に、それまでなかった新たなことを意志していた。かつて新約聖書がそうしたように、彼は兄弟を新たな民として理解した。これは、キリスト教がとうに失っていた真理と言ってよい。この新たな民のために、彼は新たな共同体を作ろうとした。実行の有無は別として、兄弟の問題を新たな形式で解決しようとしただけでも、すでに大きなことだった。兄弟たちのために、純粋にイエスの言葉自体からなるとも思われる規準を起草したが、これはその後失われてしまった。山上の垂訓は、キリスト教の衰退で「福音の勧告」としての影響力を失ったが、それと何ら変わらない勧告によって、フランシスコはキリスト教的な兄弟の問題を新たに規制しようとしたのである。これをまとめるさいに、「小さくあるべし」という言葉が出てきたとき、フランシスコは、「私は、この兄弟の共同体を小さき兄弟会と名付ける」（トマス）と説明した。小さき兄弟という言葉は、彼自身が考えたものではなく、彼に福音書が、いわば囁いたものだった。「我が兄弟なるこれらのいと小さき者の一人になしたるは、すなわち我になしたるなり」（マタイ25－40）。

小さき兄弟たちは、その名にふさわしく徹底して卑下の態度を取ろうとした。これ自体は、前から知られていた事柄だったが、それを彼は魅惑的な人柄の影響によって稀有の行為に変貌させることができた。こうして卑下の姿勢も、フランシスコの場合には徹底した実践によって未聞の在り様となったのだ。貧者フランシスコの生で再三ぶつかるのは、ヨハネ福音書に見えるイエスの洗足に示された卑下に対する異常なまでの愛着である。主のひそみに倣って、フランシスコも卑下の深淵へ、それも贖罪者として、かつて誰も降りることがなかった深みまで降りて行こうとした。アッシジの貧者は、卑賤の状態を例を見ない程度に体現した。彼は卑賤ということが、福音書のもっとも深い秘密のひとつであることを明らかにする。贖罪行為の始めに、レプラ患者に接吻することで小さき者に仕え、自らを最低の存在と感じるように努めた。彼のこの自己卑下について十分に考え抜くことで、フランシスコ的な魂が突如明かになる。

貧者フランシスコにとって、卑下は単なる謙遜に類する美徳ではなかった。それは新たな民にとって、全存在にかかわるキリスト教的な在り方であり、神が人間に与える大きな贈り物と彼は感じていた。この高い境位を意識的に断念する行為は、卑屈な態度とはまったく関係がない。それは、あくまで恵みなのである。限りない卑下の点でフランシスコは、他のすべてのキリスト教徒と異なっている。フランシスコは、教会史にほとんど例を見ない存在である。支配欲を偽装する影が微塵も見られないからだ。「宗教と権力」の問題は、キリスト教的な要素の実現を再三失敗させてきたものだが、彼の場合には、この問題がまったく存在しない。彼は野心的な権力欲を、あらゆる宗教性の致死的な毒と認識していた。高圧的に命令する権力は、魂にとってきわめて危険な要素を内包しており、人間は、そのような権力の対象となるにはふさわしくない。フランシスコは、つねに人々と並ぶ位置にあっただけでなく、人々より下の位置に自らを置いていた。したがって彼は、もともと修道院について何も知ろうとは思わなかった。修道院長となれば、支配せざるを得ない。それを彼は恐れていた。この悪から、新たな民を遠ざけておこうと彼は考えた。この限りなく謙譲な人間は、滅多に認識されることのないフランシスコ的な神秘である。この神秘は、もとより使い古された言葉で表すことはできない。その種の言葉で過度に表現されれば、反対のものに変ってしまうからである。

同じように、小さき兄弟に特徴的なのは所有の放棄ということである。中世にあって、修道院は富を蓄え、個々の修道会は当時の大きな資本勢力となっていたが、フランシスコはこの富を排除しようとした。アッシジの聖者は、完全な無所有によって修道院の宗教的共産主義をしのぎ、その点でも偉大な修道院創設者たちより、はるかに急進的だった。聖なる貧在は、新たな民全員が厳しく守らねばならなかった。兄弟たちは、何も、文字通り何も所有してはならなかった。どのような庵室も、どのような住いも持ってはならなかった。すべては、他者から巡礼により得なければならなかった。アッシジの司教が、そのような生き方は苛酷だと言ったとき、フランシスコは答えた。「財産を持っていれば、それを守るために武器が必要になります。財産があれば、訴訟や争いが発生し、神への愛、隣人への愛が、さまざまな形で妨げられます。ですから私たちは、この世の一時的な財産をまったく持とうとは思わないのです」（『生涯の物語』）。

この目立たない文章で、フランシスコは、キリスト教精神史に例のないことだが、明瞭に人間の宿命を暴露している。あらゆる紛争は所有と分かちがたく、一方が他方を生む関係にあることを、彼ははっきり認識していた。フランシスコは、人間の生を度々不幸におとしいれる悪循環を断とうとしたのである。こうした関連をえぐり出したのが、フランシスコの最も重要な行為の一つである。所有についての彼の行論を、行き過ぎと評価してはならない。それは、キリストとの彼の関係の直接の結果だからである。

あらゆる所有の拒否は、貧者フランシスコの場合、先鋭化し、あらゆる権力の偽装的な体現である貨幣との闘いに行き着く。彼は兄弟たちに、はっきりと「金銭は受け取るべからず」（『著作集』）と教え込んだ。この点はきわめて厳しかった。指示を守らなかった兄弟を、彼は他の兄弟たちが驚愕したほどの厳しさで加罰した。金銭は悪を具現するものと見なし、兄弟たちに、「金銭はガラクタ同然の価値のないもの」（トマス）と教えていた。そして的確な眼で魂を破壊する金銭の影響を認識していた。キリスト教会の他の聖者のなかで、彼ほど金銭の悪魔的作用を見抜いていた聖者はいない。金銭に少しでも触れることを許さない仮借ない姿勢ほど、フランシスコを美的に解釈することの誤りを暴露するものはない。彼はこの点で、革命的な意志に満たされていた。金銭への呪詛はまた、同じように金銭に対して鋭い言葉を発していたイエスとの親近性を表している。フランシスコは、説明不可能な神体験の喜びに生きていたが、そうした喜びは、金銭の罪深い世界とのつながりを断つこと以外には達せられない。

所有を拒否し、金銭を拒否して兄弟たちが生きてゆけるように、フランシスコは彼らに労働と乞食（托鉢）を命じた。当初は労働が常態で、乞食は非常手段だった。だが徐々にこの順序が変ってゆく。フランシスコが乞食を積極的に評価したことで、真正なフランシスコ理解が通過せねばならない隘路が改めて示されたことになる。ぼろをまとった乞食の姿に嫌悪を感じる貴族の本能を、彼は認めなかった。施しを求めることに、フランシスコは何ら軽蔑すべき点を見なかった。

「施しを受けることは、貧者に帰属する正当な遺産であり、主イエス・キリストが、われわれのために手に入れられたものである」（『著作集』）と、彼は言う。家族と断絶して以来、彼自身乞食に専念した。チェラーノのトマスが語るところでは、「施されたいろいろな食べ物の入った鉢を見ると、はじめは吐き気がするほど嫌だったが、神を思い、己を克服し、自己克服の喜びをもってそれを食べた」という。

キリスト教の歴史にあって誤解されていた乞食の姿が、フランシスコによって新たな姿を得たのである。今の時代には、戸口に《物乞い・押し売りお断り》などといった張り紙が見られるが、どの時代も乞食に対して今のように無理解だったわけではない。フランシスコは乞食を、働こうとしないのらくら者とは見なかった。彼の場合には、乞食が、むしろ神秘的な背景から現れてくる。乞食は、自らを貶めた人間であり、この人間にはレプラ患者と同じように、キリストが隠れている可能性がある。中世的感情にとっては、乞食は宗教的現象だったのだ。ゴーゴリが述べているように、似たようなことは昔のロシアにもあった。「乞食の境遇には、まだ世界が知らなかった浄福がある」。フランシスコは、自分の新たな民をこの境涯に組み入れ、それによって乞食（托鉢）修道会の活動の真の創設者となった。中世後半の教会史は、この動き抜きでは考えられない。托鉢修道会の動きは、基本的に当時の異端の運動よりはるかに急進的だった。異端の運動が批判の的にしたのは、もっぱら富を蓄えた教会だったが、托鉢修道会は、新たに登場した貨幣経済全体と闘い、「全人類を助けるという壮大なプログラムに身を捧げ、社会的窮状を除去することを試みた」（ゲッツ『アッシジのフランシスコと中世的宗教性の展開』一九二七）のだ。

この課題を実現するため、フランシスコは兄弟たちに説教の義務を課した。内容は、主にイエスが弟子たちを送り出した時の言葉だった。その説教は、簡単には想像できない。その話は習得されたものではなかったし、効果を狙ったり、深く考えたりしたものではなかった。むしろ、素朴な要求であり、同じ考えを繰り返すことも多かった。だが彼らの説教には、学のある者の説教には見られない何かがあった。つまり人を感動させる内的炎があり、人びとを拉っし去る力があった。また、その説教には時と所を忘れさせ、言葉では再現できない不思議な力があった。目撃証人の伝えるところでは、言葉で再現しようとしても、いつも説教者の口から出た言葉とは違うものになってしまったという。

フランシスコが説教で度々語ったのは、主として三つのテーマだった。第一は贖罪の要求である。この戒めは、彼のあらゆる行論を通じて見ることができる。フランシスコ自身の行動も、贖罪で始まっており、この原キリスト教の福音の再生者にとって重要だったのは、思考の急進的な転換だった。

第二のテーマは平和である。彼は神から「挨拶の言葉として、《神があなたに平和を下さるように》と言うよう啓示を受けた」（『著作集』）のだ。フランシスコは、キリスト教的な平和への愛を本気で考えた数少ない人間の一人である。戦争に明け暮れた十三世紀のイタリアでは、キリスト教徒に平和の義務が課せられていることを想起する以上に必要なことはなかった。フランシスコの提案で、アッシジでは、「富者と貧者の間の永久的な平和」が取り結ばれた。現代でも、貧者フランシスコの言葉は喫緊の使命を果たすものとなろう。

「わが主よ、貴方への愛から
惨めさと労苦に耐える者たちにより
讃えられんことを。
平和にあって耐え忍ぶ者たちに幸せあれ、
おお、いと高きお方よ、貴方より彼らは冠を受ければなり」

チェスタトンのフランシスコ伝によれば、この聖者は、「和解するよう、万人を戒める許しを神から得たかのように世を生きた」のであった。

贖罪の要求と平和の戒めとは、神の国近づけりという第三の思いから燃え上がったものだ。フランシスコは、「永遠の国」が始まるであろう世の終末の時に生きていると信じていた。その国を、彼は終末論的に来たるべき偉大な国と考えていた。この福音を伝えるため、「最後の時に小さき兄弟たちが世に送られた」(ボナヴェントゥーラ)のであった。文化の否定は、イエスの場合同様、フランシスコの場合も、この前提から以外は理解できない。

小さき兄弟たちの初期の時代は、例のない熱狂状態だった。この状態が、あたかも降臨祭のように、イタリア全土に吹き荒れた。何かの運動の初期には、よく見られることだが、活気にあふれた躍動感や意図の純粋な点は、この時期特有のものである。その勢いと魅力は、どんなに大きく考えても大き過ぎることはないほどだった。この激しいフランシスコの運動は、線香花火のような通常の覚醒運動とは比較にならない。フランシスコの最初の兄弟たちは、常軌の外の人間であり、平均的な人間ではなかった。いわば彼らは宗教的なエリートで、最後の献身的行為を決断していたのである。彼等からは、この運動の推進力、普及力、集中力が放射されていた。また彼らは、まだ一定のきまった形を取るように迫られてはおらず、すべてが有望な生成段階にあった。最初の小さき兄弟の若さは、種々の年代記作者が非難まじりに強調している。こうした興味ある報告から分かることは、この新しい民が表現していたのは、永遠の若さであり、歴史のきわめて稀な瞬間に、その若さがあのような生き生きした宗教的な活動の形で燃え上がったということである。だが、この青春の時期は薔薇色一色に描いてはならない。彼ら最初の兄弟たちが経験したのは、とりわけ厳しい困難な時期であった。多くの嘲りや迫害に耐えねばならなかったからだ。「少なからぬ人々が、彼らに汚物を投げつけたり、棒切れを手にして、彼らに遊ばないかと迫ったりした。また、他の者たちは、後ろから彼らの頭巾を掴んで、背中に垂れ下がらせたりした。そのほか、これに類する悪戯をして彼らをからかった。それというのも、人々は彼らを下賤視していたので、はばかることなく思いのままに、いじめにかかった」(『生涯の物語』)のだ。

彼らは様々な苦しみを乗り越えねばならず、しばしば苛酷な苦難に遭いもし、どこにも庇護を見出せないこともあったが、その熱狂的な姿勢は、少しも損なわれなかった。むしろ逆に、人々の妨害は彼らの犠牲の覚悟を高めるばかりだった。初期のフランシスコの兄弟たちは、どんなに水をかけても消すことができないほどセラフィム的な炎に燃えていた。きわめて貧しい状態にもかかわらず、小さき兄弟たちは、初期のころには「輝くばかりの天使のような生」を送っており、「フランシスコと彼の兄弟たちの危機の時期にも、きわめて快活であり、かつ稀有の喜びにあふれていた」（トマス）。どのように言葉を尽くしたところで、最初の小さき兄弟たちを突き動かしていた溢れるような浄福感と聖霊降臨に似た霊的な充溢については、おぼろげなイメージしか与えることはできない。

「心の奥底からの愛をもって、彼らは、母親が、愛する一人息子に対するように、互いに仕え合い、いたわり合った」（『生涯の物語』）。彼らの初期の共同生活には、母親のような温かさが脈打っており、フランシスコは、兄弟たちの態度を「母親」のそれに比していた。フランシスコの活動が、その初期には、はるかにやさしい、思いやりのある、言ってみれば女性的な心に担われていたことが分かる。教会史のなかで、このような傾向は一定の間隔を置いて、再三、芽生えはしたのだが、それまではつねに粗暴な支配者的人間によって開花が妨げられていた。

フランシスコの新たな民には、もともと修道士的な性格は備わっておらず、「彼らの敬神共同体も修道会とは呼ばれていなかった」（『生涯の物語』）。「アッシジの贖罪者たち」は、自分たちをとりわけ兄弟団と感じていた。そしてその初期には、規則をもった修道会などより、はるかに生き生きとし、はるかに率直だった。フランシスコは、新たな精神を組織的機構によって硬化させることを望まなかった。ベネディクト修道会のように、修道士たちを世の営みから隔離して、静かな修道院内で観想の生を送らせることはしなかった。そのように聖化された修道院制度を貧者フランシスコは破壊した。彼は、ヌルシアのベネディクトが苦労して集めたものを、四散させたのだ。フランシスコは、兄弟たちを「森の男たち」と呼び、修道士とは呼ばなかった。また、世の人々との接触を妨げなかった。カトリック教徒も、次のように言わざるを得なかった。「彼は、おそらく、はじめはベネディクトやベルナールの意味での修道会を造ろうとは思っていなかった。彼が本来考えていたのは、生き生きした状態のキリスト教徒だった。……第一会、第二会、第三会の概念は、何か新しい会を意図した補助的概念だった」（『完徳の鏡』）。

この新たな集団を、それでも修道会と呼ぶのであれば、それまでの伝統的な修道会とは明確に区別される、まったく新たな修道会と言わねばならない。内的に世の中から離脱した兄弟たちは、世の只中に生きて、宗教的エネルギーに満ち溢れていた。おそらくフランシスコの脳裏には、ドストエフスキーがアリョーシャの姿形で表現しようとしたものが浮かんでいたと思われ、世俗のなかで生きる修道士としては最も早いものということができる。フランシスコのこの隔絶した考え方は、その大胆な新しさゆえに、当時のキリスト教徒からは理解されなかった。第三会という形でフランシスコは、そうした深いキリスト教的考え方の僅かな残滓を救うことができたにすぎない。それは彼の最初の意図の代替品と見なければならない。この新たな修道士は、世から退却するのではなく、世に食い込むのであり、したがって、彼らが試みたのは、それまでの隠修士や修道士が試みてきたこととは、まったく別のことだったのである。フランシスコについては、多くのことが書かれてきたが、彼のこのような創造的な仕事の意味が、正しく把握されたことはほとんどない。フランシスコの、世の営みに対する恐れを知らない新たな聖性は、未知の道を歩んだが、彼の時代はまだその道を歩むのに熟しておらず、当時より今日のほうが、まだその未来を期待することができるのだ。

第五章

「わが兄弟よ、行って豚を探すがよい。なぜなら、お前さんは人間より豚と共通点があるように思えるからだ。汚物のなかで豚と一緒にころげまわり、お前さんの規則を豚に与え、豚で説教を練習するがいい」。この言葉は、フランシスコが、十数名にふくれ上がった兄弟たちのために、教皇イノケンティウス三世の認可を願った時に得た答えである。フランシスコは、お辞儀をして出て行き、糞尿のなかで豚ところげまわって、汚れきった姿で教皇のところへ戻ってきて言った。「教皇さま、あなたがお命じになった通りのことをやってまいりました。ですから、どうか、私の願いをお聞き届けください」（トマス）。これを見た教皇は心を和らげ、彼の願いを聞き入れた、と伝えられる。別の伝承によれば、イノケンティウスは、長い髭を生やし、ざんばら髪の汚らしいフランシスコを最初は無愛想に退けたが、くずれかけたラテラノの教会を一人の見知らぬ修道士が支える夢を見た後、はじめてフランシスコの請願を聞きとどけたという。

フランシスコとイノケンティウス三世の最初の出会いの事実的な経過については、歴史的に明確なことは今となっては分からない。だが、二人の人物が対面したのが、中世教会史上の記念碑的瞬間だったことは疑いない。これに匹敵するのは、ヨハネ福音書の一場面、すなわちイエスが総督ピラトの前に立ち、ピラトから「真理とは何ぞ」と問われた場面くらいなものだろう。フランシスコとイノケンティウス三世とが互いに長いこと見詰め合って黙したまま互いに理解し合ったというのは、文学的な描写であって、有りえないことである。イノケンティウス三世はスケールの大きい人物で、グレゴリウス七世の現世支配計画を完成に近づけ、まさにそれゆえに、フランシスコの内部に目覚めた新しい魂を理解できなかった。この二人の人物によりカトリシズムとカトリシズムが鋭く対立したのである。二つの完全に異なる世界が、教会帝国主義の巨人的な代表者と、すべてを断念した限りなく謙譲な貧者の形で出会ったのだ。彼らの間には深い淵が口をあけており、この淵は外的にはともかく、内的には決して埋めることはできなかったのだ。この一回限りの出会いの場面は、悲劇のままにしておかねばならない。両者を宥和させる何らかの欲求によって和らげられてはならない。架橋できない違いは、対話の成果が乏しかったことからもうかがわれる。ヴァルド派との苦い経験で新たな動きに理解を深めた教皇は、フランシスコの何もかもを、きっぱりと否定することはしなかった。だが、フランシスコが望んだ認可を与えることもしなかった。一般的な言い回しで、先のことに期待をもたせ、口頭で説教活動の許可を与えるにとどまった。口頭での許可は、法律的には何ら教皇を拘束するものではなかった。とはいえ、フランシスコはこのきわめて小さい成果で満足し、早々に永遠の都を立ち去った。

フランシスコの新しい民は、続く年々に予想外の発展を見せる。最初の変化は、両親の家を出たクラの参加だった。フランシスコは、まず彼女に適当な活動分野を見つけるまで、ベネディクト会の修道女のもとに託さねばならなかった。新たな共同体の女性の成員には、男性と同じ巡回説教活動を任せるわけにはいかなかった。このため、それまでの修道院の可能性に頼ることを余儀なくされたのだ。これによって最初の変化が生じる。さらに、一定の組織を作り上げることが重要になった。兄弟たちの急激な増加によって、組織化が避けられない課題となったのだ。フランシスコは組織化が不得手だった。だが選択の余地はなく、事の展開が彼を自動的に組織化の道へ追い込んだ。この仕事はすでに彼個人を超えて大きくなり、彼にはその動きが完全には制御できなくなっていた。

新しい共同体は大きく変化して、一定の規則をもつ修道会となった。かつては、フランシスコが自分の集団とは明確に別のものと見ていたドミニコ会と、もはや基本的には変わらないものとなったのだ。間もなく数千名にふくれあがった仲間たちによって、運動はマス化し、心を奪うような躍動感は目に見えて失われてゆく。急激に増加した帰依者の中からは、間もなくさまざまな考えが現れるようになり、全員が一つの意志で満たされることがもはや不可能となった。各参加者は、はじめに新しい運動の精神に触れたとしても、一時的な感激を出ないことが多く、あらゆる要求に応えるには適さなかった。すべての兄弟たちが、無条件的で直ちに要求を受け入れることはできなかったのだ。

フランシスコはこのマス化に憂慮の念をつのらせ、世人が滅多に小さき兄弟たちを見ることがなく、その数の少なさを不思議がるようになればよいといった意味深い希望を漏らしている。彼は、けっして多数になろうとは努めなかった。兄弟たちが地の塩ではなくなるからだ。同じように、学者の入会も妨げになるとした。フランシスコが、学問を神の贈物として畏敬していたことは次の言葉からも分かる。「私が、神の名と言葉を記した紙葉を相応しくない場所に見出した時には、それを拾い上げようと思う。そして、他の者たちにも、そのようにして、それを適切なところへ置くように願う」(『著作集』)。異教の聖典さえ、彼は、この畏敬の習慣から除外することはなかった。それによって、彼は同時に彼の心の広さを証明したのであった。しかし、彼の共同体に学殖を望まなかったことは、はっきりしている。「学問的知識をもたない者は、それを得ようと努めるべきではなく、主の精神を得るように全努力をそそぐべき」(『著作集』)だからである。彼の文化否定は、この点でもこれ以外の態度を取ることはできなかった。彼にとって学問的努力は重要ではなかった。また、学問によって高慢になることも気づかっていた。このためフランシスコは、「所有する書物は数冊のみ」とし、兄弟団が所有していた最初の聖書さえ、隣人愛のために売ったこともあった。彼の共同体に入ることを望んだ学者には、学殖を放棄することを要求した。こうしたフランシスコの期待は、しかし裏切られる一方だった。フランシスコが生きていた世界とは別の世界に由来する学問的関心が、兄弟団に流れ込む勢いは止むことがなく、すでにマス化によって生じていた以上の変化を兄弟団にもたらすことになった。入ってきた学者たちは別の考えだったから、しだいに新しい民を霊的に豊かな実りをもたらしたフランシスコ会の方向へ導いてゆき、歴史の歩みの中で、きわめて貴重な業績をあげることになった。だがそれは、創設者の本来の意志に沿うものではなかった。

フランシスコの創始した共同体の変遷を略述したが、この変遷によって、フランシスコには改めて教皇庁と交渉する必要が生じた。この交渉は、後に教皇グレゴリウス九世となる枢機卿ウゴリーノとの間で行われたが、ここでは概要を述べることしかできない。実際の交渉経過を把握するのが困難なのは、事実問題が心理的な要因と絡み合っているからである。ウゴリーノが羊の皮をかぶった狼で、フランシスコを犠牲にしたとするのは偏見である。彼は、フランシスコに心から好意を寄せ、フランシスコとの間には信頼関係があった。また彼は、音楽の友であり、対立の宥和を好んでいた。だが同時に、支配権力をもった高位聖職者であり、その枠を超えることはできなかった。

教皇庁にとって、フランシスコの運動は当惑の種だった。伝統を守る立場からは、新たな民は歓迎できる現象ではなかった。教皇と皇帝とが権力を競っている時代に、覗きたくない鏡が、新たな民から教会に突き付けられたからである。加えてフランシスコは、聖遺物の形でではなく、生きた形で存在していた。これは、根本的に違うことだった。フランシスコの行動は、革命的な暴風として作用し、彼の意志に反して、後の宗教改革の場合のように教会を根底から揺り動かした。教会の多くの前提をフランシスコは、新約聖書に倣うことで疑問視し、世にある無所有の修道会によってほとんど教会全体を変えかねなかった。彼は単に精神的な貧ではなく、現実の貧を体現していたから、すでに彼の姿自体が、有り余る富をもつようになった教会に対する無言の抗議のように作用した。教皇庁は、このことをすぐさま敏感に感じ取り、フランシスコを巧妙な外交的手腕で取り込もうとした。貧者フランシスコの宗教性の高まりは、教皇庁の均衡の取れた感覚からすれば夢想に近かったから、おだやかに「是正」するように努めた。いずれにしても、教皇庁は、フランシスコに留保付きで対処したのである。世知にたけた教皇庁が、この神の痴れ者に感じざるを得なかった内的な違和感が明らかに感じとれる。教会は、この交渉にあたって彼らの法に従って行動した。このことを非難することはできない。

ウゴリーノは、まず一二一七年以降、財産の無条件の放棄と学習の放棄に反対していたフランシスコ会内部の強力な流れと関係をつけた。教皇庁は、教育のある兄弟コルトーナのエリアスに率いられた一派を、あらゆる点で援助した。穏健な兄弟たちに、ウゴリーノは精神的に親近性をもっていたから、あらゆる手段で助成しようとしたことは納得がゆく。彼は、世に順応しようとする内部の潮流を優遇した。フランシスコの方向が実現するとは思わなかったからだ。政治的な教皇たちに共通する現実主義的な姿勢から、ウゴリーノは可能なことを実現しようと考えた。この高位聖職者が修道会を外から自分に都合の良い形式に押し込んだという解釈は、非歴史的である。事実は、ウゴリーノが修道会内の穏健派を助け、彼らに特権を与え、考えられるあらゆる協力を惜しまなかったということなのだ。教皇庁にとっては、フランシスコよりもフランシスコ会のほうが重要だったのである。こうした教皇庁の介入の結果、フランシスコの意図は、明らかに曲げられることになった。教皇庁の影響だけが、この変化に関与したわけではない。事柄のもつ自己法則性も、この変化を後押しし、ウゴリーノはそれに教皇の祝福を与えただけだったのだ。

フランシスコが創始したものが、教皇庁とのこのような交渉によって根本的に変えられてしまったということではない。だが、著しく弱められたとはいえるだろう。この見方は、時として誇張されはするが、偏向的な見方ではない。その中核には、歴史的な認識があり、これに異論を唱えることはできない。カトリック側の記述でも、生じた変化を完全には否認していない。この出来事には、したがって一面的に否定的な評価を下す必要はない。ヘンリー・トーデが言うように、教皇庁はその処置によってフランシスコの仕事を救い、その仕事の永続的な有効性を確実にしたと見ることもできる。この解釈は、何ら正当性を欠くものではない。なぜなら、フランシスコのような巨大な精神力をもたない帰依者たちには、フランシスコ自身とは別の掟が適用されて然るべきだからである。

こうした展開に対するフランシスコの態度には、きわめて大きな意味があったが、ヨルゲンセンやカスバートの著作は、この問題をまったく捉えそこなっている。この問題は、あくまで具体的な状況でのフランシスコを示しており、実際彼は、やむをえず古い革袋に新しい酒を注ぎ入れねばならない状況にあった。自分が本質的に修道会士でないのに修道会を創設するという矛盾に、困難な点があっただけではない。彼の苦悩は、より深いところにあった。彼がこのことをまったく意識せず、緊張も感じていなかったと考えるのは誤りである。心のうちの葛藤は、きわめてはっきりと見て取れ、彼の生を覆う濃い影となったことを見過ごすことはできない。アッシジの聖者は太陽のもとのみを歩いていたわけではない。彼と当時の教会の間で演じられた隠れた悲劇について知ることなしに、フランシスコの心を知ることはできない。

この場合、フランシスコのカトリック的心情は、議論の余地なく明らかである。彼は教会に対する恭順をさまざまな形で示している。『遺言』のなかにも、教会に対する変らぬ忠実さを示している。「主は私に、今もなおローマで聖なる教会の規則にしたがって生きる司祭たちに対する限りない信頼を与えてくださいました」（『著作集』）。フランシスコは、カトリックの信仰に対して肯定的な立場に立ち、その点でも彼は、自分が主のように、「廃するために来たらず、かえって成就するため」（マタイ5－17）に来たと感じていた。反教会的な態度を取ってもおかしくないと推測される時でさえ、そのような態度を取ってはいない。「羽の下に皆は入りきれないほど」たくさんの雛を連れた雌鶏の夢のなかで、彼はしきりと浮かぶ異端的な解釈を斥けている。比較的長い彼の生涯が焚刑で終わる可能性があったというのは、単なる興味本位の推測であり現実的な観察によるものではない。彼は、ヴァルド派やカタリ派の異端に対してカトリシズムを強調しているからだ。フランシスコのカトリシズムは強固なものだったが、教会に対して彼は盲目ではなかった。彼を素朴な貧者と見るほど表面的なことはない。アッシジの聖者は、その点では何も知らない大きな子どもではなかった。彼は、自分の精神と教会の精神とが別種であると感じていた。そう望むことなく、彼は教会と対立していた。彼の新たな、世俗のなかでの修道生活は、聖職者次元をはるかに超えていた。

フランシスコの宗教性には、深く非教権的なところがあり、それは彼が神の弟子であり、それほど教会の弟子ではなかったことによる。フランシスコと眼に見える教会との根本的な違いが最もよく表れているのは、十字軍に対する態度である。教会は聖地の暴力的な征服を目指したが、フランシスコは、ただ独り武器なき説教者として、福音書に即してサラセン人を平和的に改宗させようと試みた。論議の多いポルチウンクラの贖宥の場合も、彼は無際限の赦しに努めたが、教会は中止を命じている。フランシスコは、教会法にも度々違反している。聖職者の弱点を見逃してもいない。そうでなければ、こうは言わなかったろう。「魂の救いのために、私たちは聖職者に助け手を送った。彼らが無能力の場合、私たちが助けるためである」（『完徳の鏡』）。彼は意識して聖職者たちの「罪を大目に見ようとした」（『著作集』）。彼は聖職者の無能力を知っていたが、事を荒立てず彼らと不和にならないよう努めた。「先ず聖なる謙譲と畏敬によって高位聖職者を回心させる」（『完徳の鏡』）のが、彼の意図だった。この言葉で、彼らの回心の必要を彼が感じていたことが分かる。フランシスコは教会の欠点をはっきりと認識しており、おそらく口にすること以上に鋭く見ていたことだろう。だが彼は、愛なき批判が、通常もっぱら道徳的憤慨に由来し、罪を共に担うことがないため何も生まないことを知っていた。

教会に対してあくまで恭順だったが、フランシスコは修道会の発展を教皇庁が舵取りすることには抵抗を試みている。これについては、当時の証人たちが注意深くはあるが、誤解の余地ない言葉で語っている。チェラーノのトマスによれば、フランシスコは激した調子で「息子よ、私は、できるかぎり兄弟たちを愛している。彼らが私の志を継ぐつもりがあるのなら、一層彼らを愛し、彼らを疎んじはしないだろう。だが多くの上長のなかには、兄弟たちを別の道へ導く者がいる」（トマス）と言ったという。『完徳の鏡』からは、修道会が別の方向へ発展することについての、さらに心を打つ嘆きが聞こえてくる。「多くの兄弟たち、とりわけ上の者たちや学者たちが、彼に反対するようになった」ことで、「修道会が衰退した」（『完徳の鏡』）というのであった。これについて、フランシスコは不満の言葉しか語らなかった、という。

だが、こうした見方はあまりにも微温的であり、事実とは異なる。フランシスコは、むしろ絶望的な気持ちで不実と裏切りを声高に叫んでいる。「私の兄弟たちを、兄弟たちの修道会を、私の手から奪ったのは誰なのか」（トマス）。彼の内部には名状しがたい苦悶が渦巻いていた。彼の口から漏れてくる呻きと嗚咽を聞き取らねばならない。このフランシスコの魂のドラマは、父親との離別以上に苦痛に溢れたものだったのであり、芝居がかった片言で片付けられてはならないものだ。たとえ血は流れなかったとしても、この悲劇はフランシスコの知られざる姿の一つである。この悲劇を記述するさい、人工的な解釈を持ち込む必要はない。イエズス会のペーター・リペルト神父も、こう漏らしている。「言うまでもなく、フランシスコの悲劇はここから始まる。ここから、彼の予想外の苛酷な苦痛の道が始まるのだ。この率直で純粋な人間の晩年の心痛に迫る試みは、まだ余りにも少ない」(『アッシジの聖フランシスコ』)。

兄弟レオとその仲間の記録を除いて、当時の史料は、フランシスコの苦悩について僅かに触れるだけで、詳細には語っていない。これはきわめて重大な欠点である。フランシスコの眼病は、疑いなく、この心痛のために泣くことが多かったのが一因だった。最終的に、フランシスコは修道会の運営から手を引く。彼の『遺言』は、この禍多い展開に対する防壁を築く最後の試みだった。だが彼の死後、教会は、この『遺言』を即座に失効させた。教会に対する服従と自らの独立性を結びつけようとするこの意志表示のなかで、フランシスコはもう一度、彼の仕事に生命を吹き込んだ神の直接の啓示を強調している。この事実だけは、兄弟たちが勝手に変更することを彼は認めなかった。フランシスコは、彼の「言葉に何かを付け加えたり、何かを除去したりすることを」禁じた。「この遺言を規則と一緒に常に携帯すべし。……私のすべての兄弟たち、聖職者たち、信徒たちが、厳格に規則および遺言に従い、このように理解せねばならないといった注釈を加えることを禁じる。主は私をして、規則および遺言を素朴で簡単な表現で書き留めさせ給うた。同じように、素朴に単純に、時の聖なる移り行きのなかで時の終りまでこれらを守らねばならない」(『著作集』)。

名状しがたい苦悩の中で、フランシスコは硬直した文字信仰に頼るまでになった。すべて「文字通りに、こじつけることなく」守るべしというのであった。精神は生かし、文字は殺すということを忘れたのだ。修道会の歩む道に感じた心痛のなかで、彼は盲従することを要求した。これは神の子たちの品位を汚すことであり、この盲従が実施された場合、つねに悪い結果を生むことになった。フランシスコが感じた傷心は、彼を呑み込む恐れがあったほど大きなものだった。いずれにしろ、このような気の毒な痕跡を残すことになったのだ。この聖者に対する畏敬の念がどんなに大きくても、そのことに触れずにおくことはできない。

　だが、この残酷な剣がフランシスコの心に突き刺さった時、彼は突如として、まったく予想外の転回を見せる。修道会の世俗化に対して抗議の言葉を発することがなくなったのである。フランシスコは、彼を穏やかに押しのけた教皇庁の意志に屈して、抵抗の姿勢を示さなくなった。この屈服自体に内包されている事柄をフランシスコが初めて経験したのは、この厳しい運命を最終的な試練として引き受け、自分の諦めの能力をもう一度試した時だった。謙譲の心が、彼に不可解なことに屈し、これ以上悪に抵抗しないように命じたのだ。それは、イエスが山上の垂訓により理解しがたい言葉で要求したのと同じことであった。山上の垂訓の不可解な知恵に着目したのは、トルストイが最初ではない。すでにフランシスコは、それを知っていた。闘うことなく、この謙譲な人物は、神が許すこと以外は何もすることを許さないあらゆる生の力にさらされたのだ。

　フランシスコは、キリスト教の歴史に見られる偉大な無防禦の人間であり、一切の自己主張を放棄した人間である。この一切の防禦の断念は弱さとはまったく別のものである。この屈服を無意味と見るか否かで、フランシスコの魂を真に理解できるか否かが決まる。なぜなら、修道会の不幸な歩みにこのように屈服することによって、フランシスコは彼の最大の聖性を明らかにしたからである。この瞬間以上に、彼が聖者であったことはない。フランシスコは、起こったことを正しいとは思わなかったが教会の指示に従った。とはいえ、それを了解したわけではなかった。教皇の指示に己を断念して服した姿勢は、解明不能な深さまで達した聖者の真正な姿勢である。この姿勢は、外的な反抗に要求される勇気以上の内的な力を必要とする。まさにこの服従の姿勢に、真に宗教的な偉大さが存在する。この姿勢によってフランシスコは教会の疑念を和らげ、この件で教皇庁の相手役以上にキリスト教的であることを示したのだ。このため、「不完全な罪深い教会当局に謙譲かつ無私の姿勢で服従したことにより、アッシジの貧者には、ローマ教会内で世界を支配するイノケンティウス三世の権威より高い権威が与えられた」(ハイラー『アッシジの聖フランシスコと《聖なる一つの教会》としてのカトリック教会』一九二六)のである。

第六章

この苦痛に満ちた経験の後、フランシスコは完全に引きこもってしまう。だが心に怨恨《えんこん》を抱いた不機嫌な人間としてではなかった。諦めた人間の陰鬱な気分は、貧者フランシスコには無縁だった。だが彼は、それまで以上に孤独を求めた。フランシスコは、以前に増して聖者の道を歩み始めたのだ。修道会全体としては実行できなかった無条件にキリストに倣う生を、彼個人の生によって忠実に実現しようとしたのである。アッシジの聖者自身は、理論と実践が完全に一致しており、その間に何らの溝も認められない。彼は知的に認識されただけで、まだ実際に経験されないことを口にすることは決してなかった。彼の精神が善しと認めたことは、すぐさま実行に移した。しかも、つねに自分が真っ先に行った。前もって自分が行ったこと以外は、決して命じなかった。思考と行動の例を見ない一致はフランシスコ固有のものである。そこから彼の抗いがたい範例としての力が発出する。理論と実践が継ぎ目なしに合致していることは、小さいことのように見えるが宗教の分野でも稀有のことなのだ。心の中で陽の目を見ようと迫るすべてのことを、生きる上での在り様として具現できたのは少数のキリスト者に限られている。フランシスコには、この奇蹟的な恵みが与えられていた。彼は望んだことを実践できた。その点で分裂に悩むことはなかった。一人の人間にとってそれ以上の偉業はない。

修道会内で世俗化が進めば、それだけフランシスコの諦念は深まった。すべてがゆるがせにされる事態に対して、フランシスコは、自分自身に対する要求を倍加した。彼の生の禁欲の度合いが高まったことは、そのことから理解できる。贖罪生活の始めから、彼は禁欲的だったが、その真剣さには慄然とするものがある。彼は罪の行為を抑制しただけではなく、外的な感覚をも、それらを通じて死が心に侵入するという理由で抑え込んだ。「調理した食物は、ほとんど摂らず、摂っても稀だった。摂る場合には、食物を灰まみれにして摂り、風味の良い香辛料は冷水で洗い流した」（トマス）。

フランシスコは、あらゆる快適な生活の敵だった。彼が兄弟驢馬とよんで蔑視した肉体に対する禁欲的な闘いには、きわめて激しいものがあった。「この熱烈な、キリストの闘士は、肉体をいたわらなかっただけではなく、肉体を自分ではない無縁のもののように扱い、言葉と行為によってあらゆる酷い仕打ちを肉体に加えた」（トマス）。フランシスコは自分の肉体を容赦なく虐待し、後に医師たちは、痩せ細って骨と皮ばかりの体を見て驚愕した。

彼の禁欲傾向は、女性に対する峻拒にも現れている。「用心のためや手本を示すために、女性を避けているだけではなく、恐怖や嫌悪から避けていると思われるほど、彼には女性が厭わしい存在だった」（トマス）。チェラーノのトマスは、ここで自分の修道士意識を過度に露呈させているように思われる。

いずれにしても、イエスはそのような態度をとることはまったくなかったから、フランシスコが基本的に女性に目を向けなかったことが事実であれば、その点ではイエスと一致してはいないだろう。修道女クララとの関係には、淡いエロスの雰囲気が漂っているが、彼女に対してもそのような態度だったのだろうか。それがどうであれ、彼がつねに拒否の姿勢を貫いたのは確かである。アッシジのこの聖者の禁欲を、中世的な偏見に基づくものと見て彼から切り離してはならない。禁欲は彼のイメージに欠くことのできないものだからだ。禁欲なきフランシスコは、もはやフランシスコではない。彼の禁欲の面を無視した叙述は、すべて彼の姿をゆがめる責めを負わねばならない。禁欲が彼にとって本質的なものだったことは、いくら強調しても強調し過ぎることはない。禁欲は彼の姿を美化して誤用する傾向から、彼を守っているとも言えるのだ。浮ついた態度でフランシスコと戯れようとして彼に近づく者は招かれざる客であり、厳しい禁欲にはね返されよう。真実のフランシスコに近づこうと思えば、近代人には過小評価されがちな禁欲の狭き門を通過せねばならない。

フランシスコの禁欲的な生の驚くべき点は、気難しい不機嫌な点がまったく見られないことである。断食のとき「辛い顔を見せてはならない」というイエスの言葉を守って、フランシスコは贖罪行為の只中でも晴々した気分にあふれていた。このことはフランシスコの生にあって最大の驚きの一つである。この汲みつくせぬ喜びには、フランシスコの容易には近づきがたい最も深い秘密が隠されている。存在する秘密のどのような要素も、法外な快活さなどといった月並みなものではなかった。彼はいわゆる好人物で、いつも冗談を言って人を笑わせる呑気者だったのではない。真似のできない彼の天国的ユーモアは、言うまでもなく表面的な楽天主義とは関係がない。フランシスコの笑いは、きわめて注意深く語る必要がある。この笑いは、彼の生得の素質からは説明できない。それはあくまでも禁欲に根差したものなのだ。彼の喜びは、キリストに結ばれた宗教的根源から発出している。彼が父親から逃れた時から、すでに「それまでまったく知らなかった名状しがたい喜びにあふれていた」（トマス）。この歓喜は、終生、彼を去ることはなかった。「その時から彼は、大きな喜びに満たされ、我を忘れて小躍りして歓声をあげ、意に反してその秘密のいくつかを人びとの耳に漏らしたのだった」（『生涯の物語』）。

このあふれる喜びは、贖罪行為と矛盾するものではまったくない。彼にとって贖罪行為は、新たな生の始まりであり、意気消沈する事柄ではなかったからだ。彼の名状しがたい歓喜は、救いの確信に基づいており、この歓喜を彼は、天才的に鋭敏な感覚で悪魔の奸計に抗する最良の武器の一つと見ていたのである。《規則》のなかで、はっきりと兄弟たちに命じている。「悲しげに、陰気な信心家のように振舞うことがないように注意し、主のうちにあって生き生きと、快活に、親切に振る舞わねばならない」（『著作集』）。当時の証言者たちは、フランシスコのこの「名状しがたい計り知れぬ喜び」（『生涯の物語』）を強調し、この喜びを通じて、しばしば「彼の精神のこの上なく甘い旋律があふれだした」ことを記している。「祈りやミサの時以外にも、外面、内面を問わず絶えず快活な精神にみなぎるようにすることが、つねにフランシスコの最高かつ最も卓抜な配慮だった」（『完徳の鏡』）。憂鬱な気分を払拭できなかった兄弟を咎めさえし、自らについてこう告白している。「憂鬱が私を襲うたびに、私は私の同伴者の快活な姿を見る。すると直ちに憂鬱の誘惑が払拭され、心も外見も快活になる」（『完徳の鏡』）。フランシスコの喜びは、彼が福音の内奥の本質を神の国の到来の喜びと理解していた事実の抗いがたい証拠である。これはキリスト教にあっては、すでに早い時期に忘れられてしまったことだった。教父たちの数少ない著作からは、まだこの「大きな喜び」のいくばくかが感じられる。神学の書物で、この宗教的歓びの小さな火花に出会うまでには、しばしば多くの時間を割かねばならない。だが喜びは福音書の愛児にほかならない。フランシスコの場合には、神的喜びが火山の噴火のように噴出し、この光景を目にして人は呪縛されたように立ち尽くす。サバティエは、フランシスコ会士の著作には、喜びという言葉が頻出することに注意を促している。この事実によって、彼のキリスト教は快活で晴朗な性格のものとなる。こうした晴朗な要素に触れれば、ペテロとともに、ここは良い、ここにわれわれの小屋を建てよう、と言いたくなるというものだろう。

フランシスコには、ヨハネ福音書が注目するよう促しているこの完全な喜びが、再び姿を現したと言ってよい。『小さき花』には、この神的な幸せについて、福音書の永遠の美よりほかには比較できない物語が伝えられている。この物語は詩的に語られてはいるが、真正なフランシスコ的精神を表している。このあふれるような陶酔的喜びは、貧者フランシスコの真の本質をなしており、今日なお、フランシスコと神秘的な対話を交わす人間の心を打つのがこの喜びなのだ。フランシスコの生の感情の中核には恍惚とした喜びがあり、その感情には、この世で経験される新たな喜びの時代が前提となっていた。

こうした喜びの感激は、しばしば誤解されてきたことだが、自然とのフランシスコの関係にも現れている。この関係は、仔羊を襲う豚をフランシスコが酷く呪詛《じゅうそ》するという類の感傷的な話とはまったく別の話である。貧者フランシスコは例のない開かれた態度で、神の創造物である全自然を有機的、無機的の区別なしに包み込むのだが、すべてを聖化するこの試みが彼の宗教性に基づくことを見過ごしてはならない。

中世のキリスト教徒としてフランシスコも、詰まるところ自然を神の寓意と見なしていた。彼は動物や植物を愛していたが、それは動植物が天の父の創造物であり、彼の内部に宗教的な連想を呼びさましたからであった。貧者フランシスコは花を見て喜んだが、それはエサイの樹から咲き出た花を思い出したからであった。その花の香りで多くの死者がよみがえったのだ。道の真ん中に虫がいると、私は虫けらであり、人間ではないという言葉を思い出して道端へ運んでやった。彼は仔羊を愛したが、それはキリストも、世の罪を負う神の羊であり、羊のように屠殺場へ連れて行かれたからであった。死んだ仔羊を見ると、「彼は、殺された別の仔羊を考えた」（トマス）と、はっきり記されている。この聖者は「自然に刻印された跡をたどって」、至るところで「主につき従い、あらゆるものから神の座へ導く階段を造った。未聞の敬虔な愛にあふれて、あらゆる被造物を抱擁し、被造物に神について語り、神を讃えるように求めた。いかなる灯、燈火、光も、彼は消すことはなかった。彼の手は永遠の光を暗示する輝きを妨害することがなかった」（トマス）。

近代の見方では、自然は目標であって道程ではないが、フランシスコは、近代の見方とは異なり、福音書のイエス同様、すべての生き物に神の象徴を見ていた。したがって、この偉大な象徴家にとっては、全自然が、創造主のところへ登る階段だったのだ。だが自然とのフランシスコの関係は、象徴的な自然解釈というだけでは汲みつくせない。兄弟として愛する彼の立場は、中世に一般的だった見方をはるかに超えていた。再びチェラーノのトマスを引用しよう。彼は、フランシスコの伝記作者のなかで最も多く、この新たな自然の見方や感じ方に言及しているからだ。「草原の花を見ると、彼は花に説教し、あたかも花が理性をもつかのように神を讃えるよう呼びかけた。穀物畑や葡萄畑、石や森、美しい牧場、水の湧き出る井戸、緑の繁る庭、土、火、空気、風、何を見ても同じだった。何もかもすべてのものに、彼は心を一つにして誠心誠意、神を愛するよう、神に喜んで従うように戒めた。すべての被造物を彼は兄弟と呼び、外からは窺い知れぬ尋常でない仕方で、彼の炯眼《けいがん》は、あらゆる被造物の内奥まで、あたかも神の子たちの素晴らしい自由のうちにすでに入り込んでいるかのように見通したのであった」。

このような神の愛に似た愛の心で、フランシスコは言葉なき植物の世界や理性なき動物の世界を、這うもの、逃げるものすべてを包含し、感覚のあるもの無いもの、一切の創造物を彼の宗教的関連の構成要素に連ねたのである。彼はあらゆる創造物の秘密を心で解き明かした。彼が宗教的姿勢によって、鳥たちとさえ語るところへ導かれたのはそのためだ。フランシスコは、動物や風や岩石に兄弟姉妹の名で語りかけ、それによって、あたかも彼らが同じ高さの存在であるかのように親密な関係にあることを示している。全被造物とのフランシスコのこのような兄弟姉妹関係は、キリスト教の歴史でも例がない。キリスト教徒が、これと同じことをしたことはない。比較を絶する大胆さで彼は、高慢な愚かしさが作り出してきた人間と動物の間の隔壁を破壊したのである。

ほとんど適切に評価されたことのない彼のこの自然理解を、彼は有名な『太陽の讃歌』で表現している。太陽の讃歌は、このような世界聖化の精神を表すものと見ることができ、その言葉の光輝は、何世紀を経ても曇ることはない。神の輝きに照射されているからである。

いと高き、全能なる慈悲深き主よ！
讃美と栄光と栄誉とすべての祝福は貴方のもの
いと高き主よ、これらは、すべて、貴方のみのものであり、
人は貴方の御名を呼ぶにも値せず。

讃えらるべし、主よ、主の造りませるすべてと共に、
わけても、我らの高貴な姉妹なる太陽と共に。

太陽は昼を照らし、貴方は太陽で我らを照らされます。
美しきかな太陽、眩しきまでに照り渡る
いと高きにある主の御しるしよ！

讃えらるべし、主よ、我が兄弟姉妹なる月、星によって。
貴方は、これらを空に、鮮やかに尊く麗《うるわ》しく造り給う。

讃えらるべし、主よ、我が兄弟なる風により、
大気により、曇れる日和、晴れたる日和、あらゆる天候によって。
これらにより、貴方は、造りませるものを育み給う。

讃えらるべし、主よ、我らが姉妹なる水によって。
水は、いと役立ちて、低きにつき貴く清らかなり。

讃えらるべし、主よ、我らが兄弟なる火によって。
貴方は、夜に火で我らを明るく照らし、
火は、美しく、喜びをもたらし、力強い。

讃えらるべし、主よ、我らが姉妹、すべての母なる大地によって。

大地は、われわれを育み、養い、
　この実を結び、草花を咲かせます。

『太陽の讃歌』に最も明らかに表されているフランシスコの自然理解の解釈は、先ずヨーゼフ・ゲレスによって、詩的な解釈の方向を取り始める。フランシスコは、フランス語が完全にはできなかったが「フランス語で神の讃歌を歌うこと」（ヨーゼフ・ゲレス『アッシジの聖フランシスコ』）を愛したトルバドゥールに見立てられた。フランシスコの讃歌は、世俗的なトルバドゥール運動の宗教的な並行現象と見てよい。フランシスコは、事実、自分自身と彼の兄弟たちを、「人間の心を動かし、人間の心を明朗な精神で満たす」（『完徳の鏡』）使命を与えられた「神の吟遊詩人」と呼んでいた。フランシスコの人格には、いくぶん芸術家的なところがあった。この「神の吟遊詩人」は、真正なキリスト教的詩を創作した。陶酔的で甘美な讃歌を書いたフランシスコ会のジャコポーネ・ダ・トディに似ている。フランシスコの詩には、自然が祝福され、世が光明化された姿で歌われている。だが、これは、汎神論的な生の感情とは無関係であり、ほかには唯一、フランシスコとさまざまな点で共通するところがあるロシアのキリスト教で試みられたことがあるだけである。この太陽の讃歌で、はじめてキリスト教徒により被造物の感情が完全にとらえられ、余すところなく表現されたと言ってよい。

　フランシスコの自然に対する態度の中核を理解しようと思えば、これを中世的な自然感情と取り違えてはならない。彼には、近時、主張されているように中世的な自然感情にとらわれている、といったところはまったく見られないからだ。中世の人々は、あらゆる自然現象を不安と恐れの入り混じった気持ちで見ていたが、フランシスコはそうした気持ちを克服した。彼は天地の創造が神により実現されたことを知っていた。彼にあっては、全被造物が歓喜の声をあげるものだった。

また、彼に発する刺激は多かったとしても、ルネサンスの生の感情を彼が先取りしていると見るのも誤りである。まったく別の系統のものだからである。ジオットの偉大な芸術は、フランシスコの魂よりも外的なもの含んでおり、ダンテの『神曲』を規定しているのは、フランシスコの精神ではなく、トマス・アクイナスの精神である。フランシスコの自然との関係は、彼だけに見られるものなのだ。その根は、彼自身を何らかの被造物の上に位置づけることを禁じた彼の卑下の精神にある。このことは、奇妙なことだが、問題にされたことがない。フランシスコが全被造物に感じた新しい自然感情は、彼特有の宗教性に由来する。この自然感情によって、彼は、人間と動物の区別が、原理的なものではなく、程度の問題であることを理解した。これにより彼は、ほとんど解きえない問題を含む複合的な問題に逢着した。実際、彼の姿勢にはキリスト教に対するガンジーの非難は通用しない。神的愛に満たされたフランシスコの自然との関係により、動物との間の誤った分離が是正されると同時に、キリスト教が何世紀もゆるがせにしてきたことが取り戻されたのである。

だが、取り戻されただけではない。フランシスコの場合、救世主の国での動物との関係が示唆されることで、何かを先取りしているのである。「服従させ、支配せよ」という言葉に誘惑され、人間が自然に対し加えてきた野蛮な暴力が、全被造物に対する愛にあふれる責任を感じたアッシジの貧者の限りない献身に道を譲ったのである。あらゆる存在に兄弟の名で呼びかけることで、動物とのまったく未知の接触が生じ、動物たちが彼の玄妙な神的力に引き付けられ、それまで見られたことのない信頼をもって応じたのであった。今日なお、この宇宙的兄弟関係は捉えがたい要素を含んでおり、フランシスコの動物との間の平和は言い知れぬ幸せを感じさせる。

この点で、聖フランシスコから一つの覆いが取り払われ、彼には全く新しい眼が贈られたように感じられる。あらゆる被造物が聖化され、神へ戻る道が開かれたのだ。フランシスコは「最初の無垢の状態に戻った」ので、彼の場合、まさに楽園での被造物との関係が再現したのである。この奇蹟の結果、全自然が変貌した。フランシスコが生きていた間、「どこの畑も実り豊かだった」が、彼の帰天とほぼ同時に、「事態は一変し」、「飢饉の恐れが国中に拡がった」。チェラーノのトマスのこの言葉ほど、一人の人間を大きく見せたものはない。万物を仲間として苦しみを連帯するこの自然との関係には、実際に新しい世界感情が含まれており、この感情にこのセラフィム的人間が初めて表現を与えたのである。この普通の同情とは無関係の自然との関係に、心的異端の嫌疑をかけることは不適切である。むしろ、そこに見られるのは神による自然の被造性を把握しようという聖者の試みである。この行為によって、フランシスコはキリスト教徒に語らねばならなかった最も重要な言葉の一つを語ったのだ。フランシスコの自然との未聞の近さは、近代的と見るべきではなく、それ以上のもの、つまり未来を志向するものなのだ。なぜなら、教会が、自然へのこのエロス的な感情移入を、全体としては受け入れなかったとはいえ、以来、もはやこの感情移入が完全に失われることはなかったからである。そうした感情移入が、キリスト教のその後の歴史のなかで、ある時々に、再三、姿を現すのはそのためである。恵みを受けた人間により、時として、全被造物へのそうした神秘的な感情移入が行われる。フランシスコの新しい言葉が完全には忘れられていないことは、ほとんど世に知られていない女性神秘家リマの聖ローザ（一五八六―一六一七）が示している。彼女は、きわめて悲惨な状況のなかで、蚊との信じがたい陽気なデュエットを歌っている。こうした新たな世界感情の先触れは人類の大きな希望と言ってよい。

フランシスコの自然との新たな関係は、神秘の深みに消えている。すでに、イエスとの彼の関係は、キリスト神秘主義と呼ばれ、貧しさとの婚姻も、神秘主義的な婚姻だった。フランシスコの場合、すべてが彼特有のキリスト教的神秘主義から生れ出ている。これは、あまり注目されてこなかった事実である。確かに、彼は神秘主義を弁じはしなかった。彼の場合、浄め、照明、成就などの学識ある区別は見られないし、観想内部の区別も見られない。スコラ学を宿敵とする彼には、その種の面倒な思弁は向いていない。だが、真正の神秘主義は、神と共に在る隠れた生であり、神学的教説ではない。したがって、フランシスコは、神秘主義の体系を打ち立てはしなかったが、神秘家であり、あらゆる時代の神秘主義の最大の代表者に数えられるのだ。貧者フランシスコは、神秘主義がまざまざと現前するような直接的な形で神秘主義を生きたのである。彼の全存在が神秘主義以外の何ものでもない。彼にあっては、神秘主義が人間となって現在している。フランシスコは、しばしば脱魂状態に落ち入ったが、そうした時には超自然的な光が彼を取り囲んだ。「その時、彼の人間全体が祈りとなった。祈っている人間というだけではなかった」と、チェラーノのトマスは記しており、ボナヴェントゥーラによれば、「燃えている炭のように、神への愛の炎で焼き尽くされているように見えた」(『アッシジのフランシスコ』)のであった。彼をめぐる説話の魅力的な芳香は、キリスト教的な神秘主義から発している。彼の具象的な思考もそこから説明でき、キリスト降誕を厩の情景で示すやり方も、そうした思考によって、彼が始めたものである。フランシスコが実行したのは、心による思考であり、悟性による思考ではない。彼は、理性的に物事を理解すれば、人が変わるという考え方は決して信奉しなかった。干からびた知性信奉は、彼にはまったく見られない。当時、スコラ学が絶頂期にあり、教会化されたアリストテレス主義がアウグスティヌス主義に替わったが、この経過に、神秘主義的フランシスコは関わらない。知性的意識は「限られた不完全な生の形式」と見ていたからである。フランシスコの脱魂的な鋭敏な感覚には、教会史上、瞬間的に白いキリスト教がひらめいたとも言える。

フランシスコの神秘体験の頂点は、アルヴェルナ山での体験である。一二二四年九月、アルヴェルナ山で起こったことの詳細は、今日ではもう明らかではない。フランシスコは独りだったから、この不思議な出来事を好奇の眼で見た証言者もいない。この体験は驚くべきもので、歴史には比較できる出来事は存在しない。十字架に架けられたイエスが、おそらくはセラフィムの姿でフランシスコに現れ、彼の手と足と脇腹にスティグマを与えたという出来事である。脱魂状態から目覚めたフランシスコには、イエスと同じスティグマが残っていた。この聖痕の発現は、批判的な声はあるにしても、疑うことができない。フランシスコの同伴者だったコルトーナのエリアスの証言は、フランシスコの「遺骸を前にして」のものである。聖痕はフランシスコが己をすべて捧げつくし、己のためには何も残すことがなかったイエスとの燃えるような関係から現れたものだ。このイエスとの関係の頂点をなす締め括りが、神秘的変容であり、それが身体的に現れる結果となったのだ。この説明不可能なカリスマの点で、貧者フランシスコはそれまでのすべての聖者をしのいでいる。説明の断念は、決して逃げではない。具象的真実は、変造することなしには概念的な言葉には変換できないからである。アルヴェルナ山は、ゲッセマネ同様、学問的な問題にはなじまない。

この沈黙は、彼の最初の聖伝作者チェラーノのトマスの場合にも認められる。「私たちは、このことの幾ばくかを、私たちの内部で追体験できはするが、いかなる言葉をもってしても十分には捉えられない。なぜなら、言葉は日常の物事で使い古され、汚されているからである。したがって、おそらく聖痕は、言葉では表しえなかったので、肉に現れねばならなかったのだろう。それゆえ、言葉が黙すところでは沈黙が語るのだ」。

フランシスコは、聖痕を受けてから間もなく失明する。内的光が外的光を消したのだ。両者は、並び立つことはできなかった。だが、どのみち彼は、きびしい禁欲の結果すでに長いこと病身だった。世俗を離れて以降、彼の健康には問題があった。胃病で吐血したこと、痛みをともなう眼病に医師が不適切な処置をしたこと、水腫症で苦しんでいたことなどが伝えられている。病状は急速に悪化した。彼は、自分の病状を見誤るようなことはなかった。「死にも生にも同じくらい満足する」（『完徳の鏡』）ほど、神との内的一致を感じていた。少しの恐れもなく、四十四歳になったばかりのフランシスコは、死に直面した。死が近づくと、彼はなお一言、言葉を発する。初めはよく聞き取れなかったその言葉は、まさにフランシスコ的な言葉だった。「我が兄弟、死よ、ようこそ」（トマス）。一人の人間が勝ち取ることのできる最大の勝利が、この短い言葉に示されている。これによって、フランシスコは最後の高みに登攀した。死をめぐる夢想的な思弁にふけることはなかった。信じられない仕方で彼は、誰もが恐れる痩せこけた死神と兄弟となった。それで死の難問は解けたわけではなかった。そのようなことは人間には不可能だろう。だが、彼は宗教性によってその難問に答えたのだった。内心で防衛するのではなく、愛をこめて死を胸にかき抱いたのだ。この聖なる振る舞いはなんと死を超越していることか！

フランシスコは、裸で地面にじかに横たえるよう要求し、「こうして彼は、最後の時を裸で闘う」（トマス）ことを望んだ。それから彼は、兄弟たちに、兄弟である死の歌を始めるよう命じた。だが、コルトーナのエリアスは、そのような歌は、臨終のときにそぐわないと考えた。兄弟たちは、そこで『太陽の讃歌』の最後の節を唱和した。

讃えらるべし、主よ、我らが兄弟なる死によって。

生きとし生けるもの、何ものも死を免れず、
禍あれ、大罪に死す者！
幸いなれ、聖なる意志のうちに憩う者、
第二の死に苦しむことなければなり。

一二二六年十月三日、フランシスコは、「歌いながら死を受け入れ」（トマス）、それによって、死に対するキリスト教的勝利を勝ち取ったのである。

第七章

フランシスコの生を宗教的に自己のものにするには、耳目を聳動《しょうどう》させる最新のニュースにざっと目を通すのに慣れた現代人とは別種の生が要求される。それには、繰り返し己の内部に沈潜する必要がある。それは、フランシスコ自身が行っていたやり方に似ている。彼は、自分を刺激する或る箇所に出会うと、本を閉じて、そのくだりについて考え、その貴重な内容を自分のものにした。「このような読み方や学び方を、彼は実り多いやり方と呼び、多くの論文をあさることはしなかった」（トマス）。

フランシスコはあるとき、人間について、「聖者が成し遂げた仕事を読んで聞かせ、かつ告げ知らせることによってのみ、栄誉と称賛を受けることが望まれる」（『完徳の鏡』）と語っている。この言葉に従おうと思えば、貧者フランシスコを単に普通のキリスト教を、再び普通でない仕方で生きた人物として称賛するだけであってはならない。フランシスコは、単なる称賛のために持ち出される過去の現象では

ない。今日なおフランシスコ的に生きる可能性は、広範囲の多数の人間にではないにしても、個々の何人かの人間には存在する。そのような生は、時折、歴史のなかに現れて、キリスト教の扉をたたくことがある。だが扉が開かなければ、ふたたび、しばらくの間姿を消し、また新たに現れる。この生は、退行的でもなければ革命的でもない。既存の事物を祝福することもなければ、バリケードを築くこともなく、あらゆるものの間で縦横に活動し、苦を楽に変え、人間に宗教的な貧のうちに存在する自由を呼びかけ、イエス・キリストに永遠に従うことから生まれる名状しがたい喜びを人間に贈る。世を攻撃することなしに、音もなく世を根底から変え、より高い現実により、世の価値を失わせる。また、その生は原初の形でのきわめて急進的な在り様を生み、あらゆる革命運動より、はるかに強力な解放力を内包している。なぜなら、いかなる反対行動をも喚起しないからである。このフランシスコ的な生の可能性は、歴史に幾度となく登場する始原的キリスト教の変種なのだ。おそらく、廃墟と化した西欧は、この可能性をもはや不可能なこととは見なさないだろう。なぜなら、福音書全体は、一見したところ不可能なことに基づいているからである。

2 ジャンヌ・ダルク　フランスの天使

（一四一二―一四三一）

第一章

十五世紀のフランスは、きわめて惨めな状態に陥っていた。百年戦争の結果、この王国全体に滅亡の危機が迫っていたのである。すでに国の大部分は、イングランド軍に征圧され、完全に占領されるのも時間の問題のように思われた。長引く戦争が、人びとの上に破壊的な影響を及ぼしていた。畑は耕作されずに放置され、どの地域も荒廃するに任されていた。人びとは飢餓に苦しんでいた上に、手の施しようのない疫病が蔓延していた。すさみきった兵士の群れに襲われた人びとの生活は、絶望的だった。フランスは、いつ終るとも知れぬ戦争に打たれ、苦悶していたのである。戦闘区域にない村々も、近づく敵を恐れて住民が皆逃げ出すことも稀ではなかった。だが戻ってみれば、自分の家が煙のくすぶる焼跡になっていることも、しばしばだった。最も禍多い事態は、国が内部分裂していたことだった。フランスという国が、当時は、多くの対立勢力に分解してしまっていた。ブルゴーニュは、公然と敵側に与《くみ》していた。国王は戴冠しておらず、その正統的な血筋が、最も近い取り巻きからも疑われていた。フランスがイングランドの属国になる時が来たように思われた。ルイ聖王の国の中世の色鮮やかな秋が、このような哀しい形で終りを告げようとしていたのである。

ジャンヌ・ダルクが登場したのは、このような時代背景からであった。彼女は何もないところから現れたわけではない。歴史的な出来事を契機に登場したのである。彼女の出現は、フランスの歴史で最も注目すべき出来事の一つと言ってよい。彼女の登場の瞬間から、それまでゴシックの世紀末の政治的な出来事に人びとが抱いていたすべての関心が、一度に消えてしまう。ジャンヌの姿だけが中心に残るのだ。この謎めいた少女は、傑出した形で歴史の舞台を支配しており、その結果、彼女の言葉の一語一語が意味のあるものとなり、彼女の生涯の極めて細かいことまでも人びとは知りたいと思う。あらゆる他の出来事が、彼女の特異な人格の影に隠されてしまう。それほど彼女の人格は、異例であり、通常の想念とかけ離れている。ジャンヌは、他の一切を締め出すような具合に、一身に注意を引き付ける。彼女が、国の民の絶望の叫びに応える天上の声以外の何ものでもなかったからである。これは、決して後世の解釈ではない。彼女自身、自分の生をそのように見ていたのだ。すでに生時から、ジャンヌは、「彼女の現れるところ、多くの人々が彼女を聖女のように敬っている」（ビュトラー編『ジャンヌ・ダルク－裁判記録』一九四三）と、敵側から非難されていた。

彼女が天の使いとして、時代や国を救う言葉を語ったという主張が妥当かどうかは、とりわけ歴史家が明らかにする必要がある。この少女に関する無数の文献の大部分は、フランスの比較的新しい若干の詩人のものは例外として、前提となるこの決定的な問いに関しては不明確である。ジャンヌが、世俗を超越した聖女なのか、好戦的な女戦士なのか、前面に押し立てられた藁人形等々なのか、それらの文献からは分からない。こうした様々の相反する見解の間を右往左往したあげく、すべての見解がごたまぜにされる。その結果、ジャンヌのイメージは統一を欠き、読者は、満足を得られないまま多くの伝記を読み終えるのだ。こうした訳の分からなさほど彼女に不相応なことはない。独りの人間が、生きてゆく上で、自分が誰であり、自分が何を望んでいるかを承知していたとすれば、その人間こそがジャンヌだったのだ。彼女は、渾然一体の存在である。宗教的な生と戦士としての生が、彼女の場合、二つの部分に分けられてはいない。むしろ、互いに関連し、分かちがたく一体になっている。戦士の面が聖女の面から生まれており、これは、花から実が生まれるのと同じことだ。ジャンヌの場合、すべてが、一つの大きな目標に従属していた。彼女は、聖なる姿形と理解せねばならない。それについては、少しの疑いも存在しない。彼女を統一的に聖者と見ることによって、はじめて、彼女の人格にふさわしい宗教的な一貫性が明らかになる。「彼女と共に、完全に純粋な要因が歴史に登場した」（ラインホルト・シュナイダー『権力と恩寵』）。もちろん、彼女の聖性は、伝統的な図式には合致せず、通常の聖者の観念を類のないかたちで強引に破砕するものではある。

ジャンヌには、内的な成長が見られない点で、すでに他の聖者と区別される。彼女は、歴史に登場した時点で、すでに内的に完成しており、最後の瞬間まで変わることがなかった。何らかの成長は、時間の短かったこともあって、ほとんどありえなかったのだ。ジャンヌは、生涯に、他の人間が数十年かかっても体験しなかったほど多くのことを体験した。あふれる光と暗夜を含むこの鮮明な色合いのドラマが、どれほどの期間に演じられたかを自問してみれば、それが、数カ月間の出来事だったことに気付くだろう。彼女の生のドラマ化に寄与したのは、この短い期間だった。ロシアの長編小説のように、様々な出来事が彼女の生に矢継ぎ早に起こり、きわめて重大な出来事が短期間に集中したかと思えば、また、たちまちのうちに過ぎ去った。残されたのは、ただ筆舌に尽くしがたい印象のみだが、その印象は、ただ驚きの言葉で要約するほかはない。すなわち、またしても一人の聖女が、苦境にある人間に天上の答えをもたらし、その答えのみが、名状しがたい苦境に終止符を打つことができた、ということである。

第二章

ロレーヌ地方のドンレミに生まれたジャンヌの幼少時の姿は、明確には描けない。信頼できる事実は僅かしか知られていないからだ。田舎の習慣に従って、幼いころから親と一緒に働かねばならなかった。尊敬される家柄の生まれではあったが、生活は苦しかった。彼女自身の言うところによると、「私は家事を手伝ったが、羊や他の家畜と一緒に牧草地へ行ったことがない」(『裁判記録』)。学校へ行ったことはなく、一時は、AとBの区別さえできなかった。彼女の著しく宗教的な素質は、あくまで田舎に見られる信仰心の枠を出ないもので、母親の血筋による。行いも良かったから、ジャンヌは皆から愛されていた。教会へは欠かさず通い、鐘の音を聞くと、戸外でもひざまずいて祈りを捧げるのが常だった。生き生きとした自然のままの彼女は、仰々しい勿体ぶった在り様とは無縁だった。おそらく彼女は、おとなしい子供ではなく、気性の激しい娘で、時折、感情を爆発させることもあったと思われる。あくまで無邪気に、彼女も、村人たちが従っていた異教的な慣習になじんでおり、ブナの木のそばで催されるささやかな村祭りを楽しんでいた。「その時には、踊るより、歌うほうが多かった」(『裁判記録』)と、彼女はある時、語っている。要するに彼女は、典型的な農民の娘の生活を送っていたのだ。だが、こうした前史は、本質的なことにかかわりがないので、これ以上触れる価値はない。

ジャンヌの外見についても、詳しいことは伝えられていない。同時代人の証言によると、農民らしい顔立ちで、ずんぐりした姿だったという。美人ではなかったように思われる。女たちから妬まれるようなことは全くなかった。残念ながら、彼女の真影は残されていない。残されていたとしても、この娘の解明には役立たないだろう。ジャンヌを農村の環境から脱出させ、世界史上の心を奪う人物の一人にした要因は、肖像に画き切れるものではなく、また、言葉でもほとんど示唆できない。歴史のあらゆる叙述方法を超えた領域で演じられた事柄だからである。

ジャンヌの生涯で疑いなく決定的瞬間と見られる出来事がある。ある夏の日の昼頃、両親の家の庭にいたジャンヌは、突然、右手から澄みきった声を聞く。同時に、太陽よりまばゆい光に照らされる。そして、「天上から多くの天使をともなった」（『裁判記録』）この世のものでない存在の姿を眼にする。不可思議な驚愕に彼女は襲われたが、これは自分が何を見たのか分からなかったからだった。天上の存在は、大天使ミカエルの姿で、恐れおののく少女の前に現れた。ミカエルは、ヨハネ黙示録によれば龍と闘い、ダニエル書によれば、世の終わりの最大の窮迫の時に、再び彼の民の保護に立ち上がると言われる。ミカエルは、ジャンヌに、聖カトリーヌと聖マルグリットの出現を約束した。これらの聖女は、古代教会の殉教者として、十四名の救難聖人に数えられ、中世末期の人びとの信仰のなかで大きな場所を占めていた。ジャンヌの戦慄的な恐怖感は、名状しがたい幸福感に変り、歓喜に圧倒され、大天使の立つ「地面に接吻」した。「彼らが私の前からいなくなると、私は泣き、一緒に連れて行ってもらいたかった」（『裁判記録』）。その後間もなく、大天使の約束が実現され、冠を戴いた二人の聖女が、素朴な村娘ジャンヌに現れ、自分たちの名を告げる。ジャンヌが、二人の聖女の出現に値すると見なされたのは、一度だけではなく、何度もあり、同じ日に数回のこともあった。聖女たちは、ジャンヌと会話を交わしたが、想像を絶する雰囲気で行われたことから、それがどのようなものだったかは例えようがない。

ジャンヌの生涯の初期に生じたこの宗教的な体験は、説明不可能な神秘に包まれている。エレミア同様、この村娘には神の選択が働いており、この選択により、彼女の生には天国的な高貴な色彩が与えられている。旧約の預言者同様、彼女には永遠の力が訴えかけていた。この聖なる召命から以外は、ジャンヌの生は理解できない。この点を見誤れば、この人物を正しく把握する可能性を予め閉ざすことになる。彼女自身、二人の聖女の訪れによって、通常の生活から引離されたことをはっきり感じていた。自分が召命されたことを、彼女は誤りなく理解していた。そのことを証明したのが、彼女の沈黙だった。彼女は、召命体験を直ちに公表しようとは思わず、年少にもかかわらず、その異常な体験を聖なる秘密として胸の内に秘めていた。母親にも聴罪司祭にも、秘密を打ち明けることはしなかった。このことに関して、司祭の助力は全く望まなかった。この少女は、ただ独りで自分の召命に片を付けようとした。この沈黙からして既に、注目する価値がある。この態度には、早い時期から、彼女の宗教的な独立性が表されており、このことは彼女の生で何度も確認できる。後になっても、この生涯の大きな体験については言葉少なに語るにとどまり、自分の発言を他者の理解に合わせるのが常だった。

この召命体験から、大きな出来事が出来する。拒みがたい使命の意識は、真に預言者的な性向のしるしである。ジャンヌは、他の誰でもない自分が、その使命を果たすために送られたと信じていた。この使命を、虚しい名誉欲からでは全くなく、きわめて真剣に受け止めていた。神から委託された使命だったからだ。全能の存在が、とくにそのために彼女を創造し、その委託を受けて彼女は行動した。「神の許しなしにフランスに生まれるより、馬で八つ裂き刑にあったほうがまし」(『裁判記録』)だったのだ。彼女の口から、この世を超えた使命を示唆する言葉よりも頻繁に語られた言葉はない。彼女の使命感は、使命を欠く使命感ではなかった。ジャンヌは、彗星のように現れ、彗星のように消えた。神から送られたという意識が、彼女を前に進ませ、その意識から彼女の信仰が流出し、この信仰を他者に伝える能力が得られたと言ってよい。ジャンヌにとっては、他の人間もこの使命感を納得するかどうかは、どうでもよいことだった。「私たちの側の人びとが、このことを信じるか、彼らの思うままに振る舞うかは、どうでもよいことだ。彼らが、それを信じなくとも、私が神に送られたことには変わりない」（『裁判記録』）。彼女の生の常ならない一切のことは、この壮大でもあれば危険でもある真似の許されない使命感から説明せねばならない。この崇高な中でも最も崇高な確信は、精神病質者の忌むべき自己顕示欲と紙一重だが、決定的な相違は、本物か本物でないかにある。

ジャンヌの使命には具体的な内容があった。聖女たち、聖カトリーヌと聖マルグリットは、オカルティストたちの精神会話によく見られる愚にもつかない話を、ジャンヌと交わしたわけではない。個人的な事柄について話をしたのでもなければ、無意識に彼女が望んでいた楽しい事柄を、聖女たちが語ったのでもない。会話は、むしろ個人的な事柄を超えた意味のある会話であり、その後、大きな影響を及ぼすこの会話から、ジャンヌは自らの清明な霊的状態を感じとったのだ。天上の力は、絶えず、彼女にフランス国王を助け、破滅に瀕している祖国を救うよう要求した。この常ならぬ会話の話題は、聖王ルイが聖なるフランスと呼んだ国、かつてこの国を知った者は誰一人として忘れることができない偉大で、不滅のフランスをめぐるものだったのだ。

神から特に愛されたフランスなるものが現実に存在したかどうかといったことは、ここでは問題にならない。ジャンヌにとって、キリスト教的な中でも最もキリスト教的なフランスといったものは、いずれにせよ論議の外のことだった。国王のイメージも同様であり、現実はそうした国王のイメージにはほとんどそぐわない。窮境にある祖国を救うこと、この課題が彼女に課せられたのであり、自分の関心が宗教と祖国のいずれにあるのかといった問題は、彼女の理解の外だった。ジャンヌにとって、信仰と愛国心とは別のものではなかった。彼女の祖国愛は、宗教的な基盤をもち、神が定めた秩序に従うものだった。破滅に瀕していた祖国を救うことは、何の知識もない十代半ばの村娘にとっては、途轍もない仕事であり、ジャンヌも、当然これにはひるまないわけにはいかなかった。彼女が始めは、この気ちがい沙汰に近い無理な要求を驚いて拒否したことが、まさに彼女の召命が本物であることの証左と言ってよい。「私は貧しい娘にすぎず、馬に乗ったり、戦ったりすることは全く分からない」（『裁判記録』）。最初、天からの委託にこのように尻込みしたことは、モーゼ、エレミア、ヨナら旧約の預言者たちと共通している。このことは、他のすべてのこと以上に、召命を受けたという事情をジャンヌ自身が考え付いたのではないことを証明している。この考えは、天上の力が彼女に与えたというほかはない。彼女自身、この妄想めいた使命を直ちには果たそうとはしなかったからである。それまで、フランスの優れた男たちでも、この仕事を成就するには至らなかったのだ。この仕事が巨大でもあれば困難でもあることを、彼女はすぐさま見て取った。だが、天上の助言者たちは、彼女の異議を認めなかった。次第に強い調子で、この神の娘に課せられた仕事を果たすよう迫るようになった。なお長いこと拒み続ければ、天の命令に背き、罪を負うことになったろう。彼女は、最後にはこの召命に従い、信仰によるこの大事業に着手する決意を固める。ジャンヌは偉大な信仰者、つまり山を動かす力をもち、決定的な時に彼らに何が要求されるかを理解していた信仰者の一人だった。

ジャンヌ・ダルクの幻視が、常に注目され、結果として、終わることのない論議を引き起こしてきたことは理解のできないことではない。近代人の意識は、心理学的な説明を迫られ、その種の多くの説明を試みてきた。それらの説明を、頭から聖性を毀損するとして否定すべきではないだろう。自己暗示を幻覚とする解釈は、問題を形而上学なしで解決する試みなので、それ自体分かりやすい面がある。とはいえ、こうした非宗教的な説明は見せかけの解決でしかない。最終的な理解を示すことはできず、上滑りの理解に終わる。ジャンヌという心を騒がせる現象にレッテルを張るだけで、結局は深い理解には役立たない。同時代のどの報告を見ても、ジャンヌは健康な村娘であり、禁欲的な贖罪の業を行っていたということもない。神経障害の徴候も皆無だった。白日夢ということも、彼女の冷静な思慮のある態度にはそぐわない。カトリーヌ・ド・ラ・ロシェルに対しても批判的な態度を示しているように、幻視と称して人を欺く女に対して、彼女は大きな不信を抱いていた。ジャンヌの幻視は病とは全く関係がない。病理的な要素は、健康な彼女とは無縁である。聖者の現象は、基準を破壊するとはいえ病理的なものではない。ジャンヌの宗教的想像力は、詩的な色合いが濃く、幻想の産物と実世界との区別がつかない異常なものだという指摘も、同じようにほとんど根拠がない。

これらすべての説明には、最終的に、ジャンヌ像の破壊に行き着く傾向がひそんでいる。そうした見方は、かつて知らず知らずのうちに、彼女を妄想に駆られた狂気の女と見なして断罪した男たちの見方と変わりはない。懸念せざるを得ないのは、これらの説明が、つねに恣意的な仮説を論拠にし、しかもその仮説の手掛かりが「しだいに無くなりつつある」（アナトール・フランス『聖ジャンヌの生涯』一九二六）からだ。それらの解釈の根底には、すべて合理主義的な考え方が認められるが、そうした見方は哀れむべき歪曲に終るのが落ちである。ジャンヌが生きた次元とは、別の次元で語っているからである。このため、それらの見解は、どんなに機知に富んでいたところで実を結ぶことはなく、ジャンヌについて新たな、すぐれた姿が造形されることはない。

英国の女流作家サックウィル－ウェストは、ジャンヌの伝記（一九三六）のなかで、このフランスの聖女の魅力は、「人が何を信じ、何を信じないかといった極めて深いところに根ざす基本的な考え方のいくつかを疑問に付した」ことにあり、さらに付け加えれば、それらの考え方を突き崩してしまったことにある、と述べている。そのことにより、ジャンヌは決して軽信の時代ではなかった同時代に、すでに途轍もない影響を与えており、ジャンヌとの真剣な出会いを体験した人間は、今日でも同じような影響を受けている。不信仰者は、再三、ジャンヌとの対決を強いられるが、その度に彼女は彼らの指の間をすり抜けてしまう。ジャンヌは、人間をつねに新たな状況の前に立たせる。ドグマの建物、合理主義の建物のなかからジャンヌを観察しても、彼女に接近はできない。そうした解明によって初めて、何が可能で、何が不可能かという点での世界観的な見方の修正の必要が明らかになろう。先入見抜きで、この聖女を解明する者の心のなかにのみ、新しい要因が生まれよう。また、そのことによって、今日の人間が、身動きのできない思考の罠から脱出する助けが得られよう。

ジャンヌの幻視は、謎のままにしておき、彼女自身の解釈とは別の解釈をしないことが勧められる。歴史的人物を、本人以上に理解しようとするのは、つねに冒険的な試みである。精神史では、これまでの多くの人物について書き直されてきたが、説明し尽くされることはない。ソクラテスの謎めいたダイモニオンも、合理主義的には理解できない。パウロのダマスカス体験のような出来事は、その生の雰囲気を破壊すまいと思うなら、どぎつい照明を当ててはならない。どんなに逆説的に響こうと、その雰囲気は相応の薄明のままにしておき、それを取り巻く不可思議な契機を温存することによって、よりよく理解されることになる。ジャンヌ自身、そのことについて、どんなにおずおずと控えめに語っているこことか！　人から強要された時にだけ、嫌々、二、三のことを明晰な意識で示唆はしたが、その秘密を人びとに説明はできなかった。彼女が伝えることを許された数少ない事柄は、超理性的な、言表しがたい出来事を示唆していた。この出来事の様相を、ジャンヌ以上に素朴に語ることはできない。もちろん彼女の内的観照の形式は、彼女の宗教的な教育から想像される材料に基づいている。ジャンヌの幻視が稀有の光に照らされているのは、幻視の頻度が多いこと、出現する天使の数が複数であること、とりわけ《声》の概念が用いられていることによる。この概念については、新約聖書の記述「天より声あり。いわく、これ我が愛する子、我が喜ぶ者なり」（マタイ3－17）を示唆しておかねばならない。ジャンヌは「その助言」（son conseil）という表現を使っており、この忠告を無視しようとはしなかった。幻視のさい、ジャンヌは脱魂状態に陥ることがなかったから、周囲の者たちは気づかなかった。彼女の幻視に証人がいないのは、そのことから説明がつく。彼女の場合、すべてが沈黙のうちに出来したが、そのことで絶えず幻視に従って行動し、きわめて真剣にすべてを犠牲にすることが妨げられはしなかった。ジャンヌに与えられた「助言」の現象形態と内容とを区別してはならない。解明不可能な出来事を表面的に解釈すれば、ジャンヌが属する象徴的な思考世界を損なうだけである。ジャンヌの幻視は、畏敬を抱いて語ることが要請されるが、この要請はもとより拒むことはできない。どのようなものでも宗教的な要因に対しては、畏敬を抱くことを改めて学ばねばならない。とりわけ天使によって要請された人物には畏敬を要求する権利がある。

　決定的に重要なのは、ジャンヌが内的幻視を通じて自分を理解したその仕方である。この村娘は、以後あくまで直接的に天上の力と通交し、彼女の類のない高さは、そこから生まれたと言ってよい。聖カトリーヌと聖マルグリットとのジャンヌの関係は、通常の聖者崇拝の域をはるかに超えていた。彼女は、二人の聖女を崇拝していただけではなく、二人とほとんど同じ次元に生きており、つねに二人から助言を受け導かれていた。天使の世界と直接に関係していて、その高い次元の体験から、神的な存在の無類の確信が彼女に流れ込んでいた。聖女たちは、彼女にとって周囲の現実以上に現実だった。幾度となく、ジャンヌは述べている。「私は、いま私の前にいるあなた方を見ているように、この眼で聖女たちを見た」(『裁判記録』)のだと。ジャンヌは聖女たちの香りを吸い込み、ある時には、聖女たちを抱擁し接吻する機会さえ恵まれていた。何という至福の体験か！　こうした恵みが与えられた後には、そのつど、彼女の顔には名状しがたい喜びが認められた。幻視が彼女に与えたこのような揺るぎない確信のために、彼女には少しの疑いも生じなかった。神的な要因に直接つながりをもつことで、ジャンヌには少しの動揺も生じなかった。「そのことが、私には、いま私の前に、あなた方がいるのが分かっているのと同じように、啓示を通じて分かっていた」(『裁判記録』)のであった。ジャンヌは、パウロがそうであったように(ガラテア書1－12)、直接に啓示を受けたと感じていた。彼女の聖性は、神的な要因により直接に要請されたという宗教的な確信によるもので、決して彼女の自己形成によるものではない。「良心は、決して十分には浄化できない」(『裁判記録』)と、彼女は考えていた。ジャンヌの近づきがたい聖性は、神的要因との近さに基づくもので、この近さが彼女をして人間の能力を遥かに超えた行為に向かわせたのである。

自分の使命の実行について、何年にもわたって天使たちと話し合った後、ついに実施する時が来たのを見る。この瞬間にも彼女は、身内の者たちに自分の内部に燃え上がっている大きな計画実現の思いを、一言も語っていない。両親に一言でも語れば、すべてが一瞬のうちに水泡に帰してしまったことだろう。ジャンヌの態度には、陶酔した様子や混乱した様子は全くなく、真正なフランス的思慮を保っていた様子が示されており、こうした思慮のある姿勢が、彼女のすべての行動に伴っていた。彼女の在り様には、実際、熱狂的な激しさとフランス的な明晰さとが奇妙に混じり合っている。現実的な面もあったから、自分の家の環境は適切に評価していた。だが父親は、娘が何か大それたことを胸に秘めているのを薄々感じないではなく、娘が武装した男たちと出て行ってしまうという予感に満ちた夢にも襲われていた。このため父親は、娘を厳しい監視のもとに置き、さらには結婚させようとも試みた。だが、彼女は結婚話を一切受け付けなかった。このため、決して男と結婚の約束を交わさないことを法廷で誓うはめになる。ジャンヌは、これ以上、両親の家に留まるわけにはいかないと感じていた。だが、なおしばらく両親に対する良心の呵責と闘わねばならなかった。こうして、ついに一四二九年の始め、別れを告げることなく両親の家を去り、二度と戻ることはなかった。「神が、そう命じられた。だから私がしたことは当然のことだった。神が命じ給うたがゆえに、たとえ百人の父親や百人の母親がいたとしても、また私が王女であったとしても家を出たことだろう」（『裁判記録』）と、後にジャンヌは断言している。両親に対する明らかな不服従だけが、ジャンヌにとって負い目だった。幻視の強い圧力を受け、彼女は、人間よりも神の命令に従うよう迫られるのを感じた。両親の家からの秘かな脱出によって、ジャンヌのドラマの第一幕が終わる。

第三章

彼女の使命の実行は、何度聞いても聞き飽きることのない昔話のように始まる。この出来事は、魅惑的だが、神から与えられた使命と切り離して見てはならない。

ジャンヌの足は、彼女が小父と呼んでいた従兄のもとへ向かう。この従兄は、ヴォクレールのすぐ近くに住んでいた。彼女はこの従兄に、はじめて計画を打ち明け、騎士ボードリクールに紹介してくれるよう願った。この騎士から国王への推薦状を貰う必要があったからである。まだ農民の衣服を着ていて、上着は、よく知られた赤いもので、物腰はどこまでも素朴な村娘のそれだった。ボードリクールは、彼女の空想的な計画には取り合わず、したたか殴りつけた挙句、両親の家へ送り返そうとした。ジャンヌの公的生涯で出会った最初の反対だった。だが、彼女はそういう脅しに少しも屈せず、騎士との話し合いの望みを捨てなかった。その願いがかなった時、彼女は自分の使命について火を吐くような調子で語り、ボードリクールを驚かせた。彼は自分の意志に反して、この村娘から発せられる超自然的な力から逃れられなくなる。話し合いの終わりに、この頑強な男はついに降参し、この神の娘の願いを受け入れる。

ボードリクールの同意を得た後、ジャンヌは赤い上着を、膝までとどく黒っぽい戦闘服に着替え、髪は小姓風に短く切りそろえた。このような衣替えは、十五世紀には未聞のことで、後々まで悪印象を与えることになる。髪を短く刈り、頭にかぶり物を着け、男装したこの娘は、明らかに旧約の掟（申命記22－5）に違反していた。男装した天上の娘を、当時の人びとが不快に思い、首を振ったのは分からなくはない。だがジャンヌには、本質的なことと、そうでないことを見分ける確かな感覚があったから、返答も当を得ていた。「衣服などは、些細なことで論じるに値しない。私の男装は、この世の人間の助言に従ったものではない。このことを含め、私が行ったすべてのことは、神と天使の命令による」（『裁判記録』）。男装も神の命によるものだったから、申命記の掟には反するが、良心に恥じることはなかった。彼女自身は、武人の服装で戦うのは当然と見ていた。戦いが男たちの間で行われ、彼らの行動様式に合わせる必要があったからである。このように適応することでジャンヌは、煩わしい中傷の一切を封じ込めた。彼女は戸外で戦士たちと雑魚寝をしても、性的な当てこすりを耳にすることはなかった。また、戦闘服を着ていても、男勝りの武骨な女性といったところは全くなかった。幾度となく強調されるように、彼女の声は女性的であり、よく涙を流したことからも分かるように、女性的な性状が少しも欠けてはいなかった。とはいえ、誰もが感じていたのは、彼女に性的欲望を感じることは不可能だということだった。フリードリヒ・シラーが、『オルレアンの少女』のなかで描いた恋の争いは真のジャンヌを理解したものではなく、非歴史的である。その種の恋愛沙汰は、十七世紀になって初めて、この聖女の文献に現れたものだ。彼女の聖なる姿の、説明不可能の高貴な様子の前では、どんな性的欲望も消えてしまう。彼女の使命感が威厳に満ちていたため、彼女の近くで、それを汚すような考えが生じることはなく、彼女の周囲には大きな恐れが広がっていた。聖なる要因が、戦闘服を通して輝き、彼女の大きな影響は、その宗教的な力から以外は理解できない。

　二人の同伴者と共に、ジャンヌは馬でシノンへ向かう。この何日にもわたる冒険的な騎行で、彼女は敵方に占領されていた地域の只中を通ることになる。この最初の試練で、彼女が、どのような辛労にも耐えられることが明らかになった。疲労を嘆くこともなく、武人の粘り強さを証明した。同伴者にしばしば耳打ちしたのは、ミサに与りたいということだけだった。このことからも、彼女が宗教的世界と解きがたい結びつきを保っていたことが分かる。イングランド軍に気付かれることなく、十一日間の騎行の後に、シノンに到着する。この町は、当時の王太子シャルル七世が治めていた。ジャン・フケの肖像画から言えば、この王は醜い鼻に、うつろな目をした心身共に疲れ、生に倦《う》んだ類の人間に見える。この無能な君主には、王侯の要素が全くそなわっていなかった。呑気に生活を送ることが関心事で、フランスのことなどは気にかけていなかった。己の請求権を行使することにも無関心で、投げやりな在り様から脱することがなかった。ジャンヌの到着を少しも喜ばず、彼女をすぐにまた厄介払いしようとしただけだった。全く異なる種類の二人の人間が、ここで出会ったわけである。「ジャンヌは、一人の村娘にすぎなかったが、つねに大道を歩み、シャルル七世は君主ではあったが、つねに小道を歩んでいた」（サックウィル－ウェスト）。

ジャンヌは、シャルル七世のもとで、ボードリクールの場合以上に困難な抵抗に出会す。課せられた使命を果たすべく心急《せ》く状態だったが、謁見は二日間引き延ばされる。シャルルが、彼女に批判的な態度で接したことは、非難されるべきことではない。この少女が持ち出した途轍もない要求に対して、そうした態度を取ることは彼の義務でさえあったからだ。彼の人間像を汚したのは、むしろ彼がジャンヌに不誠実な態度を示したことだった。最初の謁見のさい、彼はジャンヌを欺くために、一計を案じた。一人の貴族を王座に座らせ、自分は廷臣のなかに交じっていたのである。ジャンヌは、五十本の松明の灯りのなかを広間に案内される。三百名の臨席者が固唾を飲んで見守っていた。農夫の娘ジャンヌは、貴族たちが取り巻くなかで、少しも臆する態度を示さなかった。最初の瞬間から、彼女は、この容易ならぬ状況を完全に支配した。迷うことなく、まっすぐにシャルルの前に進み、礼をして名を告げる。「王太子さま、ジャンヌと申す娘です」（Gentil Dauphin, j'ai nom Janne la Pucelle）。シャルルは、なおも彼女を欺こうとして、王座に着いている貴族のほうを指さす。ジャンヌは、しかし迷うことなく、きっぱりと答える。「神の名において、あなたが王太子であり、他の何人でもございません」。ジャンヌが、広間を一目見まわして王を識別したことに、一座のものは意表を突かれる。王太子も驚いたが、いまだに納得できずにいた。ジャンヌが、王以外には伝えられない極秘の事柄を伝えると、そのことでますます当惑し、彼女を理解できず、重苦しい気持ちでジャンヌに接する。フランスを救うために神から送られた天の使者という彼女の主張を、彼は認めようとしなかった。それ以上に、彼には、王国は神に提供すべきであり、国王は救い主の代官にすぎないとするジャンヌの宗教的なナショナリズムが不可解だった。フランスは「聖なる王国」でなければならないという主張が、彼には理解できなかったのだ。他方、ジャンヌの主張からは、彼女のあらゆる言動が、宗教的な考察を唯一の基礎としていたことが分かる。シャルルは、危機にあるフランスの国王に送られた救い手を喜ぶことをせず、さまざまな懸念にかこつけて、何週間もジャンヌを引き留めた。

　はじめ、シャルルは、自分が相手にしている人間が何者なのかを確かめようとした。ジャンヌが、実際に彼女が主張するように天の使いなのか、それとも地獄の使者なのかを明らかにせねばならなかった。二人の女官が、ジャンヌが処女か否かを確認することを命じられた。中世の信仰によれば、悪魔は、純粋の処女を魔女として利用はできなかったからである。この試験には、もとより通ったが、さらに第二の不愉快な試験を受けねばならなかった。彼女が、実際に教会の忠実な娘かどうか明らかにすることが、聖職者に命じられた。ジャンヌは、本格的な神学の試験を課せられ、高位の聖職者たちの質問攻めにあう。彼女の生の行路は、平坦どころの騒ぎではなかったのだ。不信に次ぐ不信を乗り越えねばならず、その使命は、人びとの意志に反して貫かれたのである。もとより、教育のないこの田舎娘には、質問のさいに高位聖職者が持ち出す重箱の隅をつつくような神学上の知識があるはずはなかった。この状況下で、彼女を助けたのは生来の賢さだった。これによって、質問者たちの詮索の網にかからずに済んだ。残念ながら、この審問の記録は、今日まで見つかっていない。そのいきさつは、二人の証人の報告によって、僅かにうかがわれるだけである。ジャンヌは、少しも動じることなく、学のある神学者たちの馬鹿げた質問に答えている。訛りのひどいフランス語を話す質問者の一人に、天使たちとは何語で話すのかと問われ、農民特有の率直さで答えた。「あなたの言葉よりは、ましな言葉で」と。笑い者にされたその質問者は、興奮して、さらに、お前は神を信じるかと問うと、ジャンヌは、「はい、あなた以上に」

と快活に答える。しまいには、ジャンヌが反抗的に何も答えずに椅子に座り続ける容易ならぬ状況も生まれる。事態が危険になったのは、ジャンヌが教会の教説に反対して自分の照明を持ち出して、自分の心の内奥にあることを聖職者たちにぶちまけた時だった。「私たちの主の書物には、あなた方の書物より多くのことが書かれています」（アナトール・フランス）。この見事な言葉によって、ジャンヌと試験官の聖職者との間に存在した深い裂け目があらわになる。神の書物と教会の書物とを対置することで、異端の嫌疑がかけられることは疑いなかった。だが、聖職者たちは、この厄介な点を無視することで善意を証明する。結局、行動を渇望していたジャンヌは、三週間後に、しびれを切らして、議論をするために来たのではないと宣言する。そして、戦う兵士たちのところへ案内してくれるよう要求し、彼女に要求されている「しるし」を行うことを約束した。聖職者たちは、ジャンヌには、疑わしいところは全く見つからなかったと証言する。ジャンヌには、この神学的な試験が不愉快な記憶となって残っていた。教会を尊重する意識はあったが、聖職者とは十分に理解し合うことはなかったのだ。「主が私を、我々の側の聖職者から受ける苦しみを除いてくださったことを感謝します」（『裁判記録』）。

こうして、ついにジャンヌは一小隊を任されることになる。ジャンヌ自身は、新たに剣を調達した。これは、フィルボワの聖カトリーヌ教会から持ってこさせたもので、彼女の言によると、祭壇わきの地中に錆びた状態で埋めてあったものを発見したのだという。こうしたことから、彼女の声名は一層高まった。だが、ジャンヌにとって剣以上に重要だったのは、粗い亜麻布で作られたのぼりだった。「旗は私にとって剣より何倍も、何十倍も大事なものだった」（『裁判記録』）。部隊のところに到着すると、彼女は、呪いの言葉を吐きながら飲んだくれている兵士たちに、まず告解に行くよう命じた。神は敬虔な軍隊にのみ勝利を与えたもうからだと言うのだった。部隊に付いて回っていた娼婦たちも離れねばならなかった。ジャンヌが、一人の娼婦の背中を平らな剣でたたき、刃が砕け飛んだこともあった。オリヴァ・クロムウエルやグスターフ・アードルフ同様、兵士の生を宗教的に考え、野営の時にも、天使から要求された姿を瞬時も忘れることがなかった。

ジャンヌがオルレアン近郊に到着した時、突然、風が変わり、部隊は船でロワール川を渡ることができた。これが、彼女が口にしていた「しるし」の最初のものと見なされた。オルレアンの住民から、ジャンヌは、大きな歓声で迎えられた。完全武装し、白馬にまたがったジャンヌは、夕刻、窮地に陥っていた町に入る。何日もの間、オルレアンの住民は、興奮に酔った状態にあり、喜びのあまり、住んでいる家の扉をほとんど打ち壊してしまうほどだった。ジャンヌは、幾度となく姿を現さねばならず、町なかを歩く時には、その度に住民に取り囲まれ、ほとんど前へ進めない有様だった。

オルレアンの町に入って以来、彼女の生に新たな要素が働き始める。すなわち、群衆の扱い方である。それが、意識的な考慮から出たのでないことは確かだが、扇動的に集団を暗示にかけるといったこととは全く違っていた。彼女は、無意識的に集団心理に優れた理解を示したと言ってよい。民衆との関係は相互的だった。ジャンヌは、冷たい石から火花をたたき出すように、民衆から何かを引き出すことができた。民衆のほうも、ジャンヌに逆作用して、彼女を大波の上にのし上げた。相互の交流を見ることなしには、多くのことが理解されないまま残されることになるだろう。

オルレアンでのジャンヌの軍事的な位置について、過大なイメージを思い描いてはならない。彼女は、軍団に命令できたわけでもなければ、公式の命令権をもっていたわけでもない。フランス軍の司令官たちも、彼女に対しては明らかに及び腰だった。彼女が、軍の指揮官たちから会議に招かれたことも、ほとんどなかった。彼女が戦略的な考え方を理解していたかどうか疑わしい。とはいえ、彼女は、その最良の戦友であったアランソン公から戦争に精通していると評価されてはいて、熟練した軍人たちとは異なることを敢行してもいた。軍事について彼女が理解していたのは、おそらく、彼女の健全な理解力で自然に考えることができた事柄だけだったと思われる。彼女が取った処置には、論理より直観が働いていた。こう見ることで、彼女の使命の超自然的な性格は、傷つけられるよりは、むしろ強調されるだろう。彼女には、戦略的な知識もなければ、指揮官としての地位も欠けていた。それにもかかわらず、偉業を成し遂げている。このことからも、彼女の成し遂げたことの理解しがたさが増幅される。この戦いのさい、ジャンヌにとって常に重要だったのは、宗教的な事柄だった。彼女の政治神学的な思考にとって、この戦争は、神の命令による聖なる戦争だったのである。日曜日には、たとえ攻撃されても、戦おうとはしなかったのは、そのためだ。ジャンヌは、フランス軍のなかに宗教的な行為を前提にした新たな感動を目覚ませたが、このことは、戦術的考量と少なくとも同じくらい重要なことだった。宗教的な使命意識があったからといって、場合によっては、乱暴な言葉遣いで兵士を叱咤することも辞さなかった。自分の品位を汚すことはなかったが、反抗的な兵士が指示に従わないようなときには、首をちょん切って足下に転がしてやるぞと脅かしもした。聖性は豊かだったが、乙に澄まして上品ぶるようなところは全くなかった。つねに、彼女は、「二つの世界と同じように通交しており、一方の世界の使者として他方の世界で働くように召命を受け、二重の使命を果たすために二重の備えを授けられていた」（G・ゲレス『オルレアンの乙女』）。他の人間にはきわめて稀にしか与えられない才能だが、彼女には二つの逆の要素をを一つに結び付ける能力が与えられていた。彼女の戦士としての生涯の説明不可能な面は、天使との対話に起因している。天使たちの「助言」が、つねに彼女を支え、戦士の生活の進軍太鼓の連打のなかでも、かき消されることがなかった。

オルレアンでジャンヌはイングランド側に撤収を促す書簡を送り、そうでなければ「当方は、フランスで千年来聞いたことのないほどの激しい雄叫びの声をあげるだろう」（『裁判記録』）と告げる。ジャンヌは、できるだけ血を流さないよう努力していた。このため、戦闘活動の前に、撤退を促したのだ。イングランド側は、この難題をせせら笑って拒絶し、乳搾り女、娼婦、魔女などの蔑称を投げつけ、ドンレミ村出のこの少女は涙を流す。その後、ジャンヌは、敵の部隊に変ったことが見られたら、そのつど報告するように命じる。ある日の午後、仮眠を取った折り、突然、町の門の外で戦闘がおこる予感に襲われる。ただちに衣装をととのえ、宿所を出て生涯で初めて戦闘を経験する。同国人の血が流れたのを見て、興奮の極に達し、持ち前の勇気が計り知れないほど高まる。「突撃」とジャンヌは叫び、先頭に立って梯子を攻め上った。戦う意欲に火をつけたジャンヌの常ならぬ姿は、大きな影響を与えないではおかなかった。数知れない敗北を重ねていたフランス軍は、すでに戦意を喪失し、戦える状態にはなかった。だが、いまや隊列内で、激しい闘志を燃やす少女に勇気を掻き立てられ、大きな鬨《とき》の声を上げる。重い気分を吹き飛ばし、勇気を新たにして敵に立ち向かったのだ。太古の時代から起きることのなかったことが、いわば一夜にして出来した。フランス軍は勝利をおさめ、要塞を初めて占領できた。続く日々の戦いでも、フランス軍は陣地を固守できた。ジャンヌは、彼らの間で戦い、矢で肩を射抜かれた時も、彼らの傍を離れなかった。ジャンヌは、はじめての恐ろしい体験で、またしても多くの涙を流しはしたが、自分の手で矢を抜いて戦いの場を避けようとはしなかった。戦闘は続けられ、一週間後、イングランド軍は、ついに六カ月にわたるオルレアン包囲をあきらめ、逃げるように撤退した。町は敵軍から解放された。ジャンヌの最初の預言は実現された。奇蹟に近い彼女の偉業に感謝するために、「オルレアンの乙女」の名が彼女には与えられ、その名でジャンヌは歴史に登場することになる。

ジャンヌはきわめて能動的な性質だったから、最初の成功で満足することはできなかった。天から託された使命をすべて果たさない限り、彼女の内的な素質は、文字通り行為から行為へと彼女を駆りたてた。休むことなく前進を続け、現代的な表現を用いれば電撃作戦を行ったと言ってよい。その後、立て続けに生じた戦闘のそれぞれを、細部にわたって述べることは紙幅が許さない。これらの戦闘時には、つねに《イエズス・マリア》と記した幟がはためいたが、このことは、これらの戦闘が誰の名で行われたかを示している。これらの戦闘には、すべて勝利を収めたが、彼女に渋々従っていたに過ぎない国王からは、十分な支援は得られなかった。抗《あらが》えない力にジャンヌは捉えられ、毎日のように勝利の知らせを届けることができた。ジェリコの城壁が、喇叭の響きで崩れ落ちたように、町々は、単にジャンヌが近づくという知らせだけで降伏することがしばしばだった。要塞が次々に陥落した。ポワチエやアザンクールの勝者だったイングランド軍の長弓隊が、恐怖のあまり戦意を喪失し、集団脱走をはかる。召命を受けたジャンヌが広めた恐怖や驚嘆には、名状しがたいものがある。十七歳の田舎娘が数週間に成就したことに比較できる出来事は、歴史上に存在しない。ジャンヌが部隊を率いてロワール川からフランス北部へ進軍した数カ月は、百年戦争全体から見て、フランス軍の最も栄光にあふれた月々だった。この輝かしい成果を、トレモイユの曖昧な政策に帰することは、ジャンヌを打算的な人間たちの掌中で踊らされた単なる藁人形と見る試み同様、奇怪な誤解と言わねばならない。あの長引く戦争の転回点は、ただ一人ジャンヌにあったと言うほかはない。彼女は、世界史上の創造的な人間の一人なのだ。

打ち続く勝利の過程で、ジャンヌは、国王を戴冠の目的でランスへ連れてゆく。戴冠は、オルレアン解放後の彼女の第二の主要目的だった。戴冠式のさい、かつての村娘は国王のすぐ隣の席につき、幟を手にして注目を集める。きらびやかな衣装を身に着けていたことから、彼女が美しい衣裳を好むことが分かり、彼女の人間像に共感が加わる。戴冠の日は、ジャンヌの生涯の頂点をなしており、神の意志を果たしたという満足感を彼女に与えるものだった。思い上がった態度が見えてもおかしくはないが、彼女は、そうした態度で自分の仕事をぶち壊しはしなかった。この時にも、「私は、貧しい人びと、飢えに苦しむ人びとのために送られてきた」ことを肝に銘じていた。

フランスの重要な部分であったオルレアンの解放と国王の戴冠は、確かに重要な出来事なので誰も過小評価はしない。だが、この外的な出来事より、はるかに本質的なことは、こうした行為のすべてによって成就された心の変化である。この変化は、容易には説明できない。ジャンヌの戦士の面について考えた場合、まず、いくつかの疑問が浮かぶ。彼女は戦争の罪障の深さを、戦争が内に含む名状しようのない苦しみを認識していただろうか。キリスト教と戦争が相容れないことを感じていただろうか。戦場の喧騒は聖性と合致しうるものなのか。

こうした重い問いかけに対して、ジャンヌの場合、問題は別の次元にあることを示唆せねばならない。彼女の祖国は苦境にあり、それも極めて危険な状況にあった。この憂慮すべき瞬間に、神の召命を受け、蹂躙されたフランスを再生させた。この行為は、勝利を収めている国を自分の攻撃で支援することとは、原理的に少し異なっている。もちろん、ジャンヌはそのことによって、主に一つの国の聖者となった。だが、彼女の聖性によって光を発しているのは生来の祖国愛だが、祖国愛なるものは、それ自体は天与のものとしても、しばしばファナティズムやエゴイズムによって腐敗するものでもある。ジャンヌは、熱烈な祖国愛を抱いてはいたが、フランス以外は認めない過剰な愛国者では全くなかった。彼女は、神の怒りが敵方に下ることを祈るようなことは決してしなかった。「神は、イングランド人を愛しておられるのか憎んでおられるのか、また神が彼らの魂について、どう考えておられるのか、私には何も分かないしは支援者とは呼べない」(『裁判記録』)と言う彼女の言葉は、誤解の余地がない。ジャンヌは、決して戦争の擁護者なしは支援者とは呼べない。彼女には、血に飢えた心といったものは全く認められない。彼女自身の告白によれば、一人の人間も殺してはいないという。戦いで流された血が、彼女の心を重くしていた。秘蹟を受けずに仆れた死者たちを悼《いた》んで涙にくれた。イングランド人の魂にも同情を惜しまなかった。負傷したイングランド兵は、彼女に慰められ、彼女の膝に頭を載せて死んでいった。

ジャンヌを戦場に駆り立てたのは、戦争ごっこの楽しみなどではなかった。そのようなことで彼女が行動していたとしたら、一顧だに値すまい。彼女は戦争のために戦争を好んだのではなかった。彼女が戦争を考えたのは、占領された祖国の解放のために不可避だからであり、その解放の使命を天から与えられたからという以外の理由はない。どのような状況にあっても、彼女は二人の聖女の言葉を忘れることがなかった。実際、この聖女たちの支えなしでジャンヌの使命は達成されなかったろう。彼女の戦果は幻視の成果だったのである。

もちろんジャンヌは、旧約聖書的には自明のことだったのだが、この戦う使命に自らを捧げている。若い魂特有の献身的な態度で、彼女は戦いを実行する。純真な若者は誰でもそうだが、ジャンヌも自然や冒険を好み、兵士たちとの騎乗や活発な魂の解放を好んでもいた。馬上の彼女の姿が、どんなに伸び伸びとし生気にあふれていることか! 彼女の内には、どんなに常ならぬものへの衝迫が生きていたことか! 戦いのなかで、彼女は、身を守ることなど少しも考えず、隙間なく射かけられる矢のなかへ突入する。彼女の語る言葉は自分の言葉であり、表情は自然であり、明るい笑顔で部隊と共に騎行した、と同時代人は伝えている。こうした局面には、比類ない聖性が表れている。ジャンヌは、勇気ある輝かしい姿形だった。彼女の姿を見て、人びとは歓びのあまり歓声を挙げたことだろう。それほど、彼女の魂の緊張力、彼女の心の焔、霊的な灼熱は、常ならないものだった。シラーの美しい言葉「心が、お前を造った」というのでは、まだ十分ではない。ジャンヌは、神的存在との出会いで生まれたからである。彼女の意欲は、しきたりの軛《くびき》を断ち切った。単刀直入の直截性が彼女の特性であった。つねに彼女の魂は行動する欲求に充たされており、疲労倦怠、日常的な意識は彼女には無縁だった。長いこと、彼女の放出する力から遠ざかっていることは、おそらく不可能だったろう。彼女の行為をたどることは喜びであり、単純で、鈍重極まりない男たちのどろどろの血も、この聖女を見ることによって騒がないではいなかったのだ。ジャンヌの存在から見れば、「私は、千人に一人という男は見出したが、千人に一人の女は見出さなかった」（コヘレト7－28）と主張した伝道者ソロモンですら、不当のそしりをまぬがれない。この少女には、何百万もの男のなかを探しても見当らない要素が備わっているからだ。彼女は、女性の最高の精華であり、霊的な偉大さと心の偉大さとが均衡を保っていた。すでに同時代の女性詩人クリスティーヌ・ド・ピサンが、情感あふれる言葉でジャンヌを讃えたのも不思議ではない。「一四二九年、太陽は再び輝きはじめ、悲しみは喜びに変り、冬から春に変った。すべては、エステル、ジュディット、デボラを顔色なからしめた一人の少女によって実現されたのだ！」（エドゥアルト・ヤン『ジャンヌ・ダルクの文学的イメージ』一九二八）。

ジャンヌからは例を見ない躍動感が発しており、その活力あふれる生気が人びとを緊張させ、人びとの想像力を刺激した。彼女が激動の祖国に巻き起こした感激を、そのような独自の特質から説明することが試みられた。しかし、そうした感激は人間的な要因だから醒めやすいのが普通である。ジャンヌの場合、熱狂的に語らないわけにはいかないのは、超自然的な要因が存在するからだ。その点が単なる感激とは基本的に異なっている。かつてクレルヴォのベルナールに見られたように、ジャンヌの場合にも宗教的な熱狂性が見られ、それによって予想外の力が解放された。このような熱狂的な状態は、人工的な刺激手段では決して誘発されない。それは一時期にわたって根源的な力を伴って生じるか、生じないかであり、神的な要因と考えねばならない。また、それはジャンヌと共に、その計り知れない不可思議な要因として嵐のように出現し、打ちひしがれたフランスを再び立ち上がらせるという理解を絶する奇蹟を生じさせた。真の熱狂性は、つねに歴史の歩みの中で重要な要因であり、神自らが生じさせる力と言ってよい。一切を拉っし去るその力が、ジャンヌにとって神的なものの明らかな証明だった。この神的な熱狂状態から、きわめて重大な意味をもつ宗教的な行為が生まれた。少年と言ったほうがいい少女が、キリスト教に内在する雄々しい英雄的要素を再覚醒させたのは、そうした熱狂状態による。

ジャンヌは、キリスト教的な要素が決して「敬虔な考え方」だけではないことを理解していた。そのような見方は、宗教的な要因を俗物的な道徳と混同するもので、結果として宗教的な要因を蔑視するのに役立ち、一つの衰退現象にほかならない。ジャンヌによれば、神は人間に常ならぬこと、大きなこと、否、最大のことを要求するものなのだ。彼女は、大胆な行為を呼び掛けられ、自らの例で実際に生きて見せた。キリスト教にヒロイズムの魂を取り戻させたのだ。そこに、今日にいたるまで失われることのない彼女の抗いがたい魅力が存在する。英雄的ということが、近年、標語として誤用されることが多いが、そうしたことは結局のところ些細なことである。なぜなら、絶対的な要因にかかわる人間は、英雄的な在り様を断念することはないからである。聖なる存在は、柔弱な解釈では英雄的な要素に逆らうかのように邪推されているが、そのようなことはない。聖者が、英雄的な要素を求めもすることは、聖マウリティウスや聖ゲオルクの例が示している。聖者は、本質的に新たなヒロイズムを体現する。キリスト教的ヒロイズムと呼ばれるこの新たなヒロイズムは、最終的な勇気に担われ、敗れることで真の偉大さを証明する。ジャンヌが中世末期のキリスト教に新たに覚醒させたのが、この宗教性とヒロイズムとの結合だった。この成果によって、彼女は衰亡の時代を遥かにぬきんでている。彼女によって、教会史のなかで最高の事柄を敢行することを決意したキリスト教が、一瞬間、輝き出たのである。

この熱狂的なヒロイズムの結果、瀕死の状態にあえいでいたフランスが真底から新たになっただけではなく、神が、歴史の出来事のなかに再び姿を表したのだ。神の介入は聖書のなかだけのことではない。後のキリスト教精神史のなかにも神の生きた息吹が吹き渡っている。今日なお、神は歴史のドラマのなかに現れる。現時点では、この神体験に気付くことが重要である。そのことで、生きた宗教性か死んだ宗教性かが決定される。ジャンヌは、時代の危機に聖者の解答を与えたが、この解答に対しては、神はジャンヌを通して行動したと言わねばならない。この印象はジャンヌの出現にさいして、改革公会議を主導した神学者ジャン・シャリエ・ド・ジェルソンがすでに口にしている。「これは、主がなされたことである。この乙女を認めるのは、信仰の問題だ」(『裁判記録』)。

第四章

ある使命のために神に選ばれることとは、その人物が神のお気に入りだということではない。むしろ、そのような人物は、つねに困難な運命を内に秘めている。選ばれた使者は、「預言のための使者」であり、キエルケゴールが死の床で「昼間は仕事と緊張で過ごし、夜は脇へのけられ、例外扱い」(日記)と言うように預言の目的のために使われるのだ。神は、しばしばその道具を残酷に扱う。彼ら自身が重要なのではなく、神の計画の実現が重要だからである。聖なる使者には、したがって普通の人間の生以上に受苦のイメージが付きまとう。聖女ジャンヌも、実際には「重力の法則」から逃れられず、熱狂状態が覚め、徐々に日常的な世界に戻ってしまったのだろうか。否である。彼女自身は、この哀しい事態のなかでも最も哀しい事態を体験することはなかった。ジャンヌは、最後の力を振り絞って永遠的な要因のために尽くすことをためらわなかった。だが、彼女の周囲の最も身近なところでは、熱狂状態に替わって悲惨な状態が次第に現れはじめていた。こうして、お伽噺的な上昇に続いて、同じように急激な下降が生じ、結局それによってジャンヌは葬り去られる。それは、ゆっくり滑り落ちたというようなものではなく、急激な失脚だった。彼女の生の曲線は急に下降した。魂の奥底まで震撼させる出来事だった。

国王がランスで戴冠式を行ってから間もなく、彼女の太陽は沈み始める。彼女自身、鋭い予感の才能で、そのことを感じたに違いない。余命は一年、それ以上は長くはない、という彼女自身の言葉が伝えられているからだ。故郷の村へ帰って、母親のもとで糸をつむぐのが最も好ましいことだったろう。だが彼女は、自分の使命を最後まで果たさねばならなかった。その使命とは、愛するフランスからイングランド軍を一掃することだった。ジャンヌは、すでに新たな計画に取り組んでおり、その計画ではパリを解放する必要があった。しかし、国王は彼女の企図に必要な援助を与えようとはしなかった。シャルル七世は、ランスで戴冠したことで満足し、それ以上、戦争を続けることに関心がなかったからだ。ジャンヌとは異なり、国王には神聖なフランスなど重要ではなかった。このため、実際にジャンヌの軍隊は進軍を阻まれ、さまざまなことが遅延し、苦境が続いた。こうして、パリへの進軍は失敗に終わる。部隊は、その後、時をおかず金詰りで解散に追い込まれる。

宮廷内の反ジャンヌの一派は結局、ジャンヌを小隊の指揮官にとどめることに成功する。だが、疲れを知らないジャンヌは、間もなく再び出征し休むことがなかった。まず、敵方にひどく脅かされていた小都コンピエーニュの救援に赴く。小規模の戦いで、フランスの部隊は優勢な敵に撃退される。恐怖を覚えた敵方が砦の橋を引き上げた時、すでにジャンヌは堀際に達していたが侵入は阻止された。敵に囲まれ、一人の射手に衣服を掴まれ馬から引きずり落とされ、ブルゴーニュ軍に捕虜となる。このことは彼女の「助言者たち」から、事前に警告されていたことだった。彼女の生は、この段階でも天使の世界と通交していたのだ。

ジャンヌの囚われの状態は、言いようもなく暗く、獄中での聖女の姿は悪夢のように心にのしかかる。その情景がひどく陰鬱なのは、聖女を助ける手が全く差し伸べられなかったからである。恩知らずのシャルル七世は、彼女を解放しようとは試みず放置した。イングランド側に引き渡された時、ジャンヌは一種の錯乱状態に陥る。絶望のあまり逃亡を試み、高さ二十メートルの塔のはざま胸壁から飛び降りたが奇蹟的に無傷だった。意識を失って、地面に横たわったままとなる。イングランド軍により、ルーアンで鉄製の檻にぶち込まれ、首と足と手には鎖で重いブロックがつながれた。五名のイングランド軍の軍卒に常時監視され、苛酷な扱いを受ける。教会の慰めは一切与えられなかった。これ以上暗い夜はありえない暗い夜が、彼女の光あふれる姿を包み込み、最後の瞬間には、限りない孤独が立ち込める。このフランスの救国の女性は、あらゆる人間から見放され、数カ月にわたる獄中生活の間には、この上ない辱めを受けたが、人びとが関心を寄せることは全くなかった。最後の瞬間まで変わることがなかったのは、彼女の勇敢な魂のみであり、本物の聖者として、彼女が受難に耐えたその耐え方だけが暗い出来事のなかで唯一の明るい要素と言えた。

ジャンヌの常ならない生涯の結末をつけることになった有名な裁判は、シャルル七世の名誉を決定的に傷つけることになったが、だからと言って、ジャンヌの聖女としての生とは無関係の単なる付け足しと考えてはならない。司祭長の前に立つイエスの情景が福音書から除外しては考えられないのと同じで、この裁判は、ジャンヌの生涯から切り離して考えることはできない。アテネで行われたソクラテスの裁判のように、ジャンヌの審問は絶えず人びとの関心を引くことだろう。この審問は、ジャンヌの使命の真偽を検討するものだったから、全キリスト教徒の眼を引き付けて離さない。この最後の幕で、ジャンヌはその生涯の物語を比類のないかたちで描くことになる。どんな人間も、彼女自身が『裁判記録』に残した言葉以上に本質的なことは語ることができない。彼女に対する判決の陰鬱な紙葉のなかに、それまでどんな詩人も、どんな歴史家も残すことができなかった崇高な偉大さの記念碑を彼女は打ち立てたのだ。この永遠の記念碑は、裁判の高まる緊張に包まれており、彼女の猛き心の鼓動が聞こえるほど生々しい直接性をもって人びとに迫ってくる。敵意を抱いた裁判官たちに、この無学な少女が、たじろぐことなく答え、かつ巧みな弁舌以上に雄弁な沈黙をもって応じた態度は、この上なく毅然としたものだった。この苦痛に溢れた審問記録を調べるたびに、ジャンヌがその宗教的な使命を語る超然とした態度に改めて圧倒される。

ジャンヌは世俗の獄に囚われたとはいえ、裁判を行ったのは教会当局だった。彼女が引き出されたのは、異端審問の法廷である。こう言うだけで、この種の法廷が中世末期にはどのような意味のものだったかを知る者には、十分だろう。弁護人がおらず、告発人と裁判官が同一人物だった異端裁判の手続きは、今日の法意識からは全く理解しがたい。教会の高位聖職者が神の名のもとに聖なる人間を抹殺し、進んで法による殺人にかかわり合うというのは忌まわしいことである。しかし、詮ずるところ、この裁判の場合にも、単純に白か黒かを決めてはならないだろう。審問官たちはイングランドの聖職禄を食んでいたため、自由な判決はできなかったからだ。イングランド側にとって、ジャンヌは禍多い人間であり、彼女を除去することが彼らにとって政治的‐軍事的に必要だった。だから暗い中世に単純に憤激したのでは、問題を単純化することに終わるだろう。そのことを見抜かない者は、バーナード・ショーの言うように「なぜジャンヌが焼かれたか」決して理解できないし、「もし、お前が彼女の裁判の法廷に一員として加わっていたとしても、自分が彼女の焚刑に賛成するとは思うまい。だが、そうであれば、彼女について本質的なことは何も分からないだろう」（『聖ジャンヌ』）ということになる。だが実のところ、異端審問者たちをも公正に扱わねばならない。彼らは羨むべき地位にあったわけではなく、裁判官の職に就くよう強制されていた面もあった。ジャンヌの裁判が真の悲劇にまで高まることになったのは、イングランド側にも何分かの理があったからである。悲劇的な紛争は、正義の士と卑劣漢の間にではなく、正義の士と正義の士との間に起こる。イングランドの圧力を受けた教会の裁判手続きに全く理がないわけではない。このことには胸を締め付けられる思いがし、心的衝撃を覚えずにはいられない。だが、正義を相対的と見ることで両派の価値の相違を見過ごすようなことがあってはならない。永遠の正義は、時代的な正義によって曇らされてはならないし、状況を具体的に考えねばならないにしても、永遠の正義を疑問視することはできない。

一方、法廷を仕切っていた裁判長は、学のある司教ピエール・コーションだった。この異端裁判には、普通見られないほど多くの面々が配されていた。四十名を超える神学者や法律家が、滑らかな宦官風の顔をそろえて、被告の少女をうかがい、鉤爪を伸ばしていた。これらのでっぷり太った《愚者たち》とは、あるカトリックの文筆家の表現だが、彼らのなかには司祭服を着た愚者だけがいたわけではない。教皇やパリ大学から高く評価された人士も含まれていた。だが彼らは、体制に囚われていたから、預言者の殺害に加わることになった。彼ら一人一人は裁判を軽く考えていたわけではない。表面的に、性急な処理をしたのでは全くなかった。どの時代にも、教会が見せる印象深い派手なしつらえが用意され、しかつめらしい学識が披露されて裁判は徹底的に行われた。微に入り細を穿つ審問が行われ、さまざまな鑑定が持ち出された。検討されずに残されたものは何一つなく、一見したところ盛大に行われた見世物裁判で、事柄が徹底的に解明されたかに見えた。時として被告は善意や愛をもって接せられ、彼女の魂の救いが配慮され、そうしたことに教会が決して無関心ではないと称された。ベルナノスが怒りを爆発させたのは、こうした太鼓腹の裁判官たちの偽りの親切心だった。「彼女が、教師面をしたこのような狐やどぶ鼠どもに食い散らかされるのを見るよりは、狼どもに食い裂かれるのを見たほうがましだったろう」(『ジャンヌ、異端者にして聖者』)。こうした見方は、裁判全体を通じて、一人の証人も喚問されず、狡猾な検察官が囚人を装って彼女にこっそり近づき、冷酷にも二枚舌を使って文書を偽造し、判決をあらかじめ確定したことを考えれば、当然とも言えるだろう。「真面目な歴史書では、こうした裁判官は失格と見なすほかはない」(『文化史の道』)と、ホイジンハも述べている。

十九歳のジャンヌが対決したのは、このような法廷だった。人間関係から見ると、彼女はつねに孤立していたが裁判でも孤立していた。くじけることのない勇気、誇らしげな視線、明るい眼をもったこの少女は、短い袴と長靴を身に着け挑戦的とも取られる態度で立ち現れたが、生涯のこの最も困難な時にあたって、そのような態度が最大限に発揮された。霊的な自由と、類を見ない卓越したアイロニーを武器に、彼女は絶望的な状況のなかで、学殖ある神学博士たちと対決し一歩も引かなかった。獄につながれた苦境にもめげず、彼女は自分の使命意識を極限まで曲げまいと決意をしていた。こうした窮境のなかで、彼女のヒロイズムは戦場における以上に発揮されたのだ。もちろんこの切迫した状況のなかでも、彼女の傍には援助者がいた。すなわち神の《助言者たち》であり、法律に精通した弁護人以上に彼女には重要な存在だった。天上の聖者たちは、ジャンヌを見捨てはしなかった。「彼らの声を聞くことなく過ごした日は、一日たりともなかった。私には、その声がどうしても必要だった」（『裁判記録』）。彼らから、ジャンヌは絶えず「すべてを進んで受け入れよ、そうするほかに道はない」と警告され、「殉教のことを思い煩うなかれ。お前は必ず楽園に入ることができる」（『裁判記録』）と確約される。

この法廷で、いまにもはじけるばかりの張りつめた空気のなか、審問官たちとジャンヌの間に激しい論戦がかわされた。この論戦は、無関心の責めを負わされたくなければ客観的な冷静さで観察することはできない。長々と続く審問の表面下には、根深い憎悪がくすぶっており、犠牲者の包囲網は次第に狭められてゆく。この裁判の手合わせは、間もなく劇的な転回を見せる。必要な宣誓を最初に求められたさい直ぐにジャンヌは宣誓を保留した。「あなた方が私に何を問うのか私は知らない。私が話すつもりのないことを、あなた方は聞き出そうとするかも知れない」（『裁判記録』）からだ。意見は再三にわたって激しく衝突した。ジャンヌが、意のままに扱えるような怖気づいた少女ではなかったからである。逃亡しようとしたという非難に対して、彼女はこう答える。「確かに以前、逃亡しようとしたし、いまでもそう思っている。どんな囚人にもそうする権利がある」（『裁判記録』）と。彼女を混乱させようとする底意地悪い質問には、素気なく「ほかの質問を願います」と言うのが常だった。ここでも彼女が、聡明な理解力と勇気ある態度によって攻撃者のあらゆる術策をはねつけ、狡猾《こうかつ》にしつらえられた罠に陥らなかったことに驚かされる。どんなに嫌疑をかけられても、彼女は誇り高い自己意識で応じている。「私は神の側から遣わされており、ここでは何もすることはない。私を遣わされた神のもとへ解き放してほしい」（『裁判記録』）。ジャンヌは、煩瑣な学殖で自らを印象付けたわけではないが、どんな質問にも打てば響くように、大胆に当意即妙に応答した。「あなた方は、自分たちだけが、すべての光を独り占めしているように思ってはならない」（『裁判記録』）と、神学者たちに軽蔑的な表情で言い返した。裁判長が、彼女に対し、自分が異端審問官としてどのような権能をもっているかを攻撃的な調子で言いつのると、ジャンヌは怒りの炎を燃え上がらせ、裁判長を睨めつけ、こう言い返す。「司教様、あなたは私を裁くおつもりですが、あなたはご自分のなさっていることをよくお考えになるといい。なぜなら私は、本当に神の側から送られてきたからです。あなたは、大きな危険を冒しておられます」（『裁判記録』）。

　ジャンヌが教会の裁判にかけられたのは、異端の嫌疑をかけられたからである。裁判官たちは、彼女を、悪魔と契りを結んだ女という観点から見ており、この過誤に留意することなしには、彼ら中世の教会人たちがジャンヌに感じていた恐怖は理解できない。彼らがジャンヌの隠れた聖性を見ることができなかったのは、そうした恐れに惑わされていたからだ。彼女が聞いた《声》も、彼らは悪魔の声として責め立てた。彼らから見れば、《声》を聴いたなどということは、節度をわきまえない不快な事柄だったのである。だが、ジャンヌは権限のない人間に自分の内面をのぞかせるようなことはしなかったから、無遠慮に嗅ぎまわる仕打ちに対しては、きわめて油断なく防御した。最近時に、《声》が彼女に何を告げたかという問いに対して、彼女は「屈することなく語り、かつ答えよということだった」（『裁判記録』）と答えている。信仰の裁き手たちに対して、彼女は単刀直入に答えるのをためらわなかった。「私は、知っていることのすべてを話すわけではありません。あなた方に返事するのを恐れる以上に、《声》の気に入らないことを私が話すような間違いを犯すことを恐れる」（『裁判記録』）というのであった。彼らに自分の神的な秘密を漏らすくらいなら、首を切られるほうがましだったろう。裁判官たちが、どのような両義的な罠を仕掛けてもジャンヌを悪魔の世界に追いやることはできなかった。「私が行ったことは、魔術などとかかわりのあることでは全くない」（『裁判記録』）と、良心に恥じることなく彼女は説明できた。悪魔信仰などは、ジャンヌの生にあって何らの役割も演じてはいなかった。神のこの純粋な娘は、異教の時代の暗黒の力と関係づけるようなことをしてはならない。そのような力と何らの共通点をもってはいないからである。

審問官たちは、反対尋問を始めたが、彼らのなまくらな概念ではジャンヌの超自然的な秘密に太刀打ちはできなかった。だが、だらだらと長引く裁判で、最後にジャンヌには、彼女が受けた啓示を教会の判断に従わせる気があるかという問いが、劇的に投げかけられた。「教会の決定を受け入れるか」、審問官はジャンヌ裁判の頂点で、この問いを持ち出した。この決定的な問いに対して、窮地に追い込まれたジャンヌの答えは確固として変らなかった。「私が拠りどころとするのは、われらの主であり、聖母マリアであり、天上のすべての祝福された聖者たちです。われらの主と教会とは、あくまで一つのものと考えます。それゆえ、私には咎めだてされるいわれはありませぬ。すべてが一つであるのに、あなた方は、何故に私を咎めだてなさるのか」（『裁判記録』）。審問官は、戦う教会と勝利の教会との区別を提示したが、そうした区別を彼女は理解しなかった。そもそも彼女に神学を分からせることなどできなかったのだ。地上の戦う教会の判決に従うかという問いには、動じることなく、こう答えている。

「私は、神と、聖母マリアと、天上のあらゆる聖者と、天上の勝利の教会との名においてフランス王のもとに赴くよう命じられました。この教会に、私は、私の一切の善行と、私がなした一切、またはこれからなすであろう一切を従わせます。私が戦う教会に従うかどうかを問われても、それに対しては、いまこれ以上何も申しあげることはございません」（『裁判記録』）。

こう明言した後、もはや彼女の口からは一言も発せられることはなかった。どのような圧力を加えられても、ジャンヌは、この立場を変えることはなかった。「私に関しては、私が行ったことを通じて、ひとえに天上の教会に、すなわち神と聖母マリアと天国の聖者たちに服します」(『裁判記録』)という発言を固く守り続けた。「教会の権威か、神に結ばれた良心の自由か」という重い問い、後にフランスのもう一人の傑出した宗教的人間パスカルの場合にも、重大な葛藤を生じさせた問いを、ジャンヌも闘い抜かねばならなかった。彼女は、対立する双方を包含することはせず、模範的な明晰さで、天上の《助言者たち》が地上の教会より上位にあると答えたのである。

この返答によって、異端裁判の判決が下された。教会当局の立場からすれば、この判決は根拠がないわけではなく、裁判官に反論することは容易ではない。ジャンヌは、あくまで服従を拒むことにより、教会と難しい関係に立つことになった。確かに、彼女は教会破壊者ではなかったし、聖女としても教会破壊者ではありえなかった。教会を愛していたし、できるかぎり教会を支えることを望んでいた。《助言者たち》も、彼女にそれを要求していた。裁判の過程で、彼女は繰り返し教皇に会わせてくれるよう頼み、バーゼルの公会議に出頭することも辞さないと宣言していた。教会に対する反抗も、彼女の当初の意図には全くなかった。ヴィクリフやフスの思想は、彼女の内にはなかった。ジャンヌをプロテスタンティズム以前のプロテスタントに仕立て上げるのは、致命的な誤りである。事実、彼女にはプロテスタンティズムの教説を先取りしたようなところは全くない。とはいえ、「つねに聖霊に導かれ、決して過ちを犯すことも機能不全になることもないカトリック教会」(『裁判記録』)へのジャンヌの信仰は、きわめて重大な試練に遭う。「母なる教会」の「不謬の原則」に対して、『裁判記録』によれば、彼女は敢えて「自分は、神ご自身にのみ服従します」と主張している。この発言に見られるように、ジャンヌは神との神秘的な直接の通交を保っており、この通交がありきたりの教会に対する信仰とは別の深みで行われ、すでに彼女の召命時に普通の人間の次元から彼女を引き離していたのである。神との直接の通交があれば、聖職者の仲介は後退せざるを得ないが、ジャンヌは中世の神秘家同様、自らの使命を教会の指示が阻害しない限り、それを拒否したことはない。ミサには熱い思いを抱いていたが、聖体拝領よりも神の幻視を重んじていた。ミサに与《あずか》ることと、《助言者》に忠実であることの間での良心の葛藤のさいには、明らかに《助言者》が優先された。「私が神の命令に反する行為を行ったことを、教会が知ろうとしても、私が、そのようなことを行うことはないだろう」と彼女は言い、「私に聞こえる声は、教会に従うなかれと命じてはいない。だが、何よりもまず、私は神の命に従わねばならない」（『裁判記録』）と付言している。ジャンヌは、教会を信じることはやぶさかではなかったが、自分の行動にさいしては、神のみを信じ、他の誰をも信じることはなかった。彼女は彼岸の諸力と直接に通じ合い、その仕方は当時の教会人たちのスコラ学的な教義では理解不可能なものだった。神との直接の通交ということが、彼女の裁判には、きわめて明確に現れている。彼女が自分の受けた啓示を信ずべきか信ぜざるべきかを、教会を含めて誰にも助言を求めなかった理由は、このこと以外にはない。

直接、神に従い、他の何ものにも従わないという法外な要求は、以前から異端者の合い言葉であった。だがこの真理は、つねに聖者が神から恵まれる最大のカリスマでもあった。そうした在り様の場合、他の場合にはほとんど見られないことだが、異端者と聖者という二つの対極が異様なほど接近する。きわめて深い神との関係を問うさいの彼らの在り様は、混同するほど類似している。聖者の要求を異端者のそれから分かつ決定的な分離線は、ほとんど確認できないことが、しばしばある。ジャンヌの姿の内面を洞察する者のみが気付くことは、彼女には傲り高ぶる傾向が皆無であり、反抗心が全くないことである。彼女の神との大胆な直接的通交は、むしろ全く別の深みに根差している。神の内に囚われた良心から、彼女は天上の聖者たちに委託された使命を漏らすことを禁じられており、この聖なる動機から教会の権威をより高い神の権威に従属させるに至ったのだ。この新約聖書的な順位は、近代の人間の主観的な立場とは全く関係がない。あらゆる重大な問いのなかでも最も重大なこの問いにさいして、一見したところジャンヌに見られる主観性は純粋な神との結びつきであり、これは近代的な傲慢な態度とは原理的に異なるものである。この少女は、その信仰態度から見て、裁判中も戦士として生活していた時と全く同じように聖者であり、それ以外のものではなかった。彼女は、全生涯にわたって通じているこの唯一の道を、一瞬たりとも外れることはなかったのだ。異端を愛好する近代の傾向に誤導されて、彼女を最終段階で、突然聖者から宗教革命家にしてしまってはならない。彼女は、そのような存在では全くなかったからである。

神との直接通交のため、この聖女はまた、裁判中に度々、恥ずべき異端者と非難されたが、当時の人間の耳には恐ろしい響きをもっていたこの非難を受けても、少しもたじろぐことがなかった。神との直接通交という不滅の真理を生涯をかけて生きることが、どうしても必要なら、その栄誉ある真理の証者となることを辞さなかった。

しかし異端審問官たちは、直接、神の命令に従って生きようとする要求が、聖者の最高の恵みである可能性を考慮しなかった。聖者が、一見異端者風の衣をまとって審問官の前に現れるといった意表外のことを想像せよと言っても、審問官には論議に値しない無理な要求に思われたのだ。目の眩《くら》んだ審問官たちには、ジャンヌの証言が真正な信仰に異議を唱えているのではなく、教会による裁判の受け入れ難い要求を拒否しているに過ぎないことが見えなかった。カトリックの原則は、一定の良心の確信には従うよう命じているが、この原則は実際に適用された場合、それに従って行動する人間に、結果として途轍もない葛藤をもたらすことがあり、ほとんど実行不可能な場合がしばしばある。裁判官たちはジャンヌに対して、きわめて予断が大きかったため、先入見から理解を奪われたのだ。聖なる人間を識別することが、教会にとっても容易でなかったのは明らかである。とくにジャンヌの場合のように、聖者が、あらゆる伝統的な見方にそぐわない新たな形で現れた場合にはそう言える。

神から送られた聖者を、悪魔とつながる異端者のように断罪すれば、教会ともても重い罪に問われることになる。異端と判決された女性の衣を通して漏れる聖女の永遠の光に気付くには、教会にも時間が必要だった。強調しておかねばならない点は、教会が何百年にもわたる努力の後、必要な修正を行ったことである。ジャンヌが実際に異端者だったら、教会は、そうした修正を行いはしなかったろう。教会は、以前の教会裁判の判決を、不可謬とは見ていなかったから公に覆し、異端裁判によって異端者と判定されたジャンヌを最終的には聖女として列聖した。ジャンヌの聖性は、あらゆる反対にもかかわらず彼女を列聖させる力を備えていた。もちろん当時、ジャンヌは神に結ばれた良心の自由を信じ、教会の権威に抗して自ら判定を下していた。自ら下した判定を固執して、教会の意に従わなかった過誤は許されない。教会と対立して神を引き合いに出すやり方は、異端審問官の判断では、キリスト教にとって有害だからである。『裁判記録』には、こうある。「教会の高位聖職者が、予め備えることをしなければ、教会の全権威は覆され、あらゆる方面から男女が蜂起し、一方では、神や聖者の啓示を受けたと言いつのり、他方では、嘘と誤りの種をまく。こうしたことは、この女が教会に逆らい、キリスト教の民の感情を害し始めて以降、すでに多くの人間たちの場合に経験したことである」。

実際、ジャンヌのやり方は、教会の権威にとって極めて危険なものであった。物事の秩序を瓦解させかねなかった。中世的な構造は、これによって、かなりの亀裂が入ったと言ってよい。この構造は、実のところ、この権威信仰を前提としていたからである。したがって、異端審問官たちが起草した告訴状によれば、ジャンヌは「魔女および魔術師、占い師、偽預言者」と見なされ、「悪霊を呼び出し、悪霊と契りを結び、迷信に囚われ、黒魔術に取り込まれ、カトリック信仰に関して誤った考えを固執し、離教し、《聖なる、普遍の、使徒的、唯一の教会》なる信条その他の多くの信条を疑い、信条から逸脱した」とされ、さらに「瀆神者、背教者」と見なされていた。さらに告訴状には、ジャンヌがどのような罪業を犯したかが、七十箇条にわたって順次列挙されている。もちろんジャンヌは、これらの罪業に異議を唱え、つねに「神を反証として挙げた」。告訴には根拠薄弱な部分があったので、最終的に起訴は十二箇条に減らされた。パリ大学に依頼した鑑定も、同じように有罪宣告を要求していた。当時の学問は、教会と完全に一致していたからである。ただ、被告は自白はしていなかった。ジャンヌを拷問室へ連れてゆき、残酷な拷問具の数々を示しても、自白は得られなかった。この極限的な状況にあっても、ジャンヌは、毅然として答える。

「あなた方が私の四肢をバラバラにしようとも、魂を肉体から引離そうとも、私はあなた方に別のことを言うつもりはありません。それでも何かを言えとおっしゃるなら、いつも申し上げているように、あなた方は無理やり私から何かを絞り出すほかはないでしょう……私は聖職者たちから教会に従うように激しく迫られたので、天上からの声にも助言を求めました。声が私に告げたことは、私が望むなら、神が私を助けてくださるということでした。それで私は、私のすべての行為に関して神に頼らねばならないのです」(『裁判記録』)。

審問官たちが躊躇したのは明らかだが、最終的にジャンヌは処刑場へ送られる。迫りくる火刑による死を目前にして、ジャンヌは突然、平静さを失う。虚脱状態に陥ったのだ。この出来事がどのように展開したかは、もはや確認はできない。刑場には混乱が発生し、『裁判記録』には、ほかでもないこの箇所の記録が欠けている。ジャンヌ自身は、これ以後、どのような経過をたどったか語ることはできなかった。係官は、用意された紙面を、彼女に向かってそそくさと読み上げた。紙面にはジャンヌが自分の主張を取り消した旨が記されていたが、彼女は何が書かれているか分からずに署名した。この署名と引き換えに、終身禁固に減刑された。薪の山を眼の前にしたこの軟化には、当然、ジャンヌのイメージを穢すのではないかという疑問がわく。だが、薪の山に震えおののいたことで、聖女は人間に近い存在になる。このことは彼女も、生を超越しているのではなく、生のなかに在ることを示している。自然と思い出されるのはゲッセマネの園である。そこでは、キリスト自身が震えながら、「わが父よ、もし能《あた》ふべくば、この杯をわれより去れかし」（マタイ26－39）と祈ったのだ。

だが、この挫折で、ジャンヌの受難の道はまだ最終段階に達したわけではなかった。それまでの主張を取り消したことに、彼女は、きわめて深刻な良心の呵責を覚えることになる。自らの使命に背いたことに、激しい自責の念が生まれたのだ。牢獄へ戻され、ふたたび女性の衣服を身に着けた後、彼女は自分が裏切り者のように感じた。主張を取り消した直後、獄内で、どのような戦慄すべき内的悲劇が演じられたかは、決して明らかにはならないだろう。三日後すでに、町にはジャンヌの復帰のうわさが流れた。ジャンヌが再び男装したためだった。なぜ、そうしたのかという問いに対しては、「約束されたこと、つまり、彼女をミサに行かせ、聖体拝領させ、足枷の鎖を外すことが守られなかったから」（『裁判記録』）と答えている。ジャンヌは、ふたたび自己を取り戻し、主張を撤回したことに関して、署名した「主張を取り消す旨が紙面に記載してあることが全く分からなかった」（『裁判記録』）と釈明した。また、神が、天上の聖者を通じて、彼女が自分の命を救うために使命を捨てた裏切り行為を痛く残念に思われていることを知ったとも述べている。この釈明で、ジャンヌの運命が最終的に決定される。撤回の一週間後、裁判の審問官全員によりジャンヌの有罪が確定する。

撤回を翻した《戻り異端者》には同情の余地はなく、直ちに判決の執行手続きが開始された。一四三一年五月三十日の午前七時、二人の司祭から二時間後に火刑に処せられる旨が告げられる。このことが告げられると、避けられない事態に驚き叫ぶ。自分の清浄な肉体が炎で焼かれることに慄然とし、大声で嘆くことで絶望を消散させたのだ。そうした後、気を取り直し、聖体拝領を乞う。異端の判決を受けた人間にはそぐわぬことだが、これが許される。長い黒の衣服を着せられ、髪を刈られた頭には、茨の冠の代わりにとがった紙の帽子がかぶせられた。帽子には、「異端の女、累犯の女、背教の女、偶像崇拝の女」と書かれていた。イングランド軍の兵士に厳重に護衛され、すでに大勢の群衆が集まっていた刑場へ連行される。一人の司祭が、聖書を乱用して、「もし一つの肢《えだ》苦しめば、もろもろの肢共に苦しみ」（一コリ12‐26）について説教した。その後で、判決文が読み上げられたが、それによると、ジャンヌは、真剣に悔い改めることなく、犬が遊び仲間のところへ戻るように罪に復帰したため、教会という樹木の枯れた枝として切り落とされ、世俗の司直の手に引き渡される、というのであった。ジャンヌは、残っていた最後の力を振り絞り、敵方の罪の赦しを請う。このことを、はっきりと口にし、それによって彼女の生の最も困難な勝利を得たのである。ひざまずいて、半時間祈り続けた。眼からは涙が流れ出たが、惰弱の兆しが厳しい死の偉大さを曇らすことはなかった。悲痛な眼をルーアンの町に向け、「ルーアン、ルーアン、私の最後の住まい！」と叫ぶ。この様子を眼にした敵意ある裁判官たちも、落涙する。だがイングランド側は、処刑人に職務を果たすように迫る。ジャンヌの最後の願いは十字架だった。一人のイングランド兵が、急いで二本の木片で十字架を作って渡す。彼女は、これに接吻し、胸のうちに隠した。それから、薪の上に上り、柱にくくりつけられた。炎が炎々と燃え上がり、ジャンヌのゴルゴタは、「イエズス、イエズス」という最後の叫びで終りを告げた。この最後は、聖金曜日がキリストの生にふさわしいように、彼女の生にふさわしいものだった。殉教により、彼女の使命に神の刻印が押されたのだ。ジャンヌは、自分の使命を自らの生命を犠牲にして完遂した。これ以上のことは誰にも可能ではない。詩人バーナード・ショーと共に、こう問うことができるのみである。「おお、神よ、あなたは、この不思議に満ちた地を造られた。この地は、あなたの聖者たちを受け入れることができるまで、どれだけ長くかかるのか、おお神よ、どれだけ長く？」。

第五章

ジャンヌの場合にも、人びとは肉体を殺すことはできたが、魂は殺すことができなかった。彼女を処刑した処刑人は、すでに、その日の午後に後悔に捉われている。イングランド王の書記官は、ジャンヌの処刑後、こう述べている。「我々は、すべてを失った。聖女を焼いてしまったからだ」と。だがジャンヌの死で、とりわけ心を掻き乱されたのはフランスの民衆だった。彼らは、フランスが独立した国々のリストから抹消されずに済んだのは、魔女のおかげだったなどとは信じられなかった。処刑から二十年後、フランス側で控訴審が行われ、一審の判決は破棄される。魔女の汚名が雪《そそ》がれたのである。だが、それだけでは、彼女を火刑に処したことで負わされた重い罪を贖おうというフランス民衆の思いは満たされなかった。異端者として有罪宣告された聖女への関心は、さらに高まり、崇拝の現象が数世紀にわたって広がった。この崇拝は教会が命じたのではなく、民衆の魂の深部から次第に形成され、ついにフランス人の信仰にふさわしい形をとるに至ったのだと言ってよい。その場合、ジャンヌに対し、彼女と関係のない見方が外部から持ち込まれるようなことはなかった。ジャンヌ讃美の高まりの根底には、どんな民も再び立ち上がれないほど絶望し、打ちひしがれることはないという思いがある。こうした関心が、五百年後に教会による列聖にまでつながるのだが、民衆は心のなかで、とうにジャンヌを聖女と認めていたのである。とはいえ、彼女の姿は永遠の秘密に包まれたままである。この少女の大胆な在り様には、現実を超えた何かがまつわりついているが、同時に、人間の生を決定する現実を体現してもいる。超地上的な異質の力が、彼女からは発しており、決まり文句で片付けることはできない。このため、以後数世紀を通じて、絶えずこの稀有の現象を新たに解釈することが試みられてきた。この現象は、中世の最も深い宗教性を、もう一度総括すると同時に、それ以上の言葉を、神との直接の通交という事態によって語ったのであった。

この讃美の過程から見て、ジャンヌを、シェイクスピアの『ヘンリー六世』に現れるような、冥界から助けを呼ぶ悪魔と見なす見解は、もはや問題にならない。同じく、ヴォルテールも、ジャンヌを諷刺した詩によって、讃美の過程を阻止はできず、軽蔑すべき証拠を残したに過ぎなかった。ジャンヌを単なる「偉人」と見る近代の見解も、諷刺詩以下である。確かに「偉人」と見る見方は、一瞬、ジャンヌが無傷で矢を受け止めたり、死者をよみがえらせたりしたとする紋切り型の説話よりは真実に近いように見える。だが、ジャンヌを純人間的な次元で解釈するやり方は、最終的には不十分である。このことは、近時の著作が明らかに示している。近代のジャンヌ研究は、事実史料の解明に多くを負っているが、単なる心理学的な解釈は、高々解明不可能な謎に突き当たるだけであり、新たな像を形成することはできない。唯一、この壮大な神話化過程にふさわしいのは、聖女が民のために我が身を犠牲にした神秘劇というシャルル・ペギーの観点である。ジャンヌは、その創造力によって、フランスの民に新たに国の民としての使命を覚醒させた。フランスの大きな危難を痛いほど感じながら、国の再生のために最後まで戦ったのである。この愛国的な行為が、彼女の場合、純宗教的な在り様から発しており、彼女を恩寵の伝え手にさせたのだ。キリスト教の暦のなかの傑出したこの戦いの聖女の場合、国の民の真実と宗教的な真実とが、独特の結びつきを示し、罪を清める女性的要因により融合されて、一層高い形に一体化されている。このため、ジャンヌは、スウェーデンにとってのビルギッタとは全く異なる意味で国の民の聖者となることができ、実際に、あらゆる党派から、あらゆるフランス人の一致の象徴として認められることになった。そのような象徴をもつことが、一つの国の民にとって、何を意味するかは言葉では言い表せない。フランスの受難思想を成就した女性として、ジャンヌは、浄化の炎を通過し、その犠牲の歩みを通じてフランスの真の魂を示している。

だが、この聖女をフランス的な精神性の宗教的な体現として捉えるには、さらに最終的な観点を導入する必要がある。すなわち、ジャンヌの生には、天使が重要な役割を演じているという観点だ。彼女の生の常ならない性格は、大天使ミカエルの出現で始まった。彼女の生は、天使と切り離して考えることはできない。ジャンヌは、天使の雰囲気のなかに生きており、ヤコブ同様、天使が天の梯子を昇り降りする姿を眼にしていた。彼女と天使との関係は、天使を畏敬し、天使を信頼する関係にあり、この関係によって他の場合には人間に隠されている物事を見ることができた。「天使たちは、しばしば、キリスト教徒のところへやってきます。人には見えないだけのことです。私自身は、天使たちが人びとの傍にいるのが見えるのです」(『裁判記録』)。ジャンヌの捉えた天使の姿は、小さな子供たちに語られるような、甘ったるい、ふっくらした頬の、中世以後に変質した天使とは、まだ全く無縁である。ジャンヌにとって天使とは、ディオニュシオス・アレオパギタにとって同様、ビザンチンのモザイクに見られるような、聖なる威力が内在し、人間の枠を超えた驚くほど大きな、畏敬すべき存在だった。このロレーヌ地方出の少女は、本当に天使を、聖書に記されているように、神に敵対する勢力と闘うために人間に送られる神の使いと見ていたのである。こうした天使の見方は、近代には失われ、ようやくヘルダリーンやリルケらの若干の詩人たちが苦心して取り戻そうと試みたものだ。このように見ることで、彼女自身に対する見方も新たにされるだろう。審問官たちの告訴状によれば、「ジャンヌは、自分が神の名のもとに送られ、不遜にも自分が天使の役目を果たすと主張している」というのだった。彼女に対して行われた裁判手続きのなかで、何度も、この種のことが告発されている。「彼女が神の使者であり、一人の女性である以上に天使であるということが、公然と言いふらされている」（『裁判記録』）。この告訴状の文章は、彼女の内的な顔を明かしている。ジャンヌは、実際に、翼の生えた天使のように、フランスを疾過した。天使の資質を備えてはいなかったが、天使に奉仕しはした。このような見方は、彼女が、フランスの国王に王冠を渡した天使の話を物語り、そのアレゴリーを「その天使は私だった」という言葉で結んだ時、彼女自身によって示唆されたものである。この発言でジャンヌは、彼女の内奥の秘密を明らかにしている。彼女の神秘性の宗教的意味は、この役割にあり、言い換えれば彼女はフランスの天使だったのだ。

3 スイスのスタレッツ

フリューエのニークラウス（一四一七―一四八七）

第一章

一四七一年、スイスの都市ベルンでドイツのシュヴァーベン出の文書官ハインリヒ・モルゲンシュテルンが、スイスにはまだ一人も聖者がいないとあざけり、同時に、フリューエのニークラウスに酷い中傷の言葉を投げつけた。この言葉は、スイス人の耳には明らかな侮辱に聞こえた。このため、憤慨したベルンの住民たちは、この他国者を牢屋にぶち込み、その後、誓約同盟の地域から追放した。だが、この他国者《よそ》の中傷にも、ほんの少しだが真実が含まれていた。事実、誓約同盟が結ばれて以来、一人の聖者も出ていなかったからである。ゴトフリート・ケラーによれば、スイスは芸術的な志向には不向きの土地だったが、それ以上に聖者には不向きの土地と言ってよい。誓約同盟の地域は、他のロマンス語系の国々に比較すると、聖者が生れるのに好都合な前提条件が欠けている。スイス人の生来の気質が、実際的で、無味乾燥であり、聖者の誕生を可能にする宗教的な熱狂や常軌の逸脱を嫌うからだ。

だが、シュヴァーベンの文書官の悪意に満ちた嘲笑は、不適切な上に彼が中傷の対象にした当の人物に関しては、全くの的外れだった。フリューエのニークラウスは、自由の願望に突き動かされたスイスの歴史に、すでに彼の生時に始まって、その後のどの世紀にも奇妙な具合に遠くからも近くからも、至るところで影響を与え続けてきた。すでに早い時期から、彼は「生ける聖者」という声名を得ており、この声名を否定する者はいなかった。彼がスイスの他のどの人物姿形とも全く似ていないのは明らかである。フリューエのニークラウスは、スイスの歴史で他に例を見ない現象と言ってよい。チューリヒ市長だったヴァルトマンや枢機卿シナーとも似ていず、ツヴィングリとも似ていない。ランフトに隠棲したこの男は、他のどの人物とも異なり、この男と他の人物たちとの間にはどこにも類似点がない。このように全く異質の存在にもかかわらず、その思慮の深さや堅実な本質の点でまぎれもなくスイス的な人物であり、この人物は、他の人物とは異なるとはいえ、ヘルヴェチアの息子たちと郷土を同じくしていると言わねばならない。これは、イェレミーアス・ゴトヘルフの優れた物語の場合にも言えることだ。ゴトヘルフの物語は、その言語的な喚起力や農民的な極めて内面的な敬虔さのゆえに、スイス特有の雰囲気に子供のころからなじんできたスイス人でなければ、完全には理解できない。フリューエのニークラウスの場合に体験することも似たようなものだが、彼の場合には、スイス的な厳しさが宗教的な性格をおびており、あらゆる感傷的要素が払拭され、原初的に民主的な土地に相応しいものになっている。ニークラウスを通じて、聖者の世界がスイス人の生の感情に直接に親近するものになり、郷土というものがキリスト教との関連で人間にとって何を意味するか、切実に感じられるようになった。下肥のにおいが染みつき、苛酷な労働で節くれだった手をもったこの農民の聖者に人々は心内で暖かなものを感じていた。ニークラウスの場合、郷土の土地との結びつきが宗教的な次元に達しており、そのためにスイス人の中核から生まれ出た最良の存在として、常に愛されてきたのである。

もちろんスイス人にしても、フリューエのニークラウスの根源的な本質を把握できたわけではない。

ニークラウスの最良の理解者の一人は、こう嘆かざるを得なかった。「この聖なる人物は埋葬されるや否や、教化的な書物や美術によってその種族や土地から遠ざけられ、徐々に月並みな、信心ぶった、どこにでも見られる型通りの人物に変えられてしまった」（ハインリヒ・フェーデラー『ニークラウス・フォン・フリューエ』一九二八）。とくに、スイス人のニークラウス像を規定しているのが、現在、ザクセルンの町の教会の内陣に飾られ、寄進者のハンス・ルートヴィヒ・プファイファ・フォン・アルティスホーフェンの頭文字が記された肖像である。だが、この十七世紀中葉の肖像画が表現しているのは、バロック時代の見方である。それだけではない、画家デシュヴァンデンが画いたこの肖像は、一部がかなり補筆されており、とくに頭部は原画の趣をとどめていない。ニークラウスの肖像と言えば、この肖像が持ち出されるのが常だが、この型の肖像はバロックと近代の見方が混在していて、オプヴァルデン出のニークラウスにも、脱魂状態での彼の幻視にも、そぐうものではない。めかし込んだとは言えないまでも、農民には程遠い姿に画かれており、この驚くべき人物の実際の秘密をほとんど捉えていない。この聖者の現実の緊迫した状況を余すところなく把握しようと思えば、広く知られたニークラウスの姿は、意識して捨て去る必要がある。

フリューエのニークラウスが中世末期に現れたことは、はっきりしている。ゴシック後期の姿形として、ニークラウスはヴァルター・ムシュクがその著書『スイスの神秘主義』で明らかにしたように、内的に豊饒な宗教文化に根差している。修道士ニークラウスの中世的な信仰は、ランフトの礼拝堂の小木彫（一五〇四）、ハンス・フリースの画像（一五一七）、ティロール大公フェルディナントの収集絵画中の画像（一五七八）に明瞭に表されている。この彫像および二幅の絵画も、ニークラウスの実際の姿を伝えているかどうかは確かではないが、それでもニークラウス自身が生きた中世後期の生の感情から制作されている。これらの制作物は、荒々しい不気味さを秘めた顔貌を表現しており、この荒々しさは、その愕然とさせる作用を通じてニークラウスの姿形の内的真実に十分に近づいている。またこれらの表現は、あらゆるニークラウス観の基礎になければならないローベルト・ドゥラーの記念碑的な史料集成からうかがえるような、現実に即した信憑性のある像に合致している。ゴシック後期の人間として、ニークラウスは、人々が通常想像する以上に、不快な、人の心を掻き乱す存在であるだけでなく、きわめて脱魂的で神に結ばれた存在だった。このような「嫌悪すべき生き物」は、「誇ること」などできないといった意見は、恐れを宣伝しているだけのことであって、宗教的な価値は全くない。修道士ニークラウスに接する場合、近代人は先ず、稀有の違和感を正直に強調する必要があり、彼を過度に親しみ深い姿に変造して、「われわれ同様」の軟弱な「神の古狸」にしてしまってはならない。この聖者を近代化する試みは、意図しなくとも、今日の意識に合うように矮小化することに終わるだろう。そうした試み以上に、ゴシック後期の、しわの刻まれ、憧憬にあふれていながら、満たされているニークラウスの姿形は激烈に作用する。修道士ニークラウスの慄然とさせるような禁欲の顔貌を先入見なしに見る者は、十五世紀の教会衰退の歴史の中で、すべてを凌駕する孤高の姿を見ることになろう。

第二章

フリューエのニークラウスは、七十年の生涯のうち、始めの五十年間は、ほかの人々と同じように過ごしている。外側だけから見れば、彼が始めに歩んだ世俗の生は、彼の生涯でもっとも長い期間を占めている。静かな湖と圧迫感のない山々の間の、魅惑的なスイスの農家でニークラウスは生長した。両親は「下層」の出だったが、暮らしは豊かだった。ニークラウスは、純朴な環境で育てられ，本質的に純農民的人間だった。学校教育は受けたことがなく、恐らくは文字を習ったことはなかったと思われる。子供のころから父親の農作業を手伝っていた。「このころ、彼が腰をかがめずに行った仕事はなかった」（ローベルト・ドゥラー『修道士クラウス - フリューエの福者ニークラウスに関する最古の史料』一九一七 - 一九二一）（列聖は一九四七年）。彼の生涯の多くの年々を、彼は、このような農民の世界で過ごしており、彼の思考や行動の緩慢な点や彼の本質に見られる鈍重な点は、そこから説明できる。牛の乳を搾り、農具を手にする農夫として、ニークラウスは両足を地につけて生活し、土の幸福と苦しみを自ら経験した人間だった。男盛りの年々のニークラウスは、粗末な野良着を着た姿で想像せねばならない。その姿は、今日のスイス内部の髭面の農民タイプ以上に自然のままの姿である。その年々、農村の日常を支配していた気分から、彼も他の人々同様に結婚生活に入り、ドロテーア・ヴィスと結婚した。ドロテーアは、「清楚な顔立ちの、滑らかな皮膚」をもった美人だったと言われている。この結婚は、父親の言いつけに従ったというだけではなく、結婚生活への至極健康な願望に基づくものだった。この結婚はヨゼフの結婚では全くなかった。ニークラウスは、自然の欲望に従い、妻との間に五人の息子と五人の娘をもうけている。

農夫としての仕事のほかに、当時スイスが巻き込まれていた戦争に積極的にかかわった。二十歳を超えたころ、チューリヒとシュヴィーツの間に発生した内戦に加わったと思われる。その後も、しばしば戦闘に加わっている。旗手を務め隊長をも務めて、トゥルガウへの略奪行にも加わっている。聖者を隊長として想像せねばならないというのは、奇異なことのようだが、彼が兵役についていたことは疑いない。とはいえ彼は、当時のスイス人の多くがそうであったような喧嘩好きの若者ではなかった。戦いで並はずれた働きをしたというようなことは伝えられていない。恐らく兵役に対する関心は大きくはなかったのだろう。傭兵に魅力を感じたというより、義務感から相応の務めを果たしたということなのだろう。この見方は、決して近代の解釈ではない。すでにヴェルフリンの伝記にも、次のように記されている。「ニークラウスは、当局の命令で戦いに加わったことはなかった。彼は平和の最大の友だった。祖国のために戦わねばならなかった時には、自分が何もしなかったために敵がぬけぬけと大きな顔をするようなことは望まなかった。だが敵の力が衰え、敗北すれば、直ちに敗者をいたわるように強く迫った」。彼は、破壊的な戦争に反対しただけではなく、敗者に対しては常に寛大な処置をとる側に立っていた。

ニークラウスは、また職務を通じて政治活動にも加わった。小さな地域の裁判所の裁判官や相談員に選ばれていたからだ。公職についていた正確な年月は、もはや確かめることはできない。だが、彼が住民に委託されて自分の教区の司祭を相手に現物納付の年貢にかかわる裁判を起こしたのは確かである。この報告も、今日、教会が勧める彼の姿とは一致しない。ニークラウスが「司祭を見るたびに、神の天使を見る思いがした」と言ったという説教修道士の主張は、自分の教区の司祭に対して裁判を起こした四十歳の男のイメージには合わない。ニークラウスは、若いころから首を傾げて歩くような敬虔ぶった男では決してなかった。彼は、教会の仲間の声には耳を貸さず、シュタンス聖堂区の占拠権をエンゲルベルク修道院から奪うことに協力し、この件で教会法の分野に世俗権力を介入させることを恐れなかった。この介入が正しいと思われたからである。ニークラウスは、実際、「裁判でも、評議会でも、私の州の行政でも力を持っていた」が、「思い返してみて、正しい道から外れたと人から思われたことはない」（ドゥラー）と言うことができた。オプヴァルデン地方のこの偉大な息子が多くの苦い幻滅を味わうことになったのも、このように正義を志向したためだった。すべての裁判官たちが同じように正義の感情に燃えているわけではない。進物に誘惑されて良心に反する判決を下す者もいたからだ。ニークラウスは身近で行われている不正に憤慨し、職務を嫌悪するようになり、以来、協力を拒むようになる。彼は、彼が任じられた最高の公職である郡長の職を拒否しただけでなく、評議員および裁判官の地位をも突然辞任した。

世俗のなかでのニークラウスの様々な活動は、すでにしばしば詳しく語られている。フェーデラーは、彼の活動を詩人の眼で描いており、その描写を超えるものは未だ出ていない。世俗でのニークラウスの生活については、簡単に報告するのが適当だろう。世俗で生きたこの時期には、後に役立つ豊かな経験を積んでいるので、彼にとって決して失われた年月ではなく、過小に評価はできない。そうだとすれば、この最初の五十年間について、意図的に簡単に触れることを適当とするのは、別の理由からである。

ニークラウスの世俗での生活を語るにあたって、利用できる史料は僅かしか残っていない。公職にあった二十年間について、歴史的に証明された報告は僅かである。オプヴァルデン地域の文書の中には、彼が評議員を務めていた時期の名簿が欠けている。代表者会議に彼が評議員として出席していた記録も残っていない。至るところに欠落部分があるので、再構成して欠落部分を埋める必要がある。だが、単純に想像力に任せて歴史を構成しようと思わないのであれば、抑制を働かすことが唯一の解決策になる。

この時期のニークラウスは、ほかの人間と変わらない生活をしていた。初期の伝記が伝えるように、農民、戦士、役人として誠実に活動していたのは確かだろう。疑う根拠は全くない。しかし、こうした誠実さは彼の時代の多くの他の無名の人々にも見られたものだ。十五世紀に真実を愛したのは彼だけではない。彼が世俗の生活で例外的人間だったわけでは全くない。役人としての活動については、具体的なことはほとんど分からないので、今では話題になることもない。宗教的に見れば、世俗生活の数十年は、彼の生涯のなかでは準備的な性質のものなので、長々と語る必要もないだろう。この誠実な世俗生活の中で急転回をして、最終的にあらゆる世紀を通じて範例となる傑出した姿形となった。

とはいえ、この世俗の生活には意味がないわけではなく、決して軽視すべきではない。民衆および土地への強い結びつきを示しているからだ。彼は民衆の只中から現れ、彼のあらゆる表現には真に民衆的要素が付着している。額に汗して耕した土くれにすこぶる執拗に執着していた。中年のころのニークラウスの姿は、重たげで軽佻なところは全くない。鈍重で、思慮深いのが彼の本質だった。大地と固く結びつき、天上の諸力を支えとするこの寡黙な人間には、光あふれるところが全くなかった。彼は田舎の原始性を備え、その跡がはっきり確認できる。世俗生活の数十年には、自然的な傾向が宗教的傾向を上回っており、感覚的な愛と宗教的な愛とが調和的に融合していたようだ。この二つの傾向は、彼の場合、併存している時期はなく、明らかに前後していた。このことは、史料から認められるように思われる。だが、オプヴァルデンの民および郷土の土地との結びつきを、枝葉のことと見てはならない。地域的な色合いと時代とを理解する上で重要なだけではない。その結びつきが、むしろ土地の深いところまで達しているこの聖者の根を示唆しているからである。どんな強風にも耐える彼の存在の固い基盤は、この根に支えられている。ニークラウスは、民の世界の肥沃な土地に根差した人間なのだ。このことが極めて重要な意味をもつのは、そこから他の何ものにも代えがたい原初的な力な流出しているからである。もちろん彼は、多くの農民がそうであるように、この土くれとの重苦しい結びつきのままに留まっていたわけではない。むしろ彼の生の問題は、民と郷土に根差していたことから生じたのであり、その問題にかかわることによって、時代を超えた域に到達したのである。

第三章

多くの農民同様、ニークラウスにも若いころから宗教的な性質が認められる。この素質が母親からの遺伝的素質だったかどうかについては、確証はない。彼の宗教性は、暗い色合いを帯びており、彼の抑うつ的な素質を増幅させている。ニークラウスの姿からは、メランコリックな様相が拭えない。奇妙なことに、彼の伝記にはこの打ち沈んだ性質のことがほとんど語られていない。だが彼の宗教性の陰うつな性格は、当時の証言から明らかに見て取れ、彼の発展に決定的な要因となったものなので、注目しないわけにはいかない。ニークラウスは、不安を通じて初めて平安に達するゴシック的な、恐れを知る人間だった。

まず、彼の病的素因は、孤在への執着に現れている。息子の証言によれば、「覚えているのは、父親が、いつも世を逃れる性質があり、いつも隠れようとしていたことだ」という。《ザクセルンの教会戸籍簿》の別の記載でも、ニークラウスには「引きこもる性質」があり、仕事から帰ると、「いつも独りで小屋の陰や人気のないところにいた」ことが強調されている。孤在へのこの特異な傾向は、年と共に強くなり、消えることがなかった。この性癖が次第に明確な形を取り始め、宗教的な慰めを求めるようになったのも、住民たちが偏屈な性質と呼ぶこの傾向が誘因となっている。重苦しい気分の時には、祈りに助けを求めた。再び息子の証言によれば、父親は「夕方になると、家の者と一緒に仕事を終えたが、毎夜、目を覚ますと、いつもまた起き上がって部屋の暖炉のそばで祈っていた」。農民の通常の信者の場合には、夜ごとこのような祈りをする習慣はなく、彼の場合には、その抑うつ的な発作から以外には説明できない。

彼にのしかかる重圧は、悪魔との闘いにも認められる。この闘いに、彼は耐え抜かねばならなかった。たいていのニークラウス伝は、この闘いについては、お上品に口を拭って語らない。恐らく、啓蒙され、理性的になった同時代人に攻撃の手がかりを与えないためだろう。だが、実際には、彼の場合、悪魔との闘いは多岐にわたっており、それについての報告は無視できないほどである。隣人の証言によれば、毎日、悪魔にひどく苦しめられていた。彼の同僚も次のように伝えている。「彼はよく悪魔に苦しめられていて、とくにメルヒタールのベルクマットで茨を切り払っていたときには、悪魔に斜面から投げ落とされ、大きな茂みの中へ転がり込み、怪我をして気を失った。幼いころからの友達だったエルニは、彼の体の傷を実際に見ている」（ドゥラー）。こうした悪魔との闘いについては、息子も似たような出来事を詳細に述べている。後に彼がランフトに移ってからも、エジプトのアントニウスが砂漠で体験したように、悪魔にひどく苦しめられたことが報告されている。ニークラウスの内的発展を理解しようと思えば、これらの報告を無知蒙昧な迷信として片づけてはならない。圧迫された心の機序の解明には、きわめて重要な報告だからである。ニークラウスは、中世後期の人間の信仰で大きな役割を演じていた悪魔と、単に「宗教的」にだけでなく、客観的にもかかわりをもっていた。不気味な悪魔との闘いを強調する必要があるのは、それが彼の宗教的な生の不屈の力を証明しており、触れずにおく理由が全くないからである。

こうした重苦しい体験に加えて、この思慮深い農夫は、さまざまな幻視や幻聴を体験している。かつて預言者アモスが体験したように、日常の生活の只中で幻聴を体験した。ある時、草刈りに行こうとした折に、幻聴に襲われた。息子ヴァルターの証言によると、彼は、空の雲の間から「愚かなる男よ、神の意志に従うがよい」という声を聞いたという。神の意志に反していたことが、さらに彼の心の重圧を強めることになった。このため、幻視が新たに彼を襲い、彼を不安に陥れた。「別の折、家畜の様子を見に牧草地へ行った時、地にひざまずき、いつものように天を見上げて心の奥底から祈りに没頭した。すると、突然、口から妙なる香りの白百合が生えだして、天に触れたかと思うまで伸びていった。それから間もなく、家畜（ニークラウスの家族は、皆この家畜から恩恵を受けていた）が傍を通りかかった。彼が、ちょっと下を見ると、ほかの馬より立派な一頭の馬が眼にとまった。すると、ニークラウスの口から出ていた百合が、この馬の上に垂れ下がり、馬が通りすがりに、この百合を呑み込んだ」（ドゥラー）という。

この幻視を通じて彼は、自分の命運を鏡に映るかのように目の当たりにし、その意味をはっきりと見て取った。この幻視は、迫りくる重大な危険を明瞭に示唆していた。天上の宝が危殆に瀕している！この体験は、彼の内心の興奮を一層高めるように作用した。

こうした出来事すべてが、重苦しい気分を助長し、彼は、もはやうつうつとして楽しむことがなくなった。その「不安と重圧」は、彼自身が語っており、その苦悩は、後から造り上げられたものではない。彼自身が語るところでは、「神は、浄化の仕上げが進むよう拍車をかけられた。つまり、困難な試みを課せられ、その結果、夜も昼も安穏に生活することが耐えられず、愛する妻や子供たちと一緒に暮らすことさえも厭わしくなった」（ドゥラー）という。抑うつ的な不快感をありのままに語っているこの告白は、心の危機の高まりを誤解の余地なく示している。伝記にも、これと同じ感情が報告されている。「それまで精を出して片付けていた家の仕事をないがしろにし始めた」（ドゥラー）。

こうした記録から見て取れる病的な要素を否定するのは間違っている。情動性疾患の傾向が見られることは、多くの偉大なキリスト者の場合同様、彼の場合にも否定できない。この憂鬱症的素質を軽視するのではなく、そこからニークラウスが何を引き出したかに注目せねばならない。このような危険な心的気分は、多くの人間の場合、自らをさいなむ不毛の作用をもつものだが、ニークラウスは、そこから途轍もない苦闘により類例のない生を実現できた。病的な域にまで達していた傾向は、すべて浄化の過程を通じて払拭され、創造的な生が産み出された。重篤な抑うつ状態から克ち取られた聖性こそが、彼に見られる偉大さであり、範例的な価値をもつ。

抑うつ的な素質を認識しつくすことで、ニークラウスの精神は自らの生の大きな課題を眼にすることになる。彼にとって、神と郷土と家族とは調和的な関係にはなかった。神を通じて事物を愛するということはなく、神と彼の間には常に事物が割り込んで妨害した。神秘家は平静であることを理想とすることから事物を放棄するが、ニークラウスは事物を放棄することができず、逃げざるを得なかったのだ。「一切の持ち物を捨てる者ならでは、我が弟子となるを得ず」（ルカ14-33）。いわばニークラウスの生の注釈となっているのが、イエスのこの言葉である。このことを、彼がこのような新約聖書の言葉で語っているわけではないが、ニークラウスの生の問題を示唆しているのは、この言葉である。すなわち、自分の心を奪う一切を捨てるという問題であり、そうすることが彼には内的な窮迫を鎮める唯一の方法だった。密接につながりのある郷土や家族から離別することが義務と感じられた。そうした高い代償を払わなければ、天上の遺産を得ることはできないように思われた。この避けることのできない苛酷な状況により、のっぴきならない要求を心に突き付けられて彼は愕然とする。そのような犠牲は限りなく困難に思われ、当時の史料によれば、この非人間的な決断を下すのに彼は二年間を要したという。そこには、軽率なところは全く見られない。ニークラウス生来の鈍重さや思慮深さのために、性急な行動はありえなかった。この決断は、ゆっくりと、あくまでもゆっくりと熟していった。郷土や家族からの離別は、定住しているこの農夫が手前勝手に思いついた気紛れの行動ではなく、神の声によるもので、彼はそれに従う負い目があったのだ。

ニークラウスはついに、「他国へ赴き、森の修道士として聖なる土地から他の土地へ遍歴する」（ドゥラー）計画を立てたが、これは家族には到底受け入れられない無理な計画だった。家の経済状態に心配はなかったが、それでも彼らが反対したことを非難してはならない。このような変り者の家長は、家族には心配の種で、ほとんど理解ができなかった。家の者たちは、ニークラウスや後世の人々のように、その計画に神の委託を見ることができなかった。彼らは、計画がニークラウスの奇矯な生き方のためとしか思わず、彼が家族の醜聞となるのを恐れた。年長の二人の息子は、一人は結婚を控えており、他の息子は、初めて公職に就こうとしていた。二人は、父親のこの計画を自分たちが身を立てる上で障害になると感じ、家族全員が激しく反対した。その後も、息子たちの怒りは収まらなかった。この家族の紛争は、教化的な観点から美化され、好んで牧歌的に推移したように物語られるが、そうした見方は受け入れがたい。家族の間では、むしろ激しいやりとりが交わされた。父親の権威は尊敬されていたにせよ、息子たちは、自分の意見を穏やかに述べたわけではない。とりわけ妻のドロテーアは、十番目の子供の出産を控えていた。だから、森の中で修道生活を送るという夫の常軌を外れた計画にはっきりと反対した。一家の幸福が脅かされるに決まっているからだ。結婚生活を守るために、彼女は激しく逆らった。ドロテーアが彼の企図に無関心な態度をとったとすれば、むしろ二人の心のつながりにそぐわなかったろう。彼女には、ニークラウスと同じような内心の要求はなかった。夫婦の愛が無となること以外は見なかった。その危険に対して、彼女は力の限り抵抗した。この出来事全体を彼女の眼から見れば、すぐに彼女の立場は理解できる。この争いに劇的な特徴があったことは、史料からもうかがわれる。教会の規定により妻の同意なしには計画を実行できなかったので、ニークラウスは、「懸命に彼女の説得にかかったが、家族に対する配慮と密接に結びついていたために、長いこと同意は得られなかった。……だが、繰り返し妻に迫ったため、妻は懇願し抗いながらも、最後には同意しないわけにはいかなかった」と、ヴェルフリンは伝えている。この短い一節の背後には、どれだけの涙と心痛が隠されていることか！　この悲劇の全貌を理解するには、この出来事を共に感じなければならない。

ニークラウスが妻の同意を勝ち得たのは、妻が彼の心の平安を阻むつもりはなかったからだ。こうして彼女は最終的には彼を自由にし、彼が家を出ることを認めた。ついに妻の同意が得られたことに大きな恵みを感じた彼は、二度と妻と子供たちのもとへ戻る欲求に捉えられることはなかった。ドロテーアは、あきらめきれずに悩み続けた。多くの他の者には不可能と思われるこうした犠牲は、驚嘆に値する。彼女のけなげな自己否定なしには、ニークラウスの後期の生は考えられない。

家族との別離の時は、関係する者たちすべてに消えがたい印象を残していた。このことは彼の妻が、ある訪問者に聖ガルスの日、一四六七年十月十六日のことだったと正確な日付を語っていることからも明らかである。昔の報告者のなかで、残された者の心が計り知れない苦痛で震えたこの別離の場面を詳述している者は一人もいない。深い苦悩を静かに呑み込むのはスイスの農民のやり方だが、報告者たちは畏敬の念による憚りからか、この苛酷な別れの悲しみの涙に触れるのを憚った。ニークラウスは、粗末な布製の長い修道衣を身にまとい、被り物はかぶらず、裸足で、杖を手にして巡礼の生を歩み始めた。永遠のさすらい人として、ようやくのことで彼は、家の者たちから別れ、生まれ故郷の土地を離れて、不確かな領域に歩み入る。神に示された土地へ赴いた第二のアブラハムのように。

このニークラウスの驚くべき出発については、いつの時代にも多くのことが語られてきた。妻や子供を捨てたニークラウスは、宗教的に見て正当かどうか、生前からすでにペトルス・ヌルマーゲンの詳細極まりない議論が現れている。この議論は、今に至っても終わっていない。ニークラウスの信奉者たちは、彼の性格に欠点があるとは見たがらず、妻が同意して家族と別れたのだから、家長の義務を無視したわけではない、と見る。だが善意からとは言え、こうした弁護論は、彼の行為を過小評価する自由主義的な立場からの非難と同じで、この出来事の運命的な契機を無視している。どちらの主張も方向は逆だが、一人の人間が自分の意志に従って行動することが許されていながら、それが罪とならざるを得ない悲劇的状況を見ていない点で変りはない。家庭の幸福を最高の幸福とする市民生活の立場からは、家族や故郷を捨てて無宿の境涯に飛び込むような行為は、当然非難される。彼の行為を見倣うことは、決して勧められない。家族を守ろうとする人々の間に引き起こした憤激に、反論はできない。家や家族を捨てるという行為は、総じて市民生活を超越する観点から以外には理解できない。妻や故郷とのこの苦渋に満ちた別れには、神の呼びかけに無条件で従うことを要求する常ならぬ良心の働きが認められる。習慣的な生活を離脱して、未知の領域へ大胆に歩み入る人間に正当性が与えられるのは、神の呼びかけがある場合のみである。ニークラウスは、巡礼の生を通じて聖性の理想に近づくのだが、聖性の理想は常に市民的な生活形式を破壊し、別の判断基準を要求する。ニークラウスは、芝居がかった振る舞いもなく、ごく地味な形で森での修道生活を始めた。その考えをまとめてみれば、五十年間、私は人びとに仕えて、人生のさまざまなことを経験してきたが、残りの生は独りで永遠の存在に仕えたい、ということだったろう。これは、疑いもなく深い宗教的な思念であり、それに対しては沈黙するほかはない。

故郷を捨てるために彼は、外国へ赴くつもりだった。この意図は、妻の証言からもうかがえる。事実彼の足は、エルザスへ向っていた。この土地を選んだことには、十分な理由がある。エルザスは、当時、《神の友》運動の起点だったからである。この運動のことは、早い時期に、おそらく母親の故郷であるヴォルフェンシーセンの隠修士マティアス・ハティンガーから聞いて知っていたのだろう。近くの町エントレブーフにも《神の友》の代表者がおり、同じようにシュトラースブルクとエンゲルベルク修道院との間に関係があったことも立証されている。後に、修道士ニークラウスを訪れた最初の訪問者が、エルザスからやって来たのは偶然ではない。《オーバーラントの神の友》は、ルルマン・メルスヴィンの願望像だったとしても、《神の友》自体は、実際に存在し、十五世紀には著しく不振だった教会活動の活性化に影響を与えていた。刷新のための公会議が、背徳的な聖職者の根絶には無力なことが分かったため、信者たちは教会の危機に直面して自らの道を求めることを強いられたのである。《神の友》運動に、砂漠で泉を見つけたように引き付けられたのが、彼らの中で最も活動的だった者たちだった。《神の友》の成員は、通例は平信徒で、教義に反抗はしなかったが、堕落した教会には不信を抱いていた。彼ら個人の信仰が司祭の指導に背きはしなかったが、司祭の人間に応じて、用心深く自制したり判別したりした。このため、《神の友》の個々の人間が異端審問に引っかかることもあった。

修道士ニークラウスは、時として異端の嫌疑を受けた《神の友》運動につながりをもち、隠修士となる彼の企図は相応にこの運動の影響を受けている。エルザスへの巡礼途上に彼の脳裏に浮かんでいたのは、《神の友》に加わることだった。この目標を彼は、この神秘主義的な平信徒の宗教運動の頂点をなす規範的な形で達成した。修道士ニークラウスは、十三世紀に神秘主義によって形成された《神の友》の教説を、驚くべき形で体現し、人間が取ることのできる最も深い宗教的な在り様で実現した。ニークラウスを通じて、《神の友》の理念が時代を超える規範となったのは、神に対し人間がしもべとなる関係を克服しながら、イエスの子となる独自の関係を傷つけることがなかったからである。《神の友》の理念には、説明しきれないほど豊かな可能性が含まれており、その可能性には疑念を挟む余地はない。平信徒である《神の友》が必ずしも異端への道を歩むわけではないことを証明したのが、ほかでもない修道士ニークラウスであり、当時の史料が、彼を何度も《神の友》と呼んでいるのは当を得ていよう。

だが、修道士ニークラウスがエルザスへ赴く途中で、思いがけない障害が立ちはだかる。小さな町リースタールの手前で、ある体験をするのだが、これについて報じている当時の史料は多くない。ニークラウスは途中で一人の農民に遭い、話を交わしているうちに自分の意図を打ち明ける。するとその男は、かなりぶっきらぼうにこう言った。「そんなら、お前さんの郷里へ戻って、そこで神に仕えるほうがよかろうよ。そのほうが、ほかの土地へ行って知らない人々に厄介かけるより神様は喜ぶだろう」（ドゥラー）。その農夫はまた、スイス人は戦争好きだから、他国の人間に憎まれている、とも言った。乱暴な口調にニークラウスは唖然とするが、巡礼行は中断される。夜になり、とある茂みの中に横になる。この夜が、彼の生の決定的な夜となる。この夜の意味は、またしても幻視を通じて彼に伝えられた。リースタールの町が真っ赤に燃えているのを幻視したのだ。この出来事を理解したというより、むしろおぼろげに感じ取ったヴェルフリンによれば、「天からの光芒が彼を照らし出したが、そのさい彼は、刃物で体を切り裂かれたかのような痛みを覚え、故郷に戻るよう警告され、紐で引っ張られるかのように帰郷した」（ドゥラー）という。この言葉から、この夜ニークラウスが苦痛に満ちた新たな誕生を体験したことが推測される。翌朝、茂みから這い出してきた彼は別人に変っていた。

リースタール手前の茂みの中での体験は、いくら高く評価しても評価し過ぎることはない。だが、これまで、その結果が適切に評価されたことはほとんどなかった。ニークラウスは、この幻視を国外へ出るなという天の合図と解釈した。郷土への愛が、遠方の精神的に親近する者たちへの憧憬に打ち勝ったと言えるだろう。リースタール郊外の茂みのなかで、スイスという国の聖者が誕生したと言っても言い過ぎではない。大きな決断が下されたのは、ほかのどこでもなかった。この茂みのなかでの体験がなければ修道士ニークラウスは、スイスからは失われ、シュタンスでの和解に資することもなかったろう。ニークラウスが喘ぎながら取り組んでいた問題は、郷土の問題だった。郷土を離れるように迫られていると感じていたが、この離脱が内的に果たされてはいなかった。彼は聖者たらんとしたが、さしむき、それを妨げていたのがスイスの郷土だった。彼には、二つの対立する契機を結びつけること以外に、つまりスイスの聖者となるほかに道はなかった。

長いこと求めていた光明が、リースタール近郊で彼の上に射してからは、ゴシック的な不安は払拭された。抑うつ的な内心の乱れも、着古した衣服のように脱ぎ捨てられた。遠隔の地への巡礼の途上で故郷への帰還を命じた幻視に従い、彼はためらうことなく帰郷した。修道士ニークラウスは、仕事に取り掛かってから逡巡する類の人間ではなかった。オプヴァルデンで彼を待ち受けていた嘲笑も意に介せず、天の命令により同じ道をたどって帰郷した。家の者に会うことなく、隣接するアルプスの渓谷の一つへと赴く。だが大雪をともなう冬が迫っていたため、クリュスターアルプスを去って、谷のほうへ移動せねばならなかった。こうしてニークラウスは、ランフトの窪地に居を定めることになり、この場所が、後々、常に彼の名と結び付けて語られることになった。

第四章

ハインリヒ・フェーデラーは次の問いで、ニークラウスに関するモノグラフィーを結んでいる。「善良な読者は、恐らく多少の差はあれ進んでランフトまで私について来てくれた。だが、私と共にランフトの谷間へ下ることを敢えてするだろうか」。

残念ながら未完に終ったモノグラフィーの末尾のこの言葉は、修道士ニークラウスの生で、それまでとはほとんど共通点のない完全に新しい時期が始まったことを明かしている。ニークラウスの生の重要な部分は、荒々しい峡谷に下りて居を定めた時から始まる。縦の木に取り囲まれたランフトの窪地で出来したこととは何なのか。それは言葉ではほとんど言い表せない。少しでもそれを感じようと思えば、この窪地へ降りてみるほかはない。それには心の転換が必要である。出来事の上を表面的に上滑りする水平的な考察方法は、垂直的な考察方法に切り替えねばならない。歴史を傍観する単なる好奇心では、ランフトでのニークラウスの生を把握することはできない。むしろ、修道士ニークラウスと一緒にランフトの谷間に深く、谷底に達するまで降りて行かねばならない。この心の同行は実際には冒険であり、詩人フェーデラーと共に、読者にそうする意志があるかどうかを問い、読者を新たな道へ導く心の動きに、弾みをつけることができるかどうかを問うのが適切だろう。

小さな木造の小屋と、後に建て増しされた小部屋のある礼拝堂で、以後、修道士ニークラウスは生を送る。「この礼拝堂は、谷間の住民が彼の血縁者の反対を押し切って建てたもの」である。この小屋が、ニークラウスのそれまでの家から十五分ほどの距離にあったことも、奇妙なことではある。そのように近くではあったが、彼は、ざわめくメルヒャー川のほとりの庵に、隠修士として再来したエリアのように居住した。隠修士制の創始者であるエジプトのアントニウスと比較したい気持ちは、すでに最も古い伝記作者グンデルフィンゲンも抑えきれなかったようである。事実、修道士ニークラウスは、全キリスト教会の歴史を通じて登場する偉大な隠修士の系列に属している。だが隠修士を怠惰な変人と見たのは、近代の無理解にすぎない。彼らは、実際にははるかに奥深い背景を示唆している。オプヴァルデンの修道士ニークラウスは、この隠修士の伝統に組み込まねばならない。

ニークラウスが家族のもとを去ってから常に注目されてきたのは、彼が修道院に入らなかったことだった。おそらく彼を引き留めたのは、当時の修道院が堕落していたためだろう。彼は、隠修士に、肉親の言葉によれば森の修道士になろうとした。聖なる平安が存在する静かなランフトの窪地に彼が求めたのは孤在だったが、これは極めて重要なことでもあった。すべての孤独を、同じようには評価できない。人間の心の病と判定できる世界苦体験からの孤独や、不実な相手に捨てられ頼れるものを失った類の孤独は、修道士ニークラウスの自ら求めた孤独とは関係ない。同様に、「第七の孤独」（ニーチェ『ディオニュソス讃歌』）の歌を口ずさみながら、衆の蜂起に抗して要求された孤独とも関係はない。ニークラウスの孤在は、真正な共同体を形成できないことに起因するのが常のこれらすべての孤独とは、究極的には原理的に異なっている。彼は、この隠修士としての生を自らの魂に対して無理強いしたわけでは決してない。彼にとって、自分を常に取り巻く聖なる沈黙が大きな贈り物だった。修道士ニークラウスは、ランフトで独りだったが、独り神と共に在ったのだ。この点が他の孤独との原理的な違いである。この宗教的な孤在は、至聖の《神の友》という関係から発しているため、人間は、内面の活動を傷つけることなく耐えることができる。

だが、修道士ニークラウスの神との孤在には、牧歌的な状況を想像してはならない。彼はデューラー画くところの『室内のヒエロニムス』のように生きていたのではない。そうした見方は、彼の貧しい小屋を見るだけで払拭される。背の高いニークラウスはその小屋の中では立っていることもできなかった。部屋には何もなく、机も寝台も炊事道具もなかった。眠る時には床に横になるか、壁に寄り掛かるかして眠った。今も残るこの小部屋は、おそらくスイスに見ることができる歴史的に最も印象深い場所だろう。無一物の隠修士が、暗黒の夜々を、長い冬の月日を、この四方の壁の中で、どのように過ごしたかを思い浮かべてみるといい。この拷問部屋まがいの小部屋を暫く目にしていると、言葉にならない聖なる戦慄に襲われる。この暗い小部屋のなかでは、聖なる土地に立つという稀有の意識に知らず知らずのうちに襲われる。ニークラウスは時折、小房を出て「人手の加わらない森」に入った。自分の礼拝堂がなかったころには、日曜日になるとザクセルンの教会のミサにあずかり、毎年三回、人目を忍んで巡礼行に加わった。この谷間では、厳しい聖者の生を送っていた。一日の多くの時間を、倦むことなく祈りに捧げた。修道士ニークラウスは、卓越した祈りの人であり、祈りによってますます深く神のなかへ沈潜した。有名な三位一体像の幻視は、「今日に至るまで完全には解かれていない謎」（ドゥラー）だが、観想時に役立つものだった。この幻視像には、すでに思弁的な解釈が加えられているが、そうした解釈には、もとより仮説の価値しかない。三位一体の幻視像は「彼の宗教的な観想や芸術家的な想像力の実りだった」が、それだけではなく、いくつもの手本があったというのが、アルバン・シュテクリ神父（『福者クラウス修道士の幻視』一九三三）の強い確信だった。

ニークラウスの幻視で重要なことは、とりわけ、彼が神秘家であった点である。神秘主義的な沈潜なしでは、孤在に耐えおおせられなかったろう。神との絶え間ない通交は、彼の知恵の源泉だった。その助けを借りて、ランフトでも彼を襲った悪魔の誘惑を切り抜け、平穏で清明な境涯に達することができた。ニークラウスが絶えず神と対話していたことを考慮すると、彼が、その神秘体験の究極的な秘密を墓の中まで持って行ってしまったとしても、彼の心内に何が起こっていたのか、幾ばくかのことは予想されよう。だが彼自身が、他者の眼に明らかにせずにおいたことを無理に究明しようとしてはならない。

広く人びとがニークラウスに注目したのは、稀有の節食ないし断食のためだったが、この断食も神秘的な雰囲気を醸し出す要因の一つだった。ランフトに居を定めた始めのころは、「干からびた梨や豆や草や根を、傍らを流れる小川の水と一緒に摂っていた」(ドゥラー)。だが、彼は世の欲望とは縁を切ろうと切望していたので、次第に食べ物の摂取を減らしてゆく。そうすることで、すでに早い時期に稀有の断食者となった。世俗の生活をしていた当時から、「すでに長い間、金曜日ごとに、その後は毎週四日間と四旬節の間は、毎日、パンの小片と少しばかりの干からびた梨以外は摂らなかった」(ドゥラー)。ランフトで彼は、この摂食の断念をさらに延長した。その断食は常軌を逸した形をとり、そのうちに想像を絶するものになる。彼が全く食物を摂らないという噂が、たちまちのうちに広がり、当時、大きな評判となった。

こうした出来事の場合、驚き讃える者が出る一方、疑って、まやかしだと噂する者も出るのが常である。十五世紀には、一方では雑多な迷信が横行したが、他方では、何もかも簡単には信じない強い疑い病が蔓延していた。行政当局は、事の真偽を明らかにすることに関心があったから、彼の庵を監視させた。「評議会の決議により複数の見張りが立てられ、ランフトの谷間の周囲を入念に監視して、人間が、この神のしもべのところへ行き来することができないようにした。この監視を、まる一カ月、きわめて厳重に行ったが、彼の信仰がまやかしである証拠は全く見つからなかった」(ドゥラー)。

宗務当局も、同じような疑惑を抱いていたため、コンスタンツ司教の代理人が、ニークラウスを試問し、キリスト教で最も称賛に値することは何かと訊ねている。彼が聖なる服従と答えると、代理人は服従するというなら、パンを三切れ食べて見よと命じた。だが、断食しているニークラウスの体は、パン切れを受け付けなかった。ある聖職者が、「迷いや誤りを恐れないのか」と尋ねると、彼は、「謙遜で信仰があれば、誤ることはありえない」と答えた。この神の友の素朴な真剣さが、すべての疑惑を払拭し、少しの欺瞞も立証できなかった。世の人びとは驚嘆し、ニークラウスの断食の奇蹟に頭を下げた。彼らが断食の奇蹟を信じたことについては、多くの史料が残っている。プロテスタントの側からも、後にはまったく疑惑は表明されておらず、ブリンガー、ミュコニウス、ヴァディアン、フラツィウスらが、この隠修士に言及し、「二十年以上、食物なしで生きていたのは確実」（ドゥラー）と認めている。

普通に理性的に考えれば、もちろんこうしたことは不可能と見なされる。完全な断食を信じるより、むしろ、後の世代のシュトゥンプフの年代記が伝えるように、ニークラウスが草木の根を噛みしだいて食べていたという見方を受け入れるだろう。しかし健全と言われる人間の理性は、かつて奇蹟を認めたことがあるだろうか。理性はつねに奇蹟を自然的な原因から説明しようと腐心し、この場合も、ニークラウスが呼吸している豊かな空気のせいとする類の合理主義者が、当時から存在した。些事にこだわり、大事を認めようとしないこのような見方は基本的に馬鹿げている。ニークラウスの断食を事実ではありえないと見るのは、世界観によるもので、史料に基づくものではない。いずれにしろ、そうした教師じみた浅薄な知識をひけらかすことができる根拠は、ほとんど存在しない。奇蹟には偽りの報告が多いとはいえ、理性的に徹底否定したところで、問題は容易にはならない。

ニークラウスに対する当時の注目が、断食の奇蹟によるものだったことを明確にする必要がある。べルナルディーノ・イムペリアーレがミラノ公に報告したように、ニークラウスは「何も食べないため、聖者と見なされていた」からだ。この断食の奇蹟による声名なくしては、同時代の者たちは、彼を信用して彼の政治的な助言を受け入れはしなかったろう。彼の助言の効果は、断食が前提だった。ニークラウス自身が、この断食の奇蹟についてほとんど語らず、好奇心からの問いに対しては、「分からない」と控えめに答えるだけであった。だからといって、断食の反証にはならない。大修道院長ゲオルク・フォン・シュテファンに向かってニークラウスが、「神父様、私は、何も食べないと言ったこともなければ、言うつもりもありません」と答えているが、このことも同じように彼が食物を摂っていたことを意味するわけではない。とはいえ、ニークラウスが、このように答えたことで、断食の問題があいまいになり、彼のことを伝えている多くの著述家たちも、この問題には未解答のままである。その責任は、しかし彼にはない。彼が自分だけに関わる秘密を漏らす意図がなかったとすれば、そのように答えるほかはなかったろう。この問題には、人間の魂の奇蹟というものがきわめて大きく、近代の唯物論的立場の思考では把握できないことを、聖者の世界が印象的に証明していると答えるほかはない。

断食の奇蹟が可能か不可能か屁理屈をこねるより、この断食の奇蹟の意味をつらつら考えてみることのほうが有意義だろう。最も重要なのはそのことであり、今となってはもう決定できないことを、あれこれ憶測することではない。適切な方向に導いてくれるのは、ニークラウスが「深く信頼していた」彼の聴罪司祭オスヴァルト・イスナーの言葉だろう。「ニークラウスは、ミサに与り、聖体を拝領することで、力づけられ、飲んだり食べたりしないでいられた。そうでなければ、耐えられなかったろう」(ドゥラー)。

こうした示唆から見ても、ニークラウスの断食は、神秘主義的な体験に関連づけることができ、それ以外の契機からは理解できないことが分かる。秘蹟を食物とすることで、この選ばれた人間は、通常の食物から解放されたのだ。ランフトの窪地の底で、天の恩寵が生起したのであり、自力により難事が成就されたわけではない。このような宗教的な考察方法により、断食の奇蹟は、貪食にむしばまれた世の人間に向けられた激烈な警鐘と見ることができる。ニークラウスが生きた時代には、野放図に食い意地が張った人間たちが、食事どきには、そのつど、動物の肥育と見まがうほど腹一杯詰め込んでいた。こうした歯止めのきかない欲望に対して、この隠修士の断食の奇蹟は、「人はパンのみにて生きるに非ず、神の口より出し言葉によりて生きるなり」（申命記８－３）という聖書の言葉が最も印象的に説明している。ランフトでの修道士ニークラウスの断食という稀有の出来事については、この方向で思いをめぐらさねばならない。他のあらゆる考量は、宗教的には不毛に終わるだろう。

予想できることではあるが、ニークラウスの断食の奇蹟は、さまざまな不快な事態を生み出した。奇蹟的な断食などという体験に無縁であればあるだけ、野次馬たちは、ニークラウスの個人的な秘密を詮索しようとした。とくに神学者の側からは、手ひどい攻撃が加えられた。いつの時代にも、神学者のなかには、神の経綸の中で起こってよいこと、よくないことを決定する権利があると思い込んでいる神の代弁者が存在する。彼らは、ニークラウスに悪魔の力が働いてはいまいか、詳しい調査が必要と考えた。神学者たちは、「聖書からのさまざまな論争点」を示して罠に誘い込もうとした。この神学面での攻撃が頂点に達した時には、オプヴァルデンの行政当局が、ルツェルンの行政当局に対しニークラウスを守るために援助を要請したほどだった。一四八二年に送られた書簡には、「先ごろ、見知らぬ司祭が彼のところにやって来て、聖なる三位一体、聖なるキリスト教信仰、そのほかのキリスト教の教義について厳しく追及し、試み、非難しましたが、我々の見るところ、彼はそのような試みに遭っても、たじろぐことなく、当を得た非の打ちどころのない態度でありました。それにもかかわらず、この司祭は、彼を打ち負かすことができなかった問題について、彼を別の司祭のところへ連れて行き、さらに調べたり試みたりせねばならないと語り、脅かしました」（ドゥラー）とある。

オプヴァルデン当局は、管轄行政区域内で、そのような神学者の誤った行動を許容しないようルツェルン当局に要請した。それというのも、「そのような見も知らないよそ者が、善良な修道士ニークラウスに無礼を働く恐れがあり、そうすることで我々を不安に陥れるやもしれないから」（ドゥラー）であった。エードゥアルト・ヘルツォークによるこの書簡の注意深い解釈によれば、ニークラウスに無礼を働く恐れがあった神学者たちは、異端審問官だったにちがいないという。その可能性があったとすれば、オプヴァルデンの行政当局の恐怖も理解できる。実際、異端審問は、キリスト教徒に対する恐るべき鞭であり、彼らに対し筆舌に尽くしがたい苦しみを与え、その鉤爪から脱するのは容易なことではなかったからだ。行政当局の書簡は、当時ニークラウスに及んでいた危険を明らかにする重要な記録である。今でこそ、ニークラウスは、遺骸が、銀の面をつけて水晶の棺に納められ、祭壇の前に埋葬されているが、彼の生時には、今日のように、どの神学者も同じ眼で見ているわけではなかったのだ。異端の疑惑は明らかに不当なものだった。ニークラウスは、何年もの間、ザクセルン教区の司祭たちと親しい間柄とは言えなかった。だが、それは、当時の聖職者が堕落していたためでもあれば、彼が独立不羈の性格だったためでもある。この「神の友」は、教会に反逆していたわけではない。つねに教会に畏敬の念を抱いていた。教会の真剣な代表者たちを彼は高く評価していた。事実、クリーンス村の司祭ハイノ・アム・グルントや彼の聴罪司祭オスヴァルト・イスナーとの長年にわたる友情が、それを証しており、彼らからニークラウスは、さまざまな刺激を受けていた。時折、嫌疑を受けても、主に断食の奇蹟と関係しているニークラウスの声名が傷つけられることはなかった。修道士ニークラウスの意義が認められ、誇張さえされたのは、今に始まったことではない。この人物の声名は、すでに生存時から認められ、国境を越えて広く知れ渡っていた。そのことは、通常、十分には認識されておらず、名声が郷土に限られていたように思われている。だが、一四七三年には、ザクセンの町ハレの歳の市で、この理解を絶する断食の奇蹟が論議され、一四八六年には、ヨハネス・トリテミウスが「この奇蹟のことを聞いたことがない人間は、ドイツには一人もいないと思う」（ドゥラー）と語っている。オーストリアやイタリアでも、ニークラウスへの関心が認められた。こうした徴候は、いずれにせよ彼の影響を示しており、人びとから注目されていたのである。

だが、断食の奇蹟に重点を置いてはならない。そうした姿勢は、奇蹟に執着する人間の場合には分かるが、ニークラウスには相応しくない。彼自身には、断食で耳目を驚かせる意図などなかったから、断食の奇蹟を重視してニークラウスを考察することも許されない。そうでなければ、しるしが事実に代わることになり、暗示に惑わされることになる。

修道士ニークラウスの最も内奥の本質は、むしろ、スタレツ（たとえば『カラマーゾフの兄弟』に登場するゾシマ）の概念で最もよく表すことができる。これは一見、縁遠い概念のように見える。しかし、このなじみの薄い言葉の背後には、ランフトの隠修士との、空間的な距離を示す遠いという言葉から推測されるよりも、はるかに近い親近性が隠されている。スタレツという名称は、東方教会で老父または長老といった意味のものである。スタレツは、通常、修道院に所属しているが、修道院内では特別な位置を占めていた。霊的に高い域に達しているが、管理者の役割はなく、その司牧活動は修道院の管轄区域をはるかに超え、スタレツ自身が司祭ではないこともしばしばあった。スタレツの恵み多い資質は、外から見える職務上の地位からはうかがえない。スタレッへの任命は、つねに民衆の只中から自発的に、しばしば主教に逆らって行われた。スタレッは、普通の修道士ではなく聖性の理想を抱いて、初期キリスト教時代の傑出した人物姿形を新たに体現することを目指していたのである。これらのキリスト教的賢者たちは、稀有の魂の偉大さと崇高な心的調和を備えた人びとだった。彼らからは、生きる上で揺るぎない態度を持していて、内的な美に満たされていることが感じ取れる。スタレッは、神と一つであると同時に、苦しむ人間と共にある愛に溢れていた。スタレッは、人びとの身体的な苦患を癒すことに再三かかわっていたとはいえ、それが、主な仕事ではなかった。むしろ、宗教的に生きることに未熟な人びとを霊的に導くことが仕事であり、しばしば予言の天分をもち、人びとに本質的なことと非本質的なこととの区別を教え、人間の生は制約もあるが良いものでもあることを示したのである。この霊的な導きの前提は、あくまで真摯にスタレッに接することだった。教えるだけで、赦しを与えるわけではなかった。スタレッは、その場合、悩める人間の心に完全に沈潜し、その心を自分の心のなかへ、いわば取り込んだのである。スタレッたちは、その信仰により、あらゆる紛糾した出来事に内的意味を見出すことができた。彼らは、生の複雑な問題を神の前に立つ高い立場から判断することで、卓越した司牧上の能力を発揮したが、そうした能力は、人間の心についての深い知識から以外には得られないものだった。

スタレッの本質を、このように手短に説明しただけでも、修道士ニークラウスが、とりわけスタレッの役割を果たしていたことが直ちに認められよう。ランフトの窪地の隠修士の呼称として、スタレッ以上に適切な呼称はないだろう。修道士ニークラウスはスイスのスタレッであり、神による出来事をわきまえ、人びとの心を導いた。いずれにしろ、その時代の人びとはスタレッという言葉は知らなくとも、そのような存在と感じていた。彼らは、本能的にそう感じていたからこそ、昔のロシアで人びとがスタレッツを訪れたように、ランフトのこの《神の友》を多くの人びとが訪れたのである。ニークラウスは、傲り高ぶって、住民から孤立することもなければ、郷土を捨てることもなかった。内心、双方に好意を寄せていた。こうした結びつきなしには、宗教的人間は干からびてしまう。ニークラウスの挨拶からは、どんなに暖かなものが語りかけてくるだろう。「神が、あなたがた愛する友に、あなたがた愛する民に、祝福された良き朝を下さるように」（ドゥラー）。

この偽らざる民への愛が同時に神に根差していることを人びとは感じ、ニークラウスに引き付けられた。言うまでもなく、単なる好奇心から訪れた人びとも少なくなかったであろうが、そうした「野次馬」を彼はすぐ見破った。時と共に、そう簡単には彼のところへ行き着くことができなくなった。後には、彼に自由に使用できる時間は、決まった時間だけになった。それでも、多くの人びとがやって来、殺到する人びとの数は「きわめて多数」であり、当時の或る証言によれば、「十万人を超えた」と言う。遠い地域からも、身分の上下、老若を問わず、贖罪と生きる道の示唆を求める不安な欲求に駆られて、人びとはニークラウスのところへ押し寄せた。

だが、ランフトの隠修士が彼らを迎えた最初の瞬間、訪問者たちは、思わずたじろがずにはいなかったろう。「整った好い顔」という証言もありはする。しかし、大多数の訪問者は、ニークラウスの恐ろしいほど真剣な顔に不気味な印象を受けたことだろう。ブルクドルフからやって来た若者は、「彼を見て頭が混乱」し、またボンシュテテンも、「私たちはみな彼に感謝したが、はじめて彼を目にしたときはギクリとし、実際に髪の毛が逆立ち声も出なかった」（ドゥラー）と言う。大柄で日焼けした蓬髪の男の、まさにゴシック的な姿が、ペトルス・ショットの記述から浮かび上がってくる。「髪は手入がされておらず長く伸び、顔は、痩せて皺が寄り、土気色で、埃にまみれていたが、品位があった。長い手足、痩せた体が一重の衣で覆われていた」(ドゥラー)。

乱髪で、陰鬱にも見えるこの森の修道士は、ロシア・キリスト教のスタレッツの像に似た農民的な顔をしていた。ニークラウスが「気味の悪い姿」をしていたこと、人びとが「恐れおののいた」ことは後代の誇張ではない。こうした恐れは、同時代人が一致して認めていることで、最も印象的なのがヴェルフリンの報告である。

「多くの人びとが彼のところへやって来たが、誰もが彼を一目見て著しい恐怖に襲われた。この恐怖の原因として彼自身が挙げたのが、かつて巨大な光を見たということだった。まばゆい光が人間の顔を取り囲んでおり、それを見た彼の心は砕け散り、恐怖のあまり戦慄した。完全に心身が麻痺し、本能的に目を逸らせ、地面に倒れ伏した。この理由から、彼自身の姿が、他の人びとには恐ろしいものに見えるのだというのだった」(ドゥラー)。

茂みの体験を想起しただけでも、この人物には、尋常でない幻視の影響が刻印されている。ランフトの隠修士は、神の威力に打たれ、その威力が人びとを彼の前で畏怖させたのである。修道士ニークラウスは、民の近くにあったが、脱魂状態にもあり、彼については、この両面に留意せねばならない。いずれにしても、今日でも、なお、人びとが、修道士ニークラウスを、真の顔で受け入れるのか、それとも、十九世紀の毒にも薬にもならない美化された姿で受け入れるのかは、この畏怖を認めるか否かで決まる。深い谷間に生きた修道士ニークラウスの真の知られざる顔は、不気味な外見をしており、神が現存することの浄福のいくばくかを体験しようと思えば、身震いするような彼の姿に耐える必要がある。

この《神の友》は、このように人びとが畏怖を覚える姿を通じて、人びとを引き付ける強い力をもっていた。生きることを知り、五十年間を俗世で過ごし、自ら不安を体験したことのある人間として、彼は、文字通り司牧活動の素質を備えていた。ある報告には「言葉少なで、知らない人びとに対しては打ち解けなかった」（ドゥラー）とある。実際、慎重なこの隠修士は寡黙だった。聖書の言葉を振りかざすこともなければ、聖書の文章を彼の口から聞くことも、どちらかと言えば少なかった。彼が多くを語らなかったことこそが、重要なのだ。神秘家として彼は、神的な存在は語るより黙し、神について語るより神に向かって語るのがよいことを知っていた。だが、ニークラウスが口を開く時は、「当たり障りのない無内容なこと」を語りはしなかった。そうした場合に語られるのは、ソロモンの箴言にあるように、巷で叫ぶが人びとが聞き入れことのなかった智慧であった。修道士ニークラウスのたった一言が、哲学や神学の長い論文による以上に、一人の人間を開悟させることがしばしばあった。語られるのは、機知にあふれる言葉ではなく、司牧者の定義不可能な開悟への示唆であり、それが人びとの心を開かせた。当時の証言によれば、彼は「自分の教養をはるかに超えた識別の天分」をそなえており、それが、訪問者にはすぐに分かったという。それゆえ、ランフトの窪地では類例のない場面が出来したのであり、虚勢を張ったところで、心の奥底まで見通されることを悟った者は、一人にとどまらなかった。ニークラウスは、またある時、金銭に執着する吝嗇な修道院長の心を容赦なく暴いて見せた。

彼は、また炯眼で確実な助言者だった。冷静な現実主義者でもあった彼は、実行不可能な助言を与えることはなく、訪問者たちには、明確な、争う余地のない指示を与えた。実際、ニークラウスは、幻視の状態にとどまっていたが、現実離れしたところは皆無だった。人びとは彼に従って、ひたすら十戒を実行することで何らかの形で神を知ったのだ。ニークラウスには、また「純朴な人びとを戒めるだけでなく、悲しむ人びとと、ふさぎ込む人びとを慰める」（ドゥラー）繊細な資質が与えられていた。このような行為は、恵みを受けた司牧者であることの確かな特徴の一つである。体に病をもつ人びとも多数訪れ、ニークラウスに代願を乞い癒された。彼の死の直後に作成された《ザクセルンの教会戸籍簿》には、その種の多くの事例が記録されている。生き方についてまさに求めていた言葉を、このスイスのスタレッから聞くことなく帰る者はいなかった。ブルクドルフの若者には、「神に仕えようと思うなら、誰の言うことも気にかけてはならない」（ドゥラー）と教えている。この言葉が伝えられているだけで、修道士ニークラウスは、誰の霊的な息子かが分かるというものだ。この文章に表されている認識なしには、彼はランフトへ赴かなかったろう。その言葉には、神を求める人間が常に守らねばならない行動基準が含まれている。だが、これがキリスト教徒を照らすニークラウスの唯一の言葉ではない。これに劣らず真実を秘めているのが、次の彼の司牧的な発言である。「神は、人間が、ある見方は踊りに行くことのように好み、逆にある見方は戦いで争うことのように嫌に感じるようにするすべをご存じだ」（ドゥラー）。この発言も、集中的な観想の基礎として適切なものである。そうした言葉を、それが発せられた環境から引き離してしまうと、驚くべき魅力の多くが失われてしまう。とはいえ、心的事象についてのこの隠修士の深い認識は争う余地がない。彼は、こうした卓越した識見をどこから得たのだろうか。彼は読むことができなかったから、書物からではないし、学校へ行ったこともなかったから、学校からでもない。それは自己について絶えず究明し、神について間断なく考えることで得られたものである。

職務として公認されたものではないが、神により正当と認められた霊的指導の重要性は、いくら高く評価してもしすぎることはなく、事実、もっとも本質的な役割の一つである。このようなスタレッツの存在は、一つの国にとってかけがえのないものである。生きた神託を中心にもつことが、一つの民族にとって、どのような意味を持つか言葉では言い表せない。彼ら神的人間は、一つの民族の本来的な力の根源であり、悪の力に抵抗する眼に見える存在である。彼らは、善の焦点と言え、民族の生きた聖性と言える。彼らによって、はじめて一つの民族の複雑な歴史の意味が明らかになる。歴史の出来事の只中で、彼らは闇夜のなかの松明のように光を発している。人工的に作り出すことのできない新たな現象でもある。また、ひとつの国が、それに値しなくとも受け取ることのできる神の純然たる贈り物とも見える。その国の人びとが、そのスタレッツを信じるか信じないかは別にして、ともかくもその贈り物を人びとは手にすることができる。

昔のスイス人は、しばしば有徳の士と評価されてはいたが、評価されるほど有徳であったわけではない。だが、ランフトの民衆の聖者を無関心に黙殺しなかったことは、彼らの名誉と言えるだろう。彼らは、修道士ニークラウスが与えたものが、大きな贈り物であることを、通常見られるように、死後にではなく、すでに彼の生時に認めていた。ニークラウスは、政治的な紛争のときにも、しばしば人びとの訪問を受け、助言を乞われていた。預言者は故郷では容れられないという言葉は、ニークラウスの場合には当てはまらない。ベルン、ルツェルン、ゾロトゥルン、コンスタンツの当局者ばかりか、オーストリアやミラノの領主たちも、度々、ニークラウスを政治的な助言者として必要とした。この事実は、史料からはっきり確認できる。それは、最終的には、ニークラウスが保証を与えるという形をとった。トリテミウスの報告によれば、「ニークラウス修道士は、スイス人の間で大変尊敬されており、いろいろな疑問や紛糾した問題がある時には、いつも頼りにされていた。人びとは、彼の助言や戒めを、かつてのアポロン神殿の巫女の神託のように受け取った」（ドゥラー）のである。

政治的な問題に対して、このような尋常でない要求が可能だったのは、ニークラウスが、宗教と国との戦いの悲惨な次元に決して立ち入らなかったためである。どの政治的な助言の場合にも、ニークラウスは言葉の通常の意味での政治家では全くなかった。政治家の相対主義とは無縁だった。あらゆる政治的人間を毒する野心や権力欲などの欲望は、この隠修士には全く認められない。修道士ニークラウスは、政治的出来事の只中で、一人の人間が純粋でありうることの稀有の実例と言ってよい。さまざまな出来事を超越したところに立つ人間として、彼は、単なる外交以上のことを承知しており、その助言は常に政治の次元を超えた次元に達していた。政治にまつわる彼の言動は、宗教的に根拠づけられており、キリスト教徒を自称する職業政治家のように、宗教的であるかのように装うことは全くなかった。

ニークラウスが隠修士として生きた年々に、彼が多くの出来事について人びとから助言を求められたのは、スイスの歴史の激動期だったからである。人びとが抱える問題が、彼には世俗的に過ぎるというようなことは全くなかった。彼の郷土意識は深いところに根差していたから、余人にまねのできないほど親身に考量し助言を与えることができた。彼はスイス人にとって欠くことのできない助言者となったが、与えた助言の内容は注目に値する。

一四七四年、すでにニークラウスは、「他国の雇い主に雇われ手当てを貰うことは避け、あなた方の国とその自由を変ることなく一致して護り、勇を鼓して正しいことに味方するように」（ドゥラー）忠告している。彼は早い時期に傭兵制や手当制度が、誓約同盟スイスの身体をむしばむ極めて重い病であることを見抜いていた。人びとがこの警告に従わず、ニークラウスの息子たちも、この悪習の罪を犯したとしても、この警告の価値はいささかも減じはしない。実際、スイス人は、最後には、この忠告に立ち帰らないわけにはいかなかった。傭兵制の拒否は、後に改革派のスイス人によって初めて受け入れられたが、そのことで、プロテスタントからもニークラウスは高い評価を受けることになった。彼は、またブルゴーニュ戦争を機に現れ始めたスイスの拡張政策に対しても警告し、スイス人に対してこう述べている。「あなた方が、あなた方の境界内にとどまれば、誰もあなた方を打ち負かすことはできず、つねに敵より優位に立ち勝利者となるだろう。しかし、あなた方が所有欲や支配欲に誘惑され、支配を外へ拡げ始めれば、あなた方の力は長くは続かないだろう」（ドゥラー）と。当時のスイス人が「境を越えるな」という彼の忠告を守っていれば、多くの血と涙を流すことはなかったろう。スイスの中立は、外部の勢力との争いや外国との同盟に反対するニークラウスの警告によって基礎づけられたものだ。彼は、それによってスイスをヨーロッパの発展から遠ざけようとしたのではない。スイスの強味は、その小さい点にあり、大国を模倣する古くからの悪癖が災いになることを見抜いていたのである。彼の警告は、実際にマリニャーノの戦いでの手痛い経験の後、スイスの政策に生かされることになる。こうした警告によって、ニークラウスは、「予言の才があり、住民に、これから起こる多くの未来の事柄を予言した」（ドゥラー）と信じられるようになった。彼の予言は、すでに十六世紀の二〇年代には、その時代に関連づけて見られていた。

しかし、ランフトのこの隠修士が最も心にかけていたのは、平和の維持だった。「彼は、従順な心と平和を高く評価し、つねにスイス人をはじめ、彼のところを訪れるすべての人びとに平和を守るよう戒めた」（ドゥラー）。宗教的な根拠をもつ彼の平和志向は、その純粋さの点で変わることなく、スイスに有利な戦争のさいにも全く影響されることはなかった。ベルンの政府に対する手紙の中で、ニークラウスは、行為の当局者たちに対し次のような言葉で、この不変の真理を想起させている。「平和は、どこにあっても神のうちに在る。神は平和だからである。平和は破壊できないが、不和は破壊できる。だからあなた方は平和をめざし、これまでやってきたように、寡婦や孤児を保護するようにするがよい」（ドゥラー）。

平和を希求する彼の倦むことのない警告は時代を超えていたが、時流には逆らうものだった。誓約同盟のスイス人は当時、戦いに明け暮れていたから、平和を求めよという厳しい警告は耳にしたくはなかった。だが現代の平和主義者が、立派な綱領を手にして執拗に政府に迫るが、政府からはうるさがられるのに対して、ニークラウスの場合、逆に政治の当局者たちが、彼らに都合の良い話は聞けないにもかかわらず、辺鄙なランフトの谷間を訪れたのだ。この違いから結論付けられるのは、彼の言う平和が、どんなに善意があっても壊れやすいのが常の人工的な構成物の平和とは違って、天から地上に下されるに違いない永遠の安息に等しい奇蹟的な神の平和だったということだ。彼が願っていたのは、「神が人びとの間にそのような平和をもたらされる」ことだったのである。

ランフトの聖者の平和への努力が頂点に達するのは、ブルゴーニュ戦争後の時期であった。この時期スイス人の心は、栄光に満ちた勝利に対応できる状態ではなかった。何度も州の代表者会議が開かれたが、異論が続出し問題の解決には至らなかった。対立する主張が激しくぶつかり合い、事態は次第に収拾がつかなくなってゆく。人びとは過熱し、最後にはあらゆる解決への道が閉ざされてしまう。スイスの全住民が、各州および各都市間の深刻な対立が最終的にどのように解消されるか、固唾を飲んでシュタンスでの代表者会議を見守っていた。だが、強情者のスイス人たちは、禍多い自己主張を変えず折り合おうとはしなかった。頑固な代表者たちは分裂の度を深めてゆく。代表者会議は決裂寸前となり、誓約同盟スイスは内乱の前夜にあった。スイスの存続が風前の灯となったこの危機の頂点に、司祭ハイノ・アム・グルントは、おそらく事前折衝のさい、折にふれて影響を行使していたニークラウス修道士のもとへ急ぐ。ハイノは、冬のさなか四時間余かけて凍てつく難路を踏破してランフトに到着し、夜を徹してニークラウスと事態について話し合った。司祭は夜明け近くに帰途につく。果たして間に合ったのか。代表者たちは、すでに激論の末に決裂してしまったのだろうか。昼ごろハイノは、ぎりぎりの時間に汗まみれでシュタンスに帰り着く。会議の代表者たちが、剣でゴルディアスの結び目を断つために、馬に鞍を置いて発つ寸前だった。シュタンスの司祭ハイノは、ニークラウスの言葉を伝えねばならなかったため、もう一度だけ会議を開くよう涙を流しながら彼らに懇願した。ニークラウスが、会議以外で内容を明かすことを厳禁していたからである。ハイノに託されたニークラウスの言葉は、激烈なものだったに違いない。そうでなければ、司祭服のこの人物が息せき切って道を急ぐようなことはなかったろう。

敵意をあらわにした代表者たちが、もう一度席に着き、興奮した司祭がニークラウス修道士の言葉を彼らに伝えると、予期せぬことが起こる。新たな事態が生じたのだ。ニークラウス修道士が代表者の間に立ち現れたのである。生身でではなく精神となって、互いにいきり立つ代表者たちの間に歩を進め、あらがえない権威をもって信頼の雰囲気を醸し出したのだ。不可視の修道士の現在が、独りよがりの頑迷な武弁たちをしのぐ精神的な力を証明したのである。ニークラウス修道士の影は、直ちに目に見える変化を引き起こし、予期しない転回を生じさせた。かたくなな反抗に代わって、相互理解の気運が現れた。何日もの間、論議が続いて合意が見られなかった事柄が、今や一時間で決着した。ニークラウスの伝言は、紋切り型の言葉ではなかったろう。例えば、一つに、一つに、一つになるべし！　という警告だけだったかもしれない。事態は極めて深刻で、スイス人の生来の実際的な気質に合った具体的な事柄にわたる提案が必要だった。原スイス人であるニークラウスには、スイスの状況の中から考え、しかも同時にそこから離れた位置で事態を見ることができた。彼は代表者たちに、彼らになじまないことを強制したわけでもなければ、彼らの本性に合わない提案を持ち出したわけでもない。かといって、こちらでは少し減らし、あちらでは少し加えるといった安易な妥協策を示したわけではさらにない。彼が勧めたのは、卓越した理念に基づく解決策だった。彼の提案に従って、各都市のブルク権（都市と周囲の村落との契約関係を規定したもの）が解消され、それによって各州の同等の権利が認められた。古くからの八州がはじめて一つの同盟に結ばれ、それによって、それまでの個別の同盟に代わって統一性が著しく強化された誓約同盟スイスが実現された。この八州同盟には、ブルゴーニュ戦争で共に戦ったフライブルクとゾロトゥルンが加えられ、これにより誓約同盟スイスは二言語に拡大された。

こうした提案にさいして、ニークラウス隠修士は決定的な役割を演じ、彼の精神が刻印された新たな体制が議決された。すべてが、ニークラウスが臨席することなく行われたのである。会議の現場に現在したのは、彼の名前のみだった。同盟者の間でニークラウスの声名は、きわめて高かったに違いない。彼以外の何者も、決裂した代表者会議を言葉のみで合意に導くことはできなかったろう。彼の精神に基づく《シュタンスの協定》は旧誓約同盟体制の基礎となり、宗教改革での分裂を生き延び、フランス革命時まで存続した。

スイスの危機に当たって、ランフトの隠修士は、スイスを破壊的な内戦から救い、奇蹟的な和解をもたらしたが、そのことは、おそらく彼の断食の奇蹟以上のことだろう。議定書が、会議の代議員たちに対して、「敬虔なる人物ニークラウス修道士が本件にさいして示した誠意、努力、労作」を家で語り、「この人物にそのことを心から感謝する」（ドゥラー）ことを課しているのも当然と言えよう。一四八一年十二月二十二日、スイス全土で鐘が鳴り響き、喜ばしい和解の協約が告げ知らされ、キリスト降誕祭の直前に、その恵み多き音信《地に平和》が改めて実現された。

党派間の争いに巻き込まれることなく、またどのような利益を考えることもなく、無私の立場で一人の聖者が成し遂げ得たこの行為によって、ニークラウス修道士は、いつの時代にもスイス人の記憶から消えることはなかった。こうして彼は、スイス全体にとって永続的に重要な存在となった。この聖者は、政治的な天稟を備えていたと言っても言い過ぎではない。彼の行為は国民的な大事業だが、民族主義的な臭みは少しも感じられない。このような愛国的な態度は、世界中を見わたしても稀にしか見当たらない。祖国愛はそれ自体は正当だが、ほとんどすべての場合に、過熱した民族主義に頽落し、他の民族を苦しめることが多い。ニークラウス修道士の民族意識は、そうした病的民族主義とは全く無縁だった。彼は最大の危機にあった祖国を助け、しかも隣人愛の掟を破ることはなかった。この態度によって、彼の姿はスイスの象徴となり、この象徴は、倫理的な考え方が基礎になっているテルの物語以上に深いスイスの意味を表現している。

第五章

ランフトの偉大な平和の使徒も、しばしの間、理解しがたい悲劇により宗派間の不和の林檎（不和の女神エリスの象徴）となった。だがこの悪用の責任は彼にはない。彼は、宗派対立には全く関わらなかったからだ。ニークラウスは、宗教改革以前の歴史空間に属しており、宗派対立に彼がどのような態度をとったかは推測できない。彼は彼独自の在り様に任せねばならない。なぜなら彼は、キリスト教のさまざまな異なる宗派の謳《うた》い文句と結びつけるには、あまりにも真剣かつ類例のない現象だからである。

彼に対しては、「我々にとって、彼が何を意味し、何を意味しないか」（ワルター・フッリ著『修道士ニークラウス』一九四五）といった問いには黙すべきだろう。この《神の友》は、一宗派の専有となってはならないし、彼がスイスの半分を失うようなことになれば、著しい悪影響を及ぼすことになるだろう。どの宗派も、この人物については、「豊かな遺産を相続すべき」（ゲオルク・シュピナー『福音派の観点から見たフリューエのニークラウス』一九四四）と言わねばならないだろう。

宗教的観点から、ニークラウスはキリスト教的な意味での聖者と呼ばなければならない。彼を単に国民的な英雄として讃美しようと試みたところで、真実の半面しか明らかにはならない。このスイスのスタレッツは聖者だが、聖性を生きたからこそ聖者なのだ。住民が彼の生時から、彼を「生ける聖者」と感じていたのはそのためだ。すでにトリテミウスも、「今日、誰もが彼に聖者の称号を付している」と述べている。ランフトの隠修士は、稀有の事件を出来させたため、すでに生時から聖者と見なされていたのであり、もはや確実なことが何も分からなくなった後代になって、初めて聖者と認められたのではない。この聖者に対する崇拝は、住民自身の偽らざる感情から生まれたもので、住民たちが設けた彼のための祭壇も、当時はまだ教会法によって認められたものではなかった。預言者は始めは住民たちから石もて追われ、後になって初めて認められるのが常である。だがスタレッツの場合、住民は彼らを心の底から愛し、彼らのような正義の士たちのために、神が国を破滅から守ってくれると感じて彼らを敬うのだ。今日でも、ゴシック後期のこの修道士の姿形からは、人びとが強烈な衝撃を受け、争い多い昔のスイスの歴史の只中に、このような姿が存在することに、言い知れない喜びを感じるのだ。この聖者ついて深く考えれば考えるほど、その重要性は高まり、「ニークラウスという現象を徹底的に考える者は、彼が永遠の警告者であることを理解する」（モジョニエ『フリューエのニークラウス』一九四二）だろう。

今日なお妥当性をもつこの聖者の本質はどこにあるのか。この問いは、簡単には答えられないし、またこの問いについては、どちらかと言えばあまり考えられては来なかった。この問いに対する答えは、最も容易にはこのキリスト教の聖者を、常に人間の言葉の中で最も美しい言葉の一つ Bruder（ブルーダー、兄弟の意、修道士の意味もある。英語の brother）という語を付して Bruder Klaus（ブルーダークラウス、ニークラウスの短縮形）と呼ぶことである。彼の目標は《神の友》になることであり、この努力によって、彼はスイスの兄弟となり、スイス人の危機と喜びを共に感じ、スイス人の暗い時代にも明るい時代にも同伴した。彼以外のどんな人物も、スイスの歴史で兄弟の名に新たな深い意味を加えたことはない。彼は人びとから離れて生きたが、あらゆるキリスト者と結ばれていると感じ、永遠に兄弟であることの秘義が、彼には比類のない仕方で新たに開かれたのである。兄弟（修道士）クラウスの名は、したがってこの聖者の最も栄誉ある呼称となったのである。

4 セラフィムの炎

ジェノヴァのカタリナ（一四四七─一五一〇）

第一章

ジェノヴァのカタリナの肖像画を画いたのは誰なのか、確実には分からない。おそらく当時、従姉妹のトマシナ・フィエスカが画いたものなのだろう。誰が画いたかも分からず、優れた画家が画いたものでもないが、観る者に感銘を与える肖像画ではある。

カタリナは、穢れのない印象深い顔立だった。彼女の相貌には、粗野なところや誘惑的なところが全くない。細面の卵型で、額が広く、鼻は形よく、口は柔らかに湾曲している。繊細な彫りの顔立は均整がとれ、優雅である。まつ毛の濃い両眼が、心にしみる眼差しで、こちらを見ている。鮮やかな色彩で画かれた顔は女性の知恵にあふれ、内的な美と明らかな母性を表している。

カタリナが生きていたのはイタリア人文主義の世紀だったが、その肖像には妙なことに、ルネサンス期の絵画の要素が全く見られない。そこには、ピエトロ・ディ・コシマの《若い女性の肖像》の誇らしげな気配も、レオナルド・ダ・ヴィンチの《モナ・リサ》の謎めいた微笑も見られない。ルネサンス期の多くの人間に備わる自己中心的な性格も、冷たい表情も認められない。高慢な自己意識を誇示してもいなければ、女性の虚栄心から、めかし込んだり衣裳をひけらかしてもいない。彼女は、華々しいルネサンス期に、魂の内部に沈潜していたから、時代の外に生きていたかのように見える。

観相的な仮定を意識的に度外視すれば、カタリナの肖像は、内面的な女性の肖像と言うことができる。寡黙で控えめな性質だったから、出過ぎたことをしたり、得意になることもなかった。貴族的な美しさの内に魂が輝き、彼女の表情には、眼に見える温かさ、善意、明るさが浮かんでいる。カタリナは、霊的人間として高次の世界に住んでおり、神の愛に根差していた。外界に起こる出来事は、たかだか軽く彼女に触れるくらいなものだったが、全く気付かれずに終わることもあった。心を動かされたのは、心の内で起こることだった。カタリナの生は、通常の軌道上を歩いてはいない。派手なことや耳目を聳《しょう》動《どう》させる出来事には、興味をひかれず、世人の判断からは何の影響も受けなかった。内なる形式を求めるのが、彼女の素質だったからだ。彼女の魂が体験したのは、高い次元で演じられる内容豊かな出来事だった。生のただ中で、彼女が取った道は、全く未知の領域へ通じていたのである。

現代の人間は、彼女の歩みを遠くから辿るだけでも、勇を鼓す必要がある。だが、その労は報われるだろう。聖者に出会うことは、表面的な出会いではなく、真の出会いである限り、稀有の出来事だからである。カタリナは、キリスト教的実存の傑出した姿形の一人であり、その影響力は、内的な対話の相手に霊的次元への関心を目覚ますことができる。

カタリナの生涯については、すでに教化的な観点や学問的観点からの記述がある。この二つの記述方法は、それなりの成果を挙げているが、より深く見れば十分なものではない。対象に相応しい方法ではないからだ。したがって、別の接近方法が必要である。つまり、聖者は聖者によって解釈されねばならない、ということだ。この新たな原則によれば、聖者は、同じ聖者の精神で解釈されなければ、その真実性は証明されない。

　聖フランシスコ・サレジオは、決定的に重要な問《とい》を発している。「死すべきあらゆる人間のなかで最も頭が切れると言われる神学者オッカムと、無学の聖女ジェノヴァのカタリナの、どちらが、より神を愛していたか」と。そしてその答えは、「オッカムは瞑想によって神を識り、カタリナは経験によって神を識った。彼女の経験は、セラフィム的な愛の点で、はるかに先に進んでいた。他方、オッカムは、彼のあらゆる学識をもってしても、彼女の尋常でない完徳のはるか後塵を拝している（『テオティムス』）というものだった。

　フランシスコ・サレジオの魂は、この言葉により、ジェノヴァの聖女の魂に敬意を表し、あらゆる聖性の意味を、すなわち永遠の愛の体験を明らかにしている。

第二章

　カタリナの家柄は、父方も母方も名のある家柄だった。彼女は、祖先に対する義務を心得ており、つねに家系の掟を奉じ、連綿と続く家系を、相応しい形で受け継ぐよう心掛けていた。ここでは、彼女の意識のうちに生きていた祖先の名のすべては挙げられない。フィエスコの家系は、きわめて古い貴族の家柄で、通商貿易の分野で強大な力を握っていた。その家系からは、二人の教皇、多数の顕官ら著名な人物を輩出し、さまざまなつながりが形成され、重要人物たちと交流があった。カタリナの父親自身、ナポリ王ルネ・ダンジューの副王として、ジェノヴァの政治に指導的な役割を演じていた。

　カタリナの誕生の日は、確実には分からない。生涯の出来事も、時系列的には明らかではない。カタリナという名は、おそらくシエナのカタリナから取られたものだろう。幼少時のことも、ほとんど知られていない。五人の兄弟姉妹の末っ子で、とくに姉のシムバニアと仲が良かったという。カタリナは宗教心が厚かった。最初の伝記作者は、彼女について「幼いころから、貴族の誇りを踏みにじり始め、享楽的な物事を嫌っていた」(ペーター・レヒナー『聖ジェノヴァのカタリナの生涯と著作』一八五九)と伝えている。宗教的な点で早熟な少女で、心底から祈りの生活に没入していた。住まいにはピエタの絵が掛けられ、その絵を見ることで、彼女の内には禁欲の精神が目覚まされた。八歳の少女が禁欲に専念し、板の上で眠ったり、暫時の沈黙を自らに課したりしていた。「彼女は、人間が、普通、一生の間知らずにいることを、十三歳で知っていた」(エルネスト・エロー『聖者たちの相貌』一九三四)。当時、彼女は姉と同じように修道女になることを望んでいたが、修道院長は、この少女は、祈りの才を備えてはいるが、そのような決定的な歩みには早すぎると考えた。

ジェノヴァの町は、当時、激しい党派間の争いに明け暮れていた。フリードリヒ・シラーの戯曲『フィエスコの反乱』は、ジェノヴァのこの政治的な激動の歴史の一場面をドラマ化したものだ。ヴェルフ家側に与《くみ》していたフィエスコ家と、ギベリン家側に与していたアドルノ家とが、この闘争に加わり熱をあげていた。両家は敵視し合っていたが、とどのつまり両家の間には和解が成立する。そして、この和解を婚姻によって確実にしようとした。この婚姻に選ばれた二人が、カタリナ・フィエスカとジウリアーノ・アドルノであった。とはいえ、もとより、この二人は、前もってロメオとジュリエットの愛を体験していたわけではない。カタリナは、当時、十六歳だったが、親族会議は、彼女の同意を得ることなく、彼女の頭越しに婚姻を決定した。従順な娘は、自分の宗教的な意図にそぐうものではなかったが、あえて逆らうことはしなかった。こうして、カタリナは、ジウリアーノ・アドルノと共に婚礼の祭壇に歩み寄る。

カタリナは、ほっそりして、背が高く、貴族の手をもち、女性としての魅力もあった。両家は豊かだったから、カタリナは広い大邸宅で何の心配もなく暮らすはずだった。外から見たところ、幸福な結婚生活のために、何もかもがそろっているように見えた。ところが、この婚姻は幸運の星のもとにはなかった。カタリナの人生に大きな不幸をもたらすことになったからである。すでに、この結婚は、神により「用意された屠殺台」という恐ろしいイメージで語られたことがあり、「彼女は、この屠殺台の上で、町と家のために罪を償わねばならなかった」（レヒナー前掲書）のである。

彼女には子供が恵まれず、そのことが母性的な彼女には大きな落胆の種ではあったが、カタリナの結婚にさした暗い影は、そのためではなかった。二人の婚姻を不幸にしたのは、夫婦の性格の違いだった。カタリナは、彼女流の上品な言い回しで、夫の生れつきの性格が「いささか変っていた」と表現している。だがこれは、きわめて婉曲な言い方で、実際には、夫は興奮症で、怒りっぽく、自制心を欠き、生活を共にするのが難しい人間だった。ジウリアーノは、典型的なルネサンス型の人間で、生命力にあふれ、欲望のおもむくままに振る舞い、当時の史料によれば、「陰険で冷酷な心性」の男だった。良心を欠き、法や風紀についてまともな観念を持ち合わせず、女たちを夢中にさせては、間男を気取っていた。関心は、自分を大物に見せることで、外見を華美に飾り立て、浪費に明け暮れた。あれからこれへと、絶えず新たな遊興を追い求めるのに忙しかった。金の力に物を言わせ、傲慢に振る舞い、愛情深く若い妻の面倒をみることもなければ、優しく彼女をエロスの世界へ導き入れる仕方も知らなかった。生来、いい加減な性質だったから、カタリナとの間にも共通の場は生まれなかった。愛は、確実なものにならないうちに消え失せた。ジウリアーノが身に着けるものには、カタリナが嫌悪を覚え、彼女が喜びを感じる物事には、彼が何の感興も示さなかった。二人の道は、始めから別の方向に向かっており、交わることがなかったのだ。婚姻の秘蹟にもかかわらず、ジウリアーノはカタリナを顧みることなく放置し、間もなく、全く彼女のことを気に掛けなくなった。「分かっているのは、カタリナが望みを失い、ひどく悩まないではいられなかったということだけである。ジウリアーノは不実だった。庶出の娘がいたことは、彼の遺言から明らかで、その娘には彼の母親の名がつけられていた。ジウリアーノは、その娘に、かなりの金額の遺産を残していたが、カタリナは誠実にその額を支払い、その娘には、特別な愛を注いで、自分の遺言でも配慮を示している」（ヘートヴィヒ・ミヒェル『ジェノヴァの聖カタリナ』一九二五）。結婚に対する失望でカタリナの心は、ひどく傷つき、残されたのは、涙と苦しみだけだった。カタリナは、結婚で開花する代わりに萎れてしまい、友人たちにも一目では見分けられないほど、やつれ果てた。こうした不幸のなかで、彼女は、暗い悲しみと闘わねばならなかった。この悲しみは、人生の幸福をだまし取られ、苦境から脱出するすべを知らない多くの女性たちが耐えねばならない悲しみだった。

五年後、カタリナは、自分にも不幸な結婚の負い目がなかったのか、当然のことながら考えるようになる。夫が興味をもつ事柄に自分が関心をもたなかったために、夫は落ち着きが得られなかったのではないのか。自分が夫の行状に首を振ったために、不幸な結果を招いたのではないのか。自分の道を行くジウリアーノに従順に同行するのが、自分の義務ではなかったのか。カタリナは、こうした考量にも理がなくはないと考え、自分の生活習慣を変えようと試みた。引きこもりの生活を捨て、綺麗に着飾りはじめた。好感のもてる魅力的な人柄だったから、こうしたことは、カタリナには容易なことだった。社交界にも登場して、あらゆる機会をとらえて、人を訪問したり、招いたりした。貴族社会の生活を試みたのである。出自に従った生活をしたまでのことで、思い上がって不相応な生活をしたわけではなかった。自ら上流社会に生きることで夫を取り戻そうというこの試みは、満五年にわたって続けられた。

だが、この試みは、あらゆる努力にもかかわらず成功しなかった。不自然に過ぎ、彼女の在り方にそぐわなかったからだ。貴族社会で淑女の生活を送るには、意味のない楽しみ事で日を送る浅薄な心性が必要だった。貴族の家柄では、体裁が重んじられ、欺いたり欺かれたりが日常的だった。カタリナの心性は、生来、社交的な楽しみ事が気に入るには深くありすぎた。貴族社会の慰み事で、彼女は自分の実体が失われたように感じた。心の飢えを癒してはくれなかったからである。満足感は得られず、夫との一体感も得られなかった。カタリナの行ったことは、自分の心に対する裏切りだった。この裏切りが、彼女の人格にも極めて悪い影響を及ぼした。以前、貴族社会の高慢な生活の外で暮らしていた時には、幼少時から育まれていた内面的な生き方が可能だった。だが、世俗の考え方に順応した今、敬虔な意識は、知らぬ間に消えていた。宗教的な生が干からびて、永遠の存在との交感も途絶えてしまっていた。得られたものが無い上に、残っていたものまで失われてしまった。彼女の在り様は混迷し、本能的な感覚は鈍磨したため、途方にくれる。なすすべが無かった。心の平安は失われ、自分自身とも世間とも不和になり、暗い気分に襲われ、憂鬱症を病むようになる。憂いのヴェールに覆われ、この第二の失望は、第一のそれより苦いものだった。

変化が起こったのは、結婚後、大分たってからのことだった。夫の浪費癖で豊かな財産も蕩尽された。夫は負債に悩まされ、破産に追い込まれ、大邸宅を引き払って、妻と共に小さな住まいに移るはめになる。職人街にあるこの住まいで、彼はつましい生活を送るほかなくなった。カタリナは、夫を非難するようなことはしなかったが、身持ちを変えるよう促した。ジウリアーノは回心し、妻とヨゼフの婚姻を実行することを約束し、第三会に入会した。カタリナは、世俗の生活ではジウリアーノに倣わなければならないと考えたことがあった。だが今は、夫のほうが、彼女の宗教的な生の道に近づいてきた。しかし、それで粗暴な夫が柔和な羊に変ったわけではなく、彼は生涯、問題の多いままだった。とはいえ、二人の間には、結婚生活の前半に見られた甚だしい不協和はなくなった。最後にジウリアーノは、耐え難い酷い苦痛をともなう病に侵される。憤激し、己の運命と争い、そのために、ただでさえ困難な状態が、自分にとっても周囲の者にとっても一層難しいものになった。カタリナは、彼の魂が救われるように、ひたすら神に祈り、祈りが聞きとどけられるまで祈り続けた。その時から、ジウリアーノは変わり、神の意志に従い、平安な気分で他界した。

カタリナが結婚に対して不安神経症的な嫌悪を感じていなかったことは確かである。彼女が、「結婚には向かない女性だった」（ヒューゲル『全体としての宗教』一九四八）という主張は根拠がない。カタリナは、結婚が創造の秩序のなかにあることを知っていたし、結婚の秘蹟的性格も知っていた。男女が互いに関わり合う存在であることも承知していた。結婚を通じて、人間は、生の伴侶によって互いに補い合い、人間観の最も深い通交の一つを体験する。結婚の幸福によって、人間は予想しない浄福に恵まれ、女性は庇護されていると感じる。だが、こうしたすべてのことが、カタリナの生活範囲では実現されず、結婚の最も美しい体験が、不当にも彼女には恵まれなかった。彼女が鎖でつながれた男は、真の愛を知らず、このことはどんな人間にとっても、この世の地獄と言ってよい。無言の理解が成立せず、二人の言葉が互いに全く通じないために、夫からどうでもいい存在に見られること以上に絶望的なことはない。カタリナの前には、限りなく重苦しい問題が横たわっていた。不幸な結婚に、どのようにけりをつければよいのか。この難問に直面したのは彼女だけではない。無数の人間が、この難問に直面している。カタリナはこれに対して、最も妥当な回答の一つを見出した。彼女は争いもせず、嘆きもせず、辛い運命に反抗することなく、神が自分に定めた生の重荷と受け止め、模範的な態度で結婚という十字架を担ったのであった。実際カタリナは、結婚の宿命を体験し、それを克服した。

第三章

心身ともに疲れ果てたカタリナは、ある時、ベネディクトの彫像の前で苦しい息の下から祈る。「神よ、どうか私を、三か月間、病の床に伏させてください」と。誰もが健康でありたいと願うのが常だが、この不幸な女性は病になりたいと願った。この奇異な願いは、彼女の打ちひしがれた心的状況から以外は理解できない。カタリナの結婚生活は十年間続いたが、その間に気力を消耗し尽くし、生きることが厭わしくなり、生の一切が厭わしくなる。病床が望ましく思えたのはそのためで、掛物の下に潜り込んで、前王アハブのように壁を見つめるほかなかったのだ。彼女にとっては、病に逃げ込むより死ぬほうがましだったろう。だが死ぬことは、キリスト教的感情が許さなかった。

ある時、あまりの苦しみに、修道院に入っていた姉のシムバニアに、そのことを訴えると、聴罪司祭に告解することを勧められる。カタリナは、告解する気持ちはさらさらなかったが、気がふさいでいたことから、姉の勧めに従った。聖堂に入り、すでに告解席についていた時、全く予想外のことを体験する。言葉に表すことができなかったが、カタリナは突如、心を貫く愛の光を感じた。この照明は、一閃でカタリナの閉ざされた心を明るくし、彼女を根本から変えさせた。この時まで、心の内の一切が暗く陰鬱だったが、この時から彼女は唯一の光に充たされるようになる。カタリナは恍惚とした状態ですぐ近くに神を感じ、永遠の美への熱い愛が自分の内部に燃えさかるのを感じた。聴罪司祭が、呼ばれて告解室から出て行った時には、まだカタリナは一言も発してはいなかった。司祭が出て行ったことも、また入ってきたことも気づかなかった。意識はなく、忘我の状態で、上からの流れが彼女に降り注がれたように感じていた。我に返ると、口ごもりながら、聴罪司祭に言った。「よろしければ、告解は、またの機会にさせていただきたいのですが」。帰宅すると、館の離れの一室に閉じこもり、身に着けていた飾りを投げ捨て、床に伏して止めどなく涙を流す。至福の思いに充たされながら、「おお永遠の愛よ、あなたは、かくも大きな愛で私に呼びかけ、いかなる人間も言葉で説明できないことを、一瞬間に予言し、明らかにすることができるのか」（ミヒェル）と呻く。不幸な結婚生活で体験できなかったエロスを、より高いアガペーの形で体験したのであった。カタリナは、彼女の魂への神の挨拶を捉えられず、言葉を奪われ、忘我の状態だった。

告解室でのカタリナのこの体験は、回心の体験と言われてきた。霊的衝撃を受けた瞬間に決意したからである。世俗のさまざまなものが彼女に恵まれていたのに、満ちあふれる愛によって、一切を投げ捨てる決意をした。だが回心の概念は過度に使い古され、馴れ親しまれ、図式化され過ぎていて、彼女のあふれるばかりの照明を、まざまざと伝えることはできない。カタリナには、神の愛の流れが、抗いがたい力で注がれた。この愛の激流は、潤いのない十年にわたる結婚生活の後の集中豪雨のように、あらゆる堤を突破した。予測不能の突発的な性格が、この出来事の特徴であった。神的なことを語る場合、出来事は、当然、予測できない。人間の論理は、ゆっくりと、一歩一歩進められるが、この予測できない出来事は、すべてを一瞬にして変化させた。全く予想外の出来事だったことから、カタリナを忘我の境地に陥れた状況は、敵対心で鼻息の荒かった人間を、一瞬のうちに逆の人間に変えたダマスクス門外でのサウロの体験と比較することができるだろう。カタリナ自身は、謙遜して、彼女の変化をマグダラのマリアの運命と呼んでいた。彼女の場合、低い次元から、長い苦しみの多い過程を経て、高い次元に到達したのではない。一瞬にして、すべてが変化したのである。朝には、まだ名づけようもない重苦しい気持ちで床を離れ、あらゆる不幸な女性のなかでも最も不幸な女性であり、生き方を誤った思いに苦しめられていたが、夕べには、神の光に照明され、内的な幸福に満たされたのだ。この照明によって、すべてが一瞬のうちに根本から光明化された。生全体が、春に鋤返される畑の土のように、逆にされたのだ。逆らうことは不可能だった。カタリナは過大な重荷に疲れ切って、致命的な傷を負っていたが、神の愛に対して最後の献身で答えたのである。永遠の愛の力が、彼女の生を根本から変容させ、それ以前とそれ以後とでは、彼女は別人になった。この出来事の経過は、説明不可能であり、その超合理的な性格から言って、どのように解釈しても解釈し尽くすことはできない。宗教心理学的な解釈は、少しばかり外側に触れられるだけで、神的要因の解明については「目標からは、ほど遠い」。愛の照明は、カタリナの生の秘義であり、どんなに理解に努めても解明できない出来事である。

照明を受けてから少し後に、カタリナは幻視を体験する。十字架上のキリストの姿だった。血が幾筋もキリストの体から流れ落ち、家全体が血であふれてしまう。主は、彼女を見つめて、語りかけた。「見よ、わが娘よ、この血は、すべてカルヴァリオの丘でお前への愛から、お前の誤った歩みの償いのために流されたものだ」（レヒナー）。この姿を見て深く驚き、彼女の心は限りない後悔の思いに沸き立ち、失われた年々に犯した罪を償う思いに迫られる。「おお、愛よ、必要とあれば、私の罪を公に告白することも辞さないでしょう」。カタリナは、幻視を友人にも打ち明けず、司祭の指導を受けることもなかった。教会の人間には助言を求めなかったのである。この態度は、教会の過小評価を意味してはいない。確かに、単なる儀式は、彼女の内的精神を満足させるものではなかったし、贖宥を受けることもなかったが、毎日、聖体拝領をする強い欲求をもっていた。こうしたことは、当時、ごく稀にしか見られなかった。カタリナには、霊的指導は必要なかった。直接に神の愛を受けていたからである。神の愛からのみ、彼女は指示と導きを受け、仲介者を必要としなかった。カタリナは独立的な人間であり、直接に神を体験した稀に見る不羈《ふき》のキリスト教徒であった。

神の愛から、彼女は生きる上での三つの規則を受け取っている。第一は「《…したい》、とか、《…したくない》、とか決して言わないこと、第二は《私の》とは決して言わず、つねに《私たちの》と言うこと、第三は、決して言い訳せず、つねに自分に罪を引き受ける覚悟をもつこと」(ミヒェル)であった。これによってカタリナは、神に対して服従、貧在、謙譲を誓い、修道院の外に内的修道院を見出し、これが彼女の生の基盤となったのである。

照明によって改悛が惹起されたのだが、人間は一度ならず、そうした改悛の機会に恵まれる。だが、その機会を逃さず成就することは稀である。カタリナの改悛は、贖罪の生で始まるが、それを、数日だけ申しわけ程度に続けたのではない。多年にわたって続けたのだ。深い悔恨の道を歩む途上で、彼女は自分自身に対する怒りを燃え上がらせた。この自分自身には、パスカルが憎むべきとした自我を想起させるものがある。早い時期の伝記作者たちも、「過剰な贖罪行為」と見なしていた。カタリナは、ざらざらした贖罪着を身にまとい、肉その他の美味な食物は摂らず、果物も口にしなかった。自分自身を克服するために、吐き気をもよおすような事柄にも携わった。周囲の人間には、感覚を失った人間のような印象さえ与えた。何で、そのように多くの禁欲の業に専念するのかと問われても、直接には答えなかった。「どうしてだか分かりません。でも、私は、そうするように促されていると感じ、逆らうことができません。神がそう望まれていると信じています。私が、それに対してとやかく言うことを神は望まれないのです」（レヒナー）。

自らの内なる世俗の女性を消し去ろうとするこの努力は、当初、彼女が消極的な段階に落ち込んでいるような印象を与えた。だが、贖罪はキリスト教的な生の要因の一つであり、自己目的となってはならないものだ。カタリナは、肉体に課した禁欲が、自己否定の精神で行われなければ何の意味もないことを忘れてはいなかった。彼女は、キリスト教の偉大な贖罪者の一人であり、その行為には彼女の内奥の魂の性質、ヒロイズムに昇華した魂が現れている。彼女は、絶対的なものを渇望し、無条件的なものに精神的故郷を見出し、自らに最後的なものを要求し、決して中途半端なところで満足しなかった。

絶えざる贖罪の四年が過ぎた或る日のこと、ジェノヴァに七月の太陽が沈んだ。カタリナは、沈みゆく太陽を思いに沈みながら見つめていた。すると突然、彼女にはこの神秘的な陽光が、罪の償いの成就と禁欲の年々の終りを意味することが分かる。浪費された世俗での年々が高い次元で克服され、この時から彼女は、無益に過ごした年々の一切の記憶を失う。空疎な過去にもはや苦しめられることはなく、過去は沈みゆく太陽と共に消え、すべての自責は沈黙し消え失せ、存在しなくなる、この記憶の消滅も神的光がカタリナの生に与えた影響を示す贈り物だった。

贖罪の生と過去の消滅は、カタリナの神秘的な生の序幕となった。とくに祈りのさい、最長六時間にも及ぶ脱魂状態をしばしば体験し、それが毎日のことも少なくなかった。死んだようにぐったりし、祈りの恍惚境にあって反応がなかった。彼女の生時から、この彼女の脱魂状態を人びとは不信の眼で見、理解せず、「めまいの発作」と言い、カタリナも異を唱えず、それを受け入れていた。現代でも、カタリナの失神状態が厳密な意味で幻視と呼べるかどうか、別の呼称を与えるべきか、論議は定まらない。だが、単なる言葉をめぐる論議では問題の本質を見誤ることになる。カタリナは全く別の次元の言葉で彼女の魂と神との言表しがたい接触を語っているからだ。

「私は眼なくして見、知性なくして理解し、感覚なくして感じ、味覚なくして味わいます。私には形も寸法も存在しません。なぜなら、いまや真理と真実性の前で、ある働きを、つまり神の力を、見ることなしに見ることによって、以前、私が語った完徳、無垢、純潔といったすべての言葉が、全くの嘘のように、お伽噺のように思われるからです。以前は明るく輝いていた太陽が、いまは暗く見えます。甘いと思われたものが、いまは苦く思われます。……結局私は、私の神とか、完全に私のものとか、一切が私のものとか言うことは、もはや言えないのです。なぜなら、神である一切が、私のものであるように私には思われるからです。そのような言葉を、そのような事象を、私はもはや天上でもこの世でも語ることはできず、ですから、私は全く沈黙し、神のうちに消え入るのです」（セルトリウス『ジェノヴァのカタリナ』一九三九）。

この言語に絶する言葉からは、カタリナの魂が受けた接吻の音が聞こえてくる。「火なき火」とは、脱魂状態にある者の言葉であり、実に、真正の神秘体験以外の何ものでもない。カタリナの「私は、もはや生きてはいられない」という叫びは、以後、この世に順応することが不可能であることの表明であり、以後、この世の慣習が、彼女には単なる煙に等しいものとなってしまう。この神秘家は、生の縁《ふち》まで達し、そこではあらゆる言葉が黙し、脱魂状態が始まるのだ。

カタリナの神秘的生が真正なものだったことは、彼女が祈りによって脱魂状態を求めるようなことが絶えてなかった点に現れている。彼女は逆に、脱魂状態になることを避けていた。「おお、愛よ、あなたは、この甘美な境で私を引き付けようとするのですか。私は、そのような境を求めてはおりません。私が求めるのは、あなたであり、あなた以外のものではありません」（ミヒェル）。彼女にとって重要だったのは、体験の装いではなく、内容であり、彼女が欲したのは魂が神と霊的に結合することだった。神を、神のみを体験する熱き欲求については、彼女もそれにふさわしい言葉を語ることはできず、つねに充たされぬ思いに悩まされ続けた。「人間が、なお神のことを語り、神を享受し、把握し、記憶または知性の内にとどめることが可能な間は、人間は、まだ目標に達しているわけではありません。それは私たちを導く手段であり、手立てにすぎないのです」（セルトリウス）。彼女の神秘的な生は頂点に達し、そこで彼女の聖性が完成する。

この神秘的な生の一つの実りが、高次の命令に応えて専念した奇蹟的な断食である。内的語らいを通じて彼女は、キリストの四十日間の荒野での断食を、キリストと共に行うべしという神の意志を聞く。彼女は受難節と待降節の間、食を断ち、毎日、聖体と、塩および酢を混ぜた一杯の水以外は摂らなかった。彼女が水を飲むと、「彼女の内部で燃えている熱き炎により」、灼熱した石の上に水を注いだ時のように、瞬時にしてジューッと蒸発した。近親者に強要されて、断食時に、少しばかりの物を摂ったことがあったが、すぐに吐き戻した。断食中、彼女は、少しも空腹感を覚えず、逆に全身にみなぎるような快さを感じ、少しも苦しむことがなかった。これから分かるのは、この断食が神秘的な恩寵によるもので、処罰的な贖罪の業のようなものではなかったということである。断食の期間が終わると、また何事もなかったかのように、通常の食事を摂った。この奇蹟的な断食が、二十三年間、復活祭と降誕祭の前の数週間に繰り返された。カタリナは、人びとに合理的に説明するような馬鹿げた試みはしていない。彼女が行ったことは、神の作用によるもので、彼女の意志とは全く無関係だった。それは、より高い次元のしるしであり、いわば彼女の日々の聖体拝領に関係する聖体の秘蹟の神秘を讃える歌なのだ。

第四章

ある時カタリナは、こう神に語りかけている。「あなたは隣人を愛せよと、お命じになります。でも、私にはあなた以外を愛することはできず、あなたと他の者を一緒に愛することはできません。どうしたらよいでしょう」と。明らかに、カタリナは内心で葛藤を感じていた。だが与えられた答えは、こうであった。「私を愛する者は、私が愛するすべてを愛さねばならない。つねに隣人の幸福と、心と肉体のために必要なことをなす心構えがあれば十分である。この愛は、感覚的な愛着となってはならない。なぜなら、隣人は彼ら自身として愛されるのではなく、神の内にある者として愛されるからである」（セルトリウス）。

この答えにより、カタリナは自己中心的な在り様に陥ることを免れ、この時から彼女は病者の看護の分野でカリタスの行為に専念し始める。病院での奉仕は、中世のキリスト教徒にとっては宗教的な行為であり、病者の看護は慈愛の八つの業の一つであった。多くのキリスト教徒がこの業を実行しており、カタリナも、当初は単純に《慈愛婦人会》に入会することを試みた。入会を認められ、カタリナは現在も存在するパマトーネの病院に配属される。カタリナはこれによって、女性慈善家のようなものになったわけではない。そのようなものは世俗の資格であって、キリスト教的な資格ではない。彼女の行為は、犠牲と感じることもなく、贈物を与えるだけの組織化された善行とは全く関係がなかった。彼女は愛の光に照明されていたために、カリタスの業の場合にも、特異な次元に足を踏み入れていた。

ジェノヴァの大病院には、悲惨な世界が凝集していた。手足の欠けた患者、麻痺した患者、眼の見えない患者、耳の聞こえない患者、精神を病む者、レプラの者。彼らは病のために苛立ち、不機嫌になっている者が少なくなく、治まる気配のない痛みに絶望し、抑うつ症状に陥っている者もいた。ここでは、苦患の海の波が人間社会の岸にぶち当たって激しい波しぶきをあげていたが、カタリナは大胆にも敢えてこの水の中に飛び込む。最も不潔な患者たちの看護を引き受け、どんなことにもたじろがず、悪臭を放つ傷口にも臆することなく精力的に手当てをした。部屋の掃除も、寝床を整えも、衣服の洗濯も、食事の用意もした。あらゆる仕事をこなし、しかも「蟻のように」熱心にやり遂げた。貧しい人びとと見分けがつかないように、粗末な衣服をまといもした。すべての仕事を無償で行った。報酬を求めず、食物も病院からは受け取らなかった。

数年にわたる無私の奉仕が認められて、彼女は病院の運営を任されることになる。カタリナは、この任を引き受けるが、もとより社会的な栄達などは全く考えなかった。今や彼女は食料その他の材料の調達、医師たちとの交流、患者の家族への連絡、病院の会計管理を監督せねばならなかった。すべてが彼女の管理のもとに置かれ、彼女は、さまざまな義務を負うことになった。カタリナは、どんな些細なことも忘れず、収支計算には一銭の間違いも犯さなかった。この神秘家は、会計面でもぬきんでており、事務的な才能を証明し、あらゆる点で現実に適合していた。委員会は、彼女の病院にかかわる配慮や管理について称賛して止まなかった。カタリナにとって、彼女の母性を、この仕事以上に発揮できる機会は存在しなかった。

近代の伝記作者が、彼女の愛の具体的な行為が伝えられていないことを惜しむのは、尤もなことである。伝えられていれば、カタリナの姿は、さらに生彩あふれるものとなったろう。だが、カタリナのカリタスの行為のエートスについては、疑う余地は全くない。彼女は、病者の看護を冷淡に、無関心な態度で行いはしなかった。病者や貧者を愛していた。彼女の愛にあふれた心が、分別のある「健全な節度」を超えたのは、一度に留まらなかった。もはやイエスの名を口にできないペスト患者の唇に、灼熱の愛の思いを込め、「イエスに満ちあふれて」接吻することができた。このような行為は、おそらく感染の危険を度外視した無分別な行為で、彼女がもはや思いを抑えられなかったことが分かる。この行為のため、彼女は病に感染した。病は彼女を死の縁まで追い込んだが、一命を取り留め仕事を再開する。カタリナの愛は、主観的な同情の要素も含まなければ、単なる理性の限界内にとどまってもおらず、したがって人間的な尺度で測ることはできない。彼女の愛は、むしろ神への燃えるような愛から流出しており、その愛から力を受け取ることで、仕事がカタリナ独自の形を示すほど、魂を深く仕事に没入させることになったのだ。

世の中には、組織的才能にめぐまれ、包括的な生活課題を処理できる女性も少なくない。カタリナの場合、驚かされるのは、神秘体験をもち、幾度も忘我の脱魂状態に陥ったことのある女性が、そうした慈愛行動を実践し、愛を通じて実現される信仰に生きた点である。彼女は、このことによって、しばしば論議の的となるマリアとマルタの問題に、両者が一体となった新たな姿で答えたのである。カタリナは、一方を否定し他方を実現したのでもなければ、一方を他方に優先させたのでもない。この聖女は、イエスの足元に座ることのほうが適切であることを知っており、祈りに没入することによって、そのことが彼女にとってどんなに重要なことかを示した。他方、主には仕える必要があり、したがって、躊躇することなく病者や貧者に仕えたのだった。病者や貧者に主を見ていたからである。カタリナは主の言葉に従いつつ主に仕え、主に仕えつつ主の言葉を聞き、マリアとマルタとを一体化し、観想の生（vita contemplative）と行動の生（vita activa）とを霊的生活の二つの軸として互いに結び付け、まとめあげることを理解していた。

第五章

ジュリアン・グリーンは、『日記』に、こう記している。「一九三九年一月、ジェノヴァの聖カタリナの『浄罪界論』を手に入れる。深い感銘を受ける。この書物は、私に突き付けられている多くの問題に答えており、私が確実と思い込んでいた多くの見解の根拠を奪い去ってしまった。私の内部には、人間の宗教的な使命について新たな思想の流れの堰が開かれた」。ジュリアン・グリーンは、当時、東方の宗教哲学のさまざまな問題を考究していたが、満足のゆく解答が得られずにいた。カタリナの浩瀚とは言えない小冊子が、彼の多くの問題に答えてくれたと言う。この認識は、この詩人に妥当するだけではない。墓穴の縁まで死者に付き添い、一緒に墓穴には入らなかったが、これから死者の身には何が起こるか、死者は地下の墓穴のなかで、どのようにして天国の住人となるのか等々の問いに悩まされている読者にも妥当するだろう。

カタリナのこの小論は、中世の最も注目すべき記録の一つと見なされてきた。事実、神秘主義的情熱にあふれるこの小冊子は、人間の精神を悩まし続けるこのテーマをめぐる謎を解明している。この「残念ながら広くは知られていない貴重な霊的著作」（ヤーコプ・ベルクマン『此岸または彼岸での浄化』一九五八）は、慰めのないインド的な輪廻の教説を遥かにしのぐ深いキリスト教的来世観を含んでおり、困難な問題に悩む人間にとって、導き手となると同時に同伴者となることができるものなのだ。

カタリナのこの著作を読む場合、若干の誤解が生じやすい。この書物の表題は『浄罪界論』（Traktat

vom Purgatorium）（イタリア語原題は Trattato del purgatorio）と言う。「トラクタート」という語は、今日では宗派的な臭気を漂わせる小冊子の響きがあるが、カタリナの著作は、そのようなものでは全くなく、スピノザの、全く別の方向の『神学‐政治論』と同じ意味で用いられている。信心ぶった臭気は全くない。表題の他の言葉「浄罪界」（purgatorio）にも注意する必要がある。この語は、独逸語では煉獄（Fegefeuer）と訳される。この不適切な訳語のために、燃えさかる炎のなかで酷い苦しみを味わうイメージが予め喚起されてしまう。カタリナのイメージは、そのようなものではない。この聖女が語る浄罪界は、文字どおり浄めの場であった。浄罪界とは人間が常に必要とする浄めなのだ。常に浄めが必要なのは、とくに、人間が神の近くに在ろうとした場合、浄めが十分ということが決してないからである。死にさいして、魂が天国に入れるほど浄められている人間は少ない。カタリナは、サディズムの要素が全くない浄罪界のイメージで、新たな展望を開いた。これによって、問題が新たな照明を受けただけではなく、探究する人間にとって現実に多くの問いの答えが得られたのである。重要な点は、読むことで一歩が進められ、解答が得られる書物に出会うことである。

カタリナは内省的な聖女だったが、神学者ではなかった。論理的な明晰さで教説を展開してはいない。彼女の見るところ、そのようなことは博士たちの仕事だった。浄罪界に関する彼女の主張に謬説は含まれていない。リリー・セルトリウスは、カタリナの著作に関する内容豊かな序説のなかで、彼女の主張が教義と一致していることを証明している。列聖文書によれば、彼女の言葉は「きわめて救いに資する」ものであり、「彼女が、ここに開陳している知恵は、言葉によっても人間の修練によっても得られるものではなく、聞いたり読んだりして得られるものでもない。この知恵は、神の霊が聖女の内面を特別に照明することによって聖女に注がれたことを示している」と言う。事実カタリナは、自分の思い付きを述べているわけではなく、その著作には人知を超えた光が燃えており、超自然的由来をもつ以上、彼女の文書は無理やり教義に当てはめたり、人為的な体系にまとめ上げるべきではないだろう。そういうことをすれば、彼女の意図を見誤り、捻じ曲げ、失効させる羽目に陥るだろう。この聖女は幻視家であり、彼女が述べていることは幻視で見たこと、霊的に伝えられたことであり、霊的に理解されるべきことなのだ。彼女は浄罪界の幻視のことを、この世のあらゆる人間の耳に届くように「途轍もない大きな叫び声」をあげて知らせ、無関心な人びとを覚醒させることを望んでいた。望むだけではなく、彼女は、『浄罪界論』のなかでも叫び声をあげている。だが母性的な聖女に相応しく、がなり立てることはしていない。よく考えられた文章の形式でではなく、叫びという形で一人の人間の魂が開陳され、その瞬間にその人間の内面の感情が吐露されるのだ。精神史のなかで、キリスト教的な叫びが発せられる時には、つねに最高次の出来事が関わっていた。そのことは、ヨブの叫びを想起しただけでも分かるだろうし、ゴルゴタの丘での最後の叫びからでも想起できるだろう。

カタリナの言動の前提には《神の秩序》が存在している。この概念は、彼女にとって重要なものだった。どんなに激しい心の状態でも、彼女は混乱したり自己分裂に陥ることはなかった。魂の状態を良好にしようと思えば、魂は神の秩序のなかに在らねばならない。魂が神の秩序のなかになければ、その空虚さを外部に対して恍惚の表情で隠したところで、内的には不幸になるほかはない。カタリナは、思考は秩序づけであることを知っており、突然、愛の光によって照明されて以来、彼女は魂が秩序の内にある人間となっていた。この秩序を重んじる心性は、細かいことを咎めだてする心性とは何の関係もない。これを俗物的な役人根性だと言って嘲るのは無理解も甚だしい。秩序とは高貴なものである。新約聖書によれば、神は秩序の神であり、無秩序の神ではない。近代は、神の秩序の観念を放棄したかのように、混沌状態に陥っている。こうした秩序の観念の放棄によって、霊的な混乱が生じ、この混乱は結局は贋《にせ》金《がね》づくりに終わった。カタリナは混乱した人間ではなかった。彼女の幻視は、決して放縦な幻想ではない。つねに秩序のなかに在ったからである。彼女が語る一切のことは、神の秩序から発せられた言葉であり、その秩序から、彼女は明晰さ、方向、明るさを受け取っていたのである。

神の秩序は罪によって掻き乱される。罪は悪と関係している。この問題は、カタリナが継続的に取り組んでいた問題だが、神を求める人間にとって理解の難しい問題でもある。カタリナが罪を深く憎んでいたのは、罪によって人間が神から隔てられるからであった。「憎むべき罪についての私の幻視は一瞬の間続いただけだった」と彼女は言う。「でも幻視がもっと長く続いたとしたら、ダイアモンドすら粉々に砕くのに十分だったろう。だが、大罪の場合には、どうなることか。罪や恩寵が何かを理解している者は、恐ろしくて、愛すること以外何もできないだろう」（エロー）。ほんの小さな「罪」も神と魂の関係を妨げる。この障害は意志の自由による。自由意志を授けられている人間は、誤った道を取れば罪を犯すことになる。

完全に罪から解放されるには、魂は浄罪界へ入らねばならない。カタリナにとって、この浄めの場は恐怖を呼び起こすような場では全くない。浄罪界は、しばしば人間が泣きわめき、歯をガチガチさせて震え上がる所のように恐ろしい色調で描写されるが、そのようなものでは全くない。むしろ浄罪界では、魂が喜びと苦しみの両方をきわめて強く感じ、一方が他方を打ち消すことがない点が特徴とされる。そこに天国および地獄と浄罪界の違いが存在する。至福の状態や永劫の罰を受けた状態では、魂は喜びと苦しみのいずれかを感じるのだが、浄罪界ではこの両方を感じるのだ。カタリナは、その快い気持ちについて、「浄罪界での魂の喜びと比較できる喜びがあるとは思われない」（セルトリウス）と言う。この言葉からも、カタリナが浄罪界を光にあふれた場所と見ていたことが分かる。浄罪界での魂の苦しみも、神の秩序のなかにある苦しみだから通常の苦しみとは違う。この聖女は、浄罪界を愛の観点から見ており、それによれば、浄罪界は神が愛ゆえに造られたものであり、永遠の愛から出た一切がキリスト教徒にとっては限りない慰めとなるというのであった。

浄罪界という観念でカタリナは、通常の言葉ではほとんど語ることのできない主題を取り上げたと言ってよい。この主題は扱いにくく過ぎるし、超越論的であり過ぎる。言葉では語ることができず、知性では理解できない。浄罪界は、人間の理解を超えており、超現実主義的に描くほかはない。「私が未だに困惑しているわけは、それを表す達意の言葉が見つからないから」（セルトリウス）と、カタリナは嘆く。エローによれば、彼女は浄罪界をどう見るかについて口ごもりがちに述べ、彼女の行文は、「託宣でもあれば、叫びでもあり、啜り泣きでもあれば、沈黙でもあり、これらがそれぞれ、あたかも自らの弱さを他の助けで補おうとするかのように、他のものを招きよせている」ものなのだ。

浄罪界をめぐるカタリナの示唆は、断片的な性格のものではあるが、彼女の著作はそれ自体で完結している。水晶のように明晰で、宗教的に意味があり、さまざまな方向に光を放射している。

カタリナは、浄罪界を粗雑な概念で描きはしなかった。歴史の歩みのなかで、キリスト教徒は、しばしば浄罪界をあまりにも物的に考え過ぎてきた。そうしたことは、形而上学的な現実にはそぐわない。物的に想像することで、イメージが稚拙で子供じみたものになり、浄化の場が滑稽なものになってしまった。批判的思考の時代に入ると、人間はその結果、イメージと一緒に事象自体をも否定してしまい、それについて考えることを一切放棄してしまったのだ。カタリナは、これに対して、浄罪界を霊的に把握した。彼女にとって、地獄、浄化、天国とは、三つの存在論的な魂の状態であり、したがって彼女は、単なる心理学的な唯心論に陥ることはなかった。こうして彼女は、天国は地上で始まるという彼女の好む教説を生む。物質的な意味での焼き尽される苦しみを否定することで、彼女は、神秘的な事象を侵害しているわけではなく、むしろ長老ゾシマの神秘主義的考察を先取りしていると言ってよい。「わが父にして師なる者よ地獄とは何であるか。思うに地獄とは、もはや愛することができない苦しみに他ならない」（『カラマーゾフの兄弟』）。

浄罪界の観念は、民衆の間には昔から大きな恐怖感を引き起こしてきた。意識的に恐怖感を掻き立てた多くの神学者がいたのは、残念なことではある。彼らは地獄の恐怖を掻き立てることで信者も不信者も天国へ駆り立てようとした。多くの人間が、地獄の恐怖のために死の床で苦しみ、迫りくる審判を恐れて震えていたのである。カタリナは恐怖感を掻き立てるようなことは峻拒した。そのようなことは彼女にとって、宗教的な次元では許される手段ではなかった。そうした手段は、福音にもそぐわなかった。この聖女は、魂を不安にしたり、キリスト教を陰鬱なものにするようなことは一切しなかった。逆に彼女は、暗い主題を光にあふれたものにし、きわめて慰めに満ちた福音を広めた。彼女によって、間接的に《キリスト教と恐怖》という重大な問題が、模範的な形で解決されたのである。深い意味をもつ『浄罪界論』は、ヨハネの言葉の類例のない注解と言える。「愛には恐《おそ》れなし。全き愛は恐れを除く。恐れには罰を伴い、恐るる者は愛いまだ全からず」（ヨハネ第一の書4－18）。

カタリナは、著述を通じて人びとの眼の前で天国の門を閉ざすようなことはしなかった。人びとはこれに勇気づけられた。彼女は倦まず次のように強調した。「楽園の門は、入りたいと望むあらゆる人びとに開かれていると私は考えます。なぜなら神は、この上ない慈愛の心を持たれ、私たちをその集いに迎え入れようとなさっておられるから」（セルトリウス）。天国の門が開かれているという彼女の言葉は、軽はずみに口にされたものでも、感傷的な同情心から出たものでもない。そのようなことは、カタリナの高い霊的次元や神の秩序に対する明確な感覚から言って問題にならない。この聖女は、エゼキエルのように、神が罪びとの死を望まず、罪びとが改心して生きるよう望んでいることを知っていた。カタリナは、哀れな魂を簡単に地獄へ送る類の冷酷な言葉を口にはしなかった。彼女が行ったのは、永遠の定めに従うように魂を呼び戻し、天国の門が開かれていることを示唆することだった。彼女の『浄罪界論』は、死を超えて拡がる助けと慈愛を物語っている。カタリナは、つねに他者の救いに意を用いた聖者の一人だった。どんな場合でも、彼女は、つねに人びとに救いの手を差し伸べることを忘れなかった。

こうしたことすべては、誉めるべきことであり、喜ばしいことである。だがおそらく最も美しいことは、彼女の生が、この世ですでに聖化されており、彼女自身が天国の門と化していたことである。彼女が人びとに教えたことは、彼女が生きたことでもあったのだ。

第六章

カタリナの周囲には、男女の少人数の集いが出来ており、この人びとから彼女は《マドンナ・カタリネッタ》と呼ばれていた。この集いは、貴族の集いとは異なり宗教的な目標をもち、霊的な母親であるカタリナの指導を受けることが特徴だった。「彼女のところへやって来て、彼女と語らい、慰めを得ることなく帰った者はいなかった。彼女の存在の、例を見ない優しさに、誰もが満たされた気持ちになった。暗い気持ちでいる人びとは勇気づけられ、疑いに悩まされている人びとは助言を与えられ、あらゆる人びとが神の愛と永遠の生の教えを注ぎ込まれた」（レヒナー）。

この集いの数人の仲間は、他の者たちよりカタリナに親近していた。エトーレ・ヴェルナツァはその一人だった。彼はカタリナより二十三歳年下で、公証人の仕事をしていた。三人の娘がおり、カタリナは長女の代母だったが、この娘には霊的にも深い結びつきを感じていた。ヴェルナツァ自身は、熱心に病院での奉仕を推し進めており、この分野で大きな仕事を成し遂げ、カタリナに心酔していた。同じように言及しておく価値があるのは、カタネオ・マラボトで、彼はカタリナの晩年の聴罪司祭だった人物だが、残念なことに、それ以上のことは伝えられていない。カタリナの最初の告解は、次の言葉で始まっている。「父よ、私は、私の体も魂も何処にあるのか分かりません。告解したいのですが、私が犯した神への侮辱を発見できません」（ミヒェル）。カタリナとマラボトとは、しばしば顔を合わせるだけでよかった。言葉を交わすことなく理解し合えるほど信頼し合っていたからだ。一度、彼らの関係に危機が訪れたことがある。カタリナは、彼が来ても、部屋に閉じこもって出てこなかった。「彼が、カタリナの言動をめぐって余りに詮索し過ぎるように思われたから」（セルトリウス）だった。夫の死後、カタリナに引き取られ、彼女の下働きをしていた女性アルゲンティナ・デル・サーレも、献身的な仲間だった。同じ宗教的な関心で結ばれたこの集いは、カタリナを霊的中心として、彼女の周囲に形成されていた。

この集いは、またカタリナにかかわる文献作成の仕事の面でも功績がある。カタリナの最初の伝記は、この集いから生まれたからである。書き手は、カタリナの最も信頼していた友の一人であり、カタリナの信憑性のある肖像を画いてもいる。もちろん、その叙述の仕方は、今日の人間が伝記というものに抱いている期待からは遠い。カタリナの生の或る時期、つまり最初の三十年は、大雑把に扱われている。多くのことが言及されておらず、年代的に整理されてもいない。しかし、この伝記は、作者が虚構していないため、依拠できる唯一の伝記である。作者は、カタリナから直接に聞いたことを書きとめており、もはや言及する価値がないと見た彼女の世俗生活については、ほとんど、もしくは全く伝えていない。この伝記には、しかし、カタリナの思考の実りが含まれており、親しい仲間たちと聖女の多くの対話も記載されている。このため、その後、近代的な伝記が書かれても、その価値を失うことはなかった。

カタリナの著作も、この集いから生まれている。すでに述べた『浄罪界論』も、有名な『対話』も、この集いから出されたものである。カタリナ自身がペンを取ったことは、どこにも報告されていない。したがって、言葉の正確な意味で彼女の著作と見なされないこともしばしばある。これらの著作は、彼女の死後数年たって、おそらくマラボトとヴェルナツァの手で初めて出版された。近年に至って、彼女の著作について論議が起こったのも、そうした理由による。深く宗教的でもあれば、尊敬すべき学者でもあったフリードリヒ・フォン・ヒューゲルは、ジェノヴァのカタリナに関する大著で、この問題を周知させ、著作の真贋を識別し、『対話』は、彼女の手になるものではなく、彼女の代子の女性バティスタ・ヴェルナツァが作成したものと結論づけている。ヴェルナツァは、だいぶ後になってから、カタリナの信憑性のある発言に依拠して、自由に対話をまとめ上げたのだという。ヒューゲルは、この作業にあたって、彼の高い精神性に相応しく極めて注意深く処理し、彼の結論は、以後の、カタリナの伝記作者からも至当と認められてきた。独り、カプチン会の修道司祭ガブリエレ・ダ・パンタシナだけは、ヒューゲルの仕事は「破壊的な努力」だったとしている。

先入見なしに見て、ヒューゲルの批判的作業自体には、いくつか批判されるべき点がある。まず、カタリナの著作を批判的に破壊することで、何が得られるのかという疑問がある。批判的に破壊したところで、無内容な事実しか得られない。ヒューゲルの著作が書かれたのは、近代主義の時期であった。彼の研究には、そうした精神史的な限界がある点は見のがせない。だが、このような作業は一度は試みられる必要があったし、またそこには、真実を求める誠実な気持ちがあったことは認めねばならない。とはいえ、ヒューゲルの歴史学的 - 批判的方法には、論者の主観的見解が入り込む余地が大きい。超合理的な対象に対して合理的な考え方が適用され、史料が分別されるが、恣意的なため、この分別には常に疑問が付きまとう。こうした基本的な異議に対して、ヒューゲルの研究も反論はできない。彼の場合、仮説の眼の付け所は鋭いが、結論はすべての疑いを払拭するまでには至っていない。『対話』の個々の考え方が『浄罪界論』と矛盾している点は、『対話』の信憑性を疑う決定的な論拠にはならない。なぜなら、人間は時期が違えば考えが変わり、矛盾する考えを抱くこともあるからである。ヒューゲルは、彼の方法を新約聖書に適用して、ヨハネ福音書は信憑性に欠けるとし、イエスの姿を把握する上でヨハネ福音書は無価値とした。カタリナの著作の書き手が、テキストの構成の点で、ある程度の自由裁量を行ったり、記憶の誤りがあったとしても、この著作の思想内容が本質的にはカタリナに帰せられることは否定できない。『対話』についても、その第三巻の神的愛についての燃えるような行論は、まさにカタリナ的と私には思われる。その精神は、彼女の精神に他ならない。

いずれにしても、この著作は、時代の歩みのなかで、カタリナの精神的遺産として影響を与えてきた。精神史にあっては、歴史的に正確な事実だけが重要なのではない。現実に影響を与えた事象も、同じように重要なのである。今日、カタリナに出会うことを望む者は、安心して彼女の名前で出版されている著作に没頭し、文献批判的な信憑性の問題で彼女の著作を読む喜びを無にしないようにするのがよい。

カタリナは晩年、原因不明の病に襲われた。ヒロイックな魂で、その苦しみを歓迎してはいたが、最後には耐えられないまでに病は増悪した。激しい発作に苦しみ、症状は急変を繰り返した。激痛に襲われ、神経が攣縮し、四肢の震えが止まらなかった。強度の痙攣だった。苦痛のあまり、のた打ち回り、大声で悲鳴を上げた。この痛苦の状態の時に、彼女の祈りが聞こえた。「ほぼ三十五年ほど、おお主よ、私は私のためにあなたに祈ったことはありませんでした。しかし、いま私は、あらゆる力で、あなたが、あなたから私を引離されることがないよう祈ります」（レヒナー）。その後、また、穏やかな日々が続き、カタリナが笑うこともあった。この病には心的要素もあり、彼女の心の状態にも影響を与えていた。抑うつ症状に苦しみ、悲嘆が口をつく。

「主よ、あなたは、なお私がこの世に在ることをお望みですか？　私は、見ることも聞くことも、食べることも眠ることもできず、何を行い、何を言うべきかも知りません。すべての外的、内的な感覚もなくなりました。他の人びとが行うようには、私は私の内部に何も見つけられないのです。誰もが、何かしら行うべきこと、言うべきこと、考えるべきことを見つけ、彼等が内心で、もしくは表に出して何事かを喜ぶのが分かります。でも私は、ただ生きているだけで、死んだもののようです。なぜなら、わたしは無理に生かされているように思われるからです。誰も私を理解する者はおらず、私は、独りで、貧しく、知られることなく、裸で、よそ者で、世の人すべてと相容れず、世が何かも分からなくなりました。私はもはや、この世で被造物と共には生きることができません」（セルトリウス）。

医師たちは、この病が何かを診断できなかった、というより、「身体的な病の証跡」が発見できなかった。このため、カタリナに適切な薬剤を投与することもできなかった。内的燃焼から発症した病が、外面にまで現れたのだ。「彼女の熱を冷ますために、冷水を入れた銀の鉢がもってこられた。彼女が手を入れると、熱が水に伝わって、沸騰し始めた」（レヒナー）。こうして、彼女の最後の時がやってきた。一五一〇年九月十日、カタリナの魂が神の手に戻された時、集いの仲間たちは、傍にはいなかった。

遺骸は、黄色味を帯びた色になった。生時にカタリナは、ジェノヴァ郊外の小さな教会に葬られることを望んでいたが、病院の管理者は病院の教会に葬った。カタリナを聖女として崇拝する動きは、彼女の死とともに始まった。一年六カ月後に、棺の蓋が開かれたが、遺骸は腐敗しておらず、馥郁とした香りを発していた。遺骸は多年にわたり、そのまま保たれていたが、その後、乾いてミイラ化し、今日もガラスの棺に納められ、ジェノヴァの教会に安置されている。

第七章

個別の出来事には乏しい昔の伝記に、カタリナにとって得るところの多い一場面が報告されている。フランシスコ会士のドミニクス・ディ・ポンゴと神の愛について対話した場面である。この修道士は、フランシスコ的な謙譲な精神に恵まれておらず、彼女に言う。自分は、一切を断念し、完全に神に身を捧げた身分なので、彼女より神を愛する能力も高ければ適格でもある、と。彼は、このことをさまざまな論拠を挙げて証明しようとし、彼女が未だ世俗にあるだけでなく結婚してもいるのに対して、自分は修道会の聖なる衣服をまとっていることを強調しもした。カタリナは、我慢して聞いていた。人が話している最中に言葉をはさむのは彼女のやり方ではなかったからだ。だが、修道士が語り終わると、内に秘めた神への愛が燃え上がり、熱い口調で言った。

「あなたの衣服で私の内の愛をほんの少しでも増すことができると思われるのでしたら、あなたの衣服を無理にでも剥ぎ取ってしまうでしょう。でも、それは、他の方法では不可能な場合の話です。今後、あなたが神のために行なう禁欲により、また、あなたに絶えず功徳の機会を与えている修道士身分の聖別により、あなたの受ける功徳が、私の受ける功徳より大きいことは、あれこれ問うことなしに認めましょう。そのことが、あなたに認められることは疑いございません。でも、私の愛が、あなたの愛ほど大きくないことを、何かの仕方で説明し、証明することは決してできないでしょう」（セルトリウス）。この言葉を、カタリナは束髪が解けて、髪が肩にかかるほど、熱い口調で力を込めて語った。カタリナが真っ赤な顔で髪を振り乱して修道士に向かい合った光景は、滅多に見られぬ光景だったろう。論争の激しさは、この女性の精神的情熱を表している。取り乱しているようにも見えるが、周囲の人間が畏敬の眼で見るような優雅さと品位を失っていない。彼女は言う。「愛を妨げることはできません。もし妨げられれば、あくまで清く純粋な愛ではなくなります」（レビナー）。これが、傲慢な聖職者に対する一信徒のキリスト教的な答えだった。こう答えた瞬間のカタリナを見なければならない。そこに聖女の内奥の心が表されているからである。カタリナの魂の輝きを、この瞬間に見ることができる。ヒューゲルは、カタリナの霊的人格を精密に性格づけている。

「この聖女の研究には、特別の難しさがある。彼女の性格で目立つ点は、諧謔に欠け、生来の鋭い機知に欠けている点である。諧謔や機知といった特徴は、何人かのスペインの神秘家、とくに聖テレサでは際立っていた。多面性では劣るが、より禁欲的だった十字架のヨハネにも欠けてはいなかった。だが、際立っていた。このジェノヴァの女性には、逆に、ある種の単調さや、倦み疲れるほどの無際限な面が認められる。ほかでもない日常的に世俗のなかで生きるように外的に定められていて、修道会にも信心会にも属していない素朴な女性であり、寡婦であったこと、世俗での生活が完全に失敗したことが、天上の生の内的誕生の誘因になったように見えること、貴族の出でありながら、家の内外での賤しい仕事を伴う社会的位置に身を置いて四十年間にわたり犠牲的な生を送ったこと、大きな仕事と組織的な才能とが崇高な観想と稀に見る完全な結合を示していること、こうしたことすべてが、彼女の生に、計り知れない豊かさと稀有の模範性を与えるのに役立っている」（ヒューゲル）。

ヒューゲルは、カタリナの「稀有の深さ、広さ、平衡のとれた性格、高貴さ、繊細さ」を称賛し、強調している。「彼女には、作為的なところ、人工的なところ、芝居がかったところが全くない」（ヒューゲル）。このすぐれた解釈は、しかし心理学的な次元にとどまっており、きわめて精緻ではあるが、十分ではない。心理学では、深層心理学でもそうだが、彼女の魂の奥底を観照することはできない。心理学の好奇心は、つねに外的領域に留まり、最も内奥の領域の分析は不可能だからである。聖者の心理を語るのは、現代的ではあるが、聖者の要求にはそぐわない。少なくとも、聖者には、つねに聖者の形而上学が適用されねばならない。なぜなら、神の友が体験する一切は、心の内部に関係するだけではなく、超合理主義的な客観世界にかかわるものだからである。カタリナの本質的な中心部分は、形而上学的次元に存在し、彼女の顔は上からの照明を受けている。

カタリナには、ピエール・ポワレの観点のほうが、はるかに相応しい。彼は、十七世紀末に彼女の著作を『愛の神学』という題名で出版した。この題名でポワレは、この聖女に相応しい観点を示したのだが、この観点は、彼以前にすでにフランシスコ・サレジオが明らかにしたものにほかならなかった。彼ら二人は、適切な道を歩んだと言ってよい。なぜなら、この道のみが、実際にカタリナに出会うことのできる道だからである。もちろん、「神学」という概念は誤解を呼ぶものではある。カタリナは神学者ではなかったし、体系的な思想家と見なされることには、きっと抵抗したことだろう。神学は思考による教説であり、抽象的な性格を帯びがちである。カタリナの叙述は、体験の報告であり、魂の経験を語るもので、最初の行から最後の行まで人柄の暖かさが脈打っている。

事実に即しているのは、敬虔な心、愛の神秘について語ることだろう。彼女の心の最も深い要因を表すのは、それらの用語だろう。カタリナは神秘家であり、イタリアの最も偉大な神秘家の一人である。彼女は、愛の言葉を語り、天国への燃えるような愛を抱いていた。もちろん彼女自身は、その場合、難しい問題があることを感じていた。神秘な事象について、それにふさわしい調子で語ることは、ほとんど不可能だからである。このことを、カタリナほど強く感じていた者はいない。

「このように際限のない説明不可能の出来事について、どうして多くの言葉を語らねばならないのでしょうか。その出来事が大きく、並はずれているため、語るのに私は困惑しています。言葉では表現できませんし、体験しない人にとっては理解できないことだからです」（セルトリウス）。他でもない『対話』の第三巻で幾度となく強調されていることは、彼女にのみ相応しい仕方で愛の神秘を語りえないということだった。「おお舌よ、心に満ちる愛を表す適切な言葉が見つからないのに、なぜお前は語るのか」（セルトリウス）。

神秘的な愛は心が感じることだが、この愛は決して感情の次元のことではない。「したがって私が望むのは、享受し、理解し、味わうことができる愛であり、つくられた愛でもなければ、悟性や記憶や意志によって働く愛でもありません。純粋な愛は、これらすべてを通じて働き、それを超えて働くものなのです」（セルトリウス）。

カタリナは、愛に沈潜し、愛を根源として、道として、目的として体験した。彼女には愛が溢れ、愛の洪水に縁まで浸され、ついには愛に飲み込まれるまでになった。愛については、すでに多くのことが言われてきたが、カタリナの場合、言葉が姿形となっており、愛が眼に見えるものとなり、彼女の人間に具現されている。彼女は愛の讃歌を歌い上げた。「おお愛よ、あなたは、賢者を愚かしく見せ、学者から学殖を奪い、彼らに他のすべての認識を照らす認識を与えます！　おお愛よ、あなたは、あらゆる憂鬱な気持、あらゆる冷酷な思い、あらゆる利己心、あらゆる世俗的な享楽心を追い払います。おお愛よ、あなたの名は、万物を甘美なものにするほど甘い。あなたを語る口は、とくに、あなたの最も美味な要素である豊かな心から言葉が発せられる時、甘美なものになります。愛により、人間は慈しみ深く、温和に、優しく、快活に、自由になり、可能な場合には、つねに人に尽くすようになるのです」（セルトリウス）。この讃歌様の詩的発言は、愛の本質に最もよく適合しており、カタリナは、この内的な恍惚とした歓喜の叫びに浸っている。これ以外に適切な言葉を見出し得なかったからである。

「愛を感じる者だけが、幾分か愛を理解できます。愛について語れることは、何もありません。なぜなら、愛に入り込めば入り込むほど、分からなくなるからです。実際、その言葉を理解しているのは神のみであり、心は愛を感じるが、理解はせず、したがってすべての業が神にあり、人間には効用が与えられているだけなのです。神が心と語り合う親密な愛の仕方は、両者間の、神と心の間の秘密なのです」（セルトリウス）。カタリナは、神の愛の矢に射られた人間であり、その魂は明るい焔と化し、稀有の焔のように、天へ向かって燃え上がった。この焔は、パウロが歌い始めた愛の雅歌であり、「純粋の愛」という語は、その符丁に過ぎず、後にフランスでこの語について論争が起こったが、完全な理解には至らなかった。

カタリナは、「純粋な愛の火花」を抱いて、神秘体験へと導かれる。彼女がジャコポーネ・ダ・トディの頌歌を好んだのは、理由のないことではない。彼女の愛は、神の恩寵を歌ったこの詩人の場合のように、黙せる被造物にまで及んでいた。彼女は、あらゆる動植物とも心で結ばれ、動物が屠殺されたり、樹木が切り倒されるのを見るのを忍びなかった。庭に行けば、木々や草花と、木々や草花になったかのように語り合った。優しさにあふれて、彼らに語りかけた。「あなた方は、私の神に造られた被造物なのではではないでしょうか。あなた方は、神に従順なのではないでしょうか」（レヒナー）。彼女の愛から排除された存在は皆無だった。彼女の愛は、身分の高低を問わず人間、動物一切を包含していた。

カタリナの生について、彼女の友であり聴罪司祭だったマラボトが興味深いことを記憶している。「彼女と語り合い、交わるようになっても、彼女が分からなかった。彼女が笑うのを見たことがあるが、何が好ましくて彼女が笑ったのか分からなかった」（セルトリウス）。この伝記作者は、カタリナの人間の秘密を明らかにはできなかったが、彼がはっきりと感じていたのは、彼女が他の人間とは違うということだった。愛の神秘に関する行論も、彼女の人間を明らかにはしておらず、法悦境を示唆するだけである。この神秘の炎に燃えた女性は、その「性質から言って、燃え尽きることのない炎」（セルトリウス）であり、その炎で、彼女の顔が明るく照らし出される。人間と化したセラフィム！　という印象を抑えることはできない。この形容は、すでに何度もヨーゼフ・ゲレスが彼女に対して用いており、ゲレスは、彼女を「愛に燃えるセラフィム」と呼んでいた。このセラフィムは、全古代を通じて比較する相手がないほど高く飛翔したのだった。後にゲレスは、こう書いている。「彼女が神への愛の恍惚境にあって、また恍惚境から覚めて語るたびに、彼女の光に満ちた薔薇色の顔が、セラフィムの顔のように輝いた。彼女が語る高次の知恵の言葉は、天上の光に照らされたケルビムの言葉のように思われた」（『キリスト教的神秘主義』一八三六―一八四二）。

これは誇張ではない。人は、彼女を「愛に燃えるセラフィム」と呼ぶように、否応なしに迫られるのであり、他に言いようはない。生時から、すでにカタリナは「セラフィナのカタリナ」と呼ばれており、後には「ジェノヴァのセラフィナ」（ミヒェル）とも呼ばれるようになった。

セラフィムという語は、単なる隠喩と受け取ってはならない。彼女の内的真実を表しているからである。セラフィムの本質は、つねの神の前に立っている点にある。カタリナは、何処に在っても神を見ており、どのような嵐のなかでも神の内に憩い、自らのうちにあるよりも神の内にあった。この聖女は、そのことを彼女の最も内奥の恩寵と見なしていた。彼女は、神の現在を、彼女の生のどんな瞬間にも忘れることはなく、それによって、彼女は、この世ですでにセラフィムとなり、その炎はなお今日の人間を燃え立たせることができるのだ。

5 アヴィラのテレサ（一五一五―一五八二）

神との対話

第一章

西欧の西のはずれにある国スペインは、西欧に属してはいるものの西欧とは異なっている。スペインは、どの地方も同じわけではないが、いずれの地方も他の西欧諸国とは著しく異なっている。この相異は、すでに美術に現れており、とりわけ、アフリカに近いことに起因している。スペインにはアフリカの熱風が吹きつける。ジブラルタル海峡を渡って侵入したイスラム教徒により、数世紀にわたってスペインは支配されていた。このため、スペインの精神性には、アラビア文化の影響が消しがたい痕跡を残している。このことと同じくらいスペインの歴史を特徴づけているのは、中世末期に予想外の大国にのし上がりはしたものの、その後、三世紀にわたり「愚鈍と我欲」（オルテガ・イ・ガセ）のとりこになり続けたという事情である。フェリペ二世のこの国が、ロシアと並んで、ヨーロッパのなかで極めて特殊な国となり、容易には理解しがたい国となったのは、そうした運命による。奇妙に幻想的なこの南の国に、穏やかでない異質なものが感じられるのは、そのためだ。スペインは、スペインに合った尺度で測らなければ、理念と現実いずれの面でも、「分裂した魂が二つの顔をもつスペイン」（プファンドル『十六世紀および十七世紀のスペインの文化と習俗』一九二四）の国民性の根幹はつかめない。

スペインのキリスト教は、より北の西欧諸国のキリスト教からは、理解するのが難しい。スペインのキリスト教は、反宗教改革で主導的な役割を演じたため、陰鬱な狂信主義の汚名を着せられてきた。その宗教性については、通常、霊的自由を萌芽のうちに拷問によって摘み取ってしまう異端審問を生んだということ以外は知られていない。また、スペインについての知識が、イエズス会発祥の地ということだけでは、スペインの宗教性は分からない。スペインが、イスラム教徒からキリスト教を守るために、数世紀にわたる闘いを強いられた国であることや、誇り高い意識的な信仰も、そのことに起因する点が、一般の理解では見過ごされている。確かに、スペインのキリスト教には、多くの負の面がある。だが、影の面があるからといって光の面を見逃してはならない。いずれにしても、スペインの宗教性がもつ否定できない性格は偉大で豊饒な点である。スペインの修道会の創始者たちは、肉と化した形而上学であり、スペインの王たちは、彼らのカトリシズムのために強大な国を犠牲にした。スペインは、きわめてスケールの大きい聖者を輩出した。スペイン的な刻印を考慮することなしには、キリスト教を語ることはできない。ニーチェのキリスト教批判のきわめて重要な欠陥の一つが、スペインとスペインの宗教性を無視したことにあると思われる。スペインのキリスト教精神が長いこと見過ごされてきたのは不当なことだった。その本質的な要因を顧慮することなくキリスト教の内的刷新はありえない。スペインの宗教性の不滅の記念碑の一つが、セルヴァンテスの『ドン・キホーテ』である。セルヴァンテスは、スペイン人の魂に深く沈潜しており、その主著を騎士を嘲笑した物語と見るのは皮相な解釈にすぎない。主人公は、脱魂状態でこの世を超えた事象にかかわり、彼の言葉には、スペインの聖者たちの口からも漏れる天国的な狂気がひらめいている。ウナムーノによる痩身の騎士ドン・キホーテの解釈には、そのような宗教的意味合が見て取れる。だが、この騎士に最もふさわしい言葉は、ドストエフスキーの言葉だろう。「この作品ほど深く、かつ内容の濃い作品は、世界のどこにも存在しない。人間の考えを表したこれまでの究極かつ最大の言葉であり、人間が表現できる最も苦いアイロニーである。今日、世界が破滅したとして、人間が世界の何処かで、あなた方人間は地上の生を理解したのか、地上の生から結論として何を引き出したのかと問われれば、人間は黙ってドン・キホーテを指さすだろう。つまり、これが地上の生から私が引き出した結論だ。あなた方は、彼の故に私を断罪できる、ということだ」（『作家の日記』）。

スペインの宗教性の最も傑出した開花は、スペインの神秘主義だが、その研究は「不当に疎《おろそ》かにされ」（ホル）てきた。スペインの神秘主義は、魂の動きの把握は例外だが、新しい認識を示しておらず、現実に対する明確な眼を欠く点が、多くの誤解を呼ぶ一因となっている。だがスペインの神秘主義は、実際には、キリスト教精神史の最も優れた現象の一つなのである。魂の救いを求める熱烈な信仰とは何かを経験しようと思うならば、スペインの神秘家の著作を読まねばならない。彼らは、魂の偉大な覚醒者であり、そのためのきわめて本質的な言葉を語っている。心魂に徹するスペインの崇高な面は、ロマンス語系民族の神秘主義から生まれ出たと言える。そうした面を通じて、スペインはきわめて深遠な言葉を語ったのである。もちろん、この厳しい神秘主義は、広範囲の人びとに受け入れられる性質のものではない。そうなるには、脱魂的な要因が強すぎる上、世俗を容赦なく蔑視する要求が高すぎる。スペインの神秘家は極端な要求を恐れなかった。あらゆる中庸の姿勢とは真っ向から対立する。その灼熱的な心的態度により、彼らは、中世ドイツの神秘家のそれを延長どころか、強化していると言ってよい。彼らの大胆な在り様は、理性的人間の眼には狂気と映るほかはなかった。

スペインの神秘家の頂点は、世界史上の偉大な女性の一人アヴィラのテレサである。テレサについて語るのは容易なことではない。それを試みる者たちのうち、彼女の精神を体して語ることのできた者は少ない。たとえ語ったとしても、彼女の域には達しない。彼女との比較に耐える存在はないからである。彼女はスペインの歴史の最盛期に現れている。軽視されることには耐えられない彼女特有の名誉観念や誇りのゆえに、テレサは、まぎれもないスペイン的な人間姿形であり、その姿はスペインの本質の最も深い表現である。彼女が使徒ヤコブと並んで、スペインの国の聖者に列せられているのも理由がないことではない。彼女の本質を把握するには、彼女の肖像から出発してはならない。その肖像は、下手な画家が、稚拙な表情に描いており、それについて、テレサ自身の言葉が伝えられている。「ブラザー・ファン、あなたが私を醜く画いたことを神が赦してくださるように」。彼女が最初の近代の聖者と呼ばれたのは、このように女性的な性質を隠すことなく表したからであった。また、彼女の天才的な素質が、超人的な域に迫っていることから、「スペイン神秘主義の女王」とも呼ばれた。だが、こうしたすべての呼称以上に意味があるのは、パスカルの「テレサの偉大さ」についての嘆息だろう。彼女の熱情的な魂は、少数の人間たち同様に、「大きなこと」を渇望していた。「神に仕えるにあたっては、いかなる限度も設けない」という燃えるような欲求や、「死か、そうでなければ受苦」（『イエスの聖テレサ全集』一九二一―一九二二）という大胆な合言葉に、彼女の魂の常ならない全性格が現れている。テレサには、通常の尺度を当てはめてはならない。彼女は、どの世紀にも現れるような現象ではない。どれほど常ならぬ人間であるかは、次の言葉に表されている。「私には、見ていることが、すべて一場の夢のように思われる。私が眼にしたいと思うのは、いま私が病んでいるのと同じ種類の病を病む者たちだけである。どうか、愛により、私たちすべての愚か者が、安んじてそう呼ばれる存在になれるよう恵みを与えたまえ」（『全集』）。教会史上のこの偉大な愛の人間が述べた言葉は、最初の瞬間、読む者を唖然とさせるが、その後も絶えず頭の中で響き続ける。彼女には霊的な力が備わっており、人は、それから逃れるのが難しい。彼女を照らしているスペインの太陽は、別の光を発し、彼女自身を炎のように燃える姿と化している。テレサは、頭の頂から足の先までカトリックだが、包括的で、高度のカトリシズムを代表している。似たような存在に出会おうとしても、なかなか出会えるものではない。

テレサは、多くの可能性を秘めた才能豊かな性質だった。どんなに彼女を表現しようと試みても、再三、彼女のほうが大きいことを感じざるを得ない。これには当惑するほかない。だが、人を惑わせるような多様な才能を備えていても、最終的に彼女には中心的な課題があり、そこから彼女に接近することができる。テレサの中心的な関心事は、神に語りかけることだった。キリスト教徒である彼女にとって、神は、汎神論者が考えるような非人格的な威力ではなかった。テレサにとって、神は人間が対話できる人格であった。祈る能力は、人間が動物と区別される能力である。テレサは、ヨブの場合に語られているように、神と語ろうとした。この対話ができるように、彼女は何年も闘った。この闘いには、彼女の生の本来的な意味が含まれている。彼女の生に刺激的な独自性を与えているのは、その関心事を解釈する仕方だった。彼女を他のキリスト教徒と区別しているのは、ほかでもないその点である。テレサの場合、神との語らいは、自明のことでは全くなかった。このことを、彼女は、どうでもよいこと、型通りのこととは考えなかった。彼女の祈りの内容は、相手に対する願いと感謝に留まらない。彼女にとって重要だったのは、自分個人の望みが聞きとどけられることでは全くなかった。祈りによって人間と神との間に生じる不可思議な接触を、テレサは人間の畏敬の対象となる出来事と感じ、他に比較するもののない理解を絶する出来事と感じていた。次のような戒めの言葉は、この認識に基づいている。「あなた方は、神と語ろうと思うならば、偉大な主に相応しいかたちで語るようにせねばならない。あなた方が対話するお方が誰であり、あなた方が誰であるかを考えて、少なくとも礼儀正しく語りかけるがよい」（『全集』）。

落雷のように人間を打ちのめすことのないような祈りは、どんなに口が忙しく動こうとも、テレサは祈りと呼ぼうとはしなかった。このスペインの聖者の場合、人間がついに現実に再び神との対話を求めるに至ったという感じを受ける。その場合、この人間は神と語り合う試みの無謀さを感じ、無価値の小さな人間が永遠の存在にあえて語りかけることが、どのようなことなのか骨身にしみて感じていた。テレサが、全能の存在を「崇高なお方」と呼ぶことに気付くだけで、すでにあたかも自分が神と同格の存在であるかのように、神を馴れ馴れしくあなた呼ばわりする多くの無思慮なキリスト教徒とは、テレサが別格であることが分かる。

テレサは、長いこと神とじかに触れ合うのに相応しい形式を求めて苦闘した。彼女が感じたのは、このきわめて親密な領域が、どんなに人間に困難なことを要求するか、またその場合、最高の事柄が、どんなに容易に我慢のならない滑稽なものに変化するか体験した。神との相応しい語らいを求める闘いで、彼女が最終的に到達した認識は、人間が相応しい形で永遠の汝に語りかけることは、自力では不可能ということだった。そうした恩寵は、人間が自力で獲得するものではなく、贈られるものであった。この恩寵が、苦痛に満ちた希求の後に、彼女に与えられ、彼女は祈りを魂の城に入る神秘的な門と見なしたのだ。テレサが、「神と語るのを誰かに聞かれる」（『イエスの聖テレサ書簡集』）のを不快に思うのは当然としても、彼女が成し遂げたことにより、この神秘的な対話の行為に対するかけがえのない認識が得られ、その行為に比べれば、人間のほとんどすべての祈りが、気の抜けた冗語に思われるばかりか、その不適切な調子が反感を覚えさせせることも少なくない。

テレサの生は、この稀有の対話という観点から語る必要があるが、この生は、想像できる範囲をはるかに超えた未知の領域に拡がっている。彼女の生は、「暗闇のなかでの対話であり、この対話は、ある時は激しく泡立ち流れ、ある時は訥々とした苦渋に溢れたものとなる」（ベヒマン『宗教改革の世紀におけるプロテスタントとカトリックの信仰』一九二二）。六翼をもつケルビムのように、「天使の軍勢の主は、聖なるかな、聖なるかな、聖なるかな」とテレサは歌うが、この歌はまさに偉大なバッハのロ短調ミサ曲の《聖なるかな》（Sanctus）に匹敵する。

第二章

テレサは、聴罪司祭の求めに応じて、自分の生涯を記述している。この壮大な魂の記録は、すでに「誘惑的で、情愛深いロマン」と評されているが、この様な見方では、適切な特徴づけはできない。テレサを主人公にしたジャンヌ・ガルジィの長編（一九二七）では、幸い、この見方は踏襲されていない。アヴィラの修道女の魂の記録の傑出した点は、別の次元にある。序言で彼女は、彼女に恵まれた恩寵を語ることについては大幅な自由が許されたが、同じように彼女の「悪しき生」を語ることには、「大幅な制限が課せられた」（『全集』）と述べている。彼女が、その広い心で自由に記述することを許されていれば、多くのことが暗示されただけにとどまらず、明確に対照的な像が描かれ、読者は行間を読む苦労を省かれたことだろう。小心な聴罪司祭が制限を課したことは、残念なことではあった。とはいえ、そうした制約にもかかわらず、テレサの生の記録は、あらゆる時代を通じて最も記憶に残る回想の一つであり、彼女の前半生の偽りない状況をはっきり感じさせ、その状況は、通常、説明されるよりはるかに深い意味をもっている。

テレサの回想ないし自叙伝の対象は、熱烈に上昇を求める魂の歴史だが、この闘いは始めは挫折する。テレサの生涯の最初の数十年は、努力の甲斐もなく悲劇的に推移する。このことは、これまで単純に蓋をされることが多かったが、これは間違っている。彼女の生の歴史は、直線的に上昇しているのではない。むしろ鋭く屈折している。彼女の生の第一段階は、この神との対話の努力の失敗によって劇的な色合いを帯びるものになったが、その色合いは、この聖者が押し込められた伝統的な紋切り型の聖者伝が語る以上に、はるかに多くのことを物語っている。テレサは、ほかの点でも、普通の人間をはるかに凌駕しているが、前半生での挫折で、より身近な存在となり、彼女も人間に変わりないことが感じられる。

テレサは敬虔な子供だったと言っても、説話的な潤色では全くない。彼女は厳格なカトリックのセペダ、アウマダ両家系の出であった。宗教的な傾向は、すでに幼児のころから明らかに見て取れる。彼女の生き生きとした情感に強い影響を与えたのは、あの世での永遠の苦しみと栄光だった。テレサはまだ七歳にならないころ、弟と一緒に托鉢しながらムーア人の国へ行き、殉教死を遂げることで直ちに天国へ昇ることを計画していた。この計画は、ただの空想に留まらなかった。二人の子供は、実際に両親の家を逃げ出したが、無理やり連れ戻されている。その後しばらくして、テレサは庭に小さな庵を建て、ほかの幼女たちと修道女遊びを始める。このままごとに余り大きな意味を与えることは禁物だが、それでも、はっきりと彼女の宗教的な素質を推測させる出来事ではある。

十代になると、この発作的な宗教熱はおさまる。関心は表面的な物事に向けられ、宗教的な関心と交錯するようになり、彼女の生に最初の断絶が生じる。十代後半になると、騎士物語に夢中になるが、これはその種の物語が彼女の浪漫的な性向に合っていたからである。この空想世界に遊ぶ気分が高じて、自分で小説を書き始める。同時に彼女の内部に自然的な虚栄心が目覚める。「綺麗な衣服を着、身だしなみをよくして歓心を買おうとした。そのために手や髪を特に念入りに整えて、良い香りの香油その他ありとあらゆる虚しい品を、手に入れられる限り手に入れた。装身熱が著しかったから、それらの品が少なからぬ数に上った」（『全集』）。

こうしたお洒落熱は、彼女の魅惑的な人柄で倍加された。テレサには生得の魅力があり、気持ちの良い性分だったから、「誰からも好かれ」ていた。真っ白な肌色をし、巻き毛に黒い眼の、背の高い、体つきの申し分のないこの綺麗な娘が、オレンジ色の衣服をまとって、アヴィラの街なかを南国風の身のこなしでそぞろ歩きすると、多くの人々が振り返ったのも理解できなくはない。伝えられるところでは、テレサは美人だった。彼女に熱をあげる者も少なくなかったが、おそらく、彼女のほのかな恋心の相手は従兄だったろう。あらゆる美麗なもの、輝く宝石、豪奢な織物、美しい彫の聖遺物櫃を好む傾向は、彼女の生涯を通じて認められる。ルイ・ベルトランも、こう書いている。「彼女には、少しばかり感覚的なところがある。この点は見落せない。良い香りを好み、清潔で洗練された風采を好んでいて、当時は、そうした洗練された様子を誇りにしていた」（『聖テレサ』一九二八）。

若いテレサのこの時期を単に無邪気な時期と見なしてはならない。テレサは当時、危い縁《ふち》に立っていた。転落する可能性も同じくらいあったことは否めない。実際、危ないところだったのだ。彼女には、虚しい世界に引き込まれる性向が備わっていた。ほとんどあらゆる人間に見られる二つの可能性が、彼女にも認められる。天才的な背徳者になる危険は、彼女の場合、とくに大きかった。

このような危険な展開に対して、彼女の生来の性質のより深い面が反抗する。真剣な宗教的欲求が、再び目覚めて、彼女の生は新たな転回を見せる。不承不承ではあったが、しばらくの間、アウグスチノ女子修道院で過ごし、重い病を体験した後、再び宗教的な感銘が深くなる。自分が地獄への道を歩んでいるという思いに、慄然とする。思春期に感じていた修道職への激しい嫌悪は、徐々に薄らいでゆく。とはいえ、修道職への召命に従うには、まだ強い抵抗を克服せねばならなかった。彼女自身の言葉によれば、三カ月ほど、彼女の内部で激しい闘いが演じられた、という。発熱したり、失神したりもした。彼女に修道会入りを迫ったのは、宗教的な体験ではなかったし、修道院への勝利の道を、英雄のように歩いたわけではなかった。彼女自身、その過程を苦痛に満ちた死との闘いと形容している。だが彼女は、その宗教的素質によって、修道院へ入る方向での闘いを粘り強く続けた。その結果、ついに決心を固めるのだが、そのことについて彼女は正直にこう認めている。「だが、修道院に入ろうと決意した時には、愛より、むしろ卑屈な恐れが私を導いていたように思われる」(『全集』)。だが父親は、同意しなかった。テレサは、父親の意志に逆らって行動するほかはなくなった。自分を決意させたのは神以外にはありえないと考えて、湧き上がる懸念を打ち消した。

ある朝、テレサは父親の家を出て、高鳴る胸を抱いてカルメル会女子修道院の扉を叩く。一生涯、彼女の記憶に残った一大事件だったが、この時まだ二十歳になっていなかった。修道院で、はじめ大きな喜びを体験したが、彼女は、これを、克己する人間に神が与える大きな報いと感じていた。テレサは、自分の義務を厳格に考える熱心な修道女で、蔑まれている仕事も進んで引き受けた。当時からすでに、彼女が修道女の使命と見ていたのは、神の限りない大きさを意識し、神の賛美以外を考えないことだった。修道院入りの一年後にすでに、テレサは内的祈りの修練を始めている。この祈りは、神との対話の序の口と見ることができる。

　だがテレサの生の歩みは、また予期しない展開を見せ、彼女の目標達成に最初の障害が現れる。宗教的な事柄に抱いていた真剣な意識が消えたことが感じられ、修道院の生活に注いでいた当初の熱意は冷めてしまう。世俗を内的に克服しなければ、世俗から逃れられないことをテレサも痛感することになる。修道院の門は狭いとはいえ、当時のスペインでは、世俗の空しい事物を持ち込めないほど狭くはなかった。テレサ自身が語るには、世の危険を離れて神に仕えるために世俗を捨てた者たちが、修道院内で「世俗にとっぷりと浸っていた」のであった。若いテレサは、当時さまざまな物事への執着を修道院入りを機に断とうと思っていたが、それが断ち切れないでいた。ただちにキリストの観想的な花嫁になるには、彼女の気質は生々しすぎた。加えて当時の修道院の状況は、そうした花嫁になる目標を達成するには適さなかった。事実、世俗から隔離された禁域では全くなかったのである。修道女たちは、蜜蜂のように好きなだけ修道院を出入りしていた。昼間は、面会室で訪問者に会い、何時間もおしゃべりに熱をあげた。テレサは、深く考えることもせず、この楽しい習慣に従った。とはいえ、彼女が熱中していたのは、悪意のある噂話の類ではなかった。当時すでに彼女は、「人が口にする私の噂を私は聞こうとは思わず、同じように他の人々のことは聞くことも話すこともしないという原則」（『全集』）を守っていたからである。普通の意味での陰口は問題にならない。テレサの場合には、始めからすべてが遥かに洗練され、細やかな神経に支配されていた。そうした繊細さにもかかわらず、おしゃべりに絡み取られる危険は少なくなかった。邪道に気付くのは、はるかに困難なことだからだ。彼女は知らず知らずのうちに、真剣な宗教的在り様を損なう楽しいおしゃべりに没頭するようになり、ついには彼女の全存在が「おしゃべり以外何もできなくなった」という一文で表されるほどまでになった。この短い文章は、当時のテレサの心境をきわめて明瞭に表している。気散じ癖が嵩じて、心の集中が妨げられるようになっていたのだ。心の集中は神との真剣な通交には不可欠である。「私は、暇つぶしの空疎な楽しみから別のことに、気散じの機会から別の機会に心を向け始めた」（『全集』）。この楽しい生活は、一見、害のないように見えるが、時とともにテレサは、さまざまな障害に妨げられるようになる。細い糸にからめとられ、抜け出すことができなかった。時間つぶしのおしゃべりは、普通の人間であればとやかく言うほどのことではない。だが、神により高次の世界への召命を受けたテレサにとっては、明らかに罪と見なされねばならないことだった。

修道女の、こうした修道女らしからぬ生活は、苦痛に満ちた状況を生むほかはなく、結果として彼女の内部は分裂する。一方、テレサは、修道院生活の始めのころ、有意義な宗教的体験に恵まれていた。「それまでの堅い心を融かす」貴重な涙に恵まれていた。「魂の眼」を通じて、キリストとの出会いを体験し、その出会いからキリストの「稀有の美しさ」に感銘を受けていた。同じように、一時的ではあったが祈りの点でも深まりを見せていた。他方、存在する最高の契機である神の誘いに心を捧げつくす行為を妨げたのが、彼女が同じように熱中していた数多くの些事だった。面会室でおしゃべりする楽しみ、親族への訪問、司祭たちとの興味をそそる交友は、テレサにとって同じように貴重なものだった。彼女は、この楽しい気分転換を断念する気にはなれなかった。鎖につながれるように、楽しみにつながれていたからだ。虚しい気散じに身売りした状態の彼女は、気付かぬうちに、世俗の巷にますます深く絡み取られていたのである。

「このため、私は、きわめて苦痛に満ちた生活を送るようになっていた。……私は、一方では神に召され、他方では世俗に絡み取られていた。あらゆる神的な物事に大きな喜びを覚える一方、世俗の喜びが私を捉えて離さなかった。私は当時、宗教的生と感覚的な喜びという二つの敵対的な物事を互いに結び付けようとしていたように思う」（『全集』）。もちろんテレサは、当時からすでに神を愛する女性だったが、彼女の情熱が誤った方向に向けられ、この時点では神への愛の最も深い本質を理解してはいなかった。この愛の内奥の法則は、《一つのこと》以外は含んでいないが、その一つのことには限度がない。テレサは、一つのことだけに精力を集中しなかったので、内部分裂したままだった。こうした分裂からは、一方の動きで他方の動きが相殺されるため、内的な進歩を欠く不毛な事態が生まれないわけにはいかなかった。火と水とを結び合わせようとするこの矛盾に満ちた生活が、数週間ほど続いたというのではない。ほぼ二十年間続いたのだ！　テレサは、すでに四十歳に近づいていたが、依然として迷いに絡み取られたままだった。

「私は神に喜びを覚えず、世俗を楽しむこともなかった。世俗の楽しみに浸れば、神への負い目を思って苦しんだ。神に向かい合えば、世俗への愛着が私を落ち着かせなかった」（『全集』）。テレサは、神と世の双方を断念できず、両者の板挟みになっていた。神の呼び声は彼女の耳に届いてはいたが、それに従う力が未だ備わっていなかった。面会室で世俗のざわめきを耳にするや否や、聖なる決意のすべてが、彼女の視野から拭われるように消え去った。決断ができなかったのは、彼女が、当時、とくに、自らの内部の暗い促しを理解する難しさをまだ知らなかったためだった。

彼女の苦しい努力も、この両極の間で引き裂かれた状態に終止符を打つことができなかったのである。この絶望的な闘いについてのテレサの記述は、衝撃的な嘆きの歌のように聞こえる。「嵐の海」の上でほんろうされ、彼女は日々、「落下するかと思えば、また高みに押し上げられるが、残念ながらまた突き落とされる」（『全集』）ように感じていた。やむことのない「落下と上昇」に、彼女の押しつぶされた心は呻き声をあげ、人間の無力な姿が現前する。こうしたことから、テレサはアウグスティヌスに比較されたことがある。テレサ自身、彼の『告白』には自分のことが記されているように感じていた。だが、この比較は、あまり適切ではない。アウグスティヌスの場合は、むしろ長いことさまよった挙句に、ようやく故郷の港に帰ってきたキリスト教以前のオデュッセウスに例えられたが、テレサの場合は、すでに幼女の時から、宗教的な性質によって行く先が分かっていたからだ。だが溺れている彼女は、浮かび上がるように努力するが成功しなかった。外的、内的な障害によって、彼女は何度も沈みかける。それはまるでシジフォスの神話に似ており、彼女の魂は血を流す。同時代人のケプラーが身体の重力を発見したように、当時テレサは、すでに言われているように、魂の重力の法則を発見した。上昇が、テレサのように苦しいものだった聖者はほかにいない。限りない苦しい努力によって、彼女は上昇を勝ち取った。垂直の壁を登ることを何度も試み、そのたびに滑り落ちた。聖者を、おむつにくるまれている時期から神に気に入られた生を送るかのように描く紋切り型の聖者伝は、テレサには全く歯が立たない。その種の聖者伝は、彼女の苦しい絶望の叫びにはそぐわない。

「おお、この苦痛に満ちた生がいつまで続くのか！　この生は生きられない生、見捨てられた生、どこにも助けが見いだせない生なのだ。では、いつ、主よ、いつ？　あと、どのくらい長く？　私はどうすべきなのですか？　あなたを希求すべきなのでしょうか？　これ以上あなたを希求すべきではないのでしょうか？」(『全集』)。宗教的成長の言い知れぬ苦渋のゆえに、テレサは先ず否定的な形で多くのことを学ばねばならなかった。彼女が明らかにしたのは、魂の覚醒は人間の生にあって最も困難なことであり、その実現の可能性については、ほとんど説明ができないということだった。それを容易と見るのは無関心な傍観者のみである。テレサは、そのことの難しさや自らの敗北を包み隠すようなことはしていない。「私が捉われていたことは、よく分かっている。だがどの点で捉われているのかが、はっきりしなかった。……私は生きることを渇望していた。なぜなら私は、自分が生きておらず、一種の死の影と闘っていたことを知っていたからだ。だが私は、私に生を与えてくれたと思われる者を誰一人見出せなかった」(『全集』)。

分裂の苦悩は、テレサの場合、深刻な病の発症というかたちで現れる。病の症状は吐血で始まった。神経障害が心臓と胃に影響を与えたのである。呼ばれた医師には、この謎めいた病が、何の病か分からなかった。テレサは硬直痙攣状態に落ち入り、その状態が四日間続いた。修道院の庭には、すでに彼女の墓穴が掘られ、ろうそくが病床の周囲に灯され始めた。だが最後の瞬間に、彼女は意識を取り戻し、危うく生き埋めになる運命を免れる。だがその後、三年間、萎えた状態が続き、父親は彼女を、一時、修道院から引き取らざるを得なかった。テレサの病気については、すでに様々なことが言われてきた。イエズス会の神父ハーンは、ヒステリー症だと言い、他の者たちは、てんかんだと言う。最後にはパスカルの言葉まで適用された。「病は、キリスト教徒にとって自然の状態である」。だが、これらの見方は、事実には合わない。憂慮すべき状況を美辞で糊塗している。テレサ自身、この病を別様に解釈していた。「私が贖罪しなかったため、おそらく神が私に多くの病を贈られ、ご自身で私に罪の償いを課そうとされた」(『全集』)のだと。彼女の病は、宗教的に満たされない状態から発症したものだ。長引く病は、彼女の上昇の挫折と関係している。彼女の魂が肉体に加えた自己処罰のようなものだった。テレサの病は、心の葛藤が常に身体に現れる体質によるもので、彼女が己の使命に従わなかったために発症した病なのだ。テレサが彼女の生の第二段階、第三段階でも、しばしば病を得ていることも、この解釈の反証にはならない。その後の彼女の病も、霊的な原因にもかかわらず、長いこと誤った肉体的な治療を受けていた結果だからである。

自叙伝が語る熾烈な罪の意識も、こうした長年にわたる修道院での不徹底な在り様と関連づけることができる。彼女は、「詳細な記述」を許されなかった「大きな罪」のことを記し、己自身を「悪女」と呼んでいる。痛悔の苦しみが、どんなに大きくとも大きすぎることはないと見てもいて、「自分自身のことを嘆き」、「私が最も嘆かわしく思ったのは、自分の生について嘆くことがなかった時期のことだった」（『全集』）とも記している。この理由から彼女は、自分に似た性格のマグダラのマリアに引かれることを強く感じていた。臨終のさいテレサは、自分を修道会の規則を「ほとんど守らなかった世界で最も罪のある女」（『全集』）と呼んだ。彼女の著作の編者は、この告白が気に入らず、テレサが誇張していると非難した。この非難は滑稽と言わざるを得ない。キリスト教は、人間が罪ある存在であることを強調する。だがこの罪を真剣に訴える人物が現れると、早々とこの人物が、その自責行為によって読者に「いわば罠を仕掛けている」と主張される。こうした誤った主張は、テレサの言葉の信憑性を疑うことにもなる。彼女の罪の意識が実際に誇張だというなら、他の記述も当然誇張と考えられる。だがそうした邪推は誤っている。このスペインの修道女は、真実を愛する点で稀に見る性質の女性であり、彼女の罪の意識は、空想的な良心の呵責にもとづくものでは全くない。

テレサは事実、大きな罪を負った女性だった。この言葉を単に倫理的な過ちの意味に解してはならない。そのような理解は、罪の素朴な理解を出ない。テレサの場合には、すべてが高い次元で演じられていることは、すでに指摘した。テレサの罪は、神の召命に従わなかったことにあった。彼女はそのきわめて豊かな才能に恵まれた素質により、神から困難な使命を果たすよう定められていた。だが彼女は、その豊かな才能のゆえに、再三、召命に完全に従うことをためらった。彼女の前半生は、多彩な才能に恵まれながら、心が整理されていない人間が示す典型的な例である。さまざまな物事に関心が向くが、特に強い関心はなく、つねに関心が分散し、集中する能力を欠いている。このため結局、すべてが失われる。テレサは自分の宗教的な恵みを生かさず、贈られた能力を持ち腐れにしていた。この天才的な人間の場合、すべてが日常の生活の泥沼に埋もれかかっていたのである。テレサには、宗教的人間に広く見られるが、ほとんど気づかれない危険が、はっきり現れていた。目標が定まらない結果、何を始めても結局は無駄になる危険である。彼女は、すでに生の半ばを超えていたが、依然として彼女の生に相応しい形式が欠けていた。修道女になってから、すでに多くの年月が経過していたが、少しも神に近づいてはいなかった。テレサは彼女の使命のすぐそばを通り過ぎ、ほとんどすべてを捉え損なっていた。神から贈られた才能を埋もれたままにすることは、人間が犯す最大の罪の一つである。実際それは、あらゆる他の脱線より重大なものである。埋もれたままで終わることになれば、取り返しのつかない事態となる。そうなっては遅すぎる、永遠に遅すぎる！　だからテレサの魂を掻き乱した痛悔の苦しみの涙は、よく理解できる。彼女の生は悲劇になりかけていた。終幕で血は流れなくとも、このドラマには、魂を震撼させる要因が含まれている。実際、悲劇の概念は、この場合相応しくない。この概念には、やみくもに人間に襲いかかる運命といった異教的な運命感が含まれているからだ。だが、キリスト教的な天空が、テレサの上には広がり、禍を転じ、最終的には暗い力に勝利することができた。

おそらく、テレサの罪は自分の才能を生かすことをせず、自発的に克服することができなかった人間の罪と言えよう。彼女は、シーソーゲームのように上昇と下降を繰り返すことに馴れていたが、それでも、「私たちの救いは、すべて粘り強さに左右される」（『全集』）ことを知っていた。神は彼女に援助の手を差し伸べ、恥ずべき見世物に終止符を打つ。テレサ自身、この変化が彼女自身が招来したものではないことを明言している。神は、彼女が長いこと続けてきた上昇への努力を目標に達するように助け、そのために彼女は自叙伝を「主の憐みの書」と呼んだのだ。

テレサがある時、彼女の個人用礼拝堂に入ると、そこに掛けられてあった絵が眼に入る。柱にくくりつけられたキリストの絵であった。それはまぎれもないスペイン風のキリストの鞭打ちの解釈であり、鞭打たれたキリストの傷だらけの体は血をしたたらせていた。そのように表現された主の苦痛は、観る者の心をいやおうなしに動揺させる。テレサは、キリストの受難の画像を数多く見ていたとはいえ、この拷問柱にくくりつけられたキリストは、突然それまでにない衝撃を彼女に与えた。鞭打ちの残酷な現実が、はじめて彼女の心に刻み込まれ、「救い主を、そのような状態で眼にして愕然」(『全集』)とする。涙が滂沱《ぼうだ》として流れ落ち、彼女の心はこの衝撃で悲嘆にくれる。きわめて強い共苦の思いに駆られ、絵の前にひれ伏して二度と神を侮辱せぬよう力を与えたまえと祈る。

キリストの絵を前にした礼拝堂でのこの体験が、テレサの生での決定的な転回点となった。この意義は、どんなに高く評価してもし過ぎることはない。柱にくくりつけられたキリストの前でくずおれたことで、神に近づいては離れるテレサの苦渋に満ちた歩みに終止符が打たれた。ここにテレサの後半生が始まり、情景は完全に一変する。

第三章

「これは別の新しい書物である。あるいはむしろ、新たな生と言ったほうがよい。これまで記したことは、私自身の生だった。だが私が、決定的な祈りの状態を経験した時から生きたのは、私のなかの神の生だった」（『全集』）。この言葉により、テレサ自身自分の生に断絶があることをはっきりと認めている。二つの時期の間には大きな隔たりがあり、彼女が生の前半と後半とで語る言葉は、同じ人間が語る言葉とは思われないことが多い。テレサはその後、計り知れない事柄に苦しみ、回心後に初めて体験したのが聖性は常に選びにより与えられるもので、自分がどんなに強く願望しても、あくまで神の選択による、という決定的な体験だった。テレサの身に起こった事態は、誰も自分では引き起こすことのできない事態である。テレサが歴史に歩み入り、圧倒的な印象を与える存在となったのは、その後に彼女が体験した出来事のために他ならない。テレサの生に見られるのは、進歩ではなく上昇であり、これによって、テレサの生の偉大な契機が生まれ、それが間もなく筆舌に尽くしがたい規模のものになる。

神との新たな関係は、大いなる対話の関係と言ってよい。今や彼女の魂内部では、神との対話が行われるようになったのだ。それまでは、祈りの時間の終わりを告げる鐘の音が待ち遠しかったテレサに、よりによってそのテレサに、このような贈り物が恵まれたことは、きわめて特異なことではあった。だがこれ以降、彼女は神を感じた時、「灼熱する取鍋の火から」魂のなかへ火花が走り、彼女の内部で炎が燃え上がり、制禦できなかった。それから先テレサは、神との語らいのさいには、永遠の存在に対する究極の畏敬を秘めた階梯を利用した。確かに彼女は、回心の初日から適切な言葉を発見したわけではない。だが、自分が「祈りの道の途上に在り」、その道を倦まずに歩んでいること、その場合「最大の困難は、あくまで始めにある」（『全集』）ことを理解していた。

この神との大いなる対話を、人々が幼時から習い覚え、もとよりテレサも承知していた口頭の祈りと混同してはならない。彼女自身、理性的な願いを完全な祈りとは見ていなかったが、それに対して異議を唱えもしなかった。彼女には、多くのキリスト教徒が神との通交の乏しい状態から抜け出せずにいることが分かっていた。彼女の宗教的な熱情は、ロザリオを繰って口頭の祈りを唱えるだけでは満足しなかった。テレサは、こうした低調な状態を克服し、精神を殺す紋切り型の祈りから離れようとした。人間は決まり文句の祈りでは何も考えず、神を利己的願望の叶え手としか見なくなるからである。口頭の祈りには相応の正当性があるにしても、祈りの決まり文句を機械的に口にすることで満足している者は、宗教的に深まることがなく、言葉なしに行われる、より高度の沈黙の祈り（念祷）に到達することはないだろう。

テレサがこの内的な祈り、念祷を始めたのはこのような認識からだった。その修練のために、彼女は孤独を求め、感覚を集中し、何も見たり聞いたりしないように努めた。これは生来活発な彼女にとって、強い意志力が要求されることだった。激しい感情の動きは鎮静させた。神の強力な介入は、人間の平静な状態が保たれている時にのみ可能だからである。テレサは内的な祈りを、秘密の行為とは見ず、とりわけ人間が祈りを通じて敢えて語りかける相手を、畏敬の心で意識化する行為と理解していた。内的な祈りの間、永遠の存在が常に彼女を見守っていることがテレサには明らかであり、神の現在というこの感情を常に保持しようと試みた。昼間の務めの間も、つねに神とのつながりを断たないように努め、その意識を一瞬たりとも失わないように心した。テレサによれば、人生にあってそのような「修練」以上に大きな善は存在せず、内的祈りを始めたすべての人々に、いかなる事情があってもこれをあきらめることほどの悪はないと説いた。「つまり私の見方では、内的祈りとは」神との「友好関係」（『全集』）であり、神が人間に恩寵を与える時に用いる魂の城の扉であり、門なのだった。神を真に霊的に敬うこの心の祈りを通じて、人間はその最も根源的な使命に近づき、全能の存在を熱愛する。テレサがそれまで求めていた人生でのさまざまな小さな昂揚は一挙にして消え、以後、彼女を煩わせることはなくなった。

彼女が、もはや神の賜物をではなく、神自体を求めるようになったからである。地上的な物事を求めることに、嫌悪をおぼえるようになったのだ。

テレサが永遠への歩みの途上で体験した最初の神的な恵みの証拠は、突然に生じた忘我の脱魂状態だった。それまで、彼女は、そのような恍惚境を体験したことはなかった。だがいまや彼女は、幻視のなかで彼女に語りかける言葉を聞く。「以後、お前は人間と交わるのではなく、天使と交わるようにせよ」(『全集』)。この言葉を聞いて、テレサは「大きな驚き」に襲われる。このような神の命令は、それまで聞いたことがなかったからである。天使とだけ語り合うには、自分が天使にならねばならないが、彼女の自己認識では、自分は天使には程遠い存在だった。「私たち自身を天使にしようというのは、正気の沙汰ではない。私たちは、この世に在って、この世に深く埋もれている」(『全集』)。だが、ひるみはしても、すでに永遠の存在の命令はテレサに下されており、このことは彼女自身と同じように驚くほかはない。大多数の聖伝作者は、これまでこの命令の重大さをあまり感じてはこなかった。田舎司祭の発言程度にしか扱ってこなかったのだ。だがこの神の要求は、栄光に満ちた魅惑的なものである。テレサの生はこれによって、ごく少数の人間以外は登攀を許されない高みに到達した。それまで心が定まらず、神と俗世間の間を振り子のように行きつ戻りつしていたテレサが、今やセラフィム的な天使の力で語るという！　人間の会話の内容は、知れ切っている。大抵の場合、辛気臭い陳腐なものである。埒もないどうでもいいような話が多かろう。だが天使との、神の座の周りに立つ天国的存在との対話とは、どのようなものなのか。人間の言葉が貧弱なため、適切には表現できない。テレサも、それを表現できなかった。言語能力が極めて高かったにもかかわらず、これに関して彼女の口から出てきたのは不明瞭な音声だけだった。はっきりと感じられるのは、他の場合、人間の鈍い眼には映らない天使が、テレサの生に眼に見える姿で現れたということだけである。天使との対話により、テレサの神秘体験の根源についての問いも、新たな光を受けることになる。神秘主義についての彼女の教養は、もっぱらスペインの神秘家たち、とりわけ新プラトン主義や中世のキリスト教的神秘主義の伝統に立つフランシスコ・デ・オスナ（一四九二―一五四二）とベルナルディーノ・デ・ラレード（一四八〇―一五四〇）に負うものだった。この伝統を指摘することで、いくつかの点は説明されるが、説明し尽くされるわけではない。テレサの神秘思想の秘密は、この天使との対話に注目することなしには解明できない。この対話を介して、超地上的な現実と直接のつながりができたからである。

天使との通交は、テレサの生に生じた例のない幻視体験という形で現れる。この対話は、尋常の雰囲気で行われたのではなく、原理的に別次元で行われた。テレサは、たびたび忘我の境地へ導かれた。望もうと望むまいと、彼女の魂はそのつど圧倒され、霊的に飛翔した。そのような時には、肉体からはもはや生命が失われたように見え、死んだように横たわり、自然の体温も失われ、動くこともできず、眼は閉じられるか、開いていても何も見ていない状態となった。意識は働かなくなり、魂は神の介入によりほとんど完全に抹消された。苦痛と紙一重の歓喜を、テレサは語っているが、この「魅惑的な苦痛」が、両者の混合だったとは言っていない。説明しがたい事象を説明するために、テレサは忘我の状態と死との類似性を示唆しているが、いずれの場合にも、それに逢着した人間にとって世界は崩壊する。だがテレサは、その体験の只なかで同時に深い幸福感、純粋な安らぎ、完全な満足感を経験する。脱魂体験のなかで、遠く隔たった極が秘かに触れ合うのである。このアヴィラの聖女が書いているように、「幻視の輝きは、この世で想像できるあらゆることを超え、この世で見られる光とは全く異なる光」であり、「この光は、太陽の輝きさえもしのぐ明るさなので、もはや眼を開けていようにも開けていられない」（『全集』）ものなのであった。この幻視は、テレサによれば人間の魂の力によるものではなく、神の力によるものだった。なぜなら、「脱魂のさいには、まぎれもない啓示が示され、恩寵が示される」（『全集』）からである。近代に幻視－脱魂体験が徐々に消滅したこと以上に印象的に、キリスト教の衰退を示す事態はない。

テレサは自叙伝のなかで、天使の幻視体験を詳細に述べている。天使は「長い金の矢をもち、矢じりの先端は少し燃えているように見えた。天使はその矢で私の心臓を二、三度、奥まで突き刺し、引き抜く時には心臓の奥の部分が一緒に引き出されるように感じた。天使は神への私の燃えるような愛を掻き立ててから去って行った。この傷の痛みが、あまりにも酷かったから、私は苦痛のあまりうめき声をあげたが、この苦痛が生んだ歓喜も溢れるばかりだったので、苦痛から自由になることなど考えもせず、神に対する満ち足りた思いを下回る思いでは満足できなかった」（『全集』）。この体験には、どんな説明も太刀打ちはできない。その真理内容を最も早く正当に評価できたのは、一人の美術家だった。ベルニーニがそれで、彼はローマのサンタ・マリア・デラ・ヴィトリア聖堂の著名な彫像『聖テレサの脱魂』で、その情景を造形している。この彫像は、テレサが感覚を消失し、甘美な忘我の境に打ち沈み、彼女の人格がほかの何ものも場所を占める余地のないほど大きな一つの感覚的な存在となっている様子を、具象的にまざまざと示している。ベルニーニは、官能性と宗教性を大胆に混合させたことで、しばしば非難されてきたが、彼の作品は典型的なバロックの産物として評価されている。ベルニーニが官能的な表現を許容限度まで推し進めたことは認めねばならないが、この矢の幻視を、きわめて非日常的な出来事と見る意識は持ち合わせていた。彼は圧倒的な畏怖の感情でおののき呻くテレサの至福の陶酔状態を比喩的に造形する以外に、この捉えがたい天使体験をどう表現すべきだったというのか。だがこの上なく官能的に表現され、とろけるまでに光明化された顔には、暗示以上の意味はない。

テレサがこの筆舌に尽くしがたい脱魂状態を体験したのは、数時間にすぎなかった。だが、この数時間のために彼女の生は報われ、生涯の全年月が埋め合わせされた。こうした非日常的な瞬間をひたすら求めるのが、スペインの神秘主義の特徴である。この脱魂状態の間、テレサの内部には天国的な甘美な思いが染みわたっていた。このことで彼女は、福音の内奥の本質が、喜びと感じられるものであり、その喜びが、人間の内部に限りない幸福感を喚起し、あらゆる理性的な事象よりも高い次元にあることを明らかにした。

スペインのキリスト教を陰鬱で厭世的と考えるのは誤っている。確かにスペインのキリスト教には禁欲的な面があるが、それは外殻にすぎない。内奥の中核には言表しがたい歓喜が溢れている。テレサの言葉は、その具体例と言っていい。彼女の著作を読むとき、気分が高まりこそすれ、落ち込むようなことは全くない。そこには心を奪われた陶酔的な要素もうかがわれ、テレサ自身、それを「栄光に満ちた狂気」(『全集』)と呼んでいる。彼女はこの「天国的な痴態」を恥じることなく、率直に告白している。「すでに私は、神的な愛に陶酔し、しばしば失神することがあった」(『全集』)。神への愛から狂気になることを直接に要求された女性とは、何という女性だろう! これ以上燃えるような陶酔的言葉は考えられない。テレサが、以来、教会内ではセラフィム的な聖女と呼ばれているのは当然のことだろう。この体験により、神は彼女にとって、彼女を取り巻く日常の現実以上に議論の余地のない現実となった。大いなる対話によって、神が強烈な光を発する現実となり、この現実の前では他の一切が色あせてしまう。宗教的な確信を得たことで、きわめて高度の形而上学的な安堵がテレサには与えられた。天使の矢の幻視は、彼女の以後の生にとって、きわめて大きな意味をもつものとなったのだ。それは単にあふれるばかりの歓喜の誘因に留まるものではなかった。「偉大な業の告げ知らせ」と、彼女は或る歌のなかで述べており、英雄的誓いを立てている。以後彼女が行う一切について、彼女が完徳と見なすこと以外は行わないというのであった。この約束は聖リグオリ（アルフォンソ・マリア・ディ・リグオリ）によれば、聖者たちをさえ驚かせるものだった。

天使とだけ語り合おうという要求は、先ず第一に、彼女の上昇を長いこと妨げてきた面会室での無駄話から自由になる意味合いのものだった。心を疲労させるだけの空疎な無駄話から解放され、より高い段階へ到達することを望んだのだ。幻視の恩寵によって彼女は、この目標へ導かれた。彼女の脱魂は次第に尋常でない形を取るようになり、一層の上昇と見なされるようになる。脱魂状態は、あらがいがたい強い力で彼女を拉っし去った。体は地面から離れ、空中に浮揚し、顔は独特の輝きを見せた。これについての彼女の記述が不信の念を抱かれないのは、その記述がまぎれもない謙虚な心にあふれ、無条件の信頼に不可欠の率直な態度が、この聖女に備わっているからである。テレサ自身は、この不思議な浮揚が、きわめて不快だった。賢明な彼女は、すぐに地面から浮揚することが異常な現象であり、当然、著しく人目を引くことを理解した。このため、できるかぎり人目につかないようにした。もとより、この努力は完全には成功しなかった。浮揚を生じさせる脱魂状態では、身体の自由がきかなかったからである。浮揚が起こるのは稀だったが、彼女の生涯に複数回起こっている。テレサの浮揚を実際に見た者は、修道女に留まらない。俗人の女たちも説教中に彼女が浮揚したことを証言している。だがそうした出来事は、女性の羞恥心にとっては苦痛なことだった。

この地面からの浮揚は、彼女が通常の次元を超えていることの現れであり、彼女の唯一の努力である上昇の努力を最もよく表している。重力の法則が打ち破られ、天国の存在と語り合うテレサには、すでに天使の性質が予感されていたのである。複数の証言によるこの出来事を具体的に想像するにしても、この謎めいた現象を判断するには基準が欠けている。だが、この現象の稀有な点を否定するのは、偏見以外の何ものでもない。この現象には聖者の世界以外では不可能な、物質に対する精神の勝利が示されているからだ。浮揚現象は、気分を高揚させるものだが、合理主義的な現代人には疑念を抱かせ、不快感を与える。だがこれは、よく考えれば、むしろ歓迎すべきことである。なぜなら、そうした不快感が異常な現象に対する注意を喚起するからだ。一見不可能と思われるそのような現象には、宗教的な力が内包されている。この観点から浮揚現象を見ることができない者には、その深い象徴内容を認識することもできない。

神とのテレサの対話が頂点に達するのは、神との合一の時である。他の者が近づくことのできない孤在の状況下で、この神秘的婚姻は出来するが、この出来事はどのような比喩をもってしても表現不可能である。テレサは、この神秘を一度ならず語っているが、最も印象的な言葉は自叙伝の補遺に記されている。そこでは、主が右手を彼女に差し出して、こう言う。「この十字架の釘を見よ。これは、今日からお前が私の花嫁となるしるしである。これまで、お前は、まだそれに値しなかった。今後は、私の栄光のために尽くすことだろう。それは、私がお前の創造主であり、お前の王であり、お前の神であるからだけではなく、その点でも、お前が、私と婚姻関係にあるからだ。今から、お前の栄光は私の栄光であり、私の栄光はお前の栄光である」（『全集』）と。

神秘的結合と呼ばれるこの体験は、神とのテレサの体験の最終的な高まりを示している。この言葉に示されている途轍《とてつ》もない節度の消失には、驚くほかはない。テレサは、キリスト教徒に定められている節度を超えているのではないのか。彼女は火に近づき過ぎているのではないのか。実際、彼女の言葉は対等の関係を示している。「神が、私に大きな愛を示される時には、しばしば、〈お前は今私であり、私はお前だ〉と言われる」(『全集』)。だが、そうした懸念は、どのような傲りとも無縁な、きわめて謙虚な人間の体験がもつ威力の前に再び消えてしまう。もちろん、神に最大の畏敬を捧げるそのテレサが、その同じ神との結合を体験するというのは、奇妙な矛盾ではある。だが、彼女にみなぎる宗教的な高揚感は、すでに最高潮に達していた。神との合一体験は、スペイン神秘主義の最高の祝祭と言ってよい。ニーチェなら、宗教性のこうした表現に直面した場合、何と言っただろう。神々は存在しても、唯一の神が存在しないことに我慢がならず、まさにその点に反キリスト教の論拠を見ていたからだ。テレサは神になったわけではない。彼女の魂が、いわば神の内に飛び込んだのである。この女性の生に出現したこの特異な婚姻は、これまで相応しい評価をほとんど受けてはこなかった。人間が理解するのは、すこぶる困難なことだからである。だが、この「稲妻の幸運」(ラインホルト・シュナイダー『フェリペ二世』一九三五)を幾分か予感した人間が一人だけいたように思われる。トレドの同時代人たちが霊視者と呼んだ究めがたい画家エル・グレコが、それだ。魔術的な色彩で画いた姿を通じて、彼はスペイン神秘主義の忘我の境にある魂を掴もうと試みた。その「馴化されない偉大な魂、崇高な分裂状態の魂」の表現は、夢幻的な美しさにもかかわらず、今日に至るも美術史家たちの困惑の種となっている。グレコが描く聖者たちは、あまりにも長身の姿で神経質な表情に描かれ、全く非合理的な未知の生の感情に満たされている。その没我の献身は、内的世界のみが唯一の現実と見なされていることを示している。

テレサは、神との合一体験後、日常的な日々を生き続けることが難しくなる。脱魂状態での対話は、この世の生では際限なく続くことはなく、しばらくすれば終わらないわけにはいかない。神との合一は、テレサによれば、この世の生では「決して完成はできない」(『全集』)ものなのだ。対話が途絶えた後に残された哀しい思いに、テレサはほとんど耐えられなかった。法悦の終わりは楽園からの残酷な追放のように思われた。通常の生活への復帰が追放と感じられたのだ。「翌日も未だ、私は鼓動にも全身にも痛みを感じ、四肢が脱臼したかのように思われた」（『全集』）。高度の緊張体験は、その後もっぱら疲労困憊の形をとって現れた。人間の生が、味気なく、空疎で、喜びも興味も覚えないものになっていた。「この生の哀しい喜劇」と彼女は言う。テレサは、天国の予備体験に焦がれて死のうと思い、「甘き死」を口にし、特異な詩を作る。そこには、

「私が死ぬほどの苦痛を覚えるのは、
死ぬことができないから」

という思いが、さまざまに形を変えて表されており、その内容の深さを汲みつくす試みは、まだなされたことはない。愕然とするような嘆息が彼女の胸の内から漏らされ、新たな体験への憧憬が彼女の心をむしばむが、彼女には脱魂的合一は「望んで、与えられるものではないこと」（『全集』）が分かっていた。この高き飛翔は、苦痛を伴わずには到達できず、その苦痛がテレサには衝撃的だった。この索漠とした生は、普通のキリスト教徒には予想できない。足が地上にほとんど触れていない聖者のみが体験することなのだ。

脱魂体験は、魂に残され消えることは無かった。テレサがはじめてこの贈り物に気付いたのは、索漠とした生さえも貴重な恩寵と感じ、それに逆らってはならないことが分かった時だった。その瞬間、彼女には次のような認識が贈られた。すなわち「最高度の完徳は、明らかに内的な慰めや崇高な法悦にも

なければ、幻視や預言の精神にもなく、私たちの意志が神の意志と等しくなることにある。だから私たちは、神の意志と見る一切を私たちの意志をもって包み込み、神が望むと見れば、嫌なことも苦しいことも、楽しいことと同じように喜んで受け入れる」（『全集』）という認識であった。こうした達観した態度を、倦み疲れたあきらめの態度と見るほど大きな誤解はない。神の意志との揺ぎない一致は、むしろ魂が恍惚境で与えられる贈り物なのだ。テレサが、その『魂の城』で語る第七の住まいの本質は「魂の自己忘却にあり、その場合、魂は消失したかのように見える。なぜなら魂は、己をもはや認識できないほど、完全に変わってしまうからである。魂は己にとって、天国が、生が、栄光が今だに存在しているとは考えない。魂の全努力は、今やむしろ神の栄光を明らかにすることに向けられる」（『全集』）。

運命との争いや、運命を変える希望といったものは、すべて消え失せる。ある手紙のなかでテレサは、「私たちが悲しむのは、あらゆることから完全には離脱していないことを示している」と書く。すべての被造物から離脱する過程で、彼女は一切の一時的な喜びを克服した。神の意志と一致することに救いを見る決意によって、テレサは詰まるところ、教会史のなかで最も深い精神潮流の一つである真正な意味でのクィエティスム全体を先取りしたのである。テレサが到達したのは、超理性的な神的平安であり、これを彼女は、人間の生で到達できる至福の状態と呼んだ。魂はその状態では、もはや何も望まず、何も恐れないからだ。世俗を超越したこの澄み切った在り様を、テレサは考え深い言葉で言いまとめている。この言葉は、彼女の死後、彼女の聖務日課書に挟まれていた紙片に書き記されていたものである。

何ものにも動ぜず、
何ものにも驚かず、

すべては過ぎゆくが、
神のみは変わることがない。
すべては、絶え忍ぶことで成就し、
神を抱く者には不足は無く、
神のみで足りる。

天使とのみ交わるようにという命令に始まり、神との合一に至るこの体験は、単なる妄想ではないのか。脱魂状態についてのテレサの記述は、ドストエフスキーが『白痴』のなかで癲癇の発作を説明している次の記述と、驚くほど似ていはしないか。「私には、この上ない調和と美であるように思われ、私の内部に、それまで予想しなかった感情が目覚まされ、気高さ、充溢、永遠性を感じさせ、すべての物事と私を和解させ、神を見る感激のうちに生の一切と合流する」。ムイシュキン公爵が語るこの内部を照らす言語に絶する光も、テレサのそれと見紛えるほどよく似ている。「病気や不道徳だと言って、それがどうだと言うのか」(『白痴』)。これらのことは、テレサの幻視と実際に無関係なのか。あるいはまた、そう問うのは許されないことなのか。テレサ自身はこう問われても憤激することはなかったろうし、「近視眼的な安易な逃げ道」を口にすることもなかったろう。実際、彼女は、傑出した宗教的な素質を備えていたが、他方きわめて批判的な性質も持ちあわせており、重要な問題に理解をもっていた。この問題を現代的な言葉では論議しなかったにせよ、似たような検討を、彼女は自分の言葉で行っている。彼女自身、自分の状態に疑いを抱いており、再三、妄想に惑わされているのではないかと自問していた。彼女は見せかけの恍惚境がどんなものか、わきまえていたし、その種の境地で自分自身を欺き、他人をも欺こうとする者たちがいることも知っていた。驚くほどの心理的な洞察力で、彼女は己自身を観察し、近代的と思われる自己検証を行っている。こうした自己検証は、一歩間違えば命とりとなったことだろう。自分の恍惚境が真正な脱魂状態であり、「よく見られる女の単なる失神状態で、よく眠りよく食べれば容易に回復するようなもの」(『全集』)ではないことを確かめようとした。彼女の生時に、スペインでは実際に、その種の女詐欺師たちの一人が、さまざまなことを語っていた。だから、テレサは、厳しい自己規制を不可欠の義務と感じていた。これはとくに、彼女が女性の魂の謎に満ちた性格を承知していたからにほかならない。ある手紙に、「私たち女は、そう簡単に理解できる存在ではない」とも述べている。女性は、通常であれば恍惚体験は感情の領域の事態と考えるが、テレサは、ほとんど男性的な要求を抱いており、この体験をいわば学問的に解明しようとした。このことは、類のない思い切った要求と言わねばならない。理性にも感情にも及ぶ批判的な意欲は、テレサの注目すべき性格だが、この意欲から彼女は、天使とのみ対話し、人間とは対話すべからずという神の命令にさえ従わず、幻視について、彼女の聴罪司祭とも話し合っている。いずれにしても、このことが彼女の生涯の最も暗い出来事の一つにまで重大化した。

ほとんどの修道女の場合、聴罪司祭は、彼女たちに残された最後の人間関係の一つとして、大きな役割を演じるのだが、テレサの場合には、自分の幻視が不健康な夢想かどうかを「霊的指導司祭」に確かめるすべがなかった。長いこと彼女は、自分の期待に添う聴罪司祭を求めていたが、見つからなかったからである。もとより彼女のほうも、おとなしい告解者ではなかった。事実、彼女は霊的指導者に向かって難問を発しただけではなく、何人もの大神学者のもとで多年学んで得られる真理以上のことを、神的光の照明を受けたために語ることができた。彼女は知性的でもあったから、彼女の魂の宗教的な希求を理解できない半知半解の司祭より、深い理解が期待できる学識のある人物に惹かれていた。幻視の状態を知らず、そもそも魂を理解する重大な使命を理解しない聴罪司祭たちに、テレサはひどく苦しめられた。彼女が神との対話について最初に報告した司祭には、そうしたテレサの態度が不快だった。別の神学者たちとも長いこと話し合ったが、得られた結論は、著しくテレサの気力を殺ぐものだった。彼女の幻視が、悪魔の仕業と見なされたからである。この判定は、当然のことながら彼女の魂を大いに苦しめた。以後、彼女の幻視を悪魔の幻術として蔑視すべしという命令は、彼女にとって大きな苦痛になった。だが聴罪司祭に対する服従義務から、しばらくの間、この奇怪な命令に従った。聴罪司祭を替えても、苦い経験は変わらず、何年もの間、彼女が受けた啓示の信憑性は疑われ続けた。そのうち、また非難が巻き起こり、「聖者と見なされんがために、目新しいことを持ち出しているが、課せられた規則を長いこと完全には守っていない」(『全集』)と責め立てられた。自分の仲間たちから理解されないことが、彼女を苦しめた。神との対話を理解できるのは、霊的人間のみであり、講壇神学者には無理なことを、当初彼女は知らなかった。迫害は本格的になり、テレサは完全に孤立した。「頼りにできる人間は一人もいなかった。誰もが私を敵視していた」(『全集』)。彼女が耐えおおせたのは、ひとえに内的な確信のためであり、対話を断念すれば魂を失うことを認識していたからである。地獄の全体と闘う英雄的な魂を、彼女は備えていた。

彼女の心がようやく軽くなったのは、フランシスコ会士アルカンタラのペドロを知った時からである。ペドロは、テレサの脱魂を神的な観照と判断した。ドミニコ会士のルイス・ベルトランも、ペドロの見解を妥当と認め、イエズス会の神父たちも、テレサが悪魔に惑わされていないことを声明した。テレサは、人々から最終的に認められたこの時点まで、大きな苦しみを味わったが、この受苦には好ましい面も欠けてはいなかった。彼女の幻視が、きわめて厳しい批判的検証を受けることになったからだ。教会は幻視を簡単には認めようとしなかった。だがその過程で、幻視の信憑性が反論の余地なく証明されたのである。

テレサは、神との対話を説明するさい、聴罪司祭たちとの間に生じた難しい問題に劣らぬ難問に逢着する。複数の段階から成る彼女の祈りを、修道女仲間に何度も理解させようとした。内的現実を分かるように表現する彼女の心理学的な能力には、驚くべきものがある。彼女は明晰な判断力によって能動的祈りと受動的な祈りを区別し、とくに後者に着目し、これを四段階に区分する。すなわち、静穏の祈り、合一の祈り、脱魂の祈り、霊的婚姻の祈りである。別の機会にテレサは、魂の上昇を、多くの住居をもつ《魂の城》のイメージで表現し、祈る魂は、それらの住居を経巡らねばならないとした。また、祈りの全体を、さまざまな方法で行うことのできる庭園の灌漑の比喩で表わそうとしたこともある。神秘的な問題を扱うすぐれた天分の持ち主ではあったが、テレサにも、説明不可能な事象を説明することはできなかった。神との対話は、人間の言葉の概念では、事柄に相応しい表現はできない。理性的に把握できる世界とは別の世界で起こることだからである。このことは、さまざまな努力の末に、神との神秘的な関係の言表不可能なことを確認した時に、彼女には既に経験済みであった。「このことは、私たちがこの世に在る間は、理解できないに違いない」（『全集』）。

テレサの内面で何が起こったかは説明不可能だったにしろ、それを説明する彼女の試みは実を結んでおり、この点は後世の人間がいくら高く評価しても評価はしきれない。彼女の著作はプラトンの対話篇のように、われわれの前に数百年の埃に覆われることもなく存在している。アヴィラの聖女の著作のほとんどすべてが、聴罪司祭たちに書くように言われて書いたものである。それにもかかわらず、彼女の思索や思いが直接に表現されている。草稿を埋めているしっかりした筆跡で書かれた美しい言葉は、以前から称賛されていた。翻訳で読んでも、彼女の行文は魅力的で、最高の著作物の範疇に数えるのに相応しい。修道女としての義務を、他の修道女同様に果たさねばならなかったから、テレサの著作は、すべて彼女自身が嘆いているように、急いで書かれたものではあった。書く時間は僅かで、それも中断することが多かった。書いたことを読み直す余裕もなく、いわんや推敲する時間などは皆無だった。彼女の著作の欠点は、主として多くのことが雑然と述べられていることだが、こうした欠点は前記の事情や彼女の受苦の事情のためである。話のつながりは、しばしば失われる。「大分、わき道に逸れてしまった」という言葉で、話が突然打ち切られる。だが、こうした小さな欠点は、卓抜な内容で相殺されて余りある。テレサの著作についても、すべての著作が類のない傑出した告白と言うことができる。部分的に忘我の境で書かれた『自叙伝』について、そう言えるだけではなく、『霊魂の城』や『完徳への道』についてもそう言える。これらの著作を「聖書のようだ」と言う者もおり、テレサ自身も、書く時には霊感を受けていたと感じていた。彼女のペンから流れ出るどの文章も彼女自身が体験しなかったことはなく、心を動かさずに書いたものはない。だが、この体験は、絶えず神との対話にかかわっている。彼女は常に事実を書き、《神秘博士》(doctora mystica) と呼ばれる栄誉が彼女に相応しいことは疑問の余地がない。生き生きした語り様を通じて、彼女は常に本質的なことを語るが、押し付けがましさはなく、読む者を単に楽しませるだけではなく、つねに内的に上昇させる意図が感じられる。彼女の著作を読むことで大きな成果が得られるのは、そのためである。その著作は、テレサの心臓の血で書かれている。

不滅の意味をもつこれらの著作は、しかし広範囲の人間を対象に書かれたものではない。テレサの生時、すでにエボリ侯の従者が、彼女の自叙伝を理解もせずに嘲笑したことがある。彼女の著作は、むしろ完徳への努力の道を歩む人間に向けて書かれている。そのような人びとには、多くの示唆が与えられ、再三、これらの著書を開くことになるだろう。彼女から秘密を打ち明けられた読者には、彼女の著作が、書架のなかで特別の位置を占めることになるだろう。その著作の最終目標は、人間に、より大きな愛を促すことにある。「私がなお想起しようと思うのは、この道でさらに歩みを進め、望む住まいに到達するためには、ひとえに多く愛することが必要で、あれこれ考える必要はないということです。したがって、あなた方は、さらに愛が刺激されるようなことを行うべきなのです。おそらく、私たちは愛が何なのか知らない。私はそのことを特に驚くこともないと思う。愛とは、信仰や祈りの喜びの感情にあるのではなく、あらゆる点で神の意志に沿う固い決意にあるのだから」（『全集』）である。

テレサの著書で再三驚かされるのは、心の内部の現実についての深い洞察である。この修道女が、秘密に満ちた深みをもつ人間の魂について語る内容は、超現実の世界に境を接している。その魂の深みを、彼女は彼女が登攀する階段を知悉《ちしつ》するのと同じように知悉していた。彼女は魂の内奥から外側まで知り尽くしており、「多くの魂が、神から翼を与えられないうちに飛ぼうとするために、方向を間違える」（『全集』）悲運もよく知っていた。彼女は、「魂を、狭い部屋に閉じ込められているように見るのではなく、多くの立派な住まいを内包する内部世界のように見る」（『全集』）ことが重要と考えていた。修道女たちには、「魂に関しては、つねに充溢していて、広大なものと考える」（『全集』）ように勧めており、「なぜなら魂は、私たちが考えるより、遥かに大きいと考えても考え過ぎではないから」（『全集』）であった。

テレサは、人間の魂の傑出した精通者だった。己の内部を常に観察していたからである。彼女は魂の力を知る数少ない人間の一人であり、魂の力を静謐《せいひつ》なものにし、またその静謐さを促進することがどのようなことかも知っていた。彼女はつねに、魂の立ち騒ぐ状態から美しい魂の姿を形成しようとした。この概念を考え出したのは彼女ではないが、彼女には、それが現れている。残念ながら、この美しい魂という表現は、ゲーテが『詩と真実』のなかの『美しい魂の告白』で意味深い使い方をして以来、あまりにも頻繁に使用され、すり減った硬貨まがいのものになってしまった。愛の魂の文化は、時として望ましくないフェミニズムの温床にもなったが、テレサには魂を不適切に女性化するようなところは全く見られない。魂の美しさは、重要な要請であり、究極的にはネオプラトニズムに根差している。テレサ自身は気付いていないとしても、彼女の光明化された美の観照の根源はそこにある。ネオプラトニズム的なキリスト教にも、絶対的な魂の美を観照することによる極めて深い神への憧憬が満ちあふれている。美しい魂の理想は、美に対する感動の最も純粋な表現形式と呼ばねばならない。実際、美しき魂は、その究めがたい内面性によって単なる外面的な美貌を、はるかに凌駕している。魂の不朽の美しさに比べれば、綺麗に化粧された外面は、影のように色あせてしまう。いつか人間が、そうした外面の空疎さに気付いた時には、永遠の秘密を内包する美しき魂が、改めてあらがいがたい魅力を発揮することだろう。

第四章

このスペインの女性神秘家は、その脱魂体験だけでも《偉大なテレサ》と呼ぶのに相応しい存在である。だが彼女の幻視体験を知っただけでは、この聖女の全貌を知ったことにはならない。意外なことにテレサには、もう一つの別の面がある。この面は一見したところでは、彼女の神秘主義的な祈りの生と関連づけるのは難しい。だが実際には、彼女の神との稀有の対話の結果と見ることができる。彼女の生の第三段階で、この新たな面によってはじめて、この最大のスペインの女性の姿は完全なものになる。この予期せぬ展開によって、彼女の生はもう一度、新たな方向に向かい、これによって彼女の豊かな天分が締めくくられることになる。

キリスト教の歴史には、神に没入した多くの神秘家が存在する。彼らは教会を腐敗から守る塩の役割を演じてきた。アヴィラの聖女もその一人に数えられる。神秘家は自己本位で、倫理的な面には無関心の自己享楽者と見なされがちだが、テレサの場合には、そのような点は見られない。彼女の見解では、祈りの目的は行為を生むことだった。テレサの実際の活動は神との対話の結果だった。彼女が生の最後の時期に全力を傾注した使命は、脱魂状態にあって受けたものであり、それ以外の状態で受けたものではない。

テレサが迫られた行為は、人間にかかわるものだった。神への彼女の燃えるような愛が、隣人愛と結びついていなければ真正なものとは言えなかったろう。人間は隣人愛に徹すれば徹するほど、神への愛も大きくなるというのが、この聖女の確信だった。「それゆえ、あなたが病人の苦しみを和らげることができると思うならば、礼拝を途中でやめることなど気にかけず、病人の苦しみを和らげるようになさい。病人にあなたの同情を示し、病人と痛みを分かち合いなさい。病人が必要とするようであれば、あなた自身の食物を断念なさい。でもそれは病人のためというより、むしろあなたの主がそう望まれることを、あなたが承知しているから」（『全集』）なのであった。幻視による恍惚境を体験したからといって、テレサは世に不必要な存在とはならなかった。スペインのこの偉大な女性神秘家は、天国を凝視し続けることで他の一切が視野から消えるようなことはなかった。彼女はその神秘体験を、生の具体的課題を解決するのに適した稀に見る実際的な才能と結び付けることができた。彼女は非凡な組織家であり、その種の才能は女性には珍しかっただけではなく、聖フランシスコにも欠けていたものだった。テレサは、神秘体験と組織化とを包括することができた。排斥し合うことの多い二つの要因が、彼女にあっては手を取り合っており、観想的な生と行動的な生とが調和的に統一されていた。このきわめて異なる才能が、争うことなく互いに有機的に結ばれていたのである。「私の言うことを信じるように」と彼女は言う。「主に宿をお貸しし、つねに自分のもとにお泊めして、おもてなしするには、マリアとマルタの両方がいなければならない」(『全集』)のであった。この二人を自らのうちで結び付けたことは、彼女のまぎれもない偉大さである。この点で、同じように観想的な生から行動的な生への歩みを示したシエナのカタリナ(カテリーナ)に比することができる。当時は、言うまでもなく、この行動への衝迫には、女性であることが障害となった。テレサは能動的に闘うことができる男ではなく、「か弱い女」であったことを、しきりと残念がった。修道女たちにも、どのような点でも女性的に振る舞うのではなく、男性的に振る舞うことも望んでいた。彼女自身、気丈な女性であり、聖なる大胆さにあふれ、しかも温かな母性を併せもち、それが修道女たちに一度ならず示されていた。まぎれもなく女性的であったにもかかわらず、彼女は精力的に行動する召命を受けていると信じていた。「女性は教会内では沈黙すべし」という使徒の言葉が、彼女の企図の実行を、いつまでも妨げることはなかった。この障害を、彼女は神から伝えられた幻視によって克服した。「彼らに言うがいい。彼らが私の手を縛ることができるかどうかは、聖書の一か所のみを引き合いに出すのではなく、他の箇所も参照してから決めるべきです」(『全集』)。

温順な修道女として静かに神的な浄福にひたって生を送ることをテレサに禁じたのは、時代の状況であった。修道院の塀のなかで過ごしていたとはいえ、当時、どのような重大な事件が起こっていたかを知らずに過ごすには彼女は聡明すぎた。「世は燃え盛る炎に包まれている」(『全集』)と彼女は言い、この言葉で十六世紀の状況を比類ない簡潔さで言いまとめている。このスペインの女性は、ヨーロッパの北部からは遠く離れたところに居住していたから、宗教改革が何を意図していたか、事実に即した見解を彼女からは期待してはなるまい。ルターが修道院の小房で体験していた重大な魂の闘いについて、彼女は何も知らなかった。彼女にとってルター主義という言葉は、異端を表す決まり文句にすぎなかった。死の床でなお自らを忠実な「教会の娘」と呼んだテレサは、異端に対して極めて強い嫌悪以外は感じなかった。「彼らは、キリストに敵対する多くの証拠を持ち出して、キリストを、いわば改めて断罪しようとしている。教会を抹殺するつもり」（『全集』）なのだという。彼女がプロテスタンティズムを見る視角は、このようなものだった。彼女が見ていたのは、異端が猛威を振るい、秘蹟が冒瀆され、激しい炎でキリスト教が焼き尽くされている状況だった。だがテレサの研ぎ澄まされた眼は、カトリック教会に多くの腐敗が存在しなければ、異端はおそらくこのような拡がりを見せるはずがなかったことを見逃しはしなかった。カトリック教徒が、彼らの義務を怠ったからこそ、著しい衰退が生じたのだ。「最悪の事態は、主が信頼できる人間を、もはやほとんど見つけることができないことにある。彼らは、表向き主の友を装いながら、内心では主を裏切っている」（『全集』）のであった。

カトリック教会の衰退の原因を彼女は、とりわけ修道会の紀律の崩壊にあると見ていた。「何という驚くべき悪弊か。男女いずれの修道院でも、修道会の紀律が守られていない。修道院には二つの道、すなわち徳を行い修道院紀律を守る道と、紀律をゆるがせにする道とがあり、この二つの道が、ほとんど同じように歩まれているとは！」（『全集』）。自らの過ちによるこの状態にテレサは、ひどく驚き、この危険な状況に立ち向かう使命を感じる。彼女は、不気味とも言える調子の注目すべき闘いの歌を、シビレの預言のように、キリスト教の暗夜に向かって叫ぶのだ。

悪しき眠りに陥るなかれ、
十字架の旗のもと、神のため、
闘いに選ばれし汝らよ、
この世に平安なきがゆえに

この燃えるような歌は、十字軍の気分がうかがわせ、この世に平安なしというリフレーンによって、「福音のスペイン的な転回」（ラインホルト・シュナイダー『フェリペ二世』一九五三）のような感を抱かせる。

どの真正なキリスト教徒もそうだが、テレサも裁きが神の家自体から始まる（一ペテロ4-17）ことが不可欠であると感じていた。彼女には、著しい信仰の衰退の罪を償うことが修道女の義務と思われた。この暗い時代に、神と些細な事柄について語り合うことは不適当と、アヴィラの聖女は考えたのだ。今、重要なことは究極的なことである。修道院が完全に新たな真剣さを獲得する以外に、降りかかる悪を押し止めることはできない。「神が修道会士のことを気遣って世を保護することがなければ、一体、世はどうなってしまうだろう」と、テレサは問う。修道院が本来の目的を達成できるには、生まれ変わることが緊急に必要だった。とりわけ修道院が属している内的世界を強化する必要があった。テレサの新たな計画によれば、修道院の建物は闘いの地帯のすぐ背後の「神の城」にならねばならなかった。彼女はカルメル会修道院を、この高い使命に向かって導こうとした。かつてパレスチナの地に始まり、西欧に及ぶに至ったカルメル修道会は、それまで托鉢修道会のように、偉大な伝統に回帰することがなかった。テレサはトレドでイエスのマリアと知り合い、マリアから当初のカルメル会規則が、テレサの時代に行われているものとは異なることを知り、摂理の導きのように感じたに違いない。この二人の修道女の出会いは、テレサにとって決定的に重要な出来事だった。出会いの瞬間からテレサの計画が実行に移されたからである。

躊躇することなく、彼女は修道院の改革に取りかかる。修道会は、当初の会則に立ち返り、会の創設者として修道女たちが敬う預言者エリアの英雄的熱意が決定的に重視された。妥協の余地なくキリスト教精神を主張する創設者の当初の精神が想起された。衣服は、再び粗末な布製にされ、足は素足とされた。断食も厳格に行い、寝具には藁布団を用いた。また、さまざまな庇い合いは厳禁された。決断が速い彼女は、そうした決定を直ちに精力的に実行した。テレサは、稀に見る指導力を備えていたから、このような使命には適材でもあった。命令するために生まれてきたような彼女は、修道女たちと親しみのなかにも威厳のある態度で接する賢明さも持ち合わせていた。「上の者を恐れない事態ほど、上の者にとって良からぬ事態が世の中にあるとは思われない」(『全集』)。彼女は、あらゆる人間を即座に見ぬく能力が自分にあるとは全く思っていなかった。そうしたことができるのは、彼女によれば神のみであった。憂鬱症に悩む修道女たちには、現代の感覚からすれば厳しいと思われるやり方で高所から対処した。『女子修道院を査察する方法』と題する彼女の論文を読むと、脱魂体験をもつこの女性の現実感覚に一度ならず驚かされる。出納簿には、面会室の二重の格子と同じように、十分な注意を払っていた。面会室の二重の格子は、彼女の指示により、どの格子も手が通せないように作られた。すべてのことに気を配り、彼女の鋭い眼は、どんな小さいことも見逃さなかった。神秘体験とは全く異質の金銭の取り扱いにも優れ、外交的な手腕もあり、しかも不法手段に頼ることもなかった。修道院が多くの訪問者を迎える慣習も廃止され、修道女は、世俗の人間が立ち入れない禁域に戻された。弛緩した姿勢は正され、はびこっていた因襲は追放された。修道院を再び、かつてあったような場、つまり完徳への道を真剣に歩む場所にしようとしたのである。そうすることによってのみ、世の失われた信頼を取り戻すことができると彼女は考えた。一つの修道院の収容人員の数は、家族的な共同生活を保つために、十三名を超えてはならないと定められた。修道院は、「あくまで貧しいか、でなければ誰かが修道女の生活費を負担せずに済むだけの収入」（『全集』）を得なければならなかった。テレサは、この新たな目標をはっきりと脳裏に描いており、何があってもこの目標は捨てることはなかった。

彼女の修道院改革の傑出した点は、驚いたことに少しも陰鬱な点が見られないことである。実際、彼女は修道女たちが、魂を小房の隅に押し込めるのではなく、世を包含するように助言している。テレサは禁欲を否定することは全くなかったが、頻繁すぎる鞭打ちからは得られるものが多いとは思わなかった。過度の贖罪行為は、彼女の意にはそぐわなかった。多くは、若気の至りを出なかったからだ。テレサは修道院改革に乗り出した時すでに成熟し、事の理非をわきまえた女性であり、真剣さを陰鬱な気分と取り違えるようなことはなかった。神と世の折り合いをつけられない若年期は、とうに克服していた。「神は万象に存在」（『全集』）し、キリスト教徒にとって重要なことは、神と世の間に至当な関係をつくり出すことだというのが、彼女の得た決定的な認識だった。また修道女たちには、「あなた方が調理場で働いている時、あなた方の近くの鍋と鍋の間に主がおられる」（『全集』）ことを意識させたが、他方、霊的日記は単なる暇つぶしと見なしていた。彼女自身、好んで哲学的な素養のある聴罪司祭と語り合いはしたが、修道女が生半可な神学知識をもつことは望まなかった。ラテン語の知識がないこと、アッシリア人について何も知らないことを彼女は隠さなかった。

テレサは自然に対して開かれた心をもち、野にある様々な被造物、花や川や湖を見ることが、彼女には書物であり、知識の収集だった。畏敬の念を抱いて、彼女は創造の業を観じ、「神の創造になるどんなに小さいもの、一匹の蟻のなかにも、人が理解する以上のものが隠されている」(『全集』)と信じていた。修道女たちにも、そのように観じる在り様を望んでいた。多才だったテレサは、「常に広い心で決断を下す」原則に従って生きていた。「なぜなら、すべてがそのことにかかっているから」であった。また彼女の修道院では、不平がましい気分を黙許しようとはしなかった。「神よ、不機嫌な顔をした聖者から私を守りたまえ」(『全集』)と、彼女は言う。テレサ自身は快活な気質で、ユーモア感覚にあふれていた。貴重な笑いで不愉快な状況を克服するだけに留まらなかった。修道女たちが、ある旅の折に、宿屋で乱暴者の集団に絡まれたことがあった。彼女たちはテレサに助けを求めた。「呪いの言葉や罵詈雑言を聞いていて嘆かわしく思っていたテレサは、心の底から笑い始めた。それを見て私たちは安堵した。それというのは、私たちは本当に、これで終わりかと思っていたからだ。乱暴者たちが私たちを苦しめるために騒動を起こしていたことを彼女は見てとった。彼女の笑を聞いて、騒動は突然やんでしまった」(『全集』)。こうした出来事からも、テレサの心が現実を超えていたことが単なる伝説でないことが分かる。

この非凡な女性にとっては、何事も大き過ぎることもなければ小さ過ぎることもなく、在るがままだった。こうした彼女のイメージは、数多くの手紙から浮かび上がってくる。それらの手紙には、この女性が、ありのままに表現され、人間の大きさが圧倒的な力で迫ってくる。手紙の宛先は様々で、生の只中から離れることなく、触れられている事柄も多様である。後に公開されることを考えに入れて書かれたと思われる手紙は一通もない。そこには、実際に存在したテレサが表されており、そのテレサは今日、しばしば思われているようなテレサとは違う。何の気兼ねもなく、オレンジの花の砂糖漬けを欲しがってもいる。「食べたいものを食べる」(『書簡集』)というわけだ。「送ってくださった焼き菓子、お金、ほかの贈り物に、私には贖罪帯しかお返しできないので、自分のことを笑ってしまいました」(『書簡集』)という文章には、どのような心根が語られていると見ればよいのか。このアヴィラの修道女は、長い断食を耐えることができたが、同時に豚の焼いた脂身を好んで食べもした。ある時、訪問先で食卓に出されたこの好物をテレサが食べたのを見た助修女が、軽蔑的な言葉を吐いた時、テレサは、笑いながら言った。「むしろ、あなたの主の親切な御心を讃えなさい。山うずらの時は山うずら、罪の償いの時は罪の償い」(ヴィルニヒ『アヴィラのテレサ』一九三四)。この当意即妙の返事は、機知に富んだ発言以上のものである。彼女のうちには、安んじて模範にしてよい知恵が隠されている。テレサのような精神の規模の大きい女性にして初めて、このように大らかな言葉を口にすることができる。修道女たちにも、テレサは物事にこだわらない闊達な精神を望んでいた。「テレサは、休憩時間には、タンバリンを手にして踊ったり歌ったりし、即興的に詩を吟じもし、修道女たちも、一緒に歌や踊りに打ち興じた」(ヴィルニヒ)。修道院の改革者のそうした瞬間を眼にできたらと思う。踊りに興じるテレサの姿は、無類の光景だったに違いない。スペインのカルメル会の改革修道院に、このような喜びの精神が見られることは、意外に思われるかもしれない。だがテレサの言葉によれば、「こうしたことすべては生きることに耐える上で不可欠なこと」(ヴィルニヒ)なのだ。彼女は、つねに自分の周囲に快い雰囲気を広めることに努めていた。このような態度は、彼女の神との対話に矛盾するものではない。逆である。神との対話という稀有の体験から生まれた修道院改革者だからこそ、口にできることなのだ。

こうした在り様によって、彼女は、新たな真剣な心と新たな喜びの心とを一つに結び付け、そうすることによってのみ、頽落した修道院の生活を立て直すことができた。喜びだけでは十分ではない。同様に、真剣さだけでも十分ではない。両者が一緒になって、初めてキリスト教的な生が成り立つ。カルメル会修道女たちの間には、それが存在した。プロテスタントのテルステーゲンの判断は、そのような状況から以外は考えられない。「率直に言って、修道院が、宗教改革の時代にテレサが立てなおしたような修道院の状態であれば、誰も、神を冒瀆することなしに、修道院を廃止はできなかったろう」（テルステーゲン『聖なる魂たちの生の記録選』一七八四）。

テレサは、自分の修道院に原初の秩序を回復させるだけでは満足しなかった。新しい修道院を設置するよう迫られているのを感じていた。修道院の改革者という名と並んで、修道院の設立者と名付けられることになり、この面でも偉業を成し遂げたのである。その著作『修道院の設立について』のなかでテレサは、どのような苦労があり、どのような仕事があるのか、その活動を具体的に記している。それらの小修道院は、スペイン全土に自然に生まれたわけではない。どれもが設立せねば存在はせず、それには計り知れない熟慮が必要だった。建物を購入し、内装を整えねばならず、それに必要な金を工面し、適切な人間を選ばねばならなかった。この件に関してはテレサの厖大な往復書簡からも、彼女が成し遂げたことのごく一部がうかがえるだけである。

この事業を、彼女は修道院の部屋のなかから指図しただけではない。自分で手を下さないわけにはいかなかったからだ。自ら町から町へと旅し、建物を実見し、必要な指図を行う必要があった。ほろ付きの車を複数のラバに引かせて、二人の修道女を連れ、いわば移動修道院といった形で、季節を問わず、灼熱の暑さの時にも凍えるような寒さの時にも、スペインのほぼ半分をめぐり、次々と修道院を誕生させた。彼女の仕事を正しく評価するには、この活動を具体的に想像せねばならない。当時旅の道程は、危険な、きわめて原始的な状態だった。怪しげな宿屋に泊ったり、野宿することも少なくなかった。しかも、テレサは、健康状態がよくないことが多く、しばしば発熱、痛風、頭痛に悩まされた。だが彼女は快活な気分を失うことがなかった。ある手紙に、彼女はこう書くことができた。「蚤や心霊現象に苦しめられ、旅で難儀をしても、神が私たちに苦しむ機会を与えてくださったのは、よいことでした」(『書簡集』)。

人々が、彼女を一目見ようと押し寄せたために、ラバが進めなくなることもしばしばあった。どこへ行っても、人々はテレサと話をしたがったが、彼女は自分が人非人以下であり、人々の尊い魂を踏みにじることになるのが落ちと答えるのが、常だった。また、どのような危険も、不平を言うことなく引き受けた。自分については、こう言うことができた。「私は旅が、とりわけ長旅は大嫌いだったが、いま覚えているかぎり、困難を恐れて、修道院の設立を怠ったことはなかった」(『全集』)。彼女は労苦を恐れず、老齢になっても、倦まずに仕事に取り組んだ。しかも、彼女が魂の敵と見ていた無内容な繁忙におちいることはなかった。その点でも、彼女は大きな仕事を成し遂げたと言わねばならない。だが、さらに大きな驚きは、こうしたすべてのことを、一人の女性神秘家が、一方で最高の脱魂状態を体験しながら、実現したということである。

すでにロヨラのイグナチオと並んで反宗教改革の最強の人物と見なされていたテレサは、いずれにしても、その活動にあたってきわめて不快な経験をしている。修道院改革も修道院の設置も、激しい反対に遭ったからだ。カルメル会の修道女たちは、面会室でのおしゃべり時間や自由な外出をあきらめ切れず、あらゆる手を使ってテレサの努力を妨害しようとした。最も激しい形の反対が起こったのは、テレサが十字架のヨハネの助けを借りて、改革を男子の修道会へ広げようとした時だった。スペインでは、プロテスタンティズムが理解されていなかったが、修道院の改革に対する理解はこの段階ではそれ以下だった。改革の反対者たちは、ルターに反対するのと同じように修道院改革に反対した。改革を敵視し、疑わしい教説の導入を責めたのは、すべて正統的なカトリック教徒だったのである。修道会内で激しい論議が起こり、テレサは、おびただしい誹謗に耐えねばならなかった。教皇代理は、彼女を「敬神の事業という口実のもとに、愚行を楽しみ、落ち着きなくほっつき回る女」(『全集』)と呼んだ。

テレサは異端裁判所に告発され、裁判所は、実際に彼女の著作のなかから問題視される個所をすべて探し出し、長い間、彼女を釈放しようとしなかった。彼女が自分の著作は、つねに教会の教えに従っていると確言しても、無駄だった。この争いは教皇大使が、公然と修道院改革の敵側に与したことでさらに激化した。テレサは、完全に彼の不興を買ったと感じた。厳しい処置が施され、修道院に自己監禁せよという判決が下され、修道院の新設は禁止された。親しい相手に偽名で辛うじて送ることができた手紙からは、この聖女が仲間のキリスト教徒から受けた生々しい苦難の様子がうかがえる。彼女がカトリックのスペインについてあげた叫びは、理由がないことではなかった。「この地で行われているさまざまな不正行為、そこには真実のかけらもなく、全くの偽りのみ。恐ろしいことです」(『書簡集』)。

列聖手続きでは、こうした出来事が紋切り型の言葉で美化された。彼女は、善意の人々の追及に耐えたことで極めて英雄的な我慢強さの美徳を証明したというのであった。より気弱で感情的な性質の人間であれば、こうした攻撃に耐えられなかったろう。だが、テレサは、いかなる脅迫にも屈することなく、己の大事業のために闘った。スペインの異端審問の真っ只中で、ありとあらゆる威嚇を受けながら、「重要なことは、良心の保証であり、精神の自由」(『書簡集』)であると明言した。テレサは何年もの間、こうした激しい迫害に苦しめられねばならなかった。彼女の霊的な敵たちは、極めて卑劣な手段で攻撃し、恐れも無く、あることないことをでっち上げた。だがテレサは、事態が彼女に不利な展開を見せた時も、動じることがなかった。自らの在り様を変えることはなかった。「私はあなた方に言いたい。こうした出来事で私を屈服させることはできない、と。私の見るところ、そうした出来事は神が望まれたことであり、神は私たちより入念に出来事を見守っておられる」（『書簡集』）。彼女は、真実のための受苦は、喜びさえした。

出口が全く見えなくなり、改革が頓挫しようとした時、彼女は最後の勇気を奮い起こして、国王フェリペ二世に介入を乞う手紙を送る。この大胆な手紙が、意外なことに功を奏した。国王は彼女の願いを聞き容れ、迫害は終わりを告げる。テレサは、彼女の事業が更に広がるのを体験できたが、時の流れを押しとどめることはできなかった。彼女には、しかし、反宗教改革の時代に、カトリシズムの精神的な更新にきわめて大きな寄与をした栄誉が残された。

長く激しかった闘いは、言うまでもなく彼女の体力を完全に消耗させた。病が彼女を襲い、床に就かざるを得なくなる。彼女の苦しみが転回したことを見た時、彼女は大いに喜んで言った。「何度も来るように願っていた時が来た。おお、主よ！　花婿よ！　会いまみえる時が来た」（『全集』）。修道女仲間の見たところでは、テレサは、肉体の病で仆れたのではなかった。「神への愛の熱に耐えられなかったのが、死の原因だった」（『全集』）というのである。この見方は、彼女の周囲にいた人々が受けた印象を、はっきりと言い表している。テレサは実際に、普通の修道女ではなかった。燃えるような表情は掴みがたく、近くで見ると慄然とせざるを得ないケルビムの要素を備えていたのである。

6 十字架のヨハネ（一五四二―一五九一）

神秘主義の詩人

第一章

十字架のヨハネは、ある時アヴィラのテレサと三位一体について話し合ったことがある。対話の途中で、神的な脱魂状態に陥る。急いで椅子にしがみつくが、恍惚感が強く、椅子ごと宙に浮かび上がった。同時にテレサも脱魂状態となり、格子のなかで跪いた姿のまま宙に浮かび上がった。来合わせた一人の修道女は、この不思議な光景を見て仰天したが、二人の人間のこの出会いは、全キリスト教文献の中にも例のないほど稀有のものだった。

この種の幻想的な出来事に、人々は思わず首をかしげるだろう。実際、この出来事は現代人の理解を超えている。このような出来事が伝えられている人物とは、一体どのような人物だったのか。この問いの答えを求める者は、十字架のヨハネがキリスト教精神史のなかの最も近づきがたい人物の一人であることに気付くだろう。一九二六年、ローマで彼は、少数の聖者以外は列せられない教会博士に列せられはした。だが、依然として近づきがたい存在であることに変わりはなかった。第一次世界大戦後、ドイツ語版の立派な五巻の著作集が出版されたが、知識層の精神的な糧になることはなく、いわんや庶民に愛されるようなことは全くなかった。十字架のヨハネの名は、しばしば口にされ、彼に相応しい敬意を込めて語られはするが、褒めてくれるより読んでもらいたいと言ったレッシングの言葉がヨハネの場合にも当てはまる。彼のすべての著作を読み通した人は、多くはないだろう。このことは、彼が流行の神秘家からは程遠い存在である以上、分からないことではない。十字架のヨハネは、容易には理解できない寡黙な性質の人間だった。人の意を迎えることがなく、拒否的と言ってもよかった。秘密めいた人物で、彼の本質には近寄りがたい雰囲気がまつわり付いている。だが、この人物の本来的な魅力を形づくっているのが、まさにその点なのである。彼について叙述するさい、このことに触れなければ本質的な要因を破壊することになるだろう。この打ち解けない性質を突き破るには、彼を精神的に征服せねばならないが、これまでそれに成功した者は僅かしかいない。

その試みの途上で少しばかり助けとなるのは、十字架のヨハネがスペインの海外征服の時代に生きていたということだろう。この時代は、コロンブスのアメリカ発見に続く時代であり、スペインがメキシコやペルーを占領した時代だった。海を渡って、地球上の新たな土地を自国のために利用しようとした冒険家たちの行為が、スペインの偉業の一つとなった。この渡航によって、世界史の新たな一章が開かれたのである。十字架のヨハネは、彼らの並行現象であり、宗教的な世界の征服者と呼ぶことができる。彼の発見の旅は、魂の世界で行われたもので、外的な世界で行われたものではない。とはいえ、彼も未知の領域に歩みを進め、彼の発見はスペインの征服者たちが成就したことに比肩できる。一方は外部を目指し、他方は内面領域を拡張するというこの二つの出来事を比較するのは当を得ていよう。十字架のヨハネを追求しようと思えば、人生に存在する極めて大きな旅を始めることになるが、その旅では、種々の思いもよらない事態を覚悟せねばならない。

第二章

十字架のヨハネことファン・デ・イェペスの家は極貧だったため、少年は早い時期に職人の徒弟に出され、家の生活費をいくらかでも稼がねばならなかった。しかし、気立ての良い少年だったが、最初の親方のもとで、すぐに役立たずの烙印を押される。指物師、仕立て屋、彫刻師、絵師のもとへと次々に弟子入りさせられたが、見習い奉公は、いずれも少年の無能力のため失敗した。努力しても、親方の満足のゆく仕事はできなかった。彼が、再三、首になったことが、母親には心痛の種だった。このことは彼の名誉になることではないので、たいていの伝記では短く触れるに留めている。だがそうした扱いは、このことが彼の本質を解明する上で重要である以上、不当と言わざるを得ない。少年ヨハネが、現実の生活で使いものにならなかったのは、彼が不器用だったことだけでは説明がつかないからだ。それには、より深い理由がある。少年は職人の生活では使いものにならず、有能な職人になる見込みがなかったのは、彼の魂の本質が世俗の職業には不適だったからである。彼の魂の謎めいた状態は、すでに当時から世俗の生活とは逆の方向を向いており、この方向が当初、障害要因として働き、営利的な仕事に就くのを無意識的に逆らわせたのである。このことは恥ずべき事実として抹殺してよいことではない。むしろ、真っ先に記すに値する事柄であり、実際には彼が通常の生活には組み込むことのできない別種の存在であることの最も初期の特徴だったからだ。

心を痛めた母親は、十四歳の少年を養育院へ入れるほかはなくなったが、そこでも施しを貰い集める仕事以外には役に立たなかった。家族に残された道は、この使いものにならない少年を目立たない仕方で出て行かせることだけだった。養育院で暮らすようになってから数年後に、職業生活では役に立たないこの男は、カルメル会へ入る道を見つける。当時のスペインでは、修道院入り自体は、普通のことだった。修道士の道を歩んだ人間は、数えきれないほどいたのである。

ヨハネの知的才能は、間もなく認められ、修道会からサラマンカの大学へ送られる。彼の勉学に影響を与えた教師たちの名は知られていない。だが彼は、ここで教父や中世の神学者について、かなりの知識を修得している。とくに熱心に読んだのは、ディオニュシオス・アレオパギタと初期の修道教父たちの著作だった。この読書傾向は、彼の霊的傾向を表してもいれば、後の彼の神秘主義を養う源泉をも示している。聖書の教えを十二分に自己のものにしたことは、後に何度も証明されている。

彼の修学は司祭への叙階で終る。聖職者の道は、ヨハネが心で望んでいたことに合致してはいたものの、修道院内では全く幸せとは感じなかった。だが世俗の世界へ戻る気もなかった。彼をひどく悩ませたのは、修道院の頽廃的な生活だった。十六世紀なかばには、スペインの修道院も相変わらず頽落状態にあり、そのことは、とくに修道規則が極めていい加減に扱われていたことに現れていた。俗世を捨てたと自称する修道士たちが、修道院の塀のなかで気ままな生活を送っていることに、ヨハネは我慢がならなかった。大きな期待を抱いて修道院入りをした高潔な人間ほど、そこで俗世と変わらない日常生活に出くわせば、大きな失望を味わう。この失望を克服しようとして、ヨハネはカルメル会を出てカルトジオ会へ入ろう考えた。後者の会則は、より厳しいものだったため、自分の熱心な禁欲志向に、より適していると考えたからである。

ヨハネが、アヴィラのテレサとの予期せぬ出会いを経験したのは、この心的な危機の時期に当たっていた。二十五歳の修道士ヨハネにとって、この出会いが、運命的な意味をもつものになる。個々の人間としては、きわめて異なる性質の二人の出会いだった。テレサは精力的で、激しい気質の典型的なスペイン女性であり、苦闘の挙句に聖性を得た人間だったが、ヨハネのほうは体が弱く、彼の贖罪の志向は、あくまでも内的な観照だった。容貌を除けば、彼にはスペイン的な特性が薄い。だが本質的な点で、二人には直ちに互いに感応し合うものがあった。テレサは、当時すでに模索の時期を終えていたのに対して、ヨハネは彼の生涯の大きな転換を目前にしていた。修道会の創設者テレサは、自分の望むことが何かを熟知しており、彼女が始めた改革を男子のカルメル会修道院へも拡げる計画に取りかかっていた。ヨハネに出会ったのは、ちょうど助けになる神父を求めていた時だった。内省的なヨハネのことを、テレサは人づてに聞いていた。その若者に会いたいと思い、そして会ったとたんに彼に魅せられた。ヨハネの「顔の表情は、真面目で、品位があり、顔の色は濃い褐色で、目鼻立ちは好感のもてるものだった」（『十字架の聖ヨハネ全集』一九二四－一九二九）が、外見に引かれたのではなかった。ヨハネの外形は、テレサに格別の印象は与えなかった。後にテレサは冗談交じりに、「一人半の修道者」で改革を始めたと言っている。ヨハネが小柄だったため、一人と数えず、半人に数えたのだ。『霊魂の城』の著者テレサがヨハネに引きつけられたのは、彼の霊的な在り様による。テレサは天才的な感受能力で霊的な親近性を感じ取ったのである。ヨハネにとって、この出来事は彼の生を決定するような人物に、比較的若いころに出会ったことを意味していた。そしてその人物は、彼が求めていた生を既に体現しており、宗教的な在り様も彼と全く同じだった。

この最初の出会いがあってから、二人の間には互いにとって極めて重要となった霊的な友情が生まれる。この交わりは、いつも面会室の格子を通してのものだったが、両者の交わりは次第に深いものとなり、宗教的な炎を絶えず互いに燃え上がらせた。二人の関係は、通常ヨハネが一方的にテレサの影のなかへ入り込んだかのように誤解されている。だがテレサに対するヨハネの依存を、あまり強調し過ぎてはならない。ヨハネをテレサに結び付けていたのは、単なる師弟関係ではない。確かにヨハネは、年上のテレサから多くの刺激を受け、テレサを尊敬していたことは彼自身が著作のなかで「テレサの著作が類稀なもの」と述べていることからも証明されはする。だがヨハネは、テレサから受けたものを独自に自己のものとしたから、テレサとの親しい霊的な交流が、自己の発見の障害とはならなかった。彼の神学的な素養は、少なからぬ問題でテレサをしのいでおり、間もなく受け手から与え手に変りもした。テレサも、このことを明言している。「ヨハネは、至極、敬虔だったので、彼が私から学ぶよりも、私が彼から学ぶことのほうが多かった」（『イエスの聖テレサ全集』）。テレサの言葉によれば、学者たちが彼女に語ったすべてのことを、「小さなセネカ」に見出したという。ちなみに彼女は、ヨハネのことを「小さなセネカ」と呼ぶのが常だった。彼女は、ヨハネを神に照明された霊的人間と見なし、「真に私の魂の父」と呼び、「私の魂を言葉で一番良く支えてくれた人々の一人」（『聖テレサ書簡集』）としていた。フェリペ二世宛ての記憶すべき手紙のなかでテレサは、ヨハネをすでに彼の生存中に敢えて「聖者」と呼んでいる。残念ながら、二人の稀有の霊的友情の最も深い要因は、二人の往復書簡が破棄されてしまったため明らかではない。とはいえ、彼らの関係には、いささかの曇りもない。これは彼らが、互いに常に隠し立てすることなく、同時に、独立的に向かい合っていたからである。共闘していた事柄について、彼らはどこまでも一体だった。二人の神秘主義は、マイスター・エクハルトおよび彼の学派のそれと、きわめて大きな類似性がある。同じような体験が基礎になっているからである。

はじめて面会室の格子ごしにヨハネに向かい合った時、テレサにとって重要だったのは、彼を跣足《せんぞく》カルメル会の改革の味方につけることだった。この目的を達成するために、彼女は長い抵抗に遭うこともなければ、巧みな説得術を駆使する必要もなかった。彼女の計画はヨハネの志向に十二分に沿うものだったから、彼は直ちにそれに同意した。テレサとの対話の後、彼にはカルトジオ会へ入り直して、より厳しい生を送る必要がなくなった。自分の修道会内で、その企てを実現する機会が得られたからである。燃えるような魂が可能にした献身的な熱意で、ヨハネは新たな課題に取り掛かる。

ドゥルエロに彼は跣足カルメル会の最初の修道院をもうけ、そこで創設者の当初の規則に従って禁欲的な贖罪の業を実現する決意を固めた。この目的のために手に入れた建物は、風が吹き抜け、雨水が侵入する壊れかかった代物だった。この家畜小屋まがいの建物は、誰も住む気は起こさないほど荒れ果てていた。だがヨハネには、まさにこれ以上ないほど惨めな状態こそが魅力だった。それまで穀物小屋として使用されていたこの建物の中に、彼は教会を設けた。壁にはただの木の枝で作った十字架をかけ、その下に墓場から持ってきたしゃれこうべを置いた。飾付けはこれだけだった。あらゆる快適な要素は排除された。僅かな時間に限った睡眠のさいには、石を枕にし、藁束を掛物にした。食物はパンと水のみで、稀に野菜が加えられた。完全な静寂と俗世間からの隔離が、完全に実現されねばならなかった。修道士たちは、きわめて厳しい要求を自分に課し、彼らの生活の規則は、その要求を愕然とするような言葉で要約した。苦しみ、そして死すべしというのが、それであった。ヨハネのこの小修道院が設けられると、彼はイェペスの姓を捨て、テレサが採用したしきたりに従って、以後彼は十字架のヨハネという霊的な名前で呼ばれることになる。

ドゥルエロでの十字架のヨハネの修道活動を《改革》の名で呼ぶのは、毒にも薬にもならない呼び方だろう。どうしてもその名称を用いようというのであれば、事態を容易にするのではなく困難にするのが、真の改革者のしるしであるというキェルケゴールの言葉を想起する必要があろう。十字架のヨハネにとって、改革の努力は、衣服や習慣のいくつかを少しばかり変えることで尽くされるものではなかった。彼にとって重要だったのは、新しい霊性だった。この新しい霊性を、より詳しく考察するならば驚かずにはいられない。彼が復活させようとしたのは、宗教的に重要な荒野の霊性以外の何ものでもなかったからだ。洗者ヨハネにイナゴを食べよと命じ、初期キリスト教の修道教父たちのなかに生きていた精神を、十字架のヨハネは再覚醒させようとした。彼らの著作の知識が、実りをもたらしたと言ってよい。スペイン文化の栄えた頂点で、十字架のヨハネは最古の修道制の伝統を受け入れたのである。この遠大な想念を、彼は大胆な仕方で実現したのだが、そのようなことは誰も可能とは思わなかったろうし、真正な宗教性から以外には生まれなかったことだろう。十字架のヨハネが最初に創設した修道院からは、実際に砂漠の熱風が吹き寄せ、その熱気がすべてを焼尽したかに見える。エリアを砂漠に駆り立てたヤーヴェの霊の幾ばくかが、ヨハネの英雄的な発端にうかがわれる。これがスペイン的な聖性であり、フェリペ二世時代の宗教性について判断する場合には、常にこのことを考えに入れなければならない。十字架のヨハネの生涯の前半の意味は、砂漠の教父たちの常ならぬ信仰の再生にあり、この信仰が彼らの禁欲的な紀律とともに、ヨハネの魂の上昇の不可欠の前提となっていた。この企図の偉大さを、現代人の意識にはなじまないという理由だけで認めようとしないのは、不当のそしりを免れない。

この二度と眼にできない光景に深い印象を受けた者もいた。間もなく、彼の周りには、志を同じくする者たちが集まりはじめ、ヨハネは、彼らと共に、その目標に向かって歩み始める。新たに参入した者たちは、彼の指導に従った。彼の霊的指導の才能は、修道院生活についての彼の行論が証明しており、そこには、新しい砂漠での信仰理念が解明されている。「罪を犯すよりは死と消滅を」という標語を前提とする十字架のヨハネの宗教的な指導原理は、きわめて高い段階のものである。この指導原理は、ありきたりの日常的なキリスト教用語には翻訳できず、世俗の扉を後ろ手に閉じて、砂漠へ歩み入った人間のためにのみ書かれている。十字架のヨハネの行文には、矛盾する言い回しがあるため、はじめのうちは戸惑いを避けられない。彼による《修道士の行動指針》には、「人々を、愛し、かつ同時に、忘れること」（『全集』）というような、一見、矛盾する戒めが含まれている。ドゥルエロの修道院創設者ヨハネは、修道士たちが他の修道士の行動に腹を立てたり、異を唱えたりせず、「他の者が行った善事を自分がなしたことのように喜ぶ」（『全集』）ように要求した。摩擦が起こりやすい狭い修道小屋での共同生活について、ヨハネが指示したのは、「一人の人間を判断するにあたって、その人間に美徳が欠如していると思っても、その思いに従って判断してはならない」ということだった。「おそらくその人間は、思いもよらない別の動機で神の御心に十分にかなっているかもしれない」（『全集』）からであった。修道士の身に起こることは、善いことも悪いことも神の意志として不平を言うことなく受け入れねばならなかった。とりわけ彼が厳しく教え込んだ原則は、「キリストが、汝の身分で生き、汝の年齢、汝の健康状態であったと仮定した場合に、行なったり言ったりするとは思われないことを、行なったり言ったりしてはならない」（『全集』）ということだった。

ヨハネのどの戒めも、己の完徳を成就することに留意したものであり、新たな修道院生活は、それに役立たねばならなかった。この聖者の砂漠の信仰の峻厳な理想が、最も明らかに現れているのは、「十字架以外の何ものも求めてはならない。慰めさえも。なぜなら、それですべてが尽くされているから」（『全集』）という超人間的な言葉である。この高い聖性の理想を志向する人間が要求するのは、途轍もない霊的な努力だった。ヨハネの《霊的指導の原則》は、自明のものではない。この原則は、それについて考える人間を無限の深みに導いてゆく。「汝の望みを断念せよ。そうすれば、汝の心が欲するものが得られよう」（『全集』）という助言は、人が与えることのできる例のない助言の一つであり、実際に思いもよらない実りをもたらす稀有の力を秘めている。この砂漠の神学の秘密は、この指導原則を順次に駆け足で卒読するのではなく、一つ一つを熟考の対象にしたときに、新たによみがえるものだ。その英雄的な言葉の吸引力は、新たな理想を体現した十字架のヨハネの人格に基づいている。

ヨハネがよみがえらせたものが、実際に古代の砂漠の信仰精神だったことは、彼がカルメル修道会全体に与えた影響に示されている。生活習慣が洗練されていた当時のスペインでは、すでに古代の修道精神は忘れ去られており、修道士たちは、新たによみがえった砂漠の信仰理想に対して本能的に強い反感を覚えていた。ヨハネの原則は、それまで修道規則をいい加減に扱ってきた修道士たちすべてを狼狽させるものだった。彼等にとっては、ヨハネの急進主義は、自分たちに対する絶えざる批判を意味していた。このため彼らは、ヨハネの改革の努力に正面から反対し、そうした改革は行き過ぎであり、不可能でもあるとして、つぶしにかかった。跣足カルメル会士と非跣足カルメル会士との間に激しい論争が起こった。これは、最終的な真理が危殆に瀕した場合に行われる類の論争だった。この闘いは起るべくして起こったものだ。それまでの修道会の方向は、ある種の慣習法に基づく面があった。修道士たちは、その存続が脅かされているように感じたのだ。こうして、新しい動きの主導者に対する激しい憎悪が芽生えてきた。彼らは新しい方向に反対して、非難すべき不正手段を取ることも辞さなかった。宗教的な力の点で跣足修道士に著しく劣っていたから、術策を弄して劣勢を挽回しようとしたのである。そしてついには、あらゆるキリスト教的隣人愛を嘲笑するかのような振る舞いを見せつける。若き改革者に対する攻撃が開始され、修道士たちは芳しからぬ品性を野放図にさらけ出した。ヨハネの仕事を阻害するためなら、どのような中傷も辞さなかった。考えられる限りの卑劣な行為が、ヨハネの仕事に加えられたのだ。

十字架のヨハネは、男子の修道院改革の父として、きわめて激しい憤懣にさらされ、それに耐えねばならなかった。従来の修道院観に対するまぎれもない反逆者と見なされたからだ。反対者たちは、ヨハネが手に負えなかったため、一五七七年十二月の或る夜のこと、武装した手先たちにヨハネを襲わせる。彼らは、ヨハネの小房の粗末な扉を難なく打ち壊して侵入し、彼を縛り上げ、暴力的に彼を拉し去った。拉致されたヨハネは、トレドへ連れて行かれ、牢獄へぶち込まれる。

この受難は、彼が囚われの身となり、強制的に履物を履かされ、旧来の修道会の衣服を着せられることで始まった。ヨハネは、光も射さず、まともに立ち上がれないほど狭い、かび臭い穴に閉じ込められた。彼の不従順な態度を打ち砕くために、明らかに残酷な処置が加えられた。心理的にも、あらゆる可能な仕方で苦しみが与えられ、教皇がテレサの改革の努力をあからさまに非難した等々の悪質な噂が、牢獄の扉の前でささやかれもした。受牢中は、全期間にわたって聖体拝領を拒否され、訪問も禁じられた。「修道院長は、彼のことを、反抗的で、偽善的な人物で、修道会の改革者という名を望む傲慢な男と見なしていた」（ペーター・レヒナー『十字架のヨハネの生涯と著作』一八五八）。彼は、苛酷な監視人の誹謗《ひぼう》の言葉に耐えねばならなかっただけではない。肉体的な懲罰も加えられた。衣服は変えることを許されず、のみやしらみの発生は防ぎようがなかった。食べ物は、腐った酷い味のものしか与えられず、水は意図的に与えられなかった。結果として、食欲がなくなり、睡眠もとれなくなり、体力は眼に見えて衰えた。一時は、ほとんど歩くことができないほどだった。監視人には蹴飛ばされ、毎水曜日と毎金曜日には、全修道士の前で酷く鞭打たれた。虐待の跡は生涯、彼の体から消えることがなかった。こうした極めて酷い苦しみが、彼自身の属する修道会の修道士から与えられたのだ。テレサは、この残酷な懲罰に腹を立て、フェリペ二世に宛てた手紙のなかで、こう述べているほどである。「彼はムーア人の手に落ちたほうが未だましだったでしょう。なぜなら、そのほうが、おそらく同情される度合いが大きいと思われるからです」。教会内部での、このような悪質で残酷な処置は、聖者の世界では一度ならず出くわす恐るべき光景の一つだが、きわめて解き難い謎でもある。「神がなぜ、このようなことを許されるのか理解できない」と、ヨハネの監禁のことを絶えず気遣っていたテレサは嘆いている。不可解なことではあるが、この非道な行いは、事実どおりに記述する必要がある。そうしなければ、偽りのきれいごとを並べ立てるだけに終わり、聖者の印象的で偉大な姿を覆い隠すことになる。

英国人の大司教アルバン・グディアは、十字架のヨハネの現代的な伝記が存在しない理由は、この恥ずべき処置のためと見ている。ヨハネについて書けば、伝記作者は、畏敬を抱いて語りたいカトリックの人間に暗い影を投げかけないわけにはいかないが、そのようなことはしたくないからだ（『罪人と聖者』）、という。これに対し、ヨハネス・ムムバウアーは、司祭職にあるものの、率直に「この非行は、小説のように聞こえるが、教会の内外で、どの時代にも見られるパリサイ派的な独善主義の悪しき例として、いささか詳細に記述してしかるべきだ」（モーア編『人間と聖者』一九三〇）と述べている。カルメル会士たちの弁解の余地のない行動は、厳しく弾劾されて当然と思われがちだが、そうした抗議の道に誘い込まれてはならない。そうしたのでは、ヨハネの心にもそぐわず、表面的な対応に終わらざるをえないからだ。そうではなく、彼の受苦の背後に何があるかを、より深く考察し、それが生んだ肯定面を明らかにする必要があるだろう。

第三章

ヨハネがトレドで過ごした監獄での月々は、暗い受苦の月々だったが、この体験は、テレサとの出会いと並んで、彼の生涯の第二の決定的な出来事と見ることができる。エル・グレコが凄絶《せいぜつ》な絵画『嵐のなかのトレド』で画いたような嵐を、ヨハネもトレドで体験したが、この聖者の嵐は、魂の明暗のなかで演じられた内的な嵐であり、嵐のなかで神に見捨てられた暗い状態と光にあふれる恩寵の時間とが交錯している。ヨハネは深みに突き落とされ、破滅するか復活するか、いずれか以外にない状況に置かれていた。牢獄内でのヨハネの心に起こったことは、推測することしかできない。牢獄の壁に囲まれて苦しんだ時間に、彼の内部に神秘主義の詩人が誕生した。あらゆる人間的な慰めを奪われ、一言の優しい言葉をかける者もおらず、魂が孤独のうちに自己忘却を感じるほど遺棄された思いに襲われ、陰鬱な暗い影が彼の気分に差し込み始め、絶望が彼を支配しようとしたとき、痛めつけられた彼の胸から、詩人の最初の甘美な調べが絞り出される。苦難の果てで、自らの苦しみを彼に神が語らせたのだ。暗鬱な状況のなかで、あのような明るい歓喜が歌い出されるのは稀有のことである。「狭い籠のなかで光を遮られた小夜啼き鳥」のように、彼は不朽の美しさを備えた歌を響かせる。獄内では、突然、唇に上る永遠の歌を書き留めるペンを手にすることはなかった。心に浮かぶ不可思議な嘆きを彼は絶えずつぶやくが、その嘆きは、牢獄内で以外は生まれることのないものだった。

私の愛するお方は、何処に行ってしまわれたのか？

何故、嘆く私を置き去りにされたのか？
私を後に残したまま、鹿のように素早く姿を消し、
私は傷つけられ、追いかけたが、
あなたを、もう捕まえることはできなかった。

古代の砂漠の信仰精神をカルメル会によみがえらせることを生の目標とした男が、同時に詩人であったことは、やはり驚くべきことだろう。彼の過激な禁欲精神は、あらゆる詩を峻拒《しゅんきょ》することが予想されるからだ。ドゥルエロの修道小屋に髑髏と十字架以外は置かなかったヨハネが、芸術家でもあったというのは、一層の驚きである。彼が音楽の熱烈な愛好者だったとは、誰も想像はしないだろう。十字架のヨハネは、打ち解けない性質の過半の人間がそうであるように、簡単には説明できない複雑な人間だった。彼の詩人性は、禁欲的な砂漠の信仰理念と矛盾するものでは全くない。禁欲の理念は、この甘美な核を取り囲む外皮なのである。フォンティベロス生まれのこの聖者が詩人だったことは、すでに早い時期から感じられていた。だがこのことが、まともな評価を受けたことはない。中心的な旋律ではなく、伴奏音楽としてしか理解されなかったのである。彼の詩的精神は、これまで彼の生の中心に置かれることはなかった。だが十字架のヨハネは、聖者のなかの詩人であり、詩人のなかの聖者なのだ。彼の原体験は詩的なものである。もちろん、彼は虚構の楽しみを主眼とする作家ではなく、ヘルダリーンのように《聖なる器》である詩人の一人であり、「むき出しの頭で神の嵐」に耐える詩人であった。ヨハネは明らかに宗教詩人であって、歌うことは彼にとって聖なる行為であり、彼は己を聖なる炎の守り手と感じていた。そこに、ヨハネの姿の慰めがあり、同時に理解しがたさがある。文学者には、通常ヨハネを

理解する宗教的な感覚が欠け、宗教人には往々にして芸術的な感覚が欠けている。神秘主義の詩人として、十字架のヨハネは浩瀚《こうかん》な作品を残したわけではないが、選び抜かれた何篇かの詩には、魅惑的な美しさ、暗い力、明るい洞察が認められる。ヨハネが詩に頼るのは偶然ではない。このことの根底には、聖なる魂が語るのではなく、歌おうとする感情の昂揚が存在するからだ。詩作は脱魂状態を除いて、神的なものを体験できる唯一の相応しい形式である。通常の言葉では十分ではない。韻文には、すでにリズムによって高揚感が表現される。高揚感は、すでにマクデブルクのメヒティルトやジャコポーネ・ダ・トディらが経験したように、歌によって表現する以外にない。十字架のヨハネからは、何という憧憬にあふれた響きが聞こえてくることか。

この世の、どんな美しいものにも、
私の心が魅せられることは決してあるまい、
ただ、何かは分からぬが、
やがて、いつかは見つかるかもしれぬ。

十字架のヨハネの詩的精神についての驚きは、彼の聖なる詩の内容に着目すると、一層大きなものになる。彼の貴重な詩は、その陶酔的な点でソロモンの雅歌に比せられる音楽的な言葉を含んでいる。シュラミテとのソロモンの対唱に見られるのと同じ灼熱の思いが、ヨハネには存在する。この旧約聖書の状況が、単純な模倣ということではなく再現され、「雅歌の文学的な風土が、実際に半ばオリエント的なアンダルシアの風土と溶け合うまでになっている」（ヘルムート・ハッフェルト『スペイン神秘主義とその表現の可能性』一九三二)。

ヨハネの暗い響きをもつ愛の抒情詩は、従来のあらゆる調子を破砕し、霊的な力で人間を圧倒する。彼の愛に燃える雅歌風の詩の本質は、きわめて純粋な花婿神秘思想に根差している。この感覚的なイメージに憤慨するのは、取り澄ました意識からする無理解のそしりをまぬかれない。なぜなら、このイメージには、きわめて霊的な体験が表現されているからである。この宗教詩人は、神に対する人間の関係が、外面的な憧憬の問題ではなく、昂揚した愛の問題であることを知っており、もっとも深い神との関係は愛のみであることを証明しようとするなら、エロスの言葉を用いる以外に、ほとんど道がないことを承知していた。ヨハネは、愛を神的な存在の最良の認識手段として評価すると同時に、情熱的な雅歌を、聖書のなかの最も意味深い書物として評価したのである。神秘主義のこの詩人によれば、旧約聖書の雅歌が示すエロスの感情にあふれる象徴的言語は、依然として神との真の関係に手さぐりで近づく手段なのであり、この確信から流れ出たのが次の歌なのだ。

あの方のみのものである
私の喜びに満ちた胸に倚り、
甘美な快さにあふれ、あの方は憩う。
そして、私は、私は、愛を抱いてあの方に寄り添い、
シーダの枝であの方に涼しい微風を送る。
すでに朝風が吹き始め、
あの方の髪が私のうなじに

優しく広がると、
あの方は右手で撫ぜ、
私の心は浄福の思いに満たされる。

私は私のすべてを捧げ
愛するお方に頭を預ける。
事物の輝きは消え、
私の憂いは消え失せる、
百合の香に浸るがゆえに。

どの詩でも同じことだが、ヨハネの詩も、翻訳によって形式美は著しく損なわれる。それにもかかわらず、魅惑的な形式や、その中に生きている溢れんばかりの昂揚のいくばくかは予感できる。枢機卿ディーペンブロクが、ヨハネの詩の幾編かを、他のスペインの詩と共に彼の『宗教詩華集』に取り入れて、はじめてドイツ語圏に紹介し、この書物をドイツの最も宗教的な詩人アネッテ・フォン・ドロステ＝ヒュルスホフに贈った時、彼女の顔は、思いもかけない喜びで輝いたという。ヨハネの詩作が、すべて翻訳されている今日では、その喜びは、さらに倍加しよう。ヨハネの詩に繰り返し接していると、ラインホルト・シュナイダーの言葉を想起しないわけにはいかない。彼によれば、ヨハネは、「そう望むことなしに、彼の時代の最大の歌い手だった。他のいかなる者にも、彼より純粋に、曇りなく調べを受け取り、伝えることは許されておらず、しかも啓示の道具となる犠牲を、いささかも表に漏らすことがない」（『フェリペ二世』一九三五）のであった。

十字架のヨハネの詩が容易には理解できないのは、神に向けられたもので、人間に向けられたものではないからである。彼の詩は、言語的にすんなりと耳に入るものでもなければ、すぐさま、その秘密を明かしてくれるものでもない。リルケの『ドゥィノの悲歌』のように、最終的には追感できるにとどまるだろう。ヨハネの歌は、神秘的な瞬間に作られたもので、これを理解するには、彼自身承知していたように、その状態に身を置く能力が必要である。すでにヨハネの生時から、その聖なる詩が分かりにくく暗晦《あんかい》なことについて、しばしば嘆きの声が上がっていた。女子修道院長イエスのアンナは、彼が獄中で作った『宗教詩』を解説するよう要求し、その仕事を始めるよう急き立てた。かなり長いことためらった挙句、彼はこの要求を容れて自分の詩の注釈を書き始めた。だが、この注釈は、読まれるように簡単な注釈ではなく、詩句ごとに入念にほどこされた詳細な解説だった。こうした解説が必要なことが、はじめのうちは訝しく思われる。詩は本来それ自体で分かるはずのものであり、分からないのは真正な芸術ではないと思われるからだ。だが詩は、とりわけ素材の観点からではなく、芸術的な観点から見なければならない。ヨハネの解説の試みに対しても、すでに早くから非難が加えられていた。彼の内部の、世俗を敵視する修道士が勝ちを制して、その詩の不思議な雰囲気をアレゴリー的な解釈によって破壊したというのであった。しかしこの見解は、複雑な事情にはそぐわない。詩と注釈の関係を正しく評価することは、ヨハネを真に理解する試金石である。彼の詩は、神秘的な領域に属する宗教抒情詩であり、彼が脱魂状態で体験したことの不完全な表現を出ない。その詩は、詩の背後に存在する現実を象徴しているに過ぎない。またその注釈は、彼が解説を求められて、参考にする書物もなしに書き始め、それが次第に何巻もの書物に膨れ上がったものだが、これが書かれなかった場合に人々が手にするであろう注釈とは、全く別のものである。彼の注釈は傑出した詩人の作品に常凡な解説者が加える類の退屈な説明とは関係がない。ヨハネは文法的な言葉の修練に注釈を利用したわけではない。その優れた詩を歪めるような解説を加えたわけでは決してない。彼が自分の詩に加えた散文の解説は、同じように、神秘的な雰囲気を醸《かも》し出しており、詩と同じ体験を語るものになっている。違うのは形式のみである。ヨハネの繊細な愛の抒情詩では、性的感情が僅かに抑えられているだけといった疑念は、彼の解説により払拭される。エロス的なイメージは、明らかに神との極めて親密な関係をまざまざと表現するための比喩として用いられているからだ。彼の詩と注解は一つの全体をなしており、別のものと考えてはならない。詩を書いたのは神秘家であり、注解を書いたのは詩人であることが常に感じられる。

ヨハネの散文の文章も、世界文学の傑出した作品である。各章の分かりやすい構成のもつ男性的な明確さや、スペイン・バロックの荘重な言葉は、すでに彼の死後に称賛の的だった。とはいえ、彼の文章はきわめて読むのが難しい。ヨハネは読者に手を差し伸べるようなことはしていないし、一行たりとも分かりやすくするような努力もしていない。逆に、意図的に自分の真珠を好奇の目から隠そうとする。彼の著作は、すべての跳ね橋を跳ね上げた城塞に比せられる。興味ある霊的ひらめきを期待して、彼の著作を少しばかり開いてみたところで、直ぐに失望するのが関の山である。ヨハネ自身も、「ここに提供しようと思うのは、薔薇の咲き乱れる道のみを歩いて神に至ろうとする文学愛好者向きの道徳的かつ美的な文章ではない」（『全集』）と述べている。手漉き紙に背革装の書物で提供される神秘思想を好む読者には、ヨハネはそぐわない。ヨハネの文章の理解には、内的な同行を必要とする。魂の作業が必要なのだ。宗教的な関与なしには、彼の文章はつねに《わけの分からない》印象を与える。象徴的な思考も近代人にとっては障害となる。彼の著作は、その種の思考で成り立っており、そのため、聖書が全く別様に用いられているからだ。彼は聖書の言葉が、もともとどのような歴史的な意味をもっていたかを問わない。こうした問いは、彼の視野に入っていない。彼の視線は、もっぱら言葉の神秘的な意味に向けられている。ヨハネによれば、神の言葉は、「私たちが解釈できる意味とは、全く異なる概念や意味にもとづいている」という。したがって彼は、文字通りの説明では不適当と判断する。「神の語り様は、神の霊にふさわしく私たちの語り様とは異なり、私たちの理解とも著しく異なる。加えて、理解が難しい。したがって私たちは、神の語り様を私たちの言葉や意味で測ってはならない」(『全集』)というのが、ヨハネの深い洞察だった。人間が、この真理を認めようとしなければ誤った道に陥りやすい。

神秘主義の詩人として、ヨハネは、神の言葉が別種のものであることを直感的に理解しており、そのために、戯れるような仕方で象徴的な要因を把握することができた。彼の著作を理解するには、象徴的な思考を理解する仕方を身に着けねばならず、そのためには内的な転換が必要である。だがその種の思考に親しむことができれば、直ちに、この聖者の著作は不可思議な光に照らされ、世の迷路を通って心の楽園へ導かれる。

ヨハネの詩も散文も、彼自身の言葉によれば、「万人向きに書かれたものではなく、まず第一に、わがカルメル山の聖なる修道会の若干の成員に向けてのみ書かれたもの」(『全集』)なのだ。自分の著作が一般受けする《万人向けの哲学》ではないというこの戒めに、留意する必要がある。この著作の対象と見なされている独占的な集団は、きわめて少人数の集団でしかありえない。彼の著作は、不幸な人間に向けて書かれている。この宗教的な貴族主義は、きわめて重要な特徴である。またこのスペインの修道士の著作は、神的な要因に無関心な人間や、たかだか災難時に一時的に神頼みするような人間とは無縁のものなのだ。加えてこの著作は、邪路を歩む生活力のある人間に、永遠の衝撃的な言葉を投げつけて覚醒させる類の著作でもない。さらに、キリスト教的なイメージ世界が前提になっているが、その世界を根拠づける助けになるものでもない。その根拠を知らない者、もしくは分け持たない者には、彼の著作は何も語らない。その著作が対象としているのは、すでに神により傷つけられ、熱烈に宗教的な故郷を求める人間である。修道士の歴史分野の表現にあるような、明らかな《修道者》（Religiose）を対象としたものなのだ。だが、初心者は排除されていない。賢明な建築師として、ヨハネは、初心者と共に活動を始める。初心者とは、彼によれば、無考えな状態から覚醒し、霊魂が永遠の美を渇望するようになり、神への道を歩み出している人間を意味していた。彼らと共に歩み始めなければ、ヨハネは、建築的な精神を常に証明することにはならなかったろう。もちろん彼の意図は、もはや生のどん底に留まることのできないこれらの「傷ついた魂たち」を、ただちに初心者の境位から進んだ境位へ導くことだった。執筆のさい、彼の脳裏にあったのは、向上しようとする者を対象にすることだった。彼の言葉は、激しい情熱で神を求める者たちに向けられたもので、「神が、一つの単語以上のものではなく、したがって、苦労に値する存在とは全く思っていない者たち」（『全集』）に向けられたものではない。

最終的に、彼の著作がどのような読者に向けて書かれているかといった問題が、しばしば論議されるが、聖性への道を歩む意志のある者に向けて書かれているとしか答えられない。それが彼の著作を理解する内的な条件だろう。その他の者には、彼の著作は黙して語らない。だが聖性を目指して努力する人間には、意味深い示唆が与えられる。

「あなたが神について理解したことに決して満足せず、むしろ、神についてあなたが理解しないことに満足せねばならない。あなたの愛やあなたの喜びは、あなたが神について理解したり感じたりしたことに拠るのではなく、あなたが理解しないことや感じないことに拠らねばならないからである」（『全集』）。

第四章

十字架のヨハネの著作の内容は、もっぱら神と魂の二つの極を中心とする傑出した文学と言ってよい。彼の著作は、すべてこの一つのテーマの変奏であり、このテーマに一切の関心が集中している。他のすべての価値が存在しないかのように、この関心がヨハネの全存在を捉えていた。この姿勢は、ヨハネがキリスト教の歴史のなかで最も宗教的な性質の人物の一人であることを示している。彼には天国の花婿と交わり、礼拝を終えた後、ふたたび異端者を迫害するようなことはありえなかった。だがその種の迫害は、教会史のなかでは、残念ながらしばしば見られることなのだ。彼にとって異端者は存在せず、彼の著作には信仰を異にする人々に対する攻撃は全く見られない。その著作は、一切を含めた一つの隠された信仰告白となっている。韻文や散文の著作を通じて、彼は内的な自伝以外のものを書いていない。彼が、どんなに魂について多くのことを語ろうとも、その魂は、彼自身の魂以外のものではない。魂が話題になる場合には、つねに十字架のヨハネの名を挙げることができる。この聖者はきわめて寡黙で、自分自身については一言も語っていないように見えるが、彼以上に深い告白ができた者はいない。聖者たちの内面を、この修道士の詩以上に詳細に語っている著作は少ない。

ヨハネが究極の熱情を込めて作成したのは聖者の生の内面の歴史であり、したがって、彼をテレサのように心的な過程を、それまで未知の仕方で記述した心理学の大家と見るのは誤っている。ヨハネが、魂の現実について稀有の知識をもっていたことは疑いない。しかし彼に見られるのは、きわめて独特の心理学だ。つまり始めから、より高次の要因に従属し、自己中心的な関心を追うことのない心理学である。心を欠く心の学となりがちで、よく見れば単なる感覚の心理学に過ぎない皮相な講壇心理学と、ヨハネの心理学は何の関係もない。魚が水の中に住むように超感覚的な世界に生きていたこのスペインの神秘家は、魂と神との関係を、どの聖者もそうだが、形而上学的な観点から見ていた。したがって、超感覚的な世界を認めない人間は、彼の著作と実り多い関係を結ぶことはできない。十字架のヨハネにとって、神と魂の関係は論議の余地のないものだった。この二つの大きな要因の、存在論的な結び付きは、彼にとって常に同じ性質のものだったわけではない。彼はそれぞれ魂内部に、世の大罪の人間の魂内部にも、神が現存するか否かを識別する。人間の魂は、神の現存によってのみ存在でき、神の現存を欠けば、直ちに虚無に転落する。魂内に神が現存する別の場合は、恩寵によるものである。この絶えず神の近くにある状態に圧倒されて、ヨハネは叫ぶ。「魂よ、お前は、これ以上何を望むのか。お前の豊かさ、その歓喜、その満足、その世界を、一言で言えば、お前が絶えず求め、招き寄せようとした最愛のものを、お前自身の内部に有しているのに、何でお前の外部に求める必要があるのか」（『全集』）。聖者としてヨハネは、すべてを自らの内部に有し、外部には何も有することのない人間であり、そのような人間にとっては、内部は外部以上に現実的なものだったのだ。彼の詩は、したがって、著しく形而上学的であり、魂の現実性をきわめて強く意識させるものなのだ。

神と魂の、言葉では表現できない密な関係は、ヨハネによれば存在の最大の秘義の一つである。魂が神とかかわる関係は、決して静的な関係ではなく、動的な関係である。魂の常ならぬ遍歴はダンテが詩作しているが、ヨハネも詩作した。違いはヨハネの場合、魂は人間の死後に初めて遍歴するのではなく、この世に生きている間にすでに遍歴するという点だけである。この神の物語は、独特の色彩と緊張を帯びている。この遍歴に比べれば、現代人が競技に熱狂して行うあらゆる冒険すら、色あせてしまう。どのような冒険も、この魂の遍歴の傍では、取るに足らないものになってしまうのだ。

十字架のヨハネの場合、不気味な深淵の縁を行く旅を語る必要がある。予想外の危険や見たことのない可能性が魂の前に開けてくる。ヨハネはこの魂の遍歴を、聖なるカルメル山への神秘的な登攀と呼んだ。この想像不可能な旅は、水平的ではなく垂直的である。高みへの歩みは、段階的だが絶えず上方へ進められ、最終的には目くるめく高さまで登り詰める。ヤコブが夢見た天国への象徴的な階段を、あの天使たち同様、魂は天国へよじ登るのだ。この秘密の道は、浄化から照明を経て神秘的な神の山の頂きで達せられる合一へ通じている。この内的な登山の途上で、魂には展望が開け、魂はその壮大な光景に文字通り圧倒される。この内的な出来事に直面して、ヨハネが他のあらゆることに関心を失わねばならなかったことが、一瞬にして理解される。この究極の壮観の前では、些事がどうして存続できよう！早々と尾を垂れて退散するほかはないだろう。

十字架のヨハネのカルメル山登攀を追尾する者は、最後には創造時に神が人間に吹き込んだ魂を、この修道士が未だ抱いているのに対して、科学技術の成果に捉われた今日の人間には、そうした魂の残渣が辛うじて残るに過ぎないという思いに襲われよう。

この魂の神秘的な遍歴は、下から上へ向かって行われる。霊魂は、ヨハネが暗夜と称した暗闇から解放されねばならない。この暗夜を、彼はこう歌っている。

暗き夜のこと、
私は愛の苦しみに燃える。

――おお、浄福をもたらす幸運よ！
私は見られることなく逃れ、
私の住まいを静寂のうちに置く。

ヨハネの神秘的な詩では、夜が重要な役割を演じている。彼の言う夜は、その暗黒のゆえに実際に人間を不安に陥れ、しばしば悪夢のように人間の魂に作用するものだった。眼が何も見ることができない暗闇のなかで、このスペインの修道士は詩作を始める。彼は少しも、この不気味な現実を和らげようとはしない。とはいえ彼は、この夜の暗黒を否定的に捉えるだけではない。夜は、つねに深さの象徴であり、人間は夜から肯定的な意味を勝ち取ることができる。夜は万物を覆い隠す黒いヴェールで、人間に恐れを抱かせるが、他方あらゆる生者を意識の領域から無意識の領域へ連れ戻す。夜はすでに、古代の教会の場合も、典礼から明瞭に感じられるように、キリスト教徒にとって深い象徴的な意味のあるものだった。夜はもっぱらキリストの降誕か、もしくは東方教会でのようにキリストの復活を想起すべきものだったのだ。

近代に至ると、ノヴァーリスやヨーゼフ・ゲレスら多くの思想家が、夜に形而上学的な意味を認めるようになる。「夜は深く、昼よりも深く考える」とは、ニーチェの言葉である。さらに、今日の人間には新たな夜の時が始まっており、それについては、ベルジャーエフが語っている。十字架のヨハネも、夜の宗教的な意味を体験したキリスト教的姿形の系列に連なる存在である。この聖者が開陳した夜の信仰哲学には、彼の本質的な言葉が含まれている。詩人アイヒェンドルフが静かな夜を、そのすぐれた詩の数々で世の慰めとして浪漫的に光明化したように、ヨハネも、「夜は朝よりも甘美」だと歌った。夜の神秘主義的な歌い手として、彼は、人間が神とのつながりを暗黒のなかで以上に強く体験する時は無いことを知っていた。暗闇のなかでこそ、外的な物事が沈黙し、星が輝き始める。ヨハネにとっても、夜は昼が知らない啓示をもたらす時だった。ヨハネは当初、二つの夜を区別していた。感覚の夜と霊の夜である。いずれも人間にとって苦く、恐ろしいものである。ヨハネの神秘主義にあって、夜の目的は浄化である。聖化への途上で、魂は夜を通過しなければならない。魂が暗黒のなかにある時に体験する甚だしい苦痛についてヨハネは、きわめて印象的に記述している。彼自身、朝が明け染めるまで、そうした苦痛を体験したからである。カルメル山登攀の記述が、彼自身の生の歩みにほかならないことを、暗夜についての彼の意味深い詳述以上に明瞭に示しているものはない。

魂は、神に至ろうとすれば感覚の夜に突入するほかはない。この世の事物から離脱できる時は、夜のほかにないからである。夜の課題は、世からの離脱であり、世への固着を断つことである。燃えるような砂漠の理想が、ヨハネの神秘主義的な詩には、はっきりと表現されている。被造物への愛着は抹消され、物への欲求は払拭されねばならない。魂の登攀は、欲望を黙殺して初めて達成できる。「なぜなら、魂の登攀で実りを得ようと思えば、畑と同じように、まず耕さねばならないからである。耕さなければ、雑草が生えて終わるだけだろう。魂も上昇するには、まず欲望を断たなければならない」(『全集』)。

もし魂が世の事物への執着を抱えたままであれば、ヨハネの言葉によるなら、肥満してしまいカルメル山の登攀には不利という。この避けられない後退を免れるために、魂は禁欲せねばならず、そのために神は魂に感覚の夜を送るのだ。欲望を断つために、ヨハネは基本的な原則を打ち立てる。この原則は、すべてのキリスト教徒の生に妥当するものだが、奇妙なことに、ほとんど注目されることがない。その原則によれば、魂は「より容易なことではなく、より困難なこと」を目指すよう努力せねばならない。

夜は、魂が裸になるよう要求する。この要求が、どんなに厳しくとも避けることは許されない。裸になることには、もとより問題が含まれている。そうした禁欲が、神による万物の創造と、どう折り合わされるのかということだが、ヨハネも、もちろんそのことは承知していた。彼の答えは、「これらの被造物は、神が、いわば通りすがりに造られた、きわめて些細な製作物」（『全集』）というものだった。だが堕罪この方、被造物には魂を誘惑される危険が内包されている。このため、禁欲の道を歩まねばならない。この道は受苦の道だが、「喜びの道より、はるかに確実な道」である。きわめて明確にヨハネが説明しているのは、「己の行為や受苦について沈黙を守らなければ、上昇」は不可能に近いということだった。感覚の夜とは感覚の喪失と理解されるが、そうした喪失の要求は、このスペインの聖者の個人的な見解と解されてはならない。禁欲の必要性は、ほとんどすべての神秘家が強調していることだからである。禁欲は、聖化という目標を達成する不可欠の前提なのだ。欲望からの解放、下方の領域からの離脱は、不可避の要請である。これが彼の砂漠の信仰の内的真実なのである。禁欲の要求は、肉体の欲求に課せられるだけでなく、抑制を欠く霊的傾向にも課せられる。そうした傾向は、感覚的な情熱以上に人間を虜にすることが多い。魂は、この二つの面と闘わねばならない。魂は、この浄化を受けて初めて、神に相応しい存在になる。だが魂は、己に対するこの作業にさいして、辛抱しきれずに、「いつの日に聖化されるのか」などと考えてはならない。感覚の夜は、ゆっくりとした内的な解放であり、この解放なくして、いかなる登攀も存在しない。

聖者たちは、おそらく禁欲の要求を過大に評価してきたように思われる。ヨハネも、時として行き過ぎの責めを負わねばならない。だが、より決定的なことは、近代の人間が、禁欲の価値を著しく過小に評価し、自己規制を放棄したため、すでに魂に対して重大な害を与えていることである。禁欲の行動が、あまりにも簡単に抑圧と速断されたからだが、そのような見方は近視眼的である。確かに、禁欲のための禁欲は誤っている。だが目的に至る手段として、禁欲の意味が失われることはない。微温的な姿勢に陥らず、より深い宗教生活を送ろうと思えば、禁欲を全く断念することはできない。ヨハネ自身、古代の砂漠の精神を再覚醒させたことから見ても、偉大な禁欲者の一人である。彼はこの認識を教えただけではなく、自らも実行した。ある時、病のヨハネの衣服を脱がせたとき、先のとがった棘の付いた太い鉄鎖を身に着けているのが見付かる。鎖の棘は「すでに、そこここで肉に深く食い込んでいた」（スタニスラウス著『十字架の聖ヨハネ』一九二八）。感覚の暗夜には、どの魂も、同じ経験ではないにせよ、似たようなことを経験している。だが事物の禁欲的な断念で、暗夜の全体験が汲み尽くされるわけではない。

魂の登攀時に克服せねばならない霊の夜に耐えるのは、はるかに苦痛である。霊の夜は、人間が体験できる最も困難なものであり、人間を絶望の淵に追いやりもする。霊の暗夜は魂の枯渇であり、スペインの神秘主義はこれに《枯死の時》という言葉を当てている。この状態を、魂が神的な事物に関心を失い、永遠の要因が味気ないものに思われるといった生易しい状態と混同してはならない。枯渇の体験は、単なる消耗体験よりはるかに深い体験であり、その場合には魂が飛翔をやめ、宗教的な事柄にまったく魅力を覚えなくなる。霊の暗夜には、恐ろしい深淵が口を開き、暗黒の力が魂に襲いかかる。この状態は、考えられる限りの最大の絶望状態である。この苦難の戦慄すべき点は、神に見捨てられた感情であり、魂はこの感情に襲われ、正気はほとんど失われる。枯渇は息の詰まる思いに比較できる。魂が絞めつけられた状態となるからである。十字架のヨハネ自身、トレドの牢獄のなかで、その苦しみを味わい尽くした。この自分の経験に基づいて彼は、枯渇の問題に取り組んだ。この問題は、今日の霊的指導では、まだほとんど知られていないが、宗教生活での最重要の問題の一つである。詩編にしばしば、この苦しみが取り上げられているのは理由がないことではない。魂は上昇にあたって、何度も枯渇の状態に陥るからである。枯渇の状態では、魂は、神から排除され、見放されたという感情に襲われる。その時には、魂は虚無に転落する。神の不在の意識は、抑うつ的な形を取ることがある。この苦悶の経験がない者には、宗教的な意味での暗夜が何を意味するか分からない。

十字架のヨハネが、神への登攀のさい、感覚の夜、霊の夜を迷うことなく歩み続けた時、彼には独自の認識が与えられた。この認識は圧倒的なもので、ほとんど確実には捉えられず、体験されるのみであり、決して考え出されたようなものではない。この至福の認識を、彼はこう言いまとめている。暗夜は、同時に最も明るい光である、と。この発見については、声を大にして語る必要がある。聖者の世界では、しばしば見られることだが、すべてが逆になる。ヨハネも、きわめて激しいかたちで、この認識に捉えられ、まず述べたのが逆のことだった。「神的な事柄は、明らかに示されれば示されるだけ、魂にとっては、ますます暗い隠された事柄となる」（『全集』）。暗夜を最大の光とするこの認識は、ヨハネが最初に発見したわけではない。詩編には、すでに、この方向が暗示されている。「神の周囲には雲と暗闇があった」とあり、また「神の現在のこの上ない輝きのなかを雲が流れる」ともある。イザヤ書の「暗闇のなかに、あなたの光が輝く」の言葉に、彼は導かれる。同じように、「注ぎ込まれる観照は、まだ照明の得られない魂にとって、暗闇にさす光」と述べたディオニュシオス・アレオパギタの言葉も、ヨハネの好む言葉だった。だが、詩編にしろ、ディオニュシオスにしろ、彼らの場合には、そうした言葉は、時折り稲妻のように閃いては、また消えてしまう言葉だったが、『カルメル山登攀』の著者ヨハネの場合には、中心的な位置を占め、すべてがこの中心に関連づけられている。暗夜を歩み通し、歩み通すことによってのみ光に達するという魂の認識が、十字架のヨハネの聖化された神秘的な生の第一の頂点をなしている。その認識によれば、魂は、「闇に包まれれば包まれるほど、多くの光」を得るという。彼が絶えず取り組んでいたのは、漆黒の暗闇の只中で魂にもたらされる神的光を発見することだった。彼を高揚させ、未知の道を歩むことを決意させたのは、この発見だった。「神的光を自らの内に取り込もうと思えば、眼を開いているよりは、眼を閉じていなければならない」（『全集』）。彼が、再三、強調したのは、「神との直接の通交を望むなら、ソロモンの言葉によれば、主が住まわれることを約束された黒い雲と交わるほかはない」（『全集』）ということだった。暗黒に逆らうことなく、暗黒を直接に肯定する魂のみが光を照明される。夜の前でも後でもなく、夜の只中に照明が始まるのだ。夜は光である、という矛盾した言い方をせねばならない。十字架のヨハネがトレドの牢獄の日々に認識したのが、この決定的かつ勝利の認識だった。この認識には時間を超えた妥当性がある。だが、今日まで、その価値の全容が認識され、役立てられてはいない。事実、この永遠の真理の形で現れた認識以上に生の暗黒の恐怖に打ち勝つすべは考えられない。この上なく明るい光となる暗黒の夜は、この聖者の魂が生きた明＝暗の状況と呼ぶことができる。

ここで、おのずと想起されるのはレンブラントである。光が漆黒のなかから浮かび上がり、漆黒と独特のつながりをもつように画かれているからだ。ヨハネは、レンブラントがカンバスにまざまざと画いた様相を、言葉で先取りし、彼の神秘主義的著作を通じて言語によって表現したのである。両者は、互いに相手の真実性を保証し合っていると言ってよい。レンブラント同様、ヨハネも形而上学的な意味をもつ暗黒は神が創造したものと理解していた。暗黒は、神に敵対する勢力の饗宴の場なのではない。人間の眼は、眩しい太陽には防眩手段《ぼうげん》を必要とするが、ヨハネが語る暗黒は、そうした防眩手段を必要とする光に由来する。ガリグ－ラグランジュが、別の文脈で語っているように、「天上に由来する暗黒は、彼岸の神的生やそれに与る存在に由来する」（『霊の秘密と明暗に対する感覚』一九三七）ものなのだ。

光に満ちた暗夜という矛盾した真理は、普通の言葉では理解させることはできない。この真理は、理性が働く次元とは別の次元に存在する。

暗夜に明るい光を発する
黒雲が分かることは
決してあるまい、
高みから高みへ登攀しても。

たかだか指摘できるのは、あらゆる稀有の体験のなかで最も稀有のこの体験が、神により与えられたということである。神はヨハネにとって、彼がモーゼの燃える茂みになぞらえて述べたように、「灼熱の炎」であった。とはいえ彼は、「だからと言って、何らかのそのような事象の姿で、例えば巨大な火や、輝く光その他似たような事象の姿で神を想像しようとしたり、そのようなものが神に似ていると考えたりすれば、誤る」（『全集』）ことをわきまえていた。ヨハネの場合、明は、つねにまた暗に覆われるが、これは《隠れたる神》が要求されるのと同じである。この定かならぬ光のなかでは、神は少しずつ認識されるに過ぎないが、このような認識には、おそらく明＝暗の概念が最もふさわしい。「このような状況では、神がどのような存在であるか、全く把握できない」（『全集』）。「神的存在と被造物との距離が無限」だからである。したがって、「人が、悟性的に認識し、意志をもって経験し、想像力をもって思い浮かべる一切が、神には似つかないものであり、それどころか、神とはきわめて不調和なもの」

（『全集』）なのだ。十字架のヨハネが登攀の途上で邂逅したのは、《隠れたる神》であった。

ている。明＝暗の状況に耐えるには、魂には信仰の用意がなければならない。ヨハネも、再三、信仰に言及しているが、これは登攀時には、きわめて大きな意味をもつからである。

明なき生のこの暗黒のなかで、
暗夜にも指し示す、
光の源を、信仰は。

魂は、迷うことのない信仰によって登攀を闘い取り、枯渇の段階では理性の光さえ消し去らねばならない。言うまでもなくヨハネも、聖霊が理性を照明できることは承知していた。それゆえ彼は、時として「喜ばしい認識」のことを語っている。だが暗夜の状態のなかでは、「理性は、介入してはならず、完全に受動的に振る舞い、自然的な理解力は排除せねばならない」（『全集』）のだ。信仰を通じて以外、魂は離脱を完成できず、枯渇を排除できない。カルメル山への登攀は、とりわけ信仰により成就されるものだ。ヨハネは信仰が必須であることを、他のあらゆる聖者同様、後々まで感銘を与える或る種の穏やかさで語っている。神秘体験があるからと言って信仰が無くてもよいことにはならない。このことをヨハネは、信仰の重要性を絶えず強調することで証明している。彼は信仰をも暗夜と呼んでいるが、そのことは暗夜の二重の評価を考えれば、別に驚くには当たらない。信仰はこのスペインの聖者にとって、画像や彫像以上のものだった。それらは、彼の見解によれば、人間の虚栄を満足させるにすぎないことが多いからだ。この聖者が、スペインの民衆とは異なり、ロザリオや巡礼行について、すこぶる覚めた調子で語っていることには、つねに驚かされる。カトリック教会の忠実な息子として、それらの物事を否定はしなかったが、相応に抑制し、適正に用いることを強く要求した。しばしば見られる乱用を、ヨハネは厳しく戒めている。程度の低い俗信に迎合するようなことは全くしなかった。彼の霊的な解釈では、信仰は物的な基盤に支えられるものではなかった。物的な基盤を超えたものだからである。彼が暗夜のなかで、再三、最強の拠り所として、また神への神秘的な登攀の不可欠の導き手として、魂に示唆したのは信仰だった。

信仰についての彼の見解に対応しているのが、幻視に対する姿勢である。彼は幻視体験に過剰な思いを全く抱いていなかった。幻視の《甘美さ》については、むしろはっきりと、「まったく登攀の助けにならないひこばえ」と見なしていた。「この歓喜の感情が、自然に魂を神へ導くことはない。むしろ魂がそうした感情に浸って満足するように仕向ける」（『全集』）と、警告している。神への登攀の途上にある魂は、快適で甘美な要素を求める欲望は捨てなければならない。悪魔の力の場合もあるからだ。そうした要素は、神から直接の告知を受けたと魂に妄想させるが、思い違いでしかないことが多い。ヨハネは、幻視、啓示、超自然的な感覚を「日光の中に漂う霊的な塵」としか評価せず、それらに比べれば、ほんのわずかな卑下の行為のほうが重要だとした。魂が目標を達成するためには、そのような超自然的な恵みは必要としない。その種の恵みからは、不健康な自惚れが生まれやすく、そうした自惚れに対して、ヨハネは冷静な余裕のある態度で、こう確言している。「私たちは、生得の理性をそなえ、福音書の掟や教えを受けている。霊的導きには、それで十分である。解けない難題はなく、前記の手段で癒されない心の悩みは存在しない。しかも、それらの手段は、他の手段より、はるかに神が気に入られ、魂にははるかに実り多いものなのである」（『全集』）。

幻視についてのヨハネのこの言葉には、この神秘主義的な詩人が、キリスト教会最大の脱魂体験者の一人であったことで、一層、重みが加わると言ってよい。もとよりヨハネは幻視を求めはしなかった。幻視は、むしろ彼に降りかかったのだ。魂が恍惚境で体験する甘美な状態を知る者と言えば、そのことを歌ったヨハネを措いていないだろう。

その時、私は完全に没入し、
己を亡失し、脱魂状態にあり、
私のすべての感覚は酔いしれ、
意識なくして恍惚境にあった。

だが、その時、霊は至福となったが、それは、
ただ思考が、すべての知識の垣を超え、
高くあることが分かったから。

十字架のヨハネは、ほとんど毎日脱魂状態に陥るほどの脱魂経験者だった。詮ずるところ、《十字架》という言葉を口にするだけで、直ちに天国的な恍惚境に襲われるのに十分だったのだ。その脱魂状態は、「彼自身が、生命なき被造物、とくに樹々に語りかけ、自分がキリストのための殉教者になる機会を与えてくれるよう、樹々に求めるほど」(レヒナー)深いものだった。彼を部屋の天井まで浮揚させる不可思議な状態も、稀ではなかった。ある時には、脱魂状態の彼が、森の樹木の上のほうを浮遊している姿

も見られたという。ヨハネは光の姿であり、その顔には、しばしば光が輝き、内的炎が超自然的に流出するのが認められた。彼の暗い牢獄の独房は、時折り超地上的な光で満たされ、恍惚境に襲われると、彼は踊りかつ歌い始めた。テレサ同様、彼も「燃える矢」に射抜かれていた。とはいえ、自分の脱魂体験については、その控えめな性質にふさわしく沈黙を守っている。だが、彼も、この光の充溢に自然的な力では耐えられず、心が広くなるよう神に願っている。したがって彼が、すでに生時から聖者と呼ばれ、多くの人々が彼を「神の魔術師」とか、「体を備えたセラフィム」と見なしていたのは理解できる。脱魂状態の彼が画かれたこともあった。後でそのことに激しく憤り、列福手続き時に、そのことが言及されたほどだった。だが、そのおかげで、この聖者の唯一の貴重な肖像が後世に残されることになり、この肖像画は、現在、トロワのカルメル会修道院が所有している。暗い背景から輝く顔が浮かび上がり、「その顔の静かな生命は、流れ落ちる光から発しているように見え、眼は上方へ向けられ、観じているが見てはおらず、口は僅かに開かれ、意志は消えている。顔は、いわば光の領域へ持ち来たらされたと言っていい。顔には、眼が観じたものへの苦痛に満ちた、だが、ひたすら恭順なあくがれが刻印されている。それは、絶えず滴り落ちる泉によって、ゆっくりと癒される穏やかな渇きのようである。この高められた境位、その顔貌が表す法悦の純粋な安らぎは、聖者の顔以外には見ることはできない」（ラインホルト・シュナイダー『権力と恩寵』）。

信仰と幻視は、霊魂が浄化から照明という第二の状態へ移行する途上にあることを示している。ヨハネが神へ向かう途上で、魂に与えた様々な指示は、すべて原則に過ぎず、そのまま用いるべきものではない。ヨハネとインドのヨーガ行者との間には、原理的な違いがある。カルメル会のこの改革者は、神秘体験の技術を示したわけではない。彼にとって、神との魂の関係は、きわめて霊的なものであり、詩人として辛うじて歌うことはできても、規則の形で示せるものではなかった。それは、どのような事情があっても、ルーチンにしてはならないものであった。また、どの魂にも同じ道が定められているわけではない。ある魂にはこの道が、他の魂には別の道が恵まれる。だがヨハネにとって、とくに明らかだったのは、魂がどんなに努力してカルメル山登攀を試みても、自力では不可能ということだった。いかなる愛をもってしても、天国への階段の最上階までしか到達できない。魂の積極的な努力は不可欠だが、限界がある。最終的には、受動的な態度に移行して、待つ必要がある。魂のみが神へ近づこうとしているのではなく、神も魂へ近づこうとしているからだ。福音の中心に存在する神の慈愛が、魂の上昇する愛と出会う。神と魂とのこの出会いにより、どのような親密かつ繊細な言葉によっても表現できない関係が生まれる。

この受動的な段階では、神と魂の間で極めて稀な、苦痛と歓喜にあふれる心の劇が演じられる。ヨハネが、それについて用いている表現は、普通のものではない。

あなたの内にのみ安らぎを見出す
あくがれのうちに憩わせたまえ。
そこでは愛が私を傷つけ、
心が私から引き離される。
愛が私を傷つけたから、
私は、愛に私を殺すよう懇願し、

我が身を炎に投じた、
炎のなかで滅することを知りながら。

このような印象深い言葉を、ヨハネは、詩の中でだけでなく注解にも用いている。「愛する者が深く傷つけば傷つくほど、快癒は完全となり、愛による癒しとは、愛が傷の上に傷を重ね、ついには魂が完全に愛の傷と化すほど傷が大きくなること」（『全集』）なのだ。

十字架のヨハネは、散文の著作でも自分の体験をエロスの言葉以外では語らず、それらの言葉から漏れてくる至福の思いは、抱擁する愛以外を知らないかのようである。だが、あらゆる誤解の要素は、予め排除されている。例のない温かみと強い感情のこもった彼の行文には、色情や性的興奮は全く見られない。彼が拠っているイメージや比喩に明らかに認められるのは、「この奥義は大なり。我が言うところはキリストと教会とを指せるなり」（エペソ５－32）という言葉である。もちろん人間が言表しがたい感情を、どのようなイメージで明らかにするかは、偶然のことではない。ヨハネは愛の関係になぞらえて語るが、それは愛の関係が、二人の人間を結びつけることができる最も深い最終的な関係だからである。このスペインの修道士は、熱烈な愛に霊的に燃える状態について、こう述べている。「なぜなら魂は、どのような物事や考えを内包し、どのようなことを行い、どのような機会に遭遇しても、さまざまな仕方で愛や憧憬で充たされるからである。時と所を問わず、魂は、さまざまな仕方で、この愛のあくがれに苦しみ、何ものにも満足せず、この激しい憧憬によって自らが燃え上がり、傷つく」（『全集』）と。

ヨハネによれば、この神秘主義的愛は「美しい真紅の衣装」に似ており、「信仰の白や希望の緑にのみならず、他のすべての美徳に、優雅で、美しく、新鮮な要素を与え、この愛なくしては、どのような徳行も神の眼に適うことはない」（『全集』）のであった。ヨハネが愛を語る時、「真紅の衣装」のイメージを用いているのは偶然ではない。神と魂との愛の関係についてのヨハネの行論には、実際に真紅の色が輝いている。この灼熱的な言葉の背後には、「愛の道をたどること」によって以外は神に至りえないという認識が存在する。魂が完全かどうかは、愛の能力で示される。神への飛翔が叶うか否かは、魂が、どの程度、愛を育むことができるかにかかっている。「純粋な愛の一つの火花でも、たとえ人が何もしていないように見えても、他のどのような行為にもまして、魂にとって有益であり、教会にとって恵み深いもの」（『全集』）なのだ。

認識は僅かでも高い程度の愛を有することができる。ヨハネによれば、「愛の意志を飲む」必要があり、この「神的な飲用」によって魂は一層神に近づくのであった。このスペインの神秘家は、自分の行為に満足できず、愛する以上のことを望み、より親密に愛することを欲し、二重の愛ということを語る。この狂気のような愛への渇望から、次の詩句がほとばしり出る。

神への愛が、貧しき極みの
私の内で、海が燃えるほど、
死を食い尽くすほど、
大きくなろうとも、

その炎が、さらに燃え広がり、
灼熱の炎が万物に燃え移り、

それら灼熱の範囲を完全に
三つの愛の炎と化そうとも、
それでも私は、思い通りに
神を愛しているとは、全く信じられず、
この灼熱の炎も、私の渇きを
瞬時も鎮められない。

雅歌の花婿のように、彼は「愛のゆえに」病を得たと感じ、「あなたを観じて死ぬこと」を、忘我の境で希求する。魂は、死を、つまりは「愛の死」を望むが、それは「愛する魂は、死を苦いものとは見ず、死のなかに愛の歓喜と甘美を見出す」（『全集』）からであった。神秘主義の詩人の希求は、陶酔的な愛の死にまで高揚する。

カルメル山登攀でのこの驚倒する体験の頂点は、第三段階となる合一であり、これをヨハネは、次のように言い表す。「愛するお方との合一と結合、等しさと類似性を求めて死ぬことが、愛に特有のことである」（『全集』）。この合一という最高の目標は、「愛というただ一つの道」を通る以外には到達できない。「愛は、魂を神と一つに結合する」からである。魂の最後の努力は、神との超自然的な愛による合一に向けられる。この合一を、ヨハネの生の内的歴史の祝福された終局と呼ばねばならない。このまさに至上の体験を目指すのが、この聖者の愛に陶酔した魂なのだ。筆舌に尽くしがたい合一の瞬間を語る彼の行文を読むと、彼の人格の内奥の核の秘密に触れたように感じる。「神は、この魂の合一に完全に没入されるので、母親が子供に抱く優しい愛、兄弟愛、友情のいずれとも比較にならぬほどである。何という不可思議な出来事か！　この出来事は、私たちを驚嘆で満たし、恐れさえも感じさせる」（『全集』）。ヨハネは、神秘的な婚姻の天国的な歓喜を、忘れえない文章で述べている。この文章は、詩人の聖者にして初めて許されるものだ。

その時、あの方は私に胸を寄せ、
私に秘密の甘き知識を教え、
私も、あの方に私のすべてを与え、
聖なる口づけをしながら
あの方を永遠に離れることなく、
あの方に忠実であることを誓う。

この合一を通じて、「両者の親密なつながりが生まれ、人間に対する神的な存在の生きた通交が成立し、両者のそれぞれが、己の本質を変えることなく、神として現れる」（『全集』）。人間が、この至聖の状況で発することができるどのような言葉も、十分ではない。言葉は口元で途絶え、人間は思わず沈黙する。あらゆる言葉を超えて、人間を新たな存在に変える体験が、人間に与えられる。「つまり愛による合一が成就されると、魂には、愛される者の姿が、深く生き生きと刻印されるので、愛される者が愛する者のうちに生き、愛する者が愛される者のうちに生きると言うことができる。愛は、この変成作用によって、互いに愛し合う者たちの間に類似性を作り出し、それによって実際に、一方の者が他方の者となり、両者が一つになる」（『全集』）のだという。

　この神秘主義的な根源的見者の場合、唯一の不完全な点は、合一が、その生に永続的に与えられるわけではなく、再三、中断する一時的なものにすぎないことである。脱魂状態での神と魂との融合は、しばしば一体化と解釈される。この誤解は、すでに《合一》という言葉で解消されてしかるべきだろう。なぜなら、合一が生まれる場合には、互いに相手に没入しようとする二つの要素が存在する。その瞬間、「魂は、魂よりもむしろ神のように」見える。「魂は、神ではあるが、それは神の存在に関与している限りのことである。魂は、自らの変成にもかかわらず、その自然的な実質は、それ以前と同じで、神的実質とは全く異なったままである。これは、日光に照らされた草が、日光とは異なる自然的性質を保持し続けるのと同じこと」（『全集』）なのだ。脱魂状態を経験しても、ヨハネは決して限界を超えることはなかった。彼が合一という時、比喩的な意味であることは言うまでもない。互いに相手に没入する状況は、詩人が駆使する適切な象徴と言わねばならず、しばしば無意味に見える生にきわめて深い充足感を与えるものなのだ。

　彼が《合一》についての説明で暗示している事態は、理解が難しい。詰まるところ、彼は言葉では表せないことを自分が語っていることを知っていた。だから彼の容器からあふれ出たものが詩に注ぎ込まれたと言えるだろう。だがこの詩の言葉も、彼はおぼつかない口ごもりと呼んでいた。彼は、稀有の体験で打ち震え、若干の言葉を述べることしかできなかった。言表し難いことを言おうとしたからである。人間のどのような表現形式も、この神に掴まれた状態の測りがたさを表現するには適さない。ヨハネ自身も、この比類ない状態を何度も確認することを試みたが、そのつど、言葉の無力さを嘆くほかはなかった。スペイン神秘主義の心を理解しようと思えば、この苦悩に満ちた無力感に留意せねばならない。

ヨハネは、その著作を内心の抵抗なしに書くことはなく、ほとんどすべての著作を早期に中断し、終わりまで書くことがなかった。「言葉が不十分なことを、彼は、はっきりと感じていた」(『全集』)。このすぐれた言語能力を備えた修道士の筆から出ているのが、次の特筆すべき告白である。「私は、そのことを語るつもりはない。その崇高な事象を言葉で表すことができるとは思わないからである。魂自体が体験したような、崇高な神的事象を適切な名称で言い表す言葉は見つかるまい」(『全集』)。常に言われることだが、どう言ったところで、神的現実には達しえない。「測りがたい要因は、言葉で捉えることはできない」(『全集』)からだ。

言葉では捉えられないという明らかな感情が、神秘神学の特徴である。十字架のヨハネが、《神秘博士》(Doctor Mysticus)の名にふさわしい神秘神学の代表者の一人であることに論議の余地はない。神秘神学は、独特でもあれば不可思議でもある「愛の学」を教えるものである。この「不可思議な神の学問」の「甘美な知識」を、何らかの概念的な講壇神学の立場から判断することほど馬鹿げたことはない。この神の学問は、空極的には、むしろ詩であり、言葉は非現実的という意味ではなく、超自然的な方向を示す見者の能力の意味で理解される。

神秘神学では、「魂に教える場合、神は言葉を用いることもなければ、身体的、霊的感覚を仲介にすることもない。穏やかに静かに、感覚的、自然的な一切の物事を完全に省いて、全く眼にとまることなく、ひそかに教示するとされ、しかもそれが、どのように行なわれるかが語られることもない。霊的教師のなかにはこれを、魂の、理解なき理解と呼ぶ者もいる」(『全集』)。実際、この神の教示は言いようもなく貴重であり、魂は甘い平和な思いに充たされる。この神秘的観照は、詮ずるところ教えることはできず、体験できるだけである。この観照は、ディオニュシオスの否定神学と内的に関連している。なぜなら、否定神学の場合にも、「神の力を観じ、認識する道は、神の概念や神についての論証的な思考ではなく、神は、概念で捉えることも、想像力によって考究することも不可能」（『全集』）だからである。神秘主義の詩人ヨハネの洞察によれば、人間は認識することなしに神に至るのであり、この洞察は、あらゆる時代を通じて最大の神秘の一つと言ってよい。

無知の内に秘められた
この知は途轍もなく深く、
いかに賢者が議論に専念しても、
いまだ勝利したことはない。
賢者の理性には、一切の知の垣を超えた
知なき知、思考なき知は馴染まぬからだ。

第五章

カルメル山登攀にまつわるこの聖者の生の内的な歴史には、独特な点、すなわち大きな霊的な力が認められ、このために外的な生の歩みが完全に覆い隠され、ほとんど表に現れることがない。だが、ヨハネが生涯の後半に遭遇した出来事には、簡単に触れておく必要がある。実際、それらの出来事には劇的色合いが欠けていない。それによって、彼の生には必要な枠がはめられる。この枠は、外から見れば暗く憂鬱なものだが、内部には豊かな光が溢れ、稀有の対照を見せている。

この恭順な人物は、つねに進んで苦難を受け入れていたが、トレドの獄中では最後に、このまま獄に留まれば死は避けられないと感じる。はじめは拒否していた解放を思うようになり、危険を冒して脱獄の好機を逃さずに利用した。裂いて繋ぎ合わせた敷布をつたって、暗夜、廊下から中庭に下り、最後の力を振り絞り、いくつかの塀を乗り越え、疲労困憊した状態で、とある女子修道院の扉を叩く。驚く修道女に向かって、「私は十字架のヨハネだ、今夜、牢獄から逃げ出してきた、修院長にそう伝えてくれ」(レヒナー)と言う。

こうしたこともあり、テレサはフェリペ二世に救いの手を求め、国王の介入によって、改革への迫害は抑制され、両派の争いは、双方を二つの地域に分離することで調停された。

だがこの決定で、ヨハネがあらゆる不快な出来事から解放されたわけではない。不快な出来事は、テレサの死後に新たに再燃し、迫害が、今度は改革の支持者の側からも加えられた。卑小な嫉妬心が跣足カルメル会のなかにも忍び込んだのだ。修道会を、より宣教面の使命に携わるようにする努力が始められた。ヨハネはしかし、惰弱な人間ではなかったから、この新たな方向を簡単に黙過するようなことはしなかった。その方向を、改革の基本理念とは合致しないと見ていたからである。すでに修道院内では、孤立無援だったが、大胆に自分の確信を主張し、最も声望ある権威者をも恐れなかった。このため、新たに上長の憎しみを買うことになる。この新たな敵対関係は彼の生涯の最後まで続いた。このことは、独立的な人間は好まれないのが常だという事実から説明できる。彼が設立した修道会の将来の方向を論議するにあたって、管区長の意見は否決された。管区長は、その原因をヨハネにあるとして、彼を心底から憎悪し排除しようとした。結局彼は、ヨハネを無理やり解任することに成功し、さらには修道会から追放することさえ考えるようになる。有ること無いことが噂され、『カルメル山登攀』の著者は、修道女と許されない関係をもったと非難された。きわめて卑劣な非難で、それに答えることがヨハネの品位にかかわる性質のものだった。証人として尋問を受けた修道女たちも、そのような不快な問いに答えるのを拒絶した。それが罪を認めたことと解釈された。「彼の敵たちは、今や彼について言いたい放題のことを言うようになる。以前の信奉者や友人たちまでもが彼を裏切った。彼らは、ヨハネが堕落した人間であり、彼の信仰は偽善以外の何ものでもない、と彼に書き送った」（グディア）。ヨハネはペルヌエラの砂漠に引きこもったが、結局メキシコで布教する命令を受ける。こうすることで彼を最終的に厄介払いできると考えたのだ。

だが、出立の準備をしている時、足の病にかかり、旅立ちできなくなり、どこか修道院を探して、一時とどまることを余儀なくされる。別の修道院を選択できたにもかかわらず、ウベダにある修道院に向かったのは、修道院長がヨハネを敵視していたからである。だが門前にたどり着くか着かないうちに、病状が急変する。高熱を隠そうとするが結局、倒れるほかはなくなる。修道院長は、罵詈雑言を浴びせかけ、重篤な病の状態にもかかわらず、彼を放置した。瀕死のヨハネに対する苛酷な扱いには、形容する言葉もない。彼の体は、できもので覆われ、絶えず多量の膿が流れ出ていた。敷布は取り替えられることもなく、見舞うことも禁じられた。

十字架のヨハネの最後の病の痛ましい光景は、ヨブを想起させる。レプラを患い、何かのかけらで我が身を掻きむしり、灰の中に横たわるヨブを、修道士たちは思い出し、そのことをヨハネに告げてもいる。もとより、謙譲なヨハネは、そのような類比を受け入れはしなかった。だがこの比較は、あくまで妥当なものであり、彼の最後の段階の本質を、きわめて強烈に再現している。十字架のヨハネは、積み上げられた塵埃上に横たわるスペインのヨブであり、苦しみを磁石のように引き付け、その名にふさわしく十字架を担いもしたのである。二カ月余にわたる苦悶の後、五十歳に満たないヨハネは、昇天し、神を愛する人々に神が用意した事態を経験する。

ヨハネが永遠に目を閉じるか閉じないうちに、彼の遺体をめぐる争いが起こる。複数の都市が、彼の遺体を保管する栄誉を得ようと争い、この争いは、彼の遺体を切り分けることで決着した。別の記述によれば、彼の遺体を埋葬した都市が忘れられ、今日では彼の墓の在り処は知るよしもないという。いずれにしても、修道会内では、急速にヨハネを聖者とする認識が生まれる。神秘主義のこの詩人は、その外的な生き方から見ても、神への内的な登攀から見ても、教会が産み落とした最大の聖者の一人であることは疑いない。神秘の恵みによって、彼は神の近くへ導かれたが、これは真正の聖者の特徴でもある。だが、ほかでもないこの偉大な聖者は、こう語っているのだ。「ある人間がどんなに聖性を備えていても、その人間を、あなたの行為の模範としてはならない。なぜなら、悪しき敵は、あなたにその人間の欠点を見せつけるからだ。倣うべきは、最高の完徳かつ聖性をそなえたイエス・キリストであり、そのことを間違えてはならない」(『全集』)。

7 フランシスコ・サレジオ（一五六七－一六二二）

奇蹟の漁り

第一章

コンラート・ヴィッツの印象深い絵の一つに『奇蹟の漁《すなど》り』がある。この絵は魅力的で、いつまで見ていても飽きることがない。漁る弟子たちに向かって、水の上を神々しい雰囲気を漂わせながら歩み寄るキリストの姿が大きく画かれている。思いがけず主の姿を眼にした弟子たちの顔には、驚きの表情が見て取れる。この奇蹟的な出来事の背景として画かれているのはレマン湖の風景だが、これも魅惑的である。この絵の魅力がこの世のものなのか、この世ならぬものなのかは、なかなか定めがたい。

フランシスコ・サレジオ（フランソワ・ド・サール）の生涯を見ていると、思い出されるのがこの絵なのである。コンラート・ヴィッツが、素朴だが、きわめて芸術的に表現していることが、この聖者にも認められるからだ。奇蹟の漁りは、フランシスコ・サレジオの呼称として最適のものだろう。中世後期のこの画家が表したのと同じ美しさ、同じ天衣無縫な在り様、同じ敬虔な心が、ジュネーヴ司教だった彼にも見ることができる。ほかでもない、この地方の生粋の息子フランシスコ・サレジオには、このレマン湖の美しい風景だけではなく、とりわけ主の命に従って同じように奇蹟の漁りをする意図が映し出されている。このために、ヴィッツの絵には、この聖者の姿が溶け込んでいるように思われるのだ。

　フランシスコ・サレジオが成し遂げたことを判断するには、彼の時代を簡単に振り返ってみる必要がある。偉大なキリスト教の伝統に立つフランスは、当時ルネサンス期からバロック期への移行期だった。この時代は宗派対立の時代であり、フランスでも流血の争いが起こっていた。カトリックとプロテスタントの宗教的な対話は実を結ぶことなく、武力が横行していた。カトリック側（ギーズ公フランソワ）がプロテスタント側（ユグノー）を襲ったヴァッシーの虐殺（一五六二）の後、今度は、ユグノーが容赦のないリヨン攻撃をしかける。こうした残酷な出来事を凌駕する事件が、数千人のプロテスタントが謀殺された聖バルテルミの虐殺（一五七二）である。激しい宗派間戦争でフランスは、ずたずたに引き裂かれ、国内では道徳が荒廃し、習俗が乱れた。宗教改革と反宗教改革の破壊的な対立は、カトリシズムが強化される形で終わる。だがそれによって、カトリシズムは、それまで備えていた多面性と自然的な性格を放棄するはめになる。

　フランスの精神生活に重要な影響を与えたフランシスコ・サレジオの努力を正しい視角から考察しようと思うならば、このような状況をまざまざと思い浮かべる必要がある。彼の活動は、こうした状況の真っ只中での新たな漁りと呼ぶことができ、彼自身はこれをキリスト教的な世界へ人々を連れ戻すことと理解していた。彼は生きる上で宗教的な感情が揺らいでいた人々を、再び教会のふところへ連れ戻そうとしたのである。この復帰活動を、彼は慎重に、しかし断固として行った。だが、そうしたことを関係者のすべてが意識していたわけではない。いずれにしても、彼のほとんどすべての行動は、そのような意識に基づいており、彼の生の内的な旋律を聴こうと思えば、その観点から彼を見なければならない。

　フランシスコ・サレジオは、この大きな目標を口頭だけでなく著作を通じても達成しようとした。彼の人間的な魅力のイメージは、今となっては、ほとんど捉えることはできない。残されている肖像画には、誰もが失望させられる。あまりにも不自然な姿に画かれているからだ。真の姿は、肖像からは想像できない。受ける印象にまとまりがないのは、画家が無能力だったからである。彼自身も、こう言っている。「どうでもよいことだが、私は画家の筆になじまないと、よく言われる」（ラウレンツ・ブルゲナー著『フランシスコ・サレジオの生涯と活動』一八五八）と。後世の人々が、彼の人柄にあらがいがたい魅力を感じてきたのは、彼の著作からだった。その著作に基づいて、ハインリヒ・フェーデラーは次のように性格付けしているが、この見方は的を射ている。「フランシスコ・サレジオとは、すなわち善意であり、人間愛であり、優しさであり、喜びであり、魂の愛情深く高貴な礼儀を教える存在である。だが、この礼儀正しさを、規則書や作法の訓戒に拠ることなく自然に、温かく、巧みに、我々に教え込むのは、パリのサロンではなく神との交わりであり、真正の友愛だ。フランシスコ・サレジオは、聖なる微笑に似ている。彼は繊細で、心のこもった理解を示し、賢明な赦し、穏やかな助言を与える存在であり、しかもすべてが、奇矯なところもなければ、力づくのところもなく、重い負担を負わせることもない。すべてが通常の仕事の歩みのなかで、ごく当たり前の職務のなかで、日常生活のなかで成し遂げられる」（『聖者、盗賊、正義について』一九三〇）。

ジュネーヴ司教フランシスコ・サレジオは、実際に彼の時代に他のところでは滅多に見られないフランス人の長所を稀な程度に体現している。文字通り魅力的な温かさが、彼からは流れ出ている。その思いやりから感じられるのは、この人物の心であり、単なる表面的な親切心ではない。彼の著作は、洗練された香気、卓越した精神性、深い宗教性を証明しており、これらの魅力的性格は、その後の数世紀を通じてほとんど失われることがなかった。また、こうした性格を生み出している知恵と敬虔な信仰は、ヨーゼフ・ハイドンの神秘思想に比較するのが最も適切と思われる。エルネスト・エローは言う。「フランシスコ・サレジオには、偉大さという特徴がない。したがって彼は、一部の人間に語りかけているのであって、あらゆる人間に語りかけているわけではない」（『聖者の相貌』）。だがこれは、サレジオに対する重大な異議を意味しない。誰が、あらゆる人間に語りかけるだろうか。おそらく誰もいないか、ただ一人いるだけだろう。このサヴォワの聖者は、いずれにしても多くの人々に語りかけたし、今日も語りかけている。彼の在り様は不滅の遺産を意味しているが、通常考えられているより深い意味のものであるため、評価は容易ではない。

第二章

「フランシスコ・サレジオの生涯は、完成に至るその経過を見ると、一つの芸術作品のように思われる。彫刻家が考えをめぐらして、確実に目標に向かって長い時間をかけ、作品に取り組んだ挙句、少数の傑作にだけ見られる類の犯すべからざる美に到達したといった具合である」（メルクレ他編『カトリック教会の宗教的教育者』一九二〇）。この見方はサレジオの本質をついている。上り坂を画いている彼の生涯を規定しているのは、節度と秩序、調和と品位だった。説話では、彼の聖性が「神と私の母親に、こよなく愛された」という言葉で、すでに幼児期からのものだったことが唐突に明らかにされるが、こうした説話の書き様は、この人物が歩んだ道を見誤らせる。彼は自分自身との粘り強い闘いによって徐々に聖性に達したのであり、この段階的過程は明確にたどることができるからだ。

フランシスコ・サレジオは、十三世紀以来、サヴォワ地方に居住する貴族の家系の出であった。フランス的な性格とイタリア的な性格を併せもつ境界地域の人物姿形で、いずれにしろ、性質はあくまでもロマンス語系民族のそれだった。サール家は地方貴族の家系で、フランシスコ自身、貴族を決して否定はしなかった。作法を心得、振る舞い方を知っていた。困惑したことは絶えてなく、つねに社会の状況を把握していた。この伯爵の息子は、高貴な雰囲気を備えていたが、貴族の家柄を自惚れることは全くなかった。身分を鼻にかけるようなことは、彼には無縁だった。真正な貴族として、庶民との交わりでも、彼らを見下すようなことは全くしていない。

彼の教育も、こうした貴族的な環境に相応しいものだった。六歳のときから家庭教師をつけられ、早い時期にパリのイエズス会神学校へ送られた。家のしきたりに従って、身分相応の慣習を教え込まれた。舞踏、騎乗、剣技が貴族の教養とされていたころのことである。非の打ちどころのない貴族として、当時、最高の法学部があったパドゥア大学へ入学する。父親の希望で法学を学ぶが、彼自身は神学に惹かれるものを感じていた。彼は二つの分野を結びつけようと試みたが、これは魂の内的な快活さには、宗教的な生と知性的な生との調和が不可欠と考える後の彼の傾向を予示することでもあった。クリソストムス、アウグスティヌス、ヒエロニムス、キプリアヌスらの教父たちを学び始めたが、とくにキプリアヌスの美麗な文体、明快さ、象徴的な表現方法を好んでいた。後に宗教的古典主義者となるこの人物は、意識してキプリアヌスから高貴な言葉と、目に見えるように描く表現方法を修得した。とはいえ法学の修得には、次第に関心を失ってゆく。法律家の論争に加わるのは不適と思われたのだ。学習のさなかに、彼は重大な心的な危機に見舞われる。自分が永劫の罰を受けた人間だという思いが捨てられなくなったのだ。当時、カトリシズムの内部では、恩寵をめぐって激しい論議が戦わされており、この問題でドミニコ会士とイエズス会士が対立していた。これがフランシスコ・サレジオの場合には、危険な試練となるほどの重大な問題となった。永劫の罰の思いを抑えようとしても無駄だった。ますます暗い気持ちに陥り、敬虔な信仰が単なる気の迷いのように思われてきた。断罪の意識に苦しめられ、明らかに体も弱ってきた。この苦境にあって、彼は教会に慰めを求め、一層の宗教的な修練に努めたが、はじめのうちは助けにならなかった。だがマリアの像の前にひれ伏した時、はじめて、突然、試練から解放されたと感じる。再び、生得の宗教的なオプティミズムが回復する。だがこのオプティミズムを皮相な観点と混同してはならない。信頼にあふれた彼のこの在り様は、生涯の最後の時まで二度と失われることはなかった。だが、暗い憂鬱の思いに襲われたことを忘れることはなく、そのことが後々、役に立った。彼自身が暗鬱な体験を通過したがために、他者の苦しむ魂をよく理解することができたからである。

法学の学習を終えた後、彼が司祭になりたいと言い出したので、両親は驚き失望したが、渋々それに同意する。この決意は実際には神学への関心から徐々に育ってきたものなので、彼の生がこれで急激に転換したということではない。彼の場合には、目標を意識した有機的な発展が特徴であり、飛躍的なところがない。パドゥアでイエズス会士のポサヴィアから、宗教改革があのような規模になってしまったのは聖職者が無知だったためであり、学なき信仰は信仰なき学同様に不十分なものだという考えを聞かされる。この見方は彼の意に沿うものであり、彼の神学の学習を補うものとなった。二十六歳で司祭に叙階され、郷里の地方の司教座聖堂首席司祭職につく。

フランシスコ・サレジオは、熱心な司祭だった。彼は教会の職を単なる生活手段と見る類の聖職者ではなかった。自らを、神の葡萄畑で陽が高い間は働く労働者と見なしていた。疲れを見せることなく、告解を聴き、彼の言葉に涙を流す告解者に自分の手巾を差し出すことがしばしばあった。説教の義務はより熱心に果たしたので、父親が閉口してこう言ったほどだった。「お前は、説教をやりすぎる。仕事日にさえ説教の鐘が聞こえるので、人はいつも私に、あれは首席司祭だと言う。私のころには、こんなではなかった。あのころ説教は、こんなに多くはなかった。どんな説教だったにしてもだ！・・今ではお前が説教するのが当たり前になっているので、だれも感銘を受けないようになり、人々はお前を尊敬しなくなっている」（ストロウスキー『フランスの知慧』一九二五）。だが父親の心配は適切ではなく、フランシスコも自分のやり方を曲げることはなかった。普通のやり方に満足しない彼は、つねに新たな義務を引き受けた。彼の上長がシャブレーのカルヴァン派住民への宣教に適当な人物を探しているのを知り、自発的に申し出る。両親はそのような困難な役目には反対だったが、彼にはこの役目の普通でない点が抗しがたい魅力だった。

宣教師を引き受けようという彼の自発的な行為は、人間の大抵の行為同様、さまざまな要素を含んでいる。彼の英雄的な決断は、ジャンヌ・ド・シャンタルが彼の主な特性と呼んだ魂の救いに献身する熱意によるものだったことは疑いない。彼の思考は、ひたすら魂の救済に向けられ、魂に精通する者の不屈の思いと結び付いているのだが、こうした思いは聖者の本質に属するものだ。このような無私の関心と並んで、彼には教会の勢力を拡張しようという聖職者としての意図が認められる。これは暗黙の権力要求と見ることができる。この二つの動機がフランシスコ・サレジオの心のなかで絡み合っており、綺麗に分離することはほとんどできない。いずれにせよ当時、彼は彼の生涯のイメージである奇蹟の漁りの網を、はじめて投げたのだ。

シャブレーの住民は、二世代前から固い信仰をもったユグノーだったから、サレジオは完全に拒否され、侵入者と見なされ、歓迎されることはなかった。彼は、蠅が、樽一杯の酢よりも一滴の蜂蜜に引き寄せられる原則を適用したが、住民は聞く耳をもたず、何処へ行っても冷たく拒絶された。親しく微笑みかけても、住民からは受け入れられなかった。用心深く実行された敬虔なたくらみを見破っていたからだ。このため、さまざまな不快な事態に耐えねばならなかった。しばしば生命の危険さえ経験した。彼を受け入れようとしない或る村で、凍てつく夜をパン焼き釜のなかで過ごしたこともあった。また、ある時には、凍死寸前の状態で木こりに発見されたこともあった。厳しい冬の間、彼は、この山岳地帯で苦しい体験をし、人里離れた道々で数多くの障害に遭いもした。

シャブレーで彼を待ち受けていたのは、気持ちのいい敬虔な雰囲気といったものでは全くなかった。いたるところで出くわしたのは、労苦と欠乏だけだった。フランシスコ・サレジオの伝記には、この宣教活動が、英雄的な行為として讃えられ、今日でも模範的な例と見られている。その活動は、当初は疑いもなく英雄的な行為であった。危険の多い仕事に使徒的な情熱をもって専念することは、よほど勇気のある人間でなければ出来ないことである。

だが、この諦めに満ちた活動に成果はあったのか。初めのうちは無いも同然だった。二年余にわたり、シャブレーのプロテスタント住民をカトリックへ復帰させる活動を続けたが、改宗者は十九名にすぎなかった。彼が用いた網は不適切なものだったのだろうか。プロテスタンティズムに開花した宗教的なもろもろの力を過小評価していたのか。プロテスタンティズムの真理内容を認める用意が欠けていたのか。いずれにしても、成果はきわめて乏しかった。彼は、弟子たちと口をそろえて「師よ、われら終夜労したるに、何をも得ざりき」（ルカ5－5）と言ってもよい状態だった。この調子で続けたのでは、百年かかっても役目は果たせない。討論し、説教し、書き物を配り、つねに友好的であり、忍耐を失わず、相手をいたわる姿勢を示し、手荒なことはせず、あらゆる手立てを尽くして住民に接近しようと試みたが、カトリシズムに対する抵抗は一向に治まらなかった。石の壁にぶち当たったたような気配だった。

　しかしながら、フランシスコ・サレジオについては二千余人のユグノーを改宗させ、シャブレー県全体をカトリック教会に復帰させたと言われている。そればかりではない、彼は生涯にわたって七万人の異端者を改宗させたことが、彼の栄誉とされている。この主張の正しさを疑う理由はない。だがこの改宗の宗教的な価値を判断するためには、彼がどのような手段で、その目的を達成したかに注目する必要がある。確かに彼は、書籍の行商人のように、シャブレーの家々の扉の隙間にひそかにパンフレットを差し込むことで成果を挙げたわけではない。そうしたやり方は説教同様効果がないことが、直ぐに分かったからだ。

　自分のやり方では効果が上がらないことを知った時、彼はやり方を変更した。キリスト教的な観点からは、きわめて残念な手段に頼る羽目に陥ったのだ。カルヴァンの後継者で高齢のテオドール・ベーザをカトリシズムに復帰させようとして、彼が用いた方法はすでに真面目な検証に耐えるものではない。この目的のために彼は、商人に身をやつしてプロテスタントのローマ（ジュネーヴのこと）へ何度も赴き、ベーザが改宗すれば「四千金ターラーの年金を提供する」という教皇クレメンティウス八世の意図を受けて働き、より多額の年金を供与する用意もしていた。「なぜなら、フランシスコは、ベーザの改宗の価値を知っていたから」（ブランジェ『聖フランシスコ・サレジオ研究』一八六一）だった。このいかがわしい提案を、老ベーザは魂を金で買い後で凱歌を挙げる試みと見ざるを得なかった。ベーザは憤激して、当然のことながらこれを拒否した。だが、フランシスコ・サレジオが責めを負うべき脱線は、この提案だけではなかった。はるかに重大なことは、彼が宣教に政治権力の助けを求めたことだ。彼は、アウグスティヌス的な打開策を思いつき、「人々を強いて連れ来る」（ルカ14－23）ことを求め、国家による圧力を要求したが、はじめのうちは、武力で彼の言葉を支援する兵力を伴うことは、はっきりと拒絶していた。

だが、シャブレーを治めていたサヴォア公は、あまりにも安易に強制措置を援用した。領主として彼は、プロテスタント住民の追放を命じ、あらゆるプロテスタントの著作を回収し、すべての公職からユグノーを追放した。またフランシスコを伴って主要な地区へ赴き、住民を集めて、じきじき地区からの立ち退きを命じることで、カルヴァン派の信仰を捨てないユグノーたちに、容赦しない姿勢を見せつけた。プロテスタントは、カトリシズムを受け入れるか、サヴォワから出て行くか二者択一を迫られた。シャブレーの再カトリック化は、このような強制措置によって行われたのである。これはサヴォア公が行ったことで、フランシスコ・サレジオは関わりないといった主張は事実に反する。このすべての措置に、アヌシーの首席司祭フランシスコ・サレジオは、サヴォア公に与してその権威で公を掩護したからだ。

こうしたやり方から分かるのは、フランシスコ・サレジオが、まぎれもない時代の子だったことである。十六世紀は、宗派を異にする人間同士が血を流し合った時代であった。カトリック教徒だけが、そのような行動を容認していたわけではない。プロテスタントも、彼らの間にカトリック教徒がいることを認めようとはしなかった。あの時代にキリスト教的寛容のために闘ったのは、照明を受けたキリスト教徒の少数のアウトサイダーだけだった。他宗派の人間の排除は、あの不寛容な時代の表現であり、サレジオを強く非難できないのはそうした理由による。だがその点では、彼は時代を超越していたとはいえず、まだ聖者と見なすわけにはいかない。他宗派の人間に対する姿勢の点で、原理的には新たな章を開くことはなかったのだ。確かに彼は、説教で異端者と闘う必要は認めなかった。その結果、同信者たちからは、説教壇上でプロテスタントに示す寛容な姿勢を非難されはした。だがこの寛容な姿勢も、つねに彼を動かしていた戦術から出たものだった。すなわち角を突き合わせるのを避け、できるだけ相手の意に沿うようにする戦術である。だがこの心理的なやり方で望ましい成果が得られない時には、その友好的な態度が深い嫌悪感に変る。ジュネーヴの町に対する激しい反感は、生涯、彼から消えることがなかった。

彼の場合、すべての行為が愛から生みだされ、強制的なところは皆無だったが、宣教活動の場合は例外で、彼が告白する次のような原則にも表されている限りない大らかさは認められない。「思いやりは、多すぎても少なすぎてもいけない。人間にとって中庸を保つことは難しい。だが私が間違うとすれば、厳しすぎる間違いより寛容すぎる間違いを犯したい」（ブルゲナー）。この矛盾する態度は、彼もしばしばそう思われているような単純な人間ではないという事実から以外には、説明できない。彼は謎を秘めた人物で、その性格には不屈の意志と、著しい寛容とが奇妙に混じり合っていて、その点ロシア的な人間に似ている。ロマンス語系民族の彼の気質には、激情が秘められていた。生来、調和的な性格を欠いていたからこそ、そうした性格が彼にとって魅力的な目標に見え、心底からそれを希求したのだと言えよう。彼は際限なく自分自身と闘い、その結果ついに寛容な心を勝ち得たのであり、魅惑的人物になったのはそうした心の故なのだ。彼に加えられた不正に怒るよう促されたた時の彼の返答には、どれほど大きな心的努力が表されていることか。「あなたは、私が二十年来、大いに苦労してかちえた少しばかりの柔和な心を、一瞬のうちに失うことを望むのか」（ブランジェ）。

シャブレーでのサレジオは、まだこの段階に達しておらず、彼の歩みの最初の段階だった。彼は当時、まだ聖者ではなく、生の歩みを経て初めて聖者になったのだ。シャブレーでの改宗の試みは、その数の多さの点で確かに漁りと呼ぶことができる。だがこの漁りが、どのようにして可能になったかに着目すれば、ゲネサレ湖で、居合わせた者たちを驚ろかせた漁りのような奇蹟とは言えない。フランシスコ・サレジオは、シモンと共に「主よ、我を去りたまえ。我は罪ある者なり」（ルカ5－8）と告白せねばならなかったろう。

第三章

フランシスコ・サレジオは、生まれつきの霊的漁り人だった。漁りの情熱を彼が失うことはありえなかった。ジュネーヴの司教の右腕として働いていた時にも、この情熱は捨てることがなかった。司教の死後、彼はその後継者となる。彼の第二の漁りは、もとより別の種類のものであった。今や彼の注意は、プロテスタントを改宗させることにではなく、教会への信仰が揺らいでいる人間に向けられるようになる。カトリック教会に所属はしていても、時代の激動のなかで確信を失ったカトリック教徒に関心を向けたのだ。彼らを心にかけ、揺らいでいたカトリック信仰を確かなものにしようとした。その目標は、信仰に関心を失ったカトリック教徒を教会に連れ戻すことだった。

この目的を達成するためには、キリスト教の告知を再編成する必要があると彼は考えた。このジュネーヴの司教は、教会の教えではキリスト教の偉大さが不変なことは十分承知していた。だがまた、後の枢機卿ヘンリー・ニューマンのように、教えの表し方には発展があることも承知していたから、新たに敬虔な魂の理想を示そうとした。その新たな理想を最初に書き記したのが、『フィロテア』(Philothea)と題する著作である。フィロテアとは、神を愛する魂を意味し、この魂はテルトリアヌスによれば、生来キリスト教的なものなのであった。この著作は、従兄弟の妻ルイーズ・ド・シャステル宛ての手紙から生まれたものだが、彼はこの著作を《信仰生活の手引き》と呼んでいた。ルイーズが、彼に聖性への道を示してくれるように頼み、後にこれらの手紙を彼が書物の形式にまとめたというのがこの著作の由来である。この著作は、形式、内容いずれから見ても彼の名を広く一般に知らせることになったもので、その影響の持続性の点で、キリスト教信仰の歴史で一つの成果を示していると言ってよい。『フィロテア』は、主として、彼が第二の漁りを計画したさいの網だった。カトリックのフランスで、この書物が注目を集めたことも納得がゆく。実際この書物は、芸術的な素質に恵まれた人間によって書かれたものだからである。

フランシスコ・サレジオの新たな理想によれば、さまざまな種類の敬虔な信仰を認めることが求められる。天国へは、さまざまな道を歩んで到達できるとサレジオは言い、また完徳に至る手段もさまざまであるとも述べている。狭量なキリスト教徒は、一つの信心の道以外は正しいとは認めない。そうした見方をサレジオは偏った見方として斥ける。『フィロテア』の著者は、むしろ宗教的な可能な道が多様なことを強調する。「敬虔な心は、さまざまな形で表現されねばならない。その表現は、高位の者と日傭取りとでは異なり、領主と臣下とでは異なり、また若い娘と妻や寡婦とでは異なる。身分のほかに、個々の人間の能力、仕事、義務も、その人間の敬神の在り様の基準となる。司教が隠修士のように暮らしたり、貴族がカプチン会士のように財の獲得を断念したり、職人が終日教会内で過ごそうとするのは、いずれも適切ではない」（『フィロテア』）。

人間は、自分の宗教的な心を実現するにあたっては、自分が置かれている場所、社会的な位置、身分を考慮せねばならない。ある者には適していても、他の者には適さない。敬虔な行為は、それぞれの事情に応じて可能であり、つねにそれぞれの事情に適合するものでなければならない。フランシスコ・サレジオによれば、聖者が存在する数と同じ数の聖性が存在する。

敬虔な心の実現に様々な種類があることを認めるだけでは、まだ十分ではない。フランシスコは、この考えを意識的に更に一歩を進め、キリスト教徒は、完徳への歩みを修道院以外でも実現できると主張した。聖性は世を逃れた少数の人間の特権ではなく、すべてのキリスト教徒に目標として課せられているというのであった。彼は完徳は、世に生きる人間には達成できないという先入見に反対した。彼の主張は、当時にあっては極めて近代的で、それによれば敬虔な行為は世にあっても実現でき、そうした行為はどのような生活条件とも折り合いがつくという。彼が意識して「教えようとしたのは、世にある人々、町にある人々、家庭にある人々、宮廷にある人々、つまり世の人々と交わらざるを得ないために、しばしば自分たちには敬虔な生き方ができないと思っている人々」(『フィロテア』)だった。フランシスコによれば、世人にも実行できる種類の敬虔な行為がある。修道院内で聖性を失う人間もいれば、世の喧騒のなかで聖性を得た人間もいることを彼は明言している。

言うまでもないが、フランシスコ・サレジオもすべての聖者同様、孤在の友であり、孤在を内的発展の最も効果的な手段の一つと見なしていた。だが孤在は、修道院や砂漠でだけ達せられるわけではない。きわめて繁忙な世の営みのなかで、人間が内的孤在に引きこもることを彼は勧めている。「あなたは世の人々の繁忙な営みの只中にあると思われる。だがあなたは独りとなり、あなたの神と共に独り在ることができる」(『フィロテア』)。

世俗にある人々の敬虔な在り様を、宗教性の点でより程度の低いものと評価してはならない。事情によっては隠棲時よりも実現困難なことだからである。世俗のなかで敬虔な在り様を実現することは、フランシスコ・サレジオが告げ知らせた新たな理想であり、人類の記憶に消しがたい印象を残している。この理想の大胆さは、今日の人間にはほとんど想像できないだろう。コロンブスの卵に比せられる事柄だからだ。つまり発言された後では、自明のことのように思われる事柄だ。だが何百年もの禁欲的な伝統のなかで、これを発言するには、卓越した宗教的な心が必要だった。著名な神学者ボシュエが、ジュネーヴ司教フランシスコの成し遂げたことを、傑出した仕事と認めたほど、当時にあっても新しい理想だったのである。

「フランシスコ・サレジオ以前には、世俗の人間には全くと言っていいほど敬虔な心は知られていなかった。内面的な宗教的生き方は修道院へ追放され、宮廷や世俗の世界では、そのような生き方は厳しすぎると考えられていた。フランシスコ・サレジオは、そのような生を明るみに引き出し、そうした妄想を払拭しようとした。彼は敬虔な心を世の只中へ取り戻したのである。だが、敬虔な心を、世人の眼に快いものにするために、彼が粉飾したと思ってはならない」（ブランジェ）。

世俗のなかで敬虔な生き方が可能と見ることで、宗教的な生は普通の行いでは実現できないとする見方は結果として否定される。彼は、この広く通用している見方と闘った。注目を呼ぶような突飛な振舞いを、彼は嫌っていた。秩序を乱すことは決して望まず、忘我の法悦境も、彼の場合には何の役割も演じていなかった。実際、キリスト教会の歩みを振り返った場合、「私たちは天使になろうとして、善い人間になるのを忘れることが少なくない」（『フィロテア』）という言葉が、どれほど真実なことか。つねに彼が勧めたのは、普通に利用できる機会や手段で満足し、特別な業を求めないことだった。特別な業は、人間を傲慢にしやすいからである。尋常でないことを求めるのではなく、日常の条件のなかでの地味な修練を彼は重視したが、これは微温的な在り様とは全く異なるものである。次の言葉からは、卓越した知恵がうかがわれる。「日々の小さな隣人愛の行為、歯痛、他者から受ける不親切や冷遇、夫や妻の気まぐれ、コップの破損、手巾の紛失、教会へ行くために、少し早く寝たり早く起きたりする面倒、簡単に言って、この種の些細なすべての厄介ごとに愛をもって耐え、受け入れること、そうしたことを神はことのほか喜ばれる」(『フィロテア』)。

こうした日常の些事の強調を、小さなことと考えてはならない。フランシスコ・サレジオは、むしろ世にあって敬虔な行為を実現する具体的な道を明らかにした。大きな業で神に仕える機会は稀にしか与えられないが、小さな事柄で神に仕えることはいつでも可能である。

宗教的な生は、とりわけ禁欲的な贖罪の業で証明されるとする見方も、この新しい敬虔な生き方の理想とは矛盾する。フランシスコは、禁欲の業を軽視したわけではない。自己を鞭打つことを勧めることもあったし、そのような業の価値も彼には自明のことだった。だが、人間を呑み込む恐れのある陰鬱な禁欲主義を彼は克服した。肉体的な苦行が何世紀にもわたってキリスト教徒に力を奮ってきたことを考えれば、彼の行為は高く評価されねばならない。ジュネーヴ司教フランシスコ・サレジオは、感官を痛めつけることのないキリスト教信仰の在り様を知っており、それが彼の新しい理想だった。信仰の情熱を押さえつけるのではなく、転換すること、明るいものにすることが、彼には重要だった。彼によれば、人間の本能的な衝動は、高い目標を与えれば美徳に転換することができる。自然の欲求を、彼は妨げようとはしなかった。神が与えたものだからである。キリスト教は、フランシスコ・サレジオによれば、世を聖化するもので世を否定するものではなかったのだ。ねじ曲がったところが全くない彼の新鮮な自然の息吹は、そうした確信から生まれたもので、彼の著作を読むと快い息吹が感じられる。「供せらるるものを食し、飲め」(ルカ10-7)というイエスの言葉を、フランシスコはしばしば口にした。彼が、この言葉から引き出した結論は、そうした事柄では他者の好みに従い、他の人間との間に区別を設けないことだった。美しく着飾ること、芝居見物に行くこと、その他似たような楽しみを味わうことは、度を越すことがなければ、敬虔な信仰と全く矛盾しないと考えた。真の敬虔な信仰とは、人間の自然の傾向を軽視することにではなく、正しく理解された宗教的な生活形式へ適切に組み込むことにある。

同じようにフランシスコ・サレジオは、これ見よがしに陰気で不機嫌な信心顔を見せつけることには無縁だった。そのような顔は彼には不快なものだった。沈んだ気持ちは、彼にとっては何ら真剣な信仰の証ではなく、むしろ敵だったのだ。「説明できない悲しみは心を混乱させる」ので、敵として闘わねばならない。「前にも言ったが、繰り返して言えば、風変わりな、不安で、悲しげな、陰気で、不機嫌な信仰心ではなく、穏やかで、優しく、快い、和やかな信仰、一言で言えば、神と人間に対して好意的な、自由で朗らかな信仰が望ましい」(カーラー編『フランシスコ・サレジオ－霊的指導の手紙』一九二八)。もちろん彼も、人間が自分の気分をつねに制御できるとは限らないことを承知していた。だが沈んだ気持ちは、疑念を抱いて神の意志をこと細かに詮索することと同様、克服すべきものだった。彼は自虐的な行為は好まず、「真に敬虔な心は破壊的な力はもたず、建設的であるばかりか物事を完成させる力をもつ」(『フィロテア』)ことを繰り返し強調している。暗い気分で考え込むことは、彼の捉われることのない自然な性質にそぐわなかった。悲しみには、つねに喜びを対置させ、信者には「心の内に喜ばしい朗らかな感情を呼び覚まし、そうすることが敬虔な信仰の真の精神」(『霊的指導の手紙』)であると戒めていた。彼自身、音楽的な陽気な気分を希求する明朗な人間であり、そこに彼の魅力の秘密があった。キリスト教の主要な真理を救いの成就に見、光が闇に勝利する揺るぎない確信を抱いていたこの人物を満たしていたのは、聖なるオプティミズムであった。彼の見解では、人間の善き核心と人間生来の美徳とは原罪にもかかわらず破壊されておらず、無垢の水準は、はるかに救いの水準を超えていた。

フランシスコ・サレジオの新たな信仰の理想の頂点は、自由と寛容の告白であった。彼は、他者に自分のやり方を押し付けようとはせず、各人の自由に任せるように配慮した。「神は狭量ではない」(『フィロテア』)。この認識に基づいて、彼は広い心で人間を愛し、人間の心を大らかにするよう努めた。ある手紙には、「とりわけ、聖なる自由と大らかな心が支配するのが望ましい。私たちは愛以外の掟、愛以外の強制をもたないのが望ましい」と書き、「私は、聖なる、愛にあふれた精神的自由が護られる限り、そのために闘い、そうした自由を、それが逸脱や放縦とは無縁の真の自由であることを前提として、とくに尊重する」(ハイネ編『聖ジャンヌ・ド・シャンタル宛ての聖フランシスコ・サレジオの手紙』一九二九)と述べている。この言葉は、ジュネーヴ司教フランシスコ・サレジオの空言ではない。精神的な大らかな自由は、この人物にとって実際に聖なる事柄であり、彼を教会内での最も光にあふれた姿形の一人にしたのは、ほかでもない、そのことであった。

フランシスコ・サレジオは、その新たな信仰の理想の点で偉大な聖者に数えることができるかどうかが問われるだろう。『フィロテア』の著者は、思想が豊かな人物には属さない。彼の場合、つねに顔を出す思想は限られており、彼の思想空間は広くはない。だが彼には、体系を構築する思想的能力以上に重要なものが備わっていた。彼の新しい信仰の理想には、稀有の暖かさが脈打っている。ジュネーヴの司教として、あの時代に人々が期待していた言葉を語ることができた。それ自体実践的なカトリシズムを、さらに生活に近いものにし、とくにフランスの淑女たちに、彼女たちの高尚な感情や社会的な形式に相応しい、洗練された形のキリスト教を示すことができた。新たな信仰形態を主張するさい、当時のみじめな状態に対して過去の栄光をもちだすのではなく、むしろ新しい時代と肯定的な関係を作り出そうと試みた。彼は信仰を、愛すべき魅力的なものにするすべを心得ていた。『フィロテア』が、神と世を愛した一人の人間によって書かれた世人のための霊的手引きと呼ばれたことからも、それが分かる。彼はすでに、聖者のなかでは世故にたけた人間と言われてきたが、このことは彼の陶冶された人格を考えれば、否定的な意味でないことは明らかである。彼の在り様の魅力は実際に群を抜いており、これをしのぐことはほとんど不可能だろう。彼の言う世俗にあっての信仰の理想は、世俗の人間に、できるかぎり受け入れやすい形にしたものであった。許容される限界に達していると言ってよい。

しかし、彼の言う世俗内での信仰の修練は、大らかな傾向の点で直ちに人々の間に浸透するには新し過ぎた。この普通でない理想になじむには時間が必要だった。新しい事柄の場合には、すべてそうだが、この新しい宗教観もはじめは論難された。伝統的な思考に著しく背反し、教会人になじみがないものだったからである。事実彼は、真剣なキリスト教的な在り様を無視しているとして、その軽挙を非難された。『フィロテア』が出版された当時、その道徳についての行論は悪評紛々で、侮辱的な言葉で誹謗され、憤激の的となり、書物が焼かれさえした。彼の見方が、キリスト教的な紀律の弛緩と受け取られ、さまざまな攻撃にさらされねばならなかったのである。楽をして天国に行く道を発明した人間と罵られた。こうした拒否反応は分からなくはない。「迂回による勝利」という考え方は、事実、普通の教えではない。困難は打ち克つのではなく、考えないようにすることで解決せよという彼の指示も同様である。フランシスコ・サレジオが、『フィロテア』のなかで、きわめて真剣に次のように勧めているとすれば、そうした主張に対して何と言うべきか。

「分別や理性的考慮が、まともな仲間を喜ばせるよう勧める場合には、安心して踊るもよし、遊戯するもよい。なぜなら喜ばれる行いは、愛の娘だからである。そうした行いは、どうでもよいことを善事に変え、危険な事柄を許容される事柄に変える。それればかりではない、そうした行いは、ある意味で悪事から悪い面を取り除きさえする」。

危険をはらむこの大胆な見方に、当時の多くの小心者が仰天したのも当然で、ジュネーヴ司教フランシスコは、いい加減な態度をではないにしても、無責任な温情を示したとして非難された。フランシスコ・サレジオが、キリスト教を安売りしているのではないかという疑念が、当然のことながら持ち出されたわけである。世俗内での信仰という彼の理念は、寛容のゆえに、人間に何の厳しい努力も要求しない生ぬるい月並みな信仰を生みはしないのか。フランシスコの漁りの網が大きすぎるために、あらゆる微温的なキリスト教徒が、のんびりとその中で過ごすことができはしないか。『フィロテア』に開陳されている彼のキリスト教的な生の哲学には、彼が若いころパリで吸収したイエズス会の教えの影響が残っていはしないか。

実際、この新たな信仰の理想は、今日でもなお戦慄的な仕方でゲッセマネの夜を体験したブレーズ・パスカルの高貴な真剣さとは、何と深い淵で隔てられていることだろう。フランシスコ・サレジオは、人間の自然的な在り様を聖化しようとするのだが、パスカルの場合には聖性が彼の天才に破壊的な作用を及ぼした。この二人の間は架橋不可能である。宗教的な在り様の上で、『フィロテア』と『パンセ』ほど、その間に深い裂け目が存在する書物は少ない。パスカルの、自我に対する憎悪を秘めたキリスト教意識を受け入れた者は、フランシスコ・サレジオの宗教的なオプティミズムに対して、ある種の不信を払拭するのは難しいだろう。

とはいえ、これらの懸念は、ジュネーヴ司教やその新たな信仰の理想に対する最終的な判定ではない。その理想は、高貴な宗教的な世界を具現し、世人に完徳への道を示そうとしているからである。フランシスコは、どうでもよい事柄については、厳しくは無かったが、原則的な事柄については、巌のように固く、儀礼的に沈黙を守るようなことはしなかった。カトリックの側からも、彼は状況に順応する人間と見られていたが、そうした見方は誤っている。彼はむしろ、パウロの困難な原則を実現しようとしたのである。パウロは、ユダヤ人に対してはユダヤ人になり、ギリシャ人に対してはギリシャ人になり、すべての人間に対しては、すべての人間になろうと努めた。ジュネーヴ司教は、単に時流に順応し、状況を利用したのではない。彼はむしろ、意識して時代に影響を与えようとした。だが彼は、どの世紀にもキリスト教徒に行われてきたやり方、すなわち霊的生活を強制するやり方は取らなかった。そうした傲慢な強制は、彼には全く見られない。彼は生を神の貴重な贈り物と見なし、生から学び、生自らが舵取りするのに任せることを辞さなかった。この在り様が、彼の著作から、いくら吸い込んでも吸い尽くせないほどの芳香を放っている。彼はその点でゲーテに似ている。ゲーテも達観した老年の知恵の形で似たような態度を表現している。フランシスコ・サレジオの場合にも、光明に満ちた温和な様相を顧慮すれば、稀に見る宗教的な生の在り様と言って差し支えないだろう。

『フィロテア』の著者には、あらゆる苦しみとは無縁の快活な宗教観が見て取れ、それによれば、世界のあらゆる出来事はキリストの救済によって光明化される。この喜ばしい気分にあふれた見方は、皮相な見方とは何の関係もない。同じように、人間を罪深い存在とするペシミズムのほうが、宗教的オプティミズムより《深い》ということもない。この驚嘆すべき態度が、ヒロイズムによって実現されただけではない。聖化を、人間の心の最も深い希求を抹殺することとは捉えず、そうした希求の発展と捉えたことで実現されたことなのだ。喜びの心は、真剣な姿勢以上にキリスト教的である。なぜなら、真に宗教的な明るい心は、真剣な姿勢を経て、それを超えたものだからである。フランシスコ・サレジオの新たな信仰の理想は、それ自体はまだ聖性とは言えないにしても、聖性への途上にあることは疑いない。

『フィロテア』は、フランスで実り多い影響を与えることになった。この第二の漁りは、ほとんど網に収容しきれないほどの豊漁だった。フランシスコ・サレジオの影響は、彼の生時からすでに大きく、彼の死後には、さらに大きいものになった。キリスト教的なフランスは彼の著作から持続的な影響を受け、彼の影響はイエズス会とジャンセニストとの闘いでかき消されることがなければ、さらに大きなものになったことだろう。実際、彼の言葉は反響なしに終わることはなく、実りをもたらし、そのうちの最も重要な実りには、少なくとも簡単に触れておかねばならない。

十七世紀のフランスでは、宗教的な事柄が形骸化する危険が生まれていた。信仰は単なる習慣に堕して、人間の内面とはほとんど関わりのないものになりかかっていたのである。貴族階層では、キリスト教が主として宮廷の伝統的な慣習という観点から見られていた。フランシスコ・サレジオには宗教が単なる慣習としか見られなくなれば、宗教にとって致命的であることが分かっていた。彼にとって信仰とは、そのさまざまな掟を理性の観点からだけ考察して済む事柄ではなかった。彼は理性を十分に認めており、理性を否定するようなことは全く言っていない。理性を神の贈り物と見て、それを活用せねばならないと言ってもいる。理性は人間を「神に似た存在にする」（カーラー編『フランシスコ・サレジオ霊的指示と講話』一九二七）からだ。だがキリスト教は、彼によればまず第一に感情の事柄であった。宗教性は、人間の感情の動きに根をもっている。「われわれの霊的生活は感情によって動かされるから」（カーラー編《フランシスコ・サレジオ著『テオティムス』一九二六》である。こう言ったからといって、彼は感情に惑《わく》溺《でき》しているわけではない。感情は感傷である必要は全くないからだ。感情は、事情によっては力強いものである。生き生きとした宗教的な心が、大理石のように冷たい理性的態度に硬化しないようにするには感情が不可欠である。この戒めは、デカルト的合理主義が台頭しつつあった当時のフランスには緊要なものだった。

フランシスコ・サレジオの主な志向の一つは、宗教生活のなかに感情を再び覚醒させ、信仰の実践を慣習化させることなく、温かな感情にあふれたものにすることだった。この努力は、いくら高く評価しても し過ぎることはない。イエスの心への敬虔の念を助成したのは、そのためだった。フランシスコ・サレジオについてのミラーの神経の細やかな研究によれば、この敬虔の念は、「カトリシズム内部で愛好される信仰形式となり、この信仰形式によって、神秘体験が孤在者の魂から全カトリック世界に広がった。それは民衆の神秘体験であり、六月に最初のバラが咲き、蒼白い水仙や雪白のジャスミンが開花の夢をほころばせ、天空の太陽が芳香の漂う花咲く地上を照らす時、私たちが祝う神秘的な祝祭なのだ。そしてこの信心は、フランシスコ・サレジオが教会内に残した微笑」(『カトリック教会の宗教的教育者』)なのであった。

それは、反宗教改革のフランス・カトリシズムに温かな感情を取り戻させた彼の偉業と言うことができる。この偉業は、すでにフォルテュナ・ストロウスキーが『聖フランシスコ・サレジオと宗教感情』というエッセイの題で示唆している。フランシスコ・サレジオの意図はバロック時代と関連づけることができるが、そうしても間違いではないだろう。彼は典型的なバロックの人物姿形であった。彼が感情を強調するバロックの代表者だったと言っても、彼の偉業を貶《おとし》めることにはならない。彼は、自分に課せられたことを成就したに過ぎなかった。彼の揺るぎない宗教感情の基礎には、人間を宗教的にするには二つの方法があるという認識があった。すなわち人々にキリスト教の真理を証明するには、理性による論証を用い、人々を敬虔な信仰に導くには心に訴えかけるというものだった。ジュネーヴ司教フランシスコ・サレジオは、明確にこの第二の方法に拠った。単なる同意を得ることではなく、心を通わせることを求めたからである。彼は意識して、心を通じて理性に働きかけようとし、そのやり方を感傷に陥ることなく心に印象的に語りかける上で、適切かつ稀有のやり方と見なしていた。心へ通じる道を見つけるために、フランシスコは、大らかで純粋な心の言葉を語るように努めた。心には心のみが語りかけることができるからである。この真にキリスト教的な努力により、彼は聖者の列に加わることができた。

この重要な業績には、フランシスコ・サレジオの名を不朽にした別の行為が加わる。彼の時代、キリスト教は崩壊する危険にさらされていた。この危険な展開には、人文主義も関わっていた。人文主義は、以前から多義的な運動であり、西欧各国でそれぞれ異なる特徴をもっていた。キリスト教の脅威となったのは、近代の自然科学を生み出した学者の運動と見られる人文主義だけではない。真理を芸術的に表現することを志向する人文主義も、同じように脅威だった。もっぱら人間に関心が向けられることによって、人間が万物の尺度となり、その傾向が最終的には信仰の空洞化を生まないわけにはいかなかったのである。キリスト教と人文主義との離反は、双方にとって不幸な結果を生むことになった。人文主義が疑わしいものになれば、霊的生活の中心が欠け、人文主義がキリスト教を放棄すれば西欧の伝統が失われるからである。

この禍多い展開の重大な結果を明確に認識していた数少ない人物の一人が、フランシスコ・サレジオであった。彼の精神構造には、この双方の領域が包含されていた。キリスト教徒として彼は人文主義の素養を身に着け、自分の内部の人文主義者を否定することは決してなかった。人文主義に同意できない場合でも、その人間的な面は、彼にとって無縁ではなく、モンテーニュの自制のきいた懐疑主義的著作を肯定的に引用することも辞さなかった。生来、宗教的なフランシスコはキリスト教に深く根差していた。彼の生はキリスト教に捧げられていたが、両方の世界に義務を負うと感じており、この二つの世界が分裂することは、彼には苦痛以外の何ものでもなかった。キリスト教と人文主義のどちらをも、彼は断念することはできなかったし、また両者が内的に対立するものとも思わなかった。二つの世界を結合する努力は、対立する要因の宥和を求める彼の調和的な性質に相応しいものだった。彼は意識して、この二つの方向を結合させようと努めた。彼の新たな信仰の理想は、自然的な性質と超自然的な要因との宥和、世俗的な要因と聖性への志向との結合であり、基本的には、人文主義とキリスト教との融合に他ならなかった。フランシスコ・サレジオが志向したことは、アンリ・ブレモンが適切に表現したように「信仰厚きユマニスム」であった。

宗教に根差す人文主義は、人間を神の似姿とする思想に基づいていて、キリスト教的なさまざまな動機によって動かされるものだが、そのような人文主義が、フランシスコ・サレジオの大きな関心事であり、彼の最も内奥の憧憬にかかわるものであった。信仰にもとづく人文主義を志向することで、ジュネーヴ司教は、すでに、アレキサンドリアのクレメンス、オリゲネス、ペトラルカ、エラスムスらが築いてきた伝統を、さらに先へ進めたと言ってよい。彼はそのキリスト教的人文主義によって、十七世紀フランスのカトリック教会に新たな魂を吹き込んだのであった。宗教的人文主義の実現は、彼の第二の漁りの消えることのない成果であり、コンラート・ヴィッツの絵画の美に劣らない美しさを備えている。

第四章

フランシスコ・サレジオは、彼の上昇の最終段階に到達する前に、彼個人の発展にきわめて重要な意味をもつ幕間劇を体験している。この体験は、彼の名と常に一緒に語られる聖女ジャンヌ・ド・シャンタルにかかわるものである。この二人の人間が相互に体験したことは、聖者の常ならぬ世界でも例のない一回限りの出来事だった。聖者たちの場合にも、男女の間の親しい関係自体は知られていないわけではない。ヒエロニムスとパウラ、フランシスコとクララ、アヴィラのテレサと十字架のヨハネの関係が思い起こされよう。だがフランシスコ・サレジオとジャンヌ・ド・シャンタルの関係は、聖者の世界での新しい出来事であり、既存のいずれの例にも分類することが難しい。とはいえ単なる稀有の例として片づけることはできない。それというのも、この関係はいくつかの問いを喚起するからだ。例えば、エロスと宗教性は本当に敵対的なものなのか、堅固な信仰は、異性に対する思いを抹殺するものなのか。事情により、エロスと宗教性は最高の形式に高められるものなのか。こうした設問に、フランシスコ・サレジオとジャンヌ・ド・シャンタルという二人の人間が、新たな常ならぬ答えを与えている。

二人の聖者を結びつけた稀有の体験は、ジャンヌ・ド・シャンタルも常軌の外の人間だったからこそ起こりえたことだった。《霊的頂点》にあることで非凡な女性の在り様を示す彼女の魂の活動が、魅力的な外見以上に大きな驚きを引き起こしたのである。サレジオは、彼女が「ソロモンがエルサレムで探したが見つけられなかった完全な女性」（ヴィルヘルム・シャモニー『聖者たちの真の相貌』一九三八）と感じていた。ジャンヌは精力的で強い宗教的関心を秘めた女性だった。信仰に反する誘惑に後々まで何度も苦しめられたが、そうした誘惑に抗するために、灼熱した鉄でイエスの名を乳房に焼き付け、流れ落ちる血をものともしなかったという。彼女の男性的とも言える厳しさは、家族の皆が彼女の修道院入りに反対したさいの態度にも現れている。十五歳の息子は、別れのさい、彼女の首にかじりついて、行かないでと懇願した。何を言っても無駄と分かると、息子は戸口の敷居の上に横たわり、泣きじゃくりながら、「どうしても出て行くというなら、息子の体をまたいで行けるか」と言った。ジャンヌは涙を抑えきれず、しばし逡巡して立ち尽くすが、最後には息子をまたいで家を出て行く。

この宗教的なドラマを速断するのは適切ではないだろう。だが、とくに言及を要する点は、「我よりも息子または娘を愛する者は、我に相応しからず」（マタイ10－37）というイエスの言葉が、この女性の生にあっては尋常でない現実性を帯びるようになり、最も身近な家族の絆を断つにいたったという点である。こうした行為は、ジャンヌ・ド・シャンタルのように、宗教的にヒロイックな性質の人間でなければ不可能なことだった。

フランシスコ・サレジオとジャンヌ・ド・シャンタルとの最初の出会いは、長編小説の始まりのように思われる。「説教のさい、私と向かい合わせの席に座り、真理の言葉に耳を傾けていた喪服姿の若いブロンドの女性は誰なのか」（ミヒャエル・ミュラー『聖フランシスコ・サレジオと聖ジャンヌ・ド・シャンタルの友情』一九三七）を問い合わせたサレジオは、それが男爵未亡人ジャンヌ・ド・シャンタル、当時三十二歳であることを知る。ジャンヌは驕ったところが全く見られない、口元の微笑が魅力的で、美しい容姿に高い知性を兼ね備えた愛すべき女性だった。当時ジャンヌは、傷心状態で、痩せるほどやつれ、眼は涙に曇っていた。幸せな結婚生活を共にしていた夫を、少し前に狩りの事故で失っていたからである。フランシスコ・サレジオとジャンヌ・ド・シャンタルとが直接知り合ってからは、二人の魂は、すぐさま生の盛期が来たことを感じ取る。サレジオは「世の信仰者は、常にできるだけ身だしなみをよくする」ことを望んではいたが、彼女の瀟洒なレース飾りの付いた衣服だけは気に入らず、そのことをそれとなく注意した。ジャンヌはすぐに彼の示唆通りに衣服を改め、彼に告解を聴いてくれるよう願う。二人の間の違和感は氷解し、後に彼は「彼女が自分の内心について私と語り始めた瞬間から、神は私に彼女の霊に対する大きな愛を贈り給うた」と述懐し、他方ジャンヌにとっても、ほどなく、「常に彼の近くにあること」（ミュラー前掲書）以上に幸せなことはなくなった。若き寡婦は、それまでの幾分無骨な聴罪司祭に誓願によって縛られていたが、新たな霊的指導者としてフランシスコ・サレジオを選ぶことになる。彼は細やかな感情の点で、彼女の本質に遥かに適合しており、彼女にとらわれない態度で接することができた。こうした態度は、母親とさえ同室しなかったと言われる聖アロイシウス・ゴンザガの態度とは著しく異なっている。サレジオの見方は、女性を悪魔のおびき餌としか見なかった教父たちとは根本的に異なっている。

しばらくして、決定的な新たな出会いが生まれる。その間、二人の人間は神の前で、彼らの関係が許されるものかどうか、正しい判断が得られるように努め、神の同意が得られたことが確信された。こうして、彼らが共に部屋にあった時、ジャンヌがまずひざまずき、総告解を行い、震える声でサレジオのすべての指示に従うことを誓い、こうして彼はジャンヌに対する無条件的な権威を得ることになった。加えてサレジオは、愛情をもって彼女を導くことを約束すると同時に、自らの魂を永久にジャンヌに結び付けることに同意した。明らかに感情の高ぶりを示す口ごもる口調で彼は、この決意をジャンヌに伝え、二つの魂のきずなが結ばれた。こうして二人は教会へ赴き、サレジオはミサを執り行った。「聖変化の瞬間、彼らは互いの約束を神に誓い、改めて神に祝福された彼らの愛の基礎として永遠の貞潔誓願を行った」（ミュラー前掲書）。ミサの直後に彼は、この約束を文書にしてジャンヌに渡し、彼女は以後、これを小さな袋に入れ、いつもに首にかけていた。貞潔の誓願によって、ジャンヌ・ド・シャンタルは、フランシスコ・サレジオと分かちがたく結ばれ、彼女が他の男と結ばれる恐れはなくなった。彼らの心は超地上的な歓喜で満たされ、きわめて重大な結果をもたらす彼らの生のこの日を互いに記念とした。これは二人の聖者が、サン・クロード（ジュラ県）で共に体験した霊的婚姻式であった。バロック時代でなければ、一人の司教がこのような体験をすることは不可能だったろう。ミヒャエル・ミュラーの前掲書には、この間の経緯が詳しく記されているが、今日のカトリック世界で、そのようなことを考えるのは、おそらく難しいだろう。

二人の聖者は当初、別の町に居住していたので、頻繁に手紙のやりとりをしていたが、残念ながら、残されている手紙は多くはない。ジャンヌが自分の手紙のほとんどを破棄したからだが、サレジオの手紙の出版にあたっても、「愛の言葉はすべて」削除するように求めている。だが残された手紙の冒頭からすでに認められる調子が、手紙の全体に鳴り響いている。「神が、あなたに私を与えられたように思えます。そのことが、私にはますます確かに感じられるのです」。通常の呼びかけ《マダム》は、間もなく姿を消し、《我が愛しき妹》という、より温かな呼びかけに変り、これがしばしば、さらに強調されて《我が愛しき、比べるものなく愛しき娘》と変わっている。サレジオは、ジャンヌから《猊下》と呼びかけられることは望まなかった。《彼女の心の息子》と感じていたからである。傾愛の表現は、呼びかけの言葉に限られているわけではないが、その表現は霊的な優しさであり、誤った受け取り方をすべきではない。実際その優しさは、この人物のきわめて高貴な稀有の特性の一つと言える。サレジオは感情を抑えることなく、「愛の赴くままに任せる」ことも少なくなかった。そのような場合には、「息をはずませて」書いたが、自分の愛を表す十分に力強い言葉が見つからなかった。「私の心が語ったことは言葉で表すことはできない。なぜなら心は、あなた以外の誰も理解できない秘密の言葉を語るからだ」（ジャンヌ宛の手紙）。サレジオは自分の心が「一日に千回も」彼女のもとにあると、ジャンヌに確言している。手紙は次第に頻繁になり、誤解の余地のない明瞭な言葉で語られるようになる。「おお神よ、我が愛する娘よ、私のものである以上にあなたのものである心の底から断言します。今日、あなたに会うことができず、満たされぬ思いで一杯です、と……ではお休み、我が娘よ！　今日、聖体拝領の折に私たちが一体であると感じたことを、あなたに述べておきたい。それは気高く完全で、親密な強い感情であり、誓願や聖別のさいの感情ともいえるものです」（『霊的指導の手紙』）。

サレジオのジャンヌに抱いた感情は、彼自身の表現によれば「強く、変ることのない、際限もなければ留保もない、しかも甘美で、軽やかで、あくまで純粋で、穏やかであり、簡単に言えば、私の思い違いでなければ、あくまで神のうちにある思い」（ジャンヌ宛の手紙）なのであった。ジャンヌもサレジオに対して同じ思いを抱いていた。彼女は彼の口から出るすべての言葉を聞くために、下女としてでも彼の住まいに留まることを望み、その幸せのためには、世の一切を喜んで捨てたことだろう。彼女が女性的な性質のままに、サレジオに対する感激を抑えられなくなることも度々あった。彼女の感激があからさまに過ぎる時には、そうした時に限ってサレジオは制止した。

二人の聖者を結び付けた契機は、現実の事態に基づいたものであり、そのことは協同の仕事にも現れている。フランシスコ・サレジオは、ある種の女性たち、つまり完徳を目指して犠牲的生を送る喜びを抱きながら、厳しい修道院規則が守れるほどの健康状態にない女性たちのための修道会を創設する考えをもっていた。彼の頭に浮かんでいたのは、世と修道院の庵室とを大胆に結合し、個々人の聖化を日々の愛の業と結び付け、夜々の贖罪の業の代わりに貧者や病者に仕えるようにすることだった。世俗にあって観想と奉仕の生を送る女性たちは、フランシスコ・サレジオの新たな信仰の理想を実現するものだった。ジャンヌ・ド・シャンタルは、すぐにこの計画が自分の寡婦生活に新たな内容を与えられると感じ、計画された修道会設立のために精力的に働いた。ジャンヌは、サレジオの司教館のあるアネシーの町へ転居し、彼と共に《聖母訪問会》を創設する。禁域をもたない修道院というフランシスコ・サレジオの考えは、当時にしては新しすぎ理解されるに至らなかった。この計画は、サレジオに傾倒した別の聖者ヴァンサン・ド・ポールによって、はじめて実現された。サレジオは、教会の圧力によって規則の変更を余儀なくされ、信心会が閉鎖的な修道会に変えられ、訪問会の女性たちは、主に娘たちの教育に携わるようになった。変更された聖母訪問会は、ジャンヌ・ド・シャンタルの献身的な働きによって、広く普及し、今日に至るまで活発な活動を続けている。

フランシスコ・サレジオとジャンヌ・ド・シャンタルの関係は、彼が一方的に積極的な役割を演じていたというものではない。確かに彼は、はじめのうち指導者の役割を担っていたが、ジャンヌは何から何まで彼に依存するような自主性のない女性ではなかった。生き生きとした関係の場合、互いに影響し合うのが常である。サレジオもジャンヌから新たな可能性を目覚まされている。ジャンヌは、彼の内部にそれまで眠っていた力を解放し、その力が彼の宗教的な発展にきわめて重要な影響を与えたと言えるだろう。ディジョンのカルメル会修道院で、ジャンヌはアヴィラのテレサの愛弟子であった修道院長イエスのアンナから、神秘主義的な祈りの方法を修得していた。この内的祈り（念祷）は、愛を言葉なしに呼吸することにより神の直接的な現在を体験するというもので、この祈りをジャンヌは彼女の憧憬の成就と感じ、その完全な喜びをサレジオにも伝えていた。サレジオは始めは、この内的祈りに気乗りがせず、ためらいを見せていた。だが最終的には、この祈りの方法を自分の生の感情に適合させ、それによって初めて彼の生の感情に最終的な特徴が刻まれることになる。フランシスコ・サレジオは、この神秘主義への転回により最終的な高さに到達したのだが、その転回はジャンヌ・ド・シャンタルの仲介によるものだった。

こうして、二人の実り多い相互関係は頂点に上り詰める。サレジオは男たちが彼女の感情を害することがないように心を配っていた。彼はまたジャンヌに対して、アベラールがエロイーズに行ったように、恥ずべき仕方で彼女の魂の内的欲求を萎縮させはしなかったし、コンラート・マールブルクがチューリンゲンのエリーザベトに行ったように、苛酷な罰を課すこともなかった。友情の接吻が許されるかどうかといった具体的な問いも避けることはなく、接吻は感覚的な思いの表れだが、霊的な愛の象徴としては決して非難に値するものではないという趣旨の答えを与えている。彼によれば、「ヤコブは井戸端でラヘルに接吻したが、二人は貞潔の手本だった」（ミュラー前掲書）のだ。いずれにしても、ジャンヌが、フランシスコへの満たされない思いにさいなまれて、不幸と感じるようなことがなかったのは確かである。『フィロテア』の著者は、女性の心に精通していたから、愛すれば愛する者との合一を望むがゆえに、女性が心の奥底でその憧憬の成就を求めることを当然、承知していたと思われる。彼はジャンヌのそのような憧憬が満たされるように、二人の魂がますます近づくようにし、自分の心が彼女の心に対して何かを隠しておくことを許さなかった。彼はしばしば、「私のものとあなたのものは、分けることはできない」（ミュラー前掲書）と告白している。ジャンヌの子供たちのことを、「私たちの子供」と呼び、彼女に対して「この子たちを私は自分の子供と思っている。あなたの子供だから」と明言している。ジャンヌのことを思わずにミサを捧げることはなかった。彼らが「聖なる合一」（ジャンヌ宛ての手紙）を遂げたという驚くべき言葉さえ見え、最終的には二人の魂は完全に融合し、最高の歓喜に登りつめる。「あなたは、考えることも望むことも、否すべてのことが私と同じ」（ミュラー前掲書）だった。サレジオは、ジャンヌに宛てて陶酔的な言葉を送ることも辞さなかった。「神が私に与え給うた《助手》は、私と《同じ》なだけでなく、私と一体なので、彼女と私の魂は一つだけ」（『霊的指導の手紙』）なのであった。愛し合う二人には、最後には幸せな意識が生まれる。「あなたは、まぎれもなく私自身であり、私はまぎれもなくあなた自身」（ミュラー前掲書）となったのだ。

この陶酔的な合一感は、名状しがたい親密さの点で、これを凌駕するものはありえなかった。だが昂揚が頂点に達すれば、必然的に下降する。だがこの経過は、二人の心が疎遠になったというようなことでは全くない。両者を結びつけていた深い共感は変ることがなかったからである。この下降現象は、ジャンヌ・ド・シャンタルが彼に仲介したスペイン神秘主義と関連している。アヴィラのテレサの著作の影響を受けて、サレジオが次第に強く引き付けられるようになったのは、神以外の一切を完全に断念するという理想であった。その結果彼は、ジャンヌに二人の親密な魂の共同体から離脱することを求めた。このため二人の関係は、きわめて困難な試練を受けねばならなくなる。ジャンヌにとって、サレジオとの結びつきはこの世で最も大切なものだったから、これが容赦なく断ち切られることには逆らわずにはいられなかった。頻繁に手紙がやりとりされ、その中でサレジオが、きわめて大きい犠牲を求めたことで、ジャンヌは大きな衝撃を受ける。心の内奥に傷を受けたジャンヌは叫ぶ。「私の神よ、私の真の父よ、鋭い刃が、どんなに深く私の心に突き刺さったことでしょう。……おお神よ、一人の人間の周囲に付きまとうものを捨てることは、いとたやすいことです。しかしその皮膚、その肉体、その骨を捨てることは……大へんなことです。困難で、神の恩寵による以外には不可能なことです」（ハイネ編『聖フランシスコ・サレジオへの聖ジャンヌ・ド・シャンタルの手紙』）。

だが、サレジオは、ジャンヌの心のなかで演じられている悲劇に立ち入ることはしなかった。きわめて真剣な問いで答えただけであった。「この予想外の打撃が心の奥底にまで達するのは、いつのことか。自愛の心が、もはや共在、言表、外的なしるしを求めず、神が永遠に与え給う変わることのない確信に完全に満足するのは、いつのことか」（『シャンタルの手紙』）。柔和な人間と言われるフランシスコ・サレジオに神が求めたのは、このような厳しい断念だった。神はつねに、選んだ人間の心の内にのみ在ろうとする。「これ以上、友情のことも、神が私たちの間に造り給うた合一のことも考えないように」(同前)と、サレジオはジャンヌに書く。残された彼女は涙を流すが、彼の死まで彼との協働を続ける。

聖者の歴史で例を見ないこの関係を表す適切な言葉を見つけるのは容易ではない。ここで、改めてフランシスコ・サレジオに対する疑念が浮かぶ。だが、この疑念は性的な意味のものではない。彼はジャンヌに対する愛を「雪よりも白く、太陽よりも清澄」(『シャンタルの手紙』)だと述べている。この友情が、性的欲望の入り込む余地のない純粋なものだったことについては、くだくだしく証明する必要はない。フランシスコ・サレジオとジャンヌ・ド・シャンタルを知れば知るほど、そのことを一瞬たりとも疑う余地はなくなる。二人の人格が、そのことをきわめて明瞭に証しているからである。驚くのはむしろ、彼らが性的契機なしに二人の人間の合一を成就したことだ。身体または魂いずれの合一が成就するかは、最終的には、道が違うだけで、目標に違いはない。人間的な《汝》に至福のうちに没入する愛の神秘を、フランシスコはジャンヌとの関係で体験した。

だが、この事実に対しては、次の疑問を禁じることができない。すなわち、それによって彼は、司祭の秘蹟に関して禁じられていること、つまり女性の魂との合一を詐取したのではないかという疑問である。聖者が神とのみ体験する霊的な融合をジャンヌとの間で体験したのではないか? フランシスコ・サレジオが、尋常でない親密な関係を最終的には断ち切るに至ったのは、おそらくその点を認識したためだったろう。こうした懸念が生じるのは、おそらく当然のことだが、忘れてならないのはサレジオの敏感な良心が、この親密な関係を許したということである。このことからも、単純な尺度では測ることのできない彼の魂の稀有の複雑さが改めて証明される。

いずれにしても、このきわめて微妙な関係から得られる要素を見のがしてはならない。彼の生でのこの間奏曲は、人間の友情の意味を問うさい、一つの新たな答えとなるものである。友情というテーマは、つねにアクチュアルなものだが、フランシスコ・サレジオは、これに強い関心を抱いており、彼の思考のなかで広い場所を占めていた。彼にとって重要な問題は、人間は共感で結ばれ、同じ霊的関心をもつことができるか、ヨナタンがダビデにしたように（サムエル記上18－4）、自分の衣服を与えようと思う人間を見つけることができるか、もしくは、そうしたことがすべて拒まれ、内的孤独のまま人生を送らねばならないのかどうか、という問題だった。フランシスコ・サレジオは、キリスト教的友情を実現すべく定められた人間だった。バロック時代のこのフランスの司教の場合、まだ彼が「同化、融合、混淆することのない友情は存在しない」（『フィロテア』）と書くことができた温かな調子が、友情には生きていた。彼をジャンヌに結びつけていたのは愛による友情だった。真の友情は少数の者に与えられる稀な能力によるものであり、いずれにしても、受け取るより与えることを幸せとする人間に与えられるものなのだ。ジャンヌ・ド・シャンタルとのフランシスコ・サレジオの稀有の愛による友情は、ヘンデルのような作曲家であれば作曲できたであろう霊的なメヌエットに似ており、天使たちが興味深い眼差しで、踊り手たちを見守っている光景が目に浮かぶ。もとより、これを真似るのは愚かなことである。一歩間違えば、二人とも深い淵に落ち込んでしまったことだろう。彼らはそれを免れていただけではない。彼らにとって友情は、彼らの宗教的使命の最終的な実現を助けるものだった。彼らは友情を決して自己目的とは見なさなかったからである。その関係は、二人にはつねに霊的領域での相互の助成を意味していた。フランシスコにとって、友情は永遠的な世界への架け橋であり、神的な世界に近づく最も強力な手段だった。真正な友情関係は、ニーチェが述べているように、価値ある宗教的な財産なのだ。「この世には時折、一種の継続的な愛が存在する。そうした愛の場合、二人の人間の所有欲は、次々に新たな所有欲に、つまり彼等より上位にある理想への共通の、より高い渇望に席を譲る。だが、この愛を識る者は誰か。この愛を体験するものは誰か。ほかでもないその名は友情である」。

第五章

「沖へ漕ぎ出し、網を下ろして漁《すなど》れ」（ルカ5－4）。奇蹟の漁りを物語るイエスのこの言葉は、フランシスコ・サレジオの生の最後の段階の標語として掲げることができる。彼はもはや岸の近くには留まらず、新たな決意に満たされて、容易には到達できない沖へ出て、漁りし、この漁りは今日までその意味を失っていない。

サレジオにとって重要だったのは、つねに生きた人間との交わりだった。彼を早い時期から司牧の任に駆り立てたのは、そのような欲求だったし、司牧は彼が全生涯にわたって携わった仕事だった。霊的指導は彼の特別な才能と言わねばならず、すでに彼は近代的な霊的指導の創始者と認められている。人間の心に深く精通し、その心理的理解の深さにはしばしば驚かされる。表面的な物事に満足して、心が浅薄になる危険を、彼は熟知し、同様に神との出会いによる名状しがたい浄福感も熟知していた。このように人間の心を読み、人間の心を自らのうちに受け入れる直観的能力を備えた者には、習得不能の霊的指導の技を生かすことが、あらかじめ定められていたと言ってよい。この技を彼は口頭でも書き物でも実行した。彼の最初の司牧書簡は、まだかなり生硬ではあるが、それでも最終的に、その領域で能力を発揮し、彼の書簡が彼の業績の最も価値ある構成要素になっているのは、その能力による。

サレジオの司牧には、底流に同情の気持ちが認められる。このため満たされない女性の心を単に慰めるだけのものとも言われてきた。だがこの見方は誤っている。女性の司牧は決して過小に評価されるべきものではない。事実、女性は来るべき世代の母親だからだ。ちなみに、彼は母親たちと単に気の利いた雑談を交わしていたのではなく、きわめて厳しい態度を取ってもいた。女性の心を熟知していた彼は、女性とはどのように話さねばならないか、つまり断固とした態度ではあるが、決して険しい態度ではなく、優しく、しかし感傷を交えずに話すことを心得ていた。彼の考えでは女性の究めがたい心には、男性の心よりも多くのことが秘められている。愛に心を奪われる傾向を、単に押さえつけるのではなく、『フィロテア』の著者特有の柔軟な態度で、適切な対象に向けるようにした。いずれにせよ、彼の司牧書簡の過半は宗教的な関心をもつ女性に宛てられ、繊細な感覚の考察にあふれているが、男性にとっても内部の心に対処する上で重要な助言を含んでいる。

サレジオは、嫌悪感を呼び覚ますことなく説教するやり方を心得ており、そのやり方は、すこぶる快いものだった。彼は人間の魂を真剣に考えていたが、事柄に応じて注意を他へ向けさせてもいる。「神の導きに任せ、自分に余り多くかかずらないように」（『司牧書簡』）と。また彼が、魂をつねに神に向けるように努めたのは、魂が絶えず自分の進歩の有無を吟味することを善しとはしなかったからだ。自分にかかずらい過ぎるのは、集中力の欠如や濫読同様、魂にとって有害と見たのである。彼が「適正な中庸」と呼ぶ在り様に到達できるのは、必要な一つのことを考え、そのことに持続的に集中する者のみだという。彼には、とりわけ人々に勇気を与える才能が恵まれていた。告解者には、完徳ということが、出来合いの上着をひっかけるように簡単に達成できるとは考えないよう、たびたび戒めている。「私たちは、まだ完徳の人間である必要はないが、完徳を目指す必要がある」と書き、別の機会には、「私たちは完徳を目指して、神が望まれるだけの努力をせねばならない。だが同時に、完徳へ至るための配慮は神にお任せすべきだ」（『霊的指導』）とも書いている。高い水準の徳に急には達せられないとしても、落胆してはならない。聖性に到達するには、再三、新たに弾みをつけなければならない。「内的生活を完徳へ導くには、繰り返し新たに始め、もう十分だとは決して思わないことが最上の方法」（『司牧書簡』）なのである。

サレジオは魂を時計の歯車に例えたことがある。この歯車は繰り返しねじを巻き、油を塗り、掃除しなければならない。「私たち自身の聖化、完成への修練は、生きている限り終わることがない。したがって過ちを犯したからと言って落胆する理由にはならない。完徳とは、罪との闘い以外の何ものでもない」（『フィロテア』）。目標に到達するには、長い過程を経なければならず、今日明日に到達できるものではない。過ちを繰り返しても、過度に気に病んではならない。リュートを弾いていて、音を間違えたからといって楽器を投げ捨てはしないのと同じことだ。この世では人間は、たびたび失敗に苦しむものだが、その過去の生にはつねに善悪が入り混じっている。サレジオが倦まず、まず自分自身とも忍耐強く交わるよう戒めるのは、そのためである。「他者には耐えねばならないが、まず自分自身に耐えねばならない。完徳に至らない自分自身に耐えなければならない」（『司牧書簡』）。悪意があったり、無際限に謙譲でないからといって、自分を責めてはならない。「剛毅な心を生まないような謙譲は、疑いなく偽りの謙譲である。真の謙譲とは、言うまでもなく自分が何者でもないこと、何もできないことを認めることだ。だがその場合、直ちに謙譲は剛毅に席を譲り、剛毅な心はこう言う。万能の神を信じるならば、できないことはないし、できないことはありえない、と」（『霊的指導』）。こうした数少ない示唆だけでも、サレジオの司牧上の指示が今日でも古びていないことが分かる。それらの指示には時代を超えた性格が備わっており、それというのも、人間の心の本質は、どの世紀でも変わることはないからである。

フランシスコ・サレジオが、このように霊的指導にきわめて適していたのは、彼が明確な理想を抱いていて、彼に信頼を寄せる人々を、それに向けて導こうとしたからであった。この目標は彼が聖者たちの生へ深く入り込み、かつまた神秘主義に向かうことによって、次第にはっきりとした神への愛の形をとるようになった。確かに彼は、すでに最初の書物の宛先の女性に「神を愛する魂」の名を与えていた。彼にとって信仰とは神に対する昂揚した愛にほかならないが、そうした愛を彼は、「甘美な感情や慰め」と取り違えることはなかったし、「涙や嘆息以外を含まない心の軟弱な感動」（『フィロテア』）と取り違えることもなかった。

だが神への愛の理想が初めて中心に置かれたのは、明らかに、ジャンヌ・ド・シャンタルのために書かれた『テオティムス』（Theotimus）とも呼ばれる彼の第二の主著『神愛論』（Traité de l' Amour de Dieu）であった。第一の書物からこの第二の著作までの巨大な歩みは、何年にもわたる内的な作業が前提になっている。十二巻から成るこの著作には、認識論、論理学、哲学、神学が含まれているが、言うまでもなく、すべての著作に意識的に穏やかな光が注がれている。『テオティムス』の内奥の中核は、分析不可能な歌唱である。この著作は、広範囲の人びとに向けて書かれたものではなく、どの神秘主義的著作もそうだが、少数の人びとを対象に書かれている。序言によれば、この著作には、『フィロテア』の域を超えて、より高い段階の魂に語りかけ、さらに高い神秘主義の段階へ導く意図がある。フランシスコ・サレジオにとって、「祈りと神秘神学とは同じもの」（『テオティムス』）であった。神秘神学の最も主要な修練は、神との語らいであり、己の心のなかで神が語るのを聞くことだった。『テオティムス』でジュネーヴ司教が、アヴィラのテレサに依拠して教えているのは、限りなく甘美な「神への魂の没入」である。彼の神秘主義は、愛以外の何ものでもなく、彼が言うように「愛は、神についてのあらゆる学識の総体」（同前）なのである。フランシスコ・サレジオは、「聖なる愛の歌」を歌い上げ、最終的に、実際の生活でも「私に助言を乞わないでほしい。私は愛以外には与しないから」（『シャンタルへの手紙』）という在り様に到達していた。これは彼が神への愛について書いた見事な言葉だが、次第に、この愛に彼自身が貫かれるようになり、「真の愛に方法は不要である」（『霊的指導』）という認識にまで到達する。

フランシスコ・サレジオの神秘主義的な神愛の根を探ると、ジェノヴァのカタリナに行き着く。母親の相貌をもち、愛に燃える心を抱くこの聖女を、『テオティムス』の著者は、きわめて詳細に考究し、次のような讃辞も口にしている。「どうか私に言って欲しい。あらゆる人間のなかで最も頭が切れると言われる神学者オッカムと、無学の聖女ジェノヴァのカタリナのどちらが、より神を愛していたか。オッカムは瞑想によって神を識り、カタリナは経験によって神を識った。彼女の経験はセラフィム的な愛の点で、はるかに先に進んでいた。オッカムは、彼のあらゆる学識をもってしても彼女の尋常でない完徳のはるか後方に取り残されている」（『テオティムス』）。

神の内への魂のこのような神秘的流入の影響により、聖性は明確な姿で外部に現れる。彼はそうした聖性を目指して人々を教育しようとし、そのことを次の有名な言葉で要約した。「あなた方は、私があなた方の心の最も奥深くに刻み込もうとしているものは何だと考えるか。あなた方は、あなた方が極めて良心的に何を守って日々を生きるのを、私が見たいと思うと考えるか。これまでも、しばしばあなた方が肝に銘じるように言ってきた二つのこと、すなわち、何も求めず、何も拒まず、ということ以外にない。この二文で、私はすべてのことを表した」（『霊的指示と講話』）。

フランシスコ・サレジオが一度ならず口にしたこの言葉以上に、真の聖性とは何かを明かしている言葉はない。「何も求めず、何も拒まず」という標語は、しばしば口にされ、彼が意識して求めていたことがうかがわれる。このことが彼の最も重要な原則であり、彼が絶えず追い続けたことだった。聖性の内容を定義したこの短い言葉は、熟考に値する言葉である。宗教的に考究する以外に、この言葉の最終的な深みは解明できない。自然的人間は絶えず何かを求めており、願望のかたまり以外の何ものでもないことがしばしばある。これに対してサレジオは、「何も求めず」と言う。これは神に対しても、人間に対しても何も要求しないということである。聖性を目指して努力するキリスト教徒は、その人間に神が定めたことで満足し、それ以上何が与えられるかは、待つほかはない。

同じように重要なことは、もう一つの指示、「何も拒まず」である。どんな頼みも拒まず、与えることに徹せよということだ。「何も求めず、何も拒まず」は、古くはストア派の理想だった。それがフランシスコ・サレジオにより、ふたたび取り上げられたのである。事実、この標語にはストイックな性格が備わっているが、パウロの発言からも分かるように、ストイシズムにも、キリスト教と無縁ではない真理の核が含まれている。サレジオは彼の宗教的なヒューマニズムに従って、ストイシズムの真理内容を取り入れ、それを彼の新たな信仰の理想に組み込んだのである。だがそれは、単に古代のストイシズムが変わらない姿で復活したということでは全くない。彼は、すべての出来事を冷静にやり過ごす人間を評価せず、次のように述べている。「自分が人間であることを認めようとしない者たちの無神経な思い上がりは、私にはいつも、まぎれもない妄想と思われた」（『霊的指導と講話』）。

フランシスコ・サレジオが「何も欲せず、何も拒まず」という聖性の理想で主張したのは、生に対する古代異教の無感動な態度ではなかった。彼が重視したのは、むしろキリスト教的な平静さであり、これは無感動とは別のものである。つねに変わらぬ平静な態度を失わない者のみが、この世の生の浮き沈みのなかで動じることのない平穏な状態を保つことができる。神に何も求めず、人間に何も拒まないよう努めるキリスト教徒のみが事態を超越できる。そのような者は、神に根拠を有する高い次元に到達でき、心的にあらゆる状況に対応できるようになる。だがこの高い次元には、自力では到達できない。神に対する深い愛によって、はじめて到達できるものだからだ。

何も求めず何も拒むことのない人間は、最終的な完徳を内に秘めた静謐な魂の幸福を体験する。人間の心の永遠の不安は、変ることのない霊的な平静さによってのみ克服できる。フランシスコ・サレジオは、不安を魂の低次の部分の動揺と見なし、敵として闘わねばならないとした。変らぬ平静さを保ち、朝に落ち着いた心構えで始め、昼間は仕事のさいに内的、外的不安に打ち負かされないように、注意を促した。魂の貴重な平安は、サレジオによれば、何も求めず何も拒まない原則に従って生きる人間のみが見出すことができる。人間は、このような平静な心によってのみ、静穏な境地に至ることができる。平静な心を維持できる人間が、もはや内的な平安を失うことがないのはそのためである。「私たちの心の平安を何が揺るがせることができよう。何もかもが上を下への大騒ぎになったところで、私はそれに煩わされることはないだろう。心の平安と比べて、全世界で一体何が価値があるというのか」(『シャンタルの手紙』)。

かつてフランシスコ・サレジオは、アウグスティヌス同様、不死の生命の水に浸るまで、この世で常に休むことのない人間の心の不安を、奇蹟として讃美したことがあった。だが神の内への魂の溶け込みが彼に可能になった時、眼を閉じて摂理に自らをゆだねることによる平安を体験し、以来彼の主な注意はそのことに向けられるようになる。「聖なる平安」について彼は語り、聖なる平安の内に在る魂は、「沈黙の果てにあって、いかなる言葉も発することなく、声をあげて泣くことも、むせび泣くこともなく、嘆息することも、動揺することも、祈ることもない」（『テオティムス』）のであった。

以後彼は、最良の祈りとは神に沈潜し、己をも、祈りそのものをも考えない祈りと思うようになる。そうした祈りの場合には、秘めたる沈黙の対話を通じて、聖なる愛により、愛する者同士とは分からない仕方で、心と心とが語り合うというのであった。フランシスコ・サレジオは、「動揺さえも安らかに」体験する「動揺のなかでの平安」という目標をしばしば語っている。おそらく、不朽の表現と見られるのが、ジャンヌ・ド・シャンタルへの深い意味を秘めた手紙の次の文言だろう。

「穏やかで静かな霊的緊張のもとに、摂理の腕のなかで安らかにまどろみながら、神の聖なる意志に安んじて従い、神のもとにのみ在るようになさい。なぜなら、そうしたすべてのことが神には好ましいことだからです。思考力を酷使しないようになさい。思考力は、祈りの場合にさえ有害です。あなたの好む事柄と、できるだけ穏やかに、熱意を込めて取り組みなさい。思考力が時折働くことがあっても、それに気づいたら直ちに単純な意志活動に戻らなければなりません。神が現前した場合には、そこに留まるのです。神を見ることも、神を語ることもせず、壁龕《へきがん》のなかの彫像のように、神によって置かれたところに、ただ在るようにするのです。この単に神の前に在ることに加えて、私たちが神に属し、神が私たちのすべてであるという感情が生まれれば、私たちは神にその慈愛を感謝するはずです。壁龕のなかの彫像が口をきくことができ、何でそこにいるのかと問われれば、ここに彫刻師が置いたからだと答えるでしょう。なぜ動かないのかと問われれば、彫刻師は私が動くことを望まないからだと答え、動かないことで何の得があるのかと問われれば、得をするためにここに在るのではなく、師に仕え、従うために、ここに在るのだと答えるでしょう。だがお前は師を眼にしてはいないではないか、と問い詰められれば、彫像はこう言うでしょう。その通りだが、師のほうが私を見ており、私が置かれたところに在ることに満足されている、と。だが移動して、師に近づくこともできるのでは？　いや、師はそう命じられてはおられない。それでは、何の望みも無いというのか？　ありません、師が私を置いたところに在るのだから。師の意向に従うことが、私の在り様の唯一の満足なのです」（ヘッペ『カトリック教会のクィエティスムの歴史』一八七五）。

この言葉には、神の平安に満たされたフランス神秘主義の信仰が告白されている。フランシスコ・サレジオは、このフランス神秘主義の創始者の一人であった。数十年後、フランスでは、ギュイヨン夫人をめぐる混乱の結果、クィエティスムが異端視されるが、サレジオの時代には、まだそのような嫌疑は受けていなかった。彼の生涯から分かるように、無為と言うことでは全くない聖なる平安の理想は、キリスト教的宗教性の最高の成果の一つを意味している。彼の最後の努力は、完全に神の内に憩う魂に向けられていた。こうした努力に対しても、《奇蹟の漁り》という形容がふさわしい。

彼の魂の平安についての言葉に、神的な輝きがあふれているのは、単なる理論的な要請ではないからだ。いつの時代にも、教会内には人々になすべき義務を説くだけの道徳家が多数存在した。ジュネーヴ司教フランシスコ・サレジオは、そのような道徳家では全くなかった。彼は自分が教えたことを体現した生きた実例だった。このことは彼の人格の真の聖性を示している。フランシスコ・サレジオは、詮ずるところ何も要求せず、何も拒むことのない、神の内に憩う魂の体現であった。このことは、彼と親しかったすべての人びとが証言しており、その中で最も印象深いのは、言うまでもないがジャンヌ・ド・シャンタルの証言である。

「あの方が言われるには、神に仕える真の仕方とは、神に従うことであり、単純な裸の信仰以外の何かの慰藉や感情や光の支えなしに、《魂の頂点》で神に倣うことであるということでした。ですから、あの方はつねに孤独で、侘しい、慰めのない状態を愛しておられました。ある時、自分は慰めがあるかないかはほとんど気にかけない。主が快さを与えてくださるなら、単純にそれを受け入れる。与えてくださらないなら、そのことを考えないようにする、というのでした。しかし実際には、たいてい至極甘美な心を抱いておられました。少しだけでも自分の内部に引っ込むと、表情からそれが分かりました。そのようなことが、しばしばありました」（『シャンタルの手紙』）。

この高次の平静な在り様は、彼の生得のものではない。このサヴォワの聖者は、その素質から言ってサヴォワの血が流れていた。実際、彼は激しい気質のフランス人だった。彼もまた不安や激情を経験しないわけにはいかず、彼自身の告白によれば、「私以上に情愛深く、優しく、はっきり言って、熱っぽく愛した者はこの世には居ないと思う。私の心を、そう整えることを神も気に入られた」（『シャンタルの手紙』）という。愛と怒りは、彼が克服するのに最も大きな努力を注いだ二つの特徴だった。彼は己の激情と闘い、ついにはそれを克服でき、円満で、神の内に憩う魂の人間となり、他の人間にも柔和な消えがたい印象を残すようになった。だがこれは、ほかでもない「何も求めず何も拒まず」という在り様の別の面に他ならない。彼の書き物に、柔和な心という言葉ほど繰り返し現れる言葉はない。柔和な心は彼にとっては、真にキリスト教的精神を表すものであり、これに限界を設けることを彼はしなかった。長い内的な闘いを経て、フランシスコ・サレジオは、聖性のまぎれもない表現である光にあふれた柔和な心になった。彼の生涯は、最終的に、「幸いなるかな、柔和なる者、その者は地を継がん」（マタイ5－5）という主の言葉の眼に見える体現なのだ。力のなかのこの稀有の柔和な要素について、『テオティムス』の著者の精神に深く沈潜していた高貴な人物フェヌロンが、サレジオの柔和な心を己のものにしようとしたことは適切な判断だった。フランシスコ・サレジオは、シュティフターが物語で美しい表現を与えた《穏やかな法則》に、同じように美しい表現を与えたが、この《穏やかな法則》を前にすればば、このジュネーヴの司教フランシスコ・サレジオは、まぎれもなく聖者であると言え、教会が彼に与えた最高の称号、すなわち完徳博士に値する存在であると言うことができる。

8 カリスマに恵まれた痴れ者

コペルティーノのジュセッペ（一六〇三―一六六三）

第一章

コペルティーノのジュセッペについて、どう考えるべきだろう。流布している何らかの図式には当てはまらず、通常の呼び方ができない人間はどう判断したらよいのか。生時からすでにコペルティーノのジュセッペは、教会当局には不快な存在だった。今日でも、彼のことを読む人びとは、当惑、疑問、拒絶の思いを隠すことができない。彼に接した人びとは、当惑し、黙殺するので、その存在はほとんど知られていない。彼が近世の変った聖者と見られるのは、歴史上、彼に比較できる人間がいないからである。「彼が存在しなかったとしても、誰も彼を発明できる者はいないだろう。彼は変った人間のなかでも最も変わった存在だ。聖者のなかでも、彼ほど聖者伝の編者たちを当惑させる聖者はいない」（エルネスト・エロー『聖者たちの相貌』一九三四）。

コペルティーノのジュセッペを、その時代から説明することは不可能である。彼はすでに、西欧精神の危機が語られていた十七世紀に生きたが、この世紀からは遠い存在だった。ドイツは当時、三十年戦争のさなかで国は荒廃していた。フランスではデカルトが、疑いから出発する哲学を主張し、近代の意識変化を招来していた。英国では多くの近代的な理念を生み出した大きな革命が起こっていた。こうしたすべてのことを、ジュセッペは、何も耳にしていないか、耳にしていたとしても、きわめて僅かだった。おそらく、これらの出来事の風聞は彼の耳に全く届いていなかったか、届いていたとしても不確かなものだったろう。芸術は全く理解せず、学問的な知識も無ければ、文化を享受する意欲にも欠け、愛欲の体験にも欠けていた。生きていてよかったと思わせる一切の物事が、彼には存在しなかった。いずれにしてもコペルティーノのジュセッペは、そうした物事についてほとんどといってよいほど語ることはなかった。だから、彼を語る目ぼしい著作が見当たらないのも驚くにあたらない。フランシスコ会の総会長ロベルト・ヌティが、すでにジュセッペの没年に、彼の伝記を書くように依頼されはした。だが、実際にジュセッペと面識のあったヌティが、必要な資料を集めて伝記を公にしたのは、ようやく十五年後のことだった。一世代後には第二の伝記が公にされ、列福後にはアンジェロ・パストロヴィッキ神父が、教皇ベネディクト九世の依頼を受けて第三の伝記を公刊し、これが同じ年の一七五三年にドイツ語に翻訳された。今日もなお、この昔の伝記に頼っている有様だがこれには事実的な出来事が記されているだけで、事実の解釈は全くなされていない。百年以上前に一人の司祭が名を出すことなく公にしたこの伝記にしても、聖者伝に求められる現代的な要求に応えられるものではない。このようなわけで、文献に頼ってコペルティーノのジュセッペに接近しようとしても、成果は乏しいのが実情である。

だが、こうした昔の伝記は古くなったとはいえ、聖者のなかで比較できる存在を欠く一人の聖者の像は、これらの古い伝記を通しても垣間見えはする。コペルティーノのジュセッペなる人物は、われわれが慣れ親しんでいるあらゆる観念を覆し、この上なく異様であるにもかかわらず、奇妙に魅力的な印象を与える人物なのだ。とはいえ、彼に教化的な決まり文句を適用するのは誤りである。彼の姿に近づくには、読者が未だ経験したことのない類の事柄を受け入れる心構えが必要だ。コペルティーノのジュセッペの生については、はじめにモットーとして、慧眼の閨秀詩人マリー・ノエルの言葉を挙げておきたい。

「この聖者は、非の打ちどころのない存在というものでもなければ、価値ある人間でもない。何の価値もなく、何者でもないひとりの人間である。だが、神の恩寵は、この何者でもない人間を通じて、泉の水が水路の大きな出口から流れ出るように、人びとの喉を潤すのだ」(『神との体験』一九六二)。

第二章

コペルティーノのジュセッペことジュセッペ・デサは、当時のナポリ王国の南部、ブリンディジとオトラントの間に位置するコペルティーノ村の出である。父親は有能な大工職人だったが商才はなく、ジュセッペが生まれる前に、借金だけを残して亡くなっている。父親の死後は、廷丁が家にやってきて、家財は競売にかけられた。母親はこの哀しい出来事を恥じて馬小屋に逃げ込んだが、急に産気づき、もう一人の大工の息子キリスト同様にここで生を享ける。

ジュセッペの若年時については、褒められるようなことは何も伝えられていない。とくに、愛すべき才能に恵まれているということもなかった。この子供を母親は全く喜ばず、重荷と感じさえすれ母親らしい温かさを示すことはほとんどなかった。育て方は厳しく、少しの過ちも許さなかった。加えてジュセッペは、虚弱で病気がちだった。彼が死んでも喪服を着る者はいなかったろう。病弱のこの子供は栄養不良で、膿をもった汚らしい出来物が体中に吹き出ていた上に、頭がおかしいようにも見えた。

いずれにしても幼いジュセッペは、同年齢の子供のなかで最も見栄えがしなかった。学校でも学業についてゆけず、注意を集中するのに苦労していた。神経過敏の兆候もあり、鐘の音を聞いただけでも本を取り落したりした。すでに幼児のころから周囲には無関心で、ぽかんと口を開けうつろな目で片隅を見つめているようなところがあった。口を半開きにした顔から、知的な障害があるように見えたため、他の子供たちは《口開け小僧》(bocca aperta) と言ってからかった。この綽名には愛すべきおふざけの魅力が欠けており、遊び仲間の軽蔑が表されている。子供の頃のジュセッペは、経験したきわめて簡単なことも、言葉で表せなかった。表現能力が欠けていて、話の途中で言葉に詰まったからだ。こうしたさまざまな障害のために、ジュセッペは幼少時の楽園をまったく体験してはいなかった。彼の生涯のこのような苦しい出だしには、教化に役立つ面が欠けている。敬虔な読者は通常、聖者伝から教化的なことを期待する。だがそうした態度は、どっちみち誤った展望を生じさせる。ジュセッペの哀しい幼少時代は、むしろこの聖者を形づくった材料が乏しいことを伝えている。

若者に成長したジュセッペは、靴屋の徒弟となる。だがきわめて簡単な修繕も、彼の手には余るものだった。小さな腰掛に腰を下ろして、縫い糸を皮に通すこともせず、夢でも見ているように飛びまわる蠅を眼で追うのだった。結局、親方から靴屋の仕事は彼には向かないと宣告される。

そうこうするうちにジュセッペは、一人の修道士が托鉢する姿を見る。彼にはこれが自分に合った仕事だと思われた。事実、宗教的な事柄に対する感受性が彼には備わっていた。このため、息子に悩まされていた母親は、彼を修道院に入れようとする。だが訪れたフランシスコ会の修道院は、彼の不快な外見からして、すでに期待がもてなかったため入会を拒否する。次に訪れたカプチン会では、先ず試してみようということになり、助修士として入会が許される。だが長くは続かなかった。白パンと黒パンの区別もできず、鍋底を上にして火にかける類の突拍子もない間違いをしでかしたからだ。食堂では、重ねた皿を全部落として割ってしまったりしたほか、絶えず修道院の食器や器具を壊していた。自らを卑下し、より一層心配りをするように、修道服に割った皿の一部を縫い付けたりしたが、一向に効き目がなかった。義務を果たしているかどうかという点でも、信用がなかった。身のこなしも不器用な上、もの分りも悪かったから、修道士たちも匙を投げていた。彼が、無能な助修士である点は変わらず、使いものにならないというのは誇張ではなかった。

この聖者について、若いころからすぐれた素質の持ち主だったと語ることができれば、より相応しいことだったろう。実際、以前の伝統的な聖者伝では、そう書かれていた。だが真実を報告しようとすれば、そのような話にはならない。聖者伝は、とくに真実でなければならない。加えてジュセッペには、奇妙な発作に襲われ放心状態になることがよくあり、そのようなときには、信心で頭がおかしくなったように見えた。まったく場違いなところでひざまずいて周囲のことは全く忘れてしまうこともあった。八カ月の試用期間後、カプチン会士の忍耐も限界に達する。ジュセッペは修道院の生活には向かないと判断され、修道院を出るように言われる。この決定に驚いた彼は、すこぶる鈍感だったにもかかわらず、ひどく苦しんだ。彼自身の告白によれば、修道服と一緒に皮膚と肉とが一緒に骨から剥ぎ取られたように思えたという。

履物もはかず、かぶり物もかぶらず彼は修道院を去る。朦朧とした意識で足を運び、羊飼いに馬鹿にされても、野犬に吠えかかられても、まったく気付かなかった。何処へ行ったらいいのか。そのうちに、物持ちの伯父のことを思い出して、立ち寄ったが、ひどい言葉を投げつけられただけだった。罵られても弁解もできずに、招かれざる客であった彼は閉め出される。結局、伯父に小さな声で告白したこと、つまり「自分が何の役にも立たなかったために、カプチン会から追い出された」ことを納得せざるを得なかった。伯父は実際に彼を軽蔑しており、にべもなく彼を追い払った。ジュセッペは、母親のもとに戻るほかはなかった。だがひざまずいて懇願したものの、母親もこの役立たずの息子を再び家に迎え入れるつもりはなかった。

ジュセッペは、若いころは文字通り何の役にも立たない人間だった。無能というのが唯一彼に当てはまる呼称だった。学校でも、靴屋の徒弟になっても、修道院でも、簡単に言ってしまえば、何処へ行っても無能であること以外は証明されなかった。「ぽかんと口を開けた」姿を見ただけで、人びとは直ぐに使いものにならないという印象を受けた。愚鈍な無用者として彼は存在し、世の中では必要とされず、何の役にも立たず、つねに無能であることを証明した。

たまたま、母親の兄弟にフランシスコ会士がいた。その世話でジュセッペは、グロテラの修道院で第三会員になることができた。十八歳のジュセッペは、この修道院でラバ追いと托鉢を任される。その過程で信仰が深まり、パンを得るよりも霊的な救いを重要に思うようになる。また謙譲になり、彼には常に最も卑しいとされていた仕事が任されたが、少しも嫌がることはなかった。そのことで、少なくとも服従の能力が証明された。またそのころ、彼のうちには或る変化が生じていた。規律に従い義務をより几帳面に果たすようになったのである。

そうこうするうちに、ジュセッペは特別な禁欲を守るようになる。肉は食べず、まずい野菜、干からびた果実、苦い粉をまぶした豆以外は摂らなくなった。何年もの間、パンや葡萄酒は摂らなかった。このため顔は死人のように蒼ざめ、体は骨と皮ばかりのように痩せ細った。何で今日は何も食べないのかと問われると、彼は「食べることは考えなかった」とだけ答えた。ほとんど絶えず断食し、聖体以外は摂らないことも多かったが、聖体で力がつけられるように感じていた。腰には贖罪帯をつけ、鉄鎖を巻いていた。また、壁に血が飛び散るほど激しく我が身を鞭打ちもした。袋に藁を入れて造った寝床も酷いもので、敷布も掛物もなかったから休息の場所というより苦痛の床だった。彼の小房には、粗末な小椅子、小机、紙に描かれた趣味の悪い聖人画があるだけだった。

金銭は誰からも受け取らなかった。後のことだが、誰かがこっそり彼の頭巾のなかに硬貨を入れておいたことがある。「彼は大いに気持ちを掻き乱され、嘆き始め、喘ぎ喘ぎ、汗を流し、重荷でも背負っているように身をかがめて歩きながら嘆いた。《もうだめだ》。そして、誰かがこの重荷を取り除いてやるまで彼の気持ちは休まらなかった」（パストロヴィッキ『福者コペルティーノのジュセッペの生涯、徳行、奇蹟の簡単な概観』一七五三）（列聖は一七六七年）。

このように、ジュセッペは、彼の偉大な範例である聖フランシスコに倣い、自力によるのでもなければ、生来の素質によるのでもなく、もっぱら仮借ない禁欲によって聖者になったことを証明した。

ジュセッペの敬虔な行動を見て、修道院長は、彼を修道士に育て上げようと考えた。困難な道だったが、ジュセッペは五年後に修道会に受け入れられた。これは彼にとって、この上ない喜びだった。この役立たずの修練士は、修練長からさまざまな叱責を受けることになったが、哀願するように答えるのだった。「どうか私のことを我慢してくださいい。そうすれば、あなたは大きな功徳を得ることになるでしょう」（パストロヴィッキ）。学習のほうは、一向に進まなかったが、これは彼が知的な点では、手先が不器用だった以上に無能力だったことから理解できる。人文分野の学習には、限りない努力を強いられた。読むのが苦手だっただけではなく、書くことも容易でない状態だった。進歩は僅かで、しかも遅々としていた。理解力を欠くこの人物には、学識を身につけることは無理だった。同じように聖書の理解も苦の種だった。聖書についての彼の説明は、教授連中を満足させるものでは全くなかった。あるだけの力を尽くしても、聖書の理解は乏しかった。結局、彼が理解したのは一つの文章だけで、それも山上の垂訓やパウロの愛の讃歌のなかの一文ではなく、奇妙なことにルカの「幸いなるかな、汝を孕《やど》し胎《たい》」(11-27)の一文だった。何故ジュセッペが他の言葉でなく、この言葉に感銘を受けたのか誰にも分からなかったが、多分彼自身にも分からなかったろう。彼はこのルカの一文を衷心から愛しており、この文章が彼を恍惚とさせ、辛い学習のなかでのせめてもの慰めだった。

最終的には、司教による第一の試験に合格する必要があった。この試験が彼には気がかりだったし、試験で自分の無能力が改めて明らかになるのが心配だった。だが、その日はやってきた。司教が机に座り、不安げな候補者を鋭い眼で見つめる。聖書の頁をめくり始める。「幸いなるかな、汝を孕し胎」という文章を眼にとめると、すぐにジュセッペにこの言葉の説明を求める。居並ぶ者たちが驚いたことに、直ちに口を開くや、いくら語っても語り足りないといった調子で語り続けた。他の言葉には鈍感なジュセッペが、自分の好む言葉については淀みなく説明し、しかも彼が語ったことは、どの書物にも書いていない事柄だった。終わる様子がないので、司教はついに彼の話をさえぎる。司教はこの候補者を優秀と見なして、助祭職に就かせることに決める。こうして彼は、幸運にも、予想に反して難局を切り抜けることができた。

だがジュセッペは、まだ目標に到達したわけではない。しばらく後に控えている修了試験に合格せねばならなかったからである。修了試験には、デティ司教がまた現れて、受験者たちを注意深く観察してから質問し始めた。初めの何人かの受験者たちの答えは、それまでの試験の時に司教が耳にした平均的な答えを遥かに超えるものだった。司教は、それを聞いて大いに喜び、それ以下の答えを聞きたいとは思わず、試験はこれで終わりと宣言し、受験者たちのすべてを司祭に適任と見なした。ジュセッペは、第二の試験が、第一の試験以上におかしな経過をたどって終わったことに、安堵する。質問を受けることなく、この不器用な男はすこぶる奇妙な形ではあったが、司祭の仲間入りをすることになった。当時はこうした規定外のことが可能な幸せな時代だった。恐れおののく受験者たちが、コンプレックスを覚えることもなければ、精神医学的な扱いを受けることもなく、試験は進行したのである。以来、ジュセッペは、学生たちから彼等の絶望的な試験の守護聖人に祭り上げられる。

だが、この使いものにならない男は、最後まで使いものにならずに終ったのか。否である。ジュセッペの実例は、神の選択には、人間としての欠点が何の意味も無いことの分かりやすい実例と言ってよい。ミサの執り行いは許されたとはいえ、ジュセッペは以後も有為の人間というには程遠かった。聖職者としても、それまで同様の無能さで、床の掃除くらいしか任せられなかった。施しを集めるには役立ったが、いつも途中で何かを紛失し、サンダル、帯、果てはロザリオまでなくす始末だった。生涯の終わりまで、彼は普通の意味でまともな修道士仲間には耐えがたい人間だった。

司祭に叙階された直後、ジュセッペは酷い霊的な飢えに苦しむ。一切を失い、この世のもの一切が魂にとっては危険と見ていたにもかかわらず、霊的な飢えに襲われたのだ。彼も神の訓育を受ける必要があったのは明らかだった。絶望し、慰めを失い、憂鬱症と闘わねばならなかったからである。暗い気分に襲われ、さまざまな誘惑にさらされ、気分の昂揚は全く消えてしまった。「丁度このころ、しばしば悪魔が彼に誘惑の手を伸ばし、ある時には彼の気持ちのなかに不純な考えを吹き込み、ある時には、身の毛もよだつような悪夢で脅かした」（パストロヴィッキ）。疑いが彼の単純な魂に巣食うようになった。明らかに彼も他の聖者たちと同じように、あらゆる不純な誘惑にさらされたことが分かる。

後年に至っても、ジュセッペは時折、霊的枯渇に襲われている。この心的なみじめさと、それが予期せぬ終わりを告げたことについて、彼はこう書いている。「私は、しばしば神のことで神に苦情を言った。神のために私は一切を捨てたが、神は、私を慰めることなく、私に死ぬかと思うほどの魂の苦しみを与えた。私がある日、また泣いて溜め息をつき、死んでしまおうかということばかり考えている時、一人の修道士が私の小房の扉を叩いた。私が答えずにいると、彼が入って来た。《ブラザー・ジュセッペ、どこか悪いのかね。私はあんたを助けに来たのだ。ここにスータンがある。あんたは持っていないと思うので》と彼は言った。私のスータンは実際、ぼろ布同然だった。私は、その見知らぬ修道士が持ってきたスータンを着た途端、すべての疑いが消え失せた」（エロー）。スータンを持ってきた男については、ジュセッペ以外に見た者はいなかった。この奇妙な出来事は、比較するもののない全く別次元の体験世界への入口だった。

第三章

役立たずのジュセッペはカリスマに恵まれた人間だった。少年時代の奇妙な放心状態は、神的な領域への独特な沈潜だったことが次第に明らかになる。ジュセッペの脱魂状態は、彼の生得の素質からは説明できない。カリスマは生得の才能では全くなく、その名称通り神の贈りものである。だが、カリスマ的な能力に恵まれているからといって、ジュセッペの不器用な点を忘れてはならない。この二つは独自の仕方で関連しているが、これは鈍重な面が影の部分で、対照的に光の部分が明るく見えるという事情なのではない。むしろ世間的な物事の処理能力を欠くことが、光を受ける前提になっているということだ。海千山千の人間がカリスマに恵まれることは難しい。そうした人間は、どっちみち抜け目がないので、困っていてもどう動けばよいか知っている。だが不器用な人間は、どう行動すればよいか分からず、上からの助けを求める。もちろん無能とカリスマの結合によって、ジュセッペの生の謎は一層謎めいたものになる。偉大な人間の創造的な仕事は驚嘆させるが、どんなに精神的に偉大な人間であっても、全く理解できないということはない。才能ある人間の天才的な業績は、説明できなくはない。だが無能の人間が常軌の外の業を成し遂げる場合には、つねに説明は不可能である。その場合には、どのような心理学的解釈も役には立たない。どんなに賢明な言葉をもってしても超えることのできない理解の限界がある。どのような説明をもってしても超えられない事象への驚異が生まれる。人間を畏怖させる説明不可能なものが姿を現し、突然、ジュセッペに恵まれたカリスマによる出来事に驚く。「どの聖者も神に呑み込まれており、人間的に言えば神によって破壊されている」(ノエル)。

ジュセッペの脱魂状態はしばしば現れ、ほとんど彼の全生涯にわたって鎖のようにつながっている。彼自身にはこの脱魂状態を招く力も、打ち消す力もなかった。脱魂に入る直前に、そのつど「おお」と叫ぶだけで、すぐさま天国的な恍惚状態に入ったという。時には何かに掴まろうとしたが無駄で、彼は発作に拉し去られるのだった。脱魂状態に入ると彼の体は硬直し、呼吸が止まっているように見えた。裁判記録によれば、彼は「脱魂状態に陥り、公の行事を妨げるため、三十五年にわたり教会の内陣や食堂に入ることも、祈願の列に加わることも許されなかった」(パストロヴィッキ)。ジュセッペ自身は、自分の脱魂について騒ぎ立てることは全くなく、それを眠りと呼び、体が弱く病弱で、不器用のためと言っていた。ジュセッペの脱魂には、深い沈黙が支配している。彼自身は自分が見たことを全く報告していない。すべてが神とジュセッペとの間で起こったことなのだ。おそらく彼は脱魂状態で、この世で人間には経験できない神との合一を体験したのだろう。彼の霊ははるか遠く、神のもとにあった。したがって彼は、外界の何ものにも気づくことはなかった。不思議なことに、上の者たちが声をかけると直ぐに呼び覚ますことができた。

だが、脱魂状態は喜びばかりではなかった。修道院の修道士仲間は、彼の脱魂状態をただちに理解はしなかった。ジュセッペに対する彼らの態度は、光にあふれた姿の拭いがたい影のように思われる。彼らはジュセッペを役立たずと見なして、腕白小僧のように、彼に様々な悪いたずらを仕掛けた。地面を引きずったり、針でつついたり、燃えている石炭で火傷を負わせたりした。彼はしかし、修道士らしからぬこれらの悪いたずらについて、自分の手がついには傷だらけになっても、何も語ることはなかった。ある高位聖職者に、その傷はどうしたのか問われた時には、こう答えただけだった。「私が発作に襲われると、兄弟たちが私をどうしなければならないかお判りでしょうか。彼らには、私に火を押し付けたり指を切ったりするほかはないのです」（グディァ『罪人と聖者』一九三七）と。そしてほかの時にも、そうするように笑っただけだったが、推測するに、これは涙を抑えた笑いだったろう。

ジュセッペは、脱魂状態で常に硬直状態に陥るわけではなかった。歌を歌う時、踊る時もあった。浮き浮きした気分で喜びにあふれて、飛び跳ねたり、膝をついて踊ったりした。彼の奇妙な動きは何度も目撃されている。修道院では見なれないこの踊りは、聖なる祈りの踊りと明らかな類似性をもっている。宗教的な踊りは、宗教史の中で一つの役割を担っている。旧約の場合にも、ダビデが契約の櫃（歴代史下6－11）の前で力を込めて踊り、妻を恥ずかしがらせた。妻ミカルは、ひどく彼を軽蔑し、激しく罵った。ダビデは、動じることなく「主の前で踊りたい」と答えた（サムエル下6－21）。キリスト教会の聖体行列や祈願行列のさいには、踊り様に歩みを進めることがあり、セビリアでは今日でも、年に一度少年たちが祭壇の前で礼拝の踊りを踊る習慣がある。だから宗教的な踊りの点で、ジュセッペは例外なのではない。彼の踊りには激しいうめき声が伴い、このうめき声は、押しつぶされた溜息か鳥の鳴き声のように聞こえたが、不快なものではなかった。

踊りと叫び声は、ほとんど描写しようのない出来事の序の口にすぎなかった。幸い著者は詩人ではないから、夢物語の疑いをかけられることはないだろう。このことは冷静な描写を必要とする。事実そのものが、過度に感情的な要素を含んでいるからである。飾り立てても害になるだけである。報告できるのは所詮外的なことにすぎず、内的な出来事は理解を絶している。神秘主義の歴史の中で、物体浮揚の証言は少なくない。だが、ジュセッペの場合は、空中に体が静かに浮く通常の物体浮揚よりはるかに異常だった。彼は始めのうちは踊っているが、そのうち鳥のように鳴くと、空中を飛んだのだ！　翼をもった鳩のように、ジュセッペは屋内を浮遊した。教会の真ん中から中央祭壇まで十五メートルほど飛んで行くと、そこにあった聖櫃を抱えて、十五分ほど空中に浮かんでいたが、不思議なことに、ろうそくの火には触れなかったので、衣服が燃えることはなかった。それから、再び床に下りた。ジュセッペが、このような変った飛翔をしたのは一度ではない。しばしば起こったことだった。彼がコウプを着て行列に加わっていた時、突然、地面から三メートルほどの高さのところにある教会の説教壇に向かって飛んで行き、腕を伸ばし、説教壇の縁にひざまずいて、暫くの間、脱魂状態に陥ったこともあった。

またグロテラの修道院では、修道士たちが、キリストの磔刑時の十字架を摸した三個の十字架を立てたことがあった。「三個の十字架は、すでに所定の位置に立てられていた。だが、三番目の十字架は、五メートルを超える高さで、非常に重く、十人の男が力を合わせても立てることができなかった。これを見ると、ジュセッペは修道院の入口から、ほぼ八十歩の距離のところにあった十字架のところへ飛んで行くと、軽い藁でも持ち上げるかのように十字架を持ち上げ、すでに掘ってあった穴に立てた。この十字架は、彼の特別の尊崇の対象だった。十字架にかけられた救世主に魅了された彼は、十歩ないし二十歩の距離から十字架の腕の一方へ飛び上がることができた」(サーストン『神秘主義の身体的付随現象』一九五六)という。

また、次のようなことも伝えられている。「カスティリアの海軍元帥は、アッシジでジュセッペと話をした後、教会の中にいた妻に言った。《今、第二の聖フランシスコに遭って話をしてきた》と。妻が、自分も会いたいと言うので、修道院長がジュセッペ修道士に教会へ行って、貴賓と言葉を交わすよう命じた。ジュセッペの答えはこうだった。《仰せには従いますが、私は、そのお方と話ができるかどうか分かりません》。彼が教会へ入り、祭壇の上のほうに立つ無原罪のマリアの像が目に入るや否や、居合わせた人びとの頭上を十二歩ばかりの距離を飛んで像の足元まで達した。少しの間、そこで祈りを捧げた後、よく知られた鋭い叫び声を挙げながら、あっけにとられ言葉を失っている元帥、奥方、従者たちを置き去りにして飛び去り、まっすぐに自分の小房に戻ってしまった」(サーストン)。

ある司祭がある時、ジュセッペに向かって上機嫌な声で「神は、なんと素晴らしい空を作られたことか」と語りかけたことがあった。この言葉を聞くや否や、ジュセッペは脇に立っていたオリーブの樹の枝に飛び上がった。不思議なことに、彼が飛び上がった枝は、小鳥が止まりでもしたかのように、ごく静かに動いただけだった。

ジュセッペの脱魂状態での飛翔の話は、ここいらでやめておこう。このような話は、彼以前にも彼以後にも聞いたことがない。幼少時、彼は子供らから《口開け小僧》と揶揄されたが、彼の飛翔を眼にしたときには、その役割は逆になった。彼の飛翔を見た人びとは、口をぽかんと開けて見ほうけたからだ。

経験したことのない出来事に、目撃者たちは唖然とし、畏怖を覚え震えおののいた。

このような報告を、現代人はどう考えるだろう。流行のパラサイコロジーを信じない者であれば、拒否的な態度を示し、こう言うことだろう。「愚にもつかぬ話はやめてくれ！　そんないい加減な奇蹟物語は、昔なら信じやすい人びとが信じ込んだろうが、今日では誰もそんな話には引っかからない。知識のある人間は、そのような有り得ない話を信じるわけがない。地球には引力があることを知っており、時には錯覚が生じることも知っている」と。今日の人間のように、啓蒙主義の洗礼を受け、合理主義的になった人間は、このような理性を挑発するような出来事は不快に感じ、無知蒙昧と見なして、腹を立てる。だからと言って、彼らを悪くとることはできない。事柄は、簡単なことでは全くないからである。ジュセッペの脱魂状態での飛翔現象は、簡単には片付けられない。確かに、一人の人間が技術的な手段なしに空間内を自由に飛び回るといったことは聞いたことがない。イエズス会の神父サーストンも、こう書いている。「そこには、多くの誇張が含まれている可能性がある。この出来事には唖然とさせる要素があり、そのこと自体が、すでに誇張を生む。加えてグロテラで十字架を立てた話は、ナルドでの列福手続きに言及されてはいるものの、目撃者から出たものではないと思われる。……長い時間の間には、さまざまな伝承が生じる可能性があり、それが周囲の人びとに無批判に、ある時には盲目的に信じられてしまう」（前掲書）。

この言葉から見て、今日の教会人も、すべてのことを真に受けているわけではない。とはいえ、サーストンもジュセッペの飛翔が、様々な人間によって目撃され、きわめてはっきりと証言されていることと認めないわけにはいかなかった。パストロヴィッキのジュセッペ伝は、飛翔が七十回あったことを報告しているが、ほとんど毎日起こっていた脱魂状態については一緒に報告されてはいない。ジュセッペの脱魂状態での飛翔に関しての教会の検証には、プロスペロ・ランベルティーニ、すなわち後の教皇ベネディクト十四世が決定的にかかわっていた。彼はきわめて明敏な人物で、列聖手続きでの立証分野の権威だった。用意された証拠資料を批判的に検証し、簡単には満足しなかった。彼の口から出た言葉は次のようなものだった。「私が《信仰助成》の職についている時に、畏敬すべき神の召使いコペルティーノのジュセッペの件が、礼部聖省（現在は典礼秘蹟省）で議題となったが、私の辞任後に肯定的な評価を受けることになった。議論の余地ない完璧な目撃証人たちによって、前記神の召使いが、地面ないし床から浮揚し、脱魂状態で飛翔したことが裏書きされたからである」（サーストン）。

ジュセッペの脱魂状態での飛翔を、単純に空想の産物と見なしたり、「奇蹟は信仰の最愛の子供」などという安易な言葉で片付けてはならない。彼の飛翔についての報告は、当時、慎重に検討され、その真実性が明らかにされており、それを、おとぎ話の類とする理由は全くない。ジュセッペは、聖者の世界での最も際立った存在の一人であり、ヨーゼフ・ゲレスのような予見能力のある人物が、その著書『キリスト教的神秘主義』の中で彼に優先的な場を与えているのは理由がないことではない。

そうこうするうちに、ジュセッペの飛翔は有名になり、彼の名はイタリアだけでなく、ドイツ、フランス、ポーランドでも多くの人びとの口の端に上るようになった。とはいえ、これはジュセッペ自身が望んだり、後押ししたことでは全くない。奇蹟を行う人間という評判を立てられたが、この評判は偶然ではなかった。彼はカリスマに恵まれた人間だったから、彼を取り巻く雰囲気には、文字通り尋常でない力が満ちていた。彼の近くでは、絶え間なくほかでは起こることのない出来事が起こっていた。ある時、激しい嵐がコペルティーノの町を襲い、町全体が荒廃する危険が迫ったことがあった。ジュセッペが大事に至らないよう祈ると、直ちに嵐は止んだ。また、干魃のとき、彼が両手を天に向けて掲げると間もなく雨が降りだした。さらなる驚きは、ジュセッペが「遠く離れた別の二つの場所に同時に現れたことだった。このようなことが分かっている限り、彼の生涯で二度起こっている」（著者不詳『コペルティーノの聖ジュセッペの奇蹟に満ちた生涯』一八四三）。

彼の周囲で噂が形成され、奇蹟を行う傑出した人物の一人と見なされるまでに時間はかからなかった。この場合も誇張が問題になろうが、どの証言の場合も、予め誇張を排除することはできない。とはいえ、どの聖者の場合にもそのような出来事が語られるわけではなく、そうした噂が付きまとうのは常に際立った人物の場合である。少なくともそうした噂は、ジュセッペのもつアウラを示すもので、彼は超自然的な要因に徐々に取り囲まれてゆく。

このカリスマ的な雰囲気は、人びととの彼の時折の交わりからも感じられる。彼は罪を文字どおり嗅ぎつけた。ある若い貴族に同伴していた知人に向かって、こう言った。「あなたが連れてきたこのムーア人は何者か。この男が、どれだけ腹黒いか分からないのか」（パストロヴィッキ）。罪深い生活をしていた人間に向かっては、「行って、顔を洗うがいい。インクで汚れている」（同前）と諭した。読み書きにも苦労していたこの無教育の修道士には、司牧上の助言を与える能力が恵まれており、その助言は預言者的な深みから得られたもので、通常の助言の域を遥かに超えていた。さまざまな疑惑に苦しめられている人間に対して、彼は不信の念から憂鬱症に陥らないように戒め、勇気づけ、優しくその男の頭をなでながら、こう言った。「あなたの体から疑惑をすべて取り去ってあげよう。善いことをしなさい。思いやりをもち、弱気にならないようになさい」（同前）。ジュセッペは、第六感に恵まれていたため、人びとが秘めている思いを見抜くことができた。自分のそれまでの生涯にまつわる告解を書き留めて、ジュセッペに見せた修練士には、次のように言っている。「わが息子よ、あなたがここで語っていることは正しくない。このことは、あなたが書いているようにではなく、このように起こったのだ」（著者不詳前掲書）。

彼のカリスマ的な眼は、遠方にも届いていた。ある奉公人が、夜遅くにその家の女主人が激しい痛みに襲われていると、ジュセッペに知らせに来た。ジュセッペは答えた。「家に帰りなさい。痛みは消えて、もう治っている」。また、イノケンティウス十世の死去のさい、ジュセッペはちょうど、ミサの祭服を着ようとアッシジの教会の香部屋に入ったところだった。目の前に祭服があるのを見た途端に、彼は香部屋係に、こう言った。「喪服をもって来なさい。いまローマで教皇が亡くなったから」（前掲書）。別の時、ポーランドの一人の騎士がジュセッペを訪れ、結婚すべきか、聖職者になるべきか助言を求めた。「どちらでもない」というのが答えだった。その騎士は数か月後に死亡した。ある夫婦の夫のほうが病気になり、ジュセッペに病気が治るように、また妻と両親を助けてくれるようにジュセッペに祈りを依頼したことがあった。だが、ジュセッペは言った。「妻が何ですか？　両親が何ですか？　わが息子よ、あなたに必要なのは忍耐です！　天国、天国、天国は美しい！」。預言は成就され、病人は間もなく快癒したが、数か月後に予期せぬ死によって永遠の生を得ることになった。これらのどの体験のさいにも、ジュセッペは、高慢な態度は微塵も示すことはなかった。そして謙譲な心で告白している。「あの人びとが、何で、何も知らない貧しい罪びとの私のところへ来るのか分からない」（前掲書）と。

動物に対するジュセッペの態度も普通ではない。ある時この役立たずの男は、野犬に襲われたが、そのうち野犬は、彼の周りに集まって、稀に見る様子で彼の言うことに聞き入った。鳥とも親しかった。ある時、彼は胸赤ひわに神を讃えるように命じると、ひわは、すぐに歌い始め、彼が求めると、またすぐに歌いやめた。またある時には、「五色ひわを、こう言って放してやった。《さあ、行って神がお前に任されていることを楽しみなさい。私が呼んだら戻ってきて、一緒にお前と私の神を讃えることだけが、私の望みなのだよ》。ひわは隣の庭へ飛んで行ったが、彼が呼ぶと、すぐに戻ってきて、一緒に創造主を讃えたのだった」(パストロヴィッキ)。またジュセッペと特に親密な間柄だった別の五色ひわが、ある時、猛禽に襲われて死んでしまった。不幸な出来事がすでに起こってしまい、猛禽が飛び立とうとしていた丁度その時、ジュセッペがやってきた。彼は、猛禽を呼び止め、戻ってきた猛禽に、「悪い奴め、お前は私の五色ひわを殺してしまった。その報いで私に殺されるのだよ」と言って、軽く頭を叩いて、こう付け加えた。「行くがいい、許してあげるから。だが、二度とこんな真似をしてはいけないよ」(著者不詳前掲書)。

ジュセッペは、アダムが楽園で動物たちの名前を付けた時のように、実際に動物たちと話ができた。「ある時ジュセッペは、偶然、とある園にやってきた。中には傷を負って暴れている雄羊が閉じ込められていた。そこにいた男は、ジュセッペに危ないから、立ち去るようにと言った。だが、ジュセッペは笑いながら、私は神を信頼していると言って、暴れている雄羊に近づき、捕まえて話しかけた。《可哀そうに、ここで何をしているのだね。群れに戻るがいい！》。こう言って、放してやると、雄羊はおとなしく群れのところへ戻って行った」(著者不詳前掲書)。

二羽の兎との話も感動的である。ジュセッペは、こう言って兎に注意を促していた。「聖母の教会から離れてはいけないよ。たくさんの狩人が、お前たちを狙っているから」。だが一方の兎がある時、教会から少し離れたところへ行ってしまい、猟師に追われ、教会を駆け抜け、修道院を抜けて、ジュセッペの腕の中まで逃げてきた。彼は兎を叱って言った。「教会から離れてはいけないと言ったじゃないか。皮をはがれてしまうから」。こう言って、また兎を放してやった。また別の兎が、コペルティーノの辺境伯の犬に追われて、ジュセッペの衣の下に逃げ込んだことがあった。辺境伯が追ってきて、ジュセッペに兎が逃げてこなかったか訊ねた。彼は「ここにおりますよ。でも彼に害を与えてはなりません」と答え、兎に向かってこう言った。「行くがいい。そして、そこの茂みの下に潜り込んで、じっとしておいで」。「兎は茂みの下に潜り込んだが、犬たちが興奮して追うこともなかった。辺境伯と従者たちは、この大きな奇蹟の目撃者となった」（著者不詳前掲書）。

ジュセッペは、土曜日にグロテラのマリア礼拝堂に周辺の羊飼いを集めて、聖母に連祷を捧げるのが常だった。ある土曜日のこと、羊飼いたちは収穫の作業で忙しく、礼拝に時間が取れなかった。ジュセッペは、草をはむ羊たちに呼びかけた。「みんなこっちへおいで、私とお前たちの神の母を讃えよう!」。こう呼びかけると、あちこちの牧場から多くの羊たちが元気に飛び跳ねてやってき、牧童たちが追いかけて、戻るように叫んでも言うことを聞かなかった。こうして、聖母礼拝堂のわきのジュセッペの周りには羊たちが集まった。ジュセッペは「聖なるマリア云々」と先唱し、羊たちが殊勝に「メー」と答え、これが連祷の終わりまで続いた。終わりに、羊たちに祝福を与え、解放した。羊たちは、元気に飛び跳ねながら牧場に帰って行った。

「ほほえましい説話」だと、多くの読者は言い、聖フランシスコの小さき花を思い出す。読者はこの話を敬虔な空想の産物と考える。だが動物に対するジュセッペの態度は、単なるおとぎ話ではない。背後には宗教的な真理が隠されている。動物が心を動かされる不可思議な現象には、神の息子たちの顕現を待ち望む言葉なき被造物の嘆息が表されているからだ。聖者たちの内的な世界支配によって、魂の上の世界から下の世界まで救済される。神に対する忠実な服従関係にある人間に、動物も服従する。ジュセッペの動物との関係は、神の平和が動物の世界をも包含しているメシアの国の先取りなのだ。

脱魂状態での飛翔、預言的な司牧、動物との新たな関係のいずれもが、つねにこれらの現象をどう説明すべきかという問題を引き起こす。人間は説明を求めるのが常だが、これは、あれやこれやの論議を好むのと同じことで、両方とも普通は、ほとんど実りがない。説明に関しては、いずれにしても特別な事情がある。説明とは、本質的に自然科学や技術の分野の事柄である。なぜなら説明できるのは、論理の領域に属することか、すでに分かっていることだけだからである。霊的な世界のことは、長々と説明したところで限界がある。最重要な事柄は説明できないものなのだ。生涯の伴侶に対する愛も、最終的には合理的な説明はできない。説明できるとすれば、それは真正な愛の感情ではない。ジュセッペのカリスマ的な恩寵を知的に説明することは不可能であり、より高い世界とのつながりを口ごもりながら認めるほかはない。ジュセッペは預言者的な才能に恵まれ、彼の顔からは光が発せられている。彼の脱魂と動物への態度は、切り離して考察してはならない。いずれもが互いに関連しており、超自然的世界に分かちがたく帰属している。世を去った聖者たちが彼に現れ、ジュセッペは彼らと親しく会話を交わしていた。天使の世界とも彼はつながっていた。彼が小房に入るときには、いつも守護の天使に、お先にどうぞと言って先に入らせた。超地上的な事柄のほうが、彼にとっては地上の事柄より現実的だったのだ。ジュセッペは、あらゆる事象に神的な要因を認め、驚嘆し、一切を忘れた。当たり前のことが、しばしば彼には理解できなかったが、あらゆる存在に神が内在することを、不可思議な仕方で観じていた。彼の人格は超感覚的世界の明らかな反映だった。

ジュセッペのカリスマ的な恵みは、太陽のように輝き、その明るさゆえに気付かれずには終わらなかった。人びとは群れをなしてジュセッペのもとに押し寄せ、驚異的な飛翔を見ようとしたり、助言を受けようとした。バーリ県では、大勢の人びとが彼の後について回ることから、彼は神の国の使徒と呼ばれていた。

「だが世間は、輝くものを汚すのを好み」、光も影を投じることなく輝くことはできない。別の事態が生じたとすれば、前代未聞のことだったろう。嫉妬心は聖者に対しても掻き立てられたが、こうした不快なことに触れずおくのは間違っている。司教総代理は、カリスマに恵まれたジュセッペの聖性の雰囲気を全く理解せず、ジュセッペが、あちこちの修道院を訪れていることに嫉妬した。そしてナポリの異端裁判所にジュセッペを告発する。理由は、「三十三歳の男が県内をうろつき回り、再来せる救世主のように、民衆を引き連れ、一足ごとに奇蹟を行って、信じやすい愚民たちの注目を浴びている」（パストロヴィッキ）というものだった。この告発に対して、異端裁判所も動かないわけにはいかなかった。グロテラの修道院長は、ジュセッペをナポリの異端裁判所へ出頭させるよう命令される。召喚状が届いた時、ジュセッペは十字架を立てていたが、ほとんど同時に「生命のない十字架は措いて、生命のあるものを手に取りなさい」（同前）という声を聞く。ジュセッペは、異端審問が神の鞭であることを知っており、ただちに命令に従い、嬉しそうな表情を浮かべさえして、審問官たちの前へ出た。三回にわたる厳しい尋問を受け、鈍い頭で苦労しながら、ようやく弁明することができた。審問は数週間にわたって行われたが、疑わしい点はついに見つからなかった。「再来せる救世主」という告発は不発に終わり、悪魔的力を働かせているといった邪推は、まったく根拠がないことが判明した。

異端裁判では、誤った信仰の手掛かりは確認されなかったが、ジュセッペが解放されたわけではなかった。裁判所は、彼をローマの総会長のもとへ送る決定を下す。ジュセッペは、この機会に永遠の都が見られるので喜んだ。だが総会長は、異端の嫌疑を受けた修道士を引き受けることを快く思わず、腹を立てて、ジュセッペを冷遇し、修道院の一番外れの小房をあてがった。彼はこれにめげることなく、総会長に持ち前のへりくだった態度で接したため、間もなく総会長も彼の純粋な心情を確信するようになる。そして、彼を教皇ウルバヌス八世に紹介さえした。この世のキリストの代理に会ったとたんに、ジュセッペは脱魂状態におちいり、これが教皇に大きな感銘を与えることになった。そこで二人の高位聖職者は、ジュセッペをアッシジの修道院に送ることに決め、ジュセッペは大喜びする。彼の偉大な模範であるフランシスコの町に住むことができるのが嬉しかったからである。だが、アッシジの教会へ足を踏み入れたとたん、ジュセッペはそのきらびやかな内装に驚いて、叫ぶ。「われらが聖なる父フランシスコは貧しさを愛した。それなのに、この豪華さは何としたことか！」。ここの修道院長はジュセッペに不信を抱き、偽善者だとか品位を欠くとか、さまざまな誹謗の言葉を彼に浴びせかける。加えてジュセッペは、再度、霊的な飢餓状態に落ち入っていた。だがその後、脱魂状態が再び始まったため、アッシジの修道士たちも驚嘆の眼を向けるようになる。こうして最後には、修道士たちとジュセッペとの間には良好な関係が築かれた。

アッシジに十三年間留まった後、ジュセッペはまたペルージャの異端裁判所に召喚される。理由は裁判記録からは分からない。おそらく誰も彼もがジュセッペに会いたがり、話をしたがるのが裁判所には気に入らなかったのだろう。またしてもジュセッペは、長々と続く審問を受け、審理の終わりに驚いて、「私が監獄に入らねばならないのですか?」と反問する羽目になる。体が震え出したが、間もなく気を取り直し、審問官の足に接吻した。裁判所はジュセッペに有罪を宣告し、きわめて奇妙な措置を取る。すなわち、彼を修道会から引き抜いて、辺鄙な山の中にあるピエトロ・ルベアのカプチン会修道院の修道院長預かりとしたのである。判決で外部世界との接触が極めて厳しく禁じられた。修道院の修道士以外の誰とも話をしてはならず、これを破れば破門で罰せられるとされていた。あらゆる接触が禁じられていたのである。手紙は書くことも受け取ることも許されなかった。負うべき罪が全くなかったにもかかわらず、いわば犯罪者の烙印を押されたのだ。

大司教アルバン・グーディエは、異端審問官によるジュセッペの処置に驚き、「理由がよく分からない」(『罪人と聖者』)と述べている。ここでいくつかの疑問が浮かぶ。確かに異端裁判所は、その役割を果たしただけなのかもしれない。ジュセッペに対して拷問を加えるようなことは、おそらくなかったろうが、拷問器具を用いなくとも一人の人間の心を苦しめることはできる。ジュセッペの修道院生活を監獄暮らしに仕立て上げたことは、残酷ではなかったのか。異端審問は福音にはそぐわない制度であり、いずれにせよ今日のキリスト教徒は、当時とは見方を異にする。そうした異論を拒否するのは誤りであり、異論の余地を残しておくのが、公正な姿勢だろう。

もちろんジュセッペ自身は、こうした処遇に文句をつけるようなことはしていない。不平や嘆きの言葉は、彼の口からは一言も出ていない。争う気持ちが全くなかったからだ。ジュセッペは、異端審問の制度に抗議する類の人間ではなかった。踏みにじられた自分の権利の回復のために、ローマの教皇と争うようであれば、彼は聖者ではないだろう。彼は自分の生に加えられた不当な処置を、謙譲の心を修練し、神に近づく機会と捉えていた。ジュセッペは、歴史の中での卓越した無防備の人間だった。自己弁護をすることなく、重圧にひたすら耐える人間だった。彼の眼はこの世を見ておらず、追放を一層内的な生に向かうように求める摂理と理解していた。彼が世の理不尽に憤激することがないのなら、われわれもそうしてはならない。でなければ、彼の精神に背くことになる。また教会の上長の考慮も理解する必要がある。異端裁判所は、自由に歩き回るジュセッペが、その脱魂状態の飛翔で人びとの耳目を聳動させることを恐れていた。ジュセッペのカリスマ的な恩寵が、彼らには不気味だった。神の現実の力が現出することは、法律の条文に従って行動している人間にとっては、つねに不安の種なのだ。邪推による恐れから、彼らは不安感を封じ込め、無害化しようとした。そのために、カリスマの担い手ジュセッペを山岳地帯の辺鄙《へんぴ》な修道院の小房に隠して、民衆から隔離した。

異端裁判所が、ジュセッペに対し犯した罪は、次のイエスの言葉を守らなかったことにある。「また、人は燈火をともして升の下には置かず、燭台の上に置く。かくて燈火は家にあるすべての物を照らすなり」（マタイ5－15）。修道院への拘禁に等しい厳しい幽閉は、この言葉を無にしたものだった。「汝らの光を人の前に耀かせ」というキリストの命令が、いとも簡単に無視されたことは悲しいことである。まぎれもない聖者を恐れるのでは、悪影響も大きかったろう。キリスト教が世の中で発展できず、福音が真の展開を見ないのも、そのためではないのか。神がジュセッペを通じてキリスト教に贈った恵みは、相応の評価を受けることがなかった。このことは否定できない。若きジュセッペが使いものにならなかった事態が、先行する影であるとすれば、異端裁判所による処遇は、後続する影であり、両方とも神的な要因が、この世とは異質のものであることを証している。

だが、どんなに用心したところで、ジュセッペの幽閉は人びとに知られずには済まなかった。彼が三年を過ごすことになるフォサムブローネへ移送されるさいには、隠しおおせることはできなかったのだ。カプチン会には、この聖者に会って、彼の祈りを求める願いが引きも切らずに寄せられた。しばしば、大勢の人びとが修道院の前に集まったため、カプチン会士たちは、危害を恐れて、部屋に閉じこもるありさまだった。一六五五年には、アッシジのフランシスコ会士たちが、ジュセッペの釈放を求めたが、教皇アレキサンダー七世の返答は、「アッシジには、フランシスコが一人いるだけで十分だ」であった。以前、スペイン大使を務めたことのあるこの教皇は、ジュセッペを聖フランシスコに比較したのだった。最終的には、ジュセッペをフランシスコ会に戻す命令が出され、ジュセッペは、ロレットに近いオシモの修道院に送られる。この移送は、犯罪者であるかのように、夜間、極秘裏に行われた。こうして、彼は、生涯の最後の年々を、監獄に入れられたのと変わらない形で過ごすことになる。修道院のはずれの、礼拝堂と小さな庭付きの小房に入れられ、訪問者に会うことは許されなかった。ジュセッペは、命じられた孤在に安んじ、動じることなく、こう言っていた。「私はここで町の中に住んでいるが、森の中に、あるいはむしろ楽園に住んでいるかのようだ」（著者不詳前掲書）。

一六六三年八月、間欠熱に襲われ、生命が危ぶまれる状態に陥る。医師が灼熱した鉄を近づけても、脱魂状態のジュセッペは感じる気配がなかった。彼は己の運命に甘んじ、再び子供のように語り始めた。そして、自分のことを「小さな驢馬」と呼び、「驢馬が山を登り始めた」と言い、病が高じると、「驢馬は山の中腹まで登った」と付け加え、最後に、なお、「驢馬は山の頂上まで登ったので、これ以上は登れない。皮を残す算段をしているところだ」（パストロヴィッキ）と言った。ジュセッペは、すべての修道士に自分の過ちの許しを請う。臨終時の聖体拝領は、彼には楽園の予備体験を意味していた。顔には穏やかな微笑が浮かび、それを見て周囲の者たちは大いに喜んだが、一六六三年九月十八日、突然、明るい輝きが頭を取り囲み、彼の魂は創造主のもとへ帰った。

解剖の結果、心臓は空で、干からびていた。彼を焼き尽くした超自然的な焔のためだったのだろう。ジュセッペは、死の前に、遺骸は人知れぬところに埋葬し、墓は誰にも見つからないようにすることを望んでいた。ジュセッペは、この最後の意志表示によって、またしても、死後長く自分のことが語られることを望みながら、すぐに忘れられてしまう人間とは区別されるのだ。

第五章

ジュセッペの生涯は、さまざまな省察の機縁を与えている。彼は、人間が対決せざるをえない常ならならぬ現象である。ジュセッペという存在の本質的な意味とは何なのか。彼は、使命なき人間、何でそのような色で咲いているのか誰も知らない海底の植物のように、何の意図もなしに生きた人間だったのか。それとも、無為によって最も大きな影響を及ぼす使命を与えられていた人間だったのか。

若年時、ジュセッペは鈍重な人間だった。不器用なために、使いものにならない人間と見なされていた。役立たずの印象は、はじめのうち、なかなか消えることがなかった。だが、この印象は、外面的な印象にすぎないものだった。ジュセッペの内的成長過程をたどってみると、謎めいた言葉が思い出される。「天地の主なる父よ、われ感謝す。これらのことを賢き者、聡き者に隠し、幼児に顕し給えり」（マタイ11－25）。この言葉に似て、ジュセッペの姿も知的に把握することはできない。彼は学問的には解明不可能であり、いわんや学問的方法では彼の魂の内奥を観じることはできない。彼の場合には、すべてが別次元で顕現している。ジュセッペは、福音書の意味での幼児だった。この単純な人物は、きわめて稀な歴史上の現象に属している。キリストは、弟子たちに鳩のように単純であることを要求しており、山上の垂訓で幸いなるかなと讃えられた貧しき者とは、単純な者にほかならない。

現代人には、もはや単純さとは何かが全く分からなくなっている。単純さが、愚かしさ、蒙昧、無能力と混同されているからである。これは、物事を外面的にのみ判断するためだ。世知にたけ、利にさとい近代の合理主義者は、なぜ、このことについて、明確な理解をもたないのか。合理主義者は、単純さを高々素朴、幼稚と同一視するにとどまっている。エルネスト・エローは、単純という言葉は、誤解されていると言い、すこぶる正直に、自分には、この言葉が理解できないと付け加えている。単純さとは、興味を刺激する物事に群がることとは、全く異なる精神の姿勢であり、人間の心が、あらゆる方向に拡散することなく、一つのことに集中することを言う。単純とは、文句のつけようのない純粋性であり、堕落しようのない無垢の子供らしさであり、幸いなりと讃えられた心の清浄さである。単純な者とは、林檎をかじった罪を許され、再び無垢の状態に戻された人間なのだ。この人間は、つねに神の近くにあることを感じており、そのために、蛇のようにさとい世の人間の眼には、ムイシキン公爵のような痴れ者と映るのだ。単純さとカリスマとの間には、人間の理性には理解できない神秘的なつながりがある。

ジュセッペの単純さは、理解不能な知恵と関係しており、この知恵は、彼の姿から再三輝き出ているが、彼の接近しがたさと人文主義的教養とは奇妙な対照をなしている。ジュセッペの司牧上の助言から、彼が、いかに天上の知恵に恵まれているかが分かる。すでに彼の生時から、多くの人間が、そのような印象を受けていた。彼を審問した多くの修道会士のうちの一人は、「ジュセッペは私より知っている」と言い、また他の者は、「新たな、適切な神学を彼から知った」と語り、さらに第三の者は、「ジュセッペと話したことで、学習以上のことが得られた」と言い、第四の者は、「ジュセッペは、神学について、世間のあらゆる神学者には不可能なほど意味深いことを語った」と述懐している。彼らのすべてが、「ジュセッペには聖霊が宿っている」ことを保証している。学識ある神学者たちの意外なこれらの告白から、人間の学殖と神的知恵との違いが分かる。概念的な知識にはジュセッペは盲目だった。だが、天上の知恵が、ジュセッペには贈られていた。それによって、しばしば、彼は生の極めて難しい問題を解決した。天上の知恵により、頭のよい人間には閉ざされている次元が、彼には開かれていた。「ひざまずく神学から腰かけの神学への転換」（バルタザール『肉となりし言葉』一九六〇）は、禍多いものだが、これを正すことができるのは、この天上の知恵のみだろう。

神的知恵の源泉は、ジュセッペの灼熱的な神への愛である。彼は、単純さとの隠れたきずなをもつ愛の痴れ者なのだ。ジュセッペの場合、愛は、言葉でも感情でもなく、すべてをひたす流れであり、すべてを焼き尽くす炎であった。この単純な人物は、愛にあふれた人間であり、教化的なことを語るのは彼のやり方ではなかったが、時には、こうも言う。「愛！　愛を抱く者は、豊かだが、そのことを知らない。愛を抱かない者は、何も持たず、貧しいが、そのことを知らない。愛と憐みは、この上ない幸せだ」（著者不詳前掲書）と。ジュセッペの愛についての発言は、理性にとっては過剰に見えるが、きわめて啓発的である。神との永続的な結びつきが可能だったのは愛のゆえであり、そのために、彼は神の内に生きることができた。ジュセッペの愛は、先ず第一に神に向けられていたが、そのために隣人愛の掟がないがしろにされることは全くなく、隣人愛は神への愛と等置されていた。彼の愛は、信者にも非信者にも同じように向けられていた。「子らよ、善き人びと々のために、罪びとのために、異端者のために、トルコ人のために、あらゆる人びとのために祈りなさい。なぜなら、彼らすべてがイエスの血により救われるから」（パストロヴィッキ）なのであった。

ジュセッペの飛翔を、歳の市の見世物のような珍奇な出来事と見てはならない。ジュセッペの脱魂状態での飛翔は、物珍しいオカルト的な現象ではない。そのような見方は、聖なる要因を、超心理学的な単なる好奇心の恰好な対象と見るのと変わらず、役には立たない。最終的には、ただ一つの奇蹟に凝集したジュセッペの生涯は、現れつつあった近代に対する明らかな警告であり、世俗世界の豊かな発展ゆえに超越的世界を忘却することを戒める叫びだったと言えよう。彼岸は此岸の根源であり、ジュセッペの生は、この真理の証跡なのだ。ただ一つの方向のみを見たこの人物の全実存は、絶えざる彼岸の想起であり、彼岸の途轍もない可能性が、彼の生に顕現したのだった。彼のより深い意味を掴もうと思うならば、どの奇蹟の場合もそうだが、そのしるしの内容に注目する必要がある。

それを理解して初めて、ジュセッペの驚くべき飛翔のより深い意味合いが明らかになる。目的を問うても意味はない。有用無用の観点から言えば、この飛翔には何ら価値がないからである。だが、神に起因する出来事には、すべて意味がある。列聖勅書は、それについて次のように述べている。「神は、ジュセッペを、悲惨な死すべき存在と栄光ある不死の存在との中間に在らせ、生前からすでに天上の住人の特性を分かち与えられた。ジュセッペが、しばしば、いとも容易に空中を飛翔した原因は何であったのか。それは、ジュセッペ自身が極めて謙譲で、軽蔑されても意に介することなく、却ってそれを喜びとしたためであった」。

教会のこの説明は当を得ている。役立たずと嘲笑された人間が、神によって評価され、重力の作用も受けなくなったのだ。『重力と恩寵』の問題は、シモーヌ・ヴェーユが、そのアクチュアリティを指摘し、人間は「電光のひらめく間だけ、この世の法則から離脱する」と述べている。詩編には「私が鳩なら、飛び去って、休むものを」（55－7）と、ある。この望みは、異常に過ぎるだろうか。浪漫的な憧れだろうか。生のどん底から脱出しようとする宗教的人間の心底からの希求ではないのか。ジュセッペは、空飛ぶ鳩になり、灼熱の心を抱き、ただ一つの目標である神に向かって飛んで行った。彼は、これによって、神への魂の飛翔の独特な比喩となった。「神の子らは、みな翼を得る」と、黒人霊歌は歌う。その翼で、彼らは神の天空を飛ぶことができる。

9 プロテスタンティズムの聖者

ゲルハルト・テルステーゲン（一六九七―一七六九）

第一章

キリスト教的現象である聖者はプロテスタンティズムにも存在する。プロテスタントの人間を聖者と称するのは、個人的な恣意ではない。それは、むしろ事柄の必然性に根差している。実際、エラスムスの意見によれば、暦に載っていない聖者が何人かいると言う。その中には、どうしても《聖人》と呼ばねばならないプロテスタントの人物がいるのは疑いない。アルザス地方のシュタインタールの非凡な牧師フリードリヒ・オーバリンは、すでにプロテスタンティズムの聖者に数えられ、父クリストフ・ブルームハルトも、聖者と呼びたい存在だ。心を打つ人柄のハインリヒ・ペスタロッツィも、少なからぬ点で聖者を思わせ、その点を慎重に表現すれば、彼の生涯に新たな光を当てることができるだろう。

つまり、プロテスタンティズムにも聖者は存在するが、これまでは、彼らに相応しい聖者の観点から考察されてこなかっただけのことなのだ。この見方を否定することはできない。同じような認識から、ルター主義に深く根差したスウェーデンの大監督ゼーダーブロームは、彼の最後の著作を、次のような言葉で締めくくっている。「聖者の観念は、特別な扱いが要求されるほど重要だが、福音派のキリスト教では著しく軽視されている」(『宗教詩が証する生ける神』一九四二)。長年にわたる軽視に代わって、プロテスタンティズム内部で聖者の生を送った人びとへの新たな理解が登場すれば、第二の春の到来を告げるものとなるだろう。

プロテスタントの聖者と呼ぶのに最も相応しい存在は、ゲルハルト・テルステーゲンであることは疑いない。彼を聖者と呼ぶことには、少しの無理もないだけではなく、聖者の観点以外からは彼を正しく捉えることはできない。まさに彼こそが、プロテスタンティズムの聖者なのである。稀有の純粋さで、彼は聖なる人間を体現し、キリスト教を、それに相応しい生の形成を要求する実存の告知と見なしている。彼によれば、「聖者の生の記録、言葉、著作、受苦は、私たちが幾度となく実現」(『真理の道』)しなければならないものなのだ。テルステーゲンは、完徳を目指して魂の力を集中した。できるかぎり神の近くに到達しようとした。彼自身の問題は、プロテスタンティズムの内部で聖者を体現することだった。テルステーゲンのこの最も重要な努力が、今日まで見過ごされてきた。このため、彼のみに相応しい捉え方がなされることがなかった。彼を、精神史に組み入れるすべての試みが失敗せざるを得なかったのは、この核心から出発しなかったからである。「異例の現象」が、プロテスタンティズムの公式の教会史の世界像におさまりきらないからといって憤慨するのは、この唯一正しい観点を無視したことによる。テルステーゲンは、新たな時代の始まりとも、ある段階の終わりとも見ることはできない。彼は、すべての聖者同様、あらゆる時代的な出来事の外に立ち、完全に永遠と向き合っていた。彼の墓で、校長ハーゼンカンプは、彼を衰微した教会に送られた「偉大な聖者」(ゲーベル『ライン - ヴェストファーレン福音派キリスト教会史』一八六〇)と呼んだ。普通はプロテスタントには与えられることのないこの讃辞は、しかし、残念なことに余り注目されることはなかった。注目されていれば、改革派内部でのテルステーゲンの位置が、とうに明らかになっていたことだろう。

テルステーゲンを聖者とする解釈は、彼の生が意識的に聖性を志向していたことによる。そのような生を叙述しようとすると、直ちに大きな困難に逢着する。彼の生の秘密は簡単には明らかにできないからである。テルステーゲンの生には、劇的な要素もなければ、冒険的な出来事もなく、危険な嵐も彼の内部には存在しない。巨人的な要素は、彼には無縁である。だが、目立った振る舞いもなく、彼の生が、ほとんど全く音もなく成就したとしても、その生を牧歌的と呼ぶことはできない。この生には、不思議な静謐さが広がっているが、退屈な気配は微塵もない。つねに神の庭に在る人間の生と言ってよい。この状況は、耳目を聳動させることを好む人間が気付かないほとんど超地上的な輝きによるものだ。一見、動きがないにもかかわらず、テルステーゲンの生は、歴史を欠く魂の生とはまったく異なっている。彼の人格を過大に持ち上げてはならない。彼の本質に反するからだ。実際、彼は、きわめて素朴な人柄の中から聖性が輝き出すような人間であり、その聖性の力は、今日でも感じることができる。神学者の側からは、彼の独創性を否定する見方が示されているが、そうした見方には、彼の内的な美を見る眼もなければ、静謐な生を感じる感覚もない者以外にはないだろう。彼は、内部に深淵を抱えた人間ではないし、英雄的な要素を備えた人間でもない。だが、万物がそれぞれ適切な位置に置かれた神的な秩序を体現している。彼は、その純粋性の点で、アダムの堕罪以前の人間を想起させ、繊細な花のように開き、静かに陽を浴びて立っている。

残念ながら、後世の者には、彼の肖像が全く残されていない。これは、彼が、この世での自分の顔貌を一筆たりとも画くことを許さなかったからである。彼の肖像は、したがって、すべて想像の産物なのだ。彼の人柄を単に記述したものに頼るほかはない。テルステーゲンは、病気がちの体質で、やせ形、中背だった。顔は上品で蒼白く、しばしば死人のように見えた。だが虚弱な様子が、周囲に聖者の印象を与えていた。人びとは、この病弱な体質の、質素だが、きちんとした身なりの人物の前に出ると、ただ見ただけで気が晴れ、彼の家のそばを通るだけで敬虔な気持ちになった。彼は、謙遜して自分は父なる神の子であって、父なる神の枢密顧問官ではないと言うのが常だった。その謙虚な姿勢は、自分の伝記に対する関心を拒絶したことにも表されている。実際、心から彼が望んだのは、「ゲルハルト・テルステーゲンという名を、あらゆる人間が忘れること」（クライン編『テルステーゲン著作選集』一九二五）であった。彼の伝記を作成するという話に対しては、こう言って拒否した。「このように内容の乏しい、雑多な内容のものが出されるのは不届き千万でしょう」（ケルレン／テルステーゲン『生涯と著作選集』一八六四）。彼は、永遠のなかにあって初めて伝記が適切なものになると考えていた。「その時に、あなた方は、私の生を見ることになり、私と共に生き、私たちは互いに、生の記録を神の永遠の讃美のために物語ろうと思う」（同前）のだと言う。自分の生に対するこうした予告は、人間のあらゆる行動に付きまとう虚栄を払拭した聖者だけに可能なことである。

テルステーゲンの精神的関心も、あくまで聖者の次元に属している。彼が壮年の絶頂期に書き始め、二十年にわたり力を注いだ最大の著作が『聖なる魂の生の記録選』（一七八四―一七八六）であり、これを彼は何度も出版している。彼の最も深い本質を理解しているか否かは、この著作に対する態度で決まる。彼の生の通俗的な解説では、普通、この著作は全く取り上げられない。そのことが、何にもまして彼の生の単なる教化的解釈が、どんなに的外れかを示している。だが、この主著を黙殺するつもりのない著作家でも、全く理解できずに首を振ったものである。彼らはテルステーゲンが、この著作で「反宗教改革時代の、ドイツ以外のカトリックの聖者を扱っていること」（ツヴェッツ『テルステーゲンの詩人的人柄』

一九一五）を非難した。テルステーゲンには極めて好意的な伝記作者ゲーベルも、この著作は「明らかに、きわめて不健全かつ疑わしい著作」だと言い、ヴィルヘルム・ネレも、『テルステーゲンの宗教詩』（一八九七）のなかで、この著作に苦言を呈している。

これらの判断は、これまでテルステーゲンの隠された顔が、どれほど認識されてこなかったかを明かすものでしかない。彼を肯定できなければ、彼の『聖なる魂の生の記録選』も肯定できない。この三巻の著作には、背後に彼の全人格が隠されており、テルステーゲンの魂が、きわめて純粋な形で含まれている。彼自身、聖性への努力を最大の義務と心得た人間の一人なのだが、その彼の最も内奥の考えが聖者の生をめぐって述べられている。彼が、いかなるカトリック化の傾向からも完全に自由な人間だったからこそ、開放的な態度で、きわめて虚心に聖者に邂逅することができた。この著作で、「誰かにローマ・カトリック教会への改宗の機縁を与えること」などは、テルステーゲンの頭には少しもなかった。「何故なら、私はプロテスタントであり、プロテスタントに留まるからである。私は、これらの魂の聖性を讃えるのであって、彼らの宗教を讃えるのではない」（『生の記録選』）。彼はまた、これらの聖人の教派に腹を立てるような恥ずべき小心な態度とは無縁であった。むしろ、「神は、神の種をローマ教会にも隠されている」という古プロテスタントの確信を表現したのである。この見方を擁護するために、マティアス・フラチウスの『真理の証者のカタログ』（Catalogus testium veritatis）（一五五六）を引き合いに出してもいる。彼が、この著作を執筆するさいに重視したのは、カトリシズムともプロテスタンティズムとも関わりない超教派的立場で考察することだった。教派的な見方では、この書物が重要な証しとなっている聖性の熱い要請を認識することもできない。彼のキリスト教的態度は、本文に先立つ「主イエス・キリスト、聖者たちの王」への言葉を尽くした献辞に表現されている。

「恭順の心を抱き、子供のような信頼を抱いて、ここに、完全に貴方のものである者たち、私たちの模範であり貴方の聖性の証者たちを、貴方に贈ります。彼らは、彼らの存在のすべてを、ひとえに貴方に依存し、そしてまた貴方のあふれる優しさを讃えています。貴方は、彼らを彼らに結び付け、貴方は彼らのうちにあり、彼らを通じて生き、それゆえに、否、それゆえにのみ、彼らは幸せに生きたのでありました。彼らを讃美し、ひたすら貴方の恵みを讃美いたします。私たちが、彼らに見るすべての行為、すべての美徳、すべての光、すべての恵み、すべての奇蹟は、貴方の恩寵です。彼らは、そのことを、この世で自ら極めて謙虚に認識し、まさにそのことを、天国にて、貴方の足下に聖性と栄光の冠を置いて今にも告白することでしょう。ああ、私たちが、この世で彼らの冠のまだ残っている僅かな真珠を、同じようにへりくだって、貴方に捧げることをお認めください。それらの宝を私は見つけ、それらを愛しました。そのことを、私は、貴方の特別な恩寵と見なし、二つのことに感謝を表明いたします。私は、そのことを貴方と貴方の教会とに私の感謝の証として表すために、あえて、ここにそのような宝を集めた次第であります。どうか、私が他の如何なる許可をも必要としないように、この私の企てを認めてくださるよう切にお願いいたします」。

献辞の意味深い言葉から、テルステーゲンが、この著作『聖なる魂の生の記録選』で福音派の信仰をいささかも否定していないことが分かる。だが、この著作の宗教性は、ヨーハン・ゼバスティアン・バッハのロ短調ミサ曲と比較される十分な理由がある。この教会音楽の偉大な作曲家は、プロテスタントの信仰をいささかも偽ることなく、その宗教的な根を、改革の土壌以上に深く中世の土壌に下ろしているからだ。テルステーゲンの著作にも、カトリック教会とのプロテスタンティズムの内的関連の感情が生きており、このつながりは決して断たれてはならないものなのだ。彼の著作は、カトリシズムの最良の要素が未だ生き生きと隠されている福音派の意識の稀有の記録と言ってよい。

この著作は、キリスト教の文献のなかの真の至宝と言っても言い過ぎではなく、ゴトフリート・アルノルトの『最初のキリスト教徒の生』（一七〇二）やヨーハン・ハインリヒ・ライツの『復活者の歴史』（一七一七）を考慮に入れても、比肩するものはほとんど見当たらない。この貴重な著作で、福音派のキリスト教徒は、はじめてジェノヴァのカタリナ、フォリーニョのアンジェラ、マルキ・ド・ランティ、パッツィのマグダレーナ、グレゴリウス・ロペス、イエス（アヴィラ）のテレサその他多くの聖なる魂たちに親しむことが可能になったのだ。テルステーゲンは、福音派のキリスト教徒に、これら聖性の模範像により新たな扉を開き、新たな土地を切り拓いたのだが、もとより、彼らは、ほとんど利用することがなかった。『聖なる魂の生の記録選』は、稀有の記録にもとづいて構成されており、きわめて深い宗教的洞察の宝庫となっている。読者は、この著作によって聖者の生彩ある神学を識ることになり、この神学を識った後では、すべての講壇神学が、淀んだ水のように感じられる。この書物の歴史的な意図から言って、この著作は、教育価値の乏しい単に骨董愛好的な形骸化した歴史叙述の強力な抗論となっている。テルステーゲンによれば、「これらの魂の生の記録は、教会史に光を当てるものであるだけでなく、これこそが本来の教会史」なのであり、「それによって、無用な著者や世の争いを満載した馬車は、すべて世俗の歴史へ追放」できるのであった。

『聖なる魂の生の記録選』で、テルステーゲンは、とりわけ聖者たちの内的な生の歴史を耳を澄ませて聞き取ることを試みている。《選》という語が示すように、対象に対して無批判に相対しているわけではなく、「控えめな解明が必要で、高慢な判定はきわめて有害」としてはいるが、聖者たちの欠点を意図的に見逃すようなことはしていない。また、論議の多い問題に立ち入ることは、意識して断念している。理由は、理解ある者には余計なことであり、無理解な者には無駄なことだからである。「私たちが世にあるのは、聖性を生きるためであり、くどくど考えたり争ったりするためではない」。こうした言葉から、この著作が、彼にとって単なる文献的な仕事ではなかったことが改めて理解される。彼は、この著作を、自分が生きる上で、いわば助けとなるように、きわめて強い関心を抱いて書いた。それは、彼の重要な信仰告白であり、つねに、そのようなものとして影響を与えてもきたのである。ヨハネス・ゴスナーは、この著作の抄約版にテルステーゲンの生涯を付加した時、ある読者から、どの聖人を最も好むかと訊ねられ、「聖テルステーゲン」と答えたというのも頷ける。

テルステーゲンの顔が聖者の顔であることを明らかにすることで、同時に、彼を単に敬虔な人物と見るのでは不十分なことが理解される。彼を単なる敬虔な人物とする見方は、彼について書かれた文献が、彼を単純にピエティズムの父たちの一人に数えたことで助長された。テルステーゲンは、彼の言葉が時として敬虔派の言葉と合致はしても、明らかに、この潮流とは異なっている。このことはすでに、アルフレヒト・リッチュルが、次のように明言せざるを得なかったことからも明らかである。「テルステーゲンが、彼の周囲の敬虔主義者のなかで彼独自の方向を貫くのに成功したとすれば、それによって、ピエティズムは内部崩壊に至ったろう。このことは隠しておくことはできない」（『ピエティズムの歴史』一八八〇）。敬虔な人間を聖者と同一視できないと断言しても、「敬虔な人間」の概念を過小評価することにはならない。聖者は、単に聖書を読み、神を冒瀆することのない敬虔な人間以上の存在である。聖者は、むしろ、普通の人生行路を逸脱し、常軌の外のことを実現する。テルステーゲンは、人間が例外的に出会う光を発しており、彼の存在の最も深い意味を正当に評価するには、ただ一つ、彼を聖者の観点から考察するほかはない。そのような本質的な要因に迫る洞察に求められるのは、不可解なほど疎かにされてきたテルステーゲン研究に新たな刺激を与えることであり、とりわけ、彼の著作の利用可能な版の出版を可能にすることである。彼の全集の最新の版でも、すでに百年前に出版された不完全なものであり、しかも、それも数十年来、もはや入手不可能になっているからだ。

第二章

テルステーゲン自身の言葉によれば、「神の特別な導きについては、全般的な体系といったものは作れない。作れるのは、いわば旅行記のようなものにすぎない」（『テルステーゲン全集』）という。聖者の生は、実際には、普通の伝記形式では語れない。別の法則に支配されているからである。単なる文筆家的な基準では、聖者たちの秘密に満ちた存在形式には歯が立たない。テルステーゲンの生涯は、二つの時期に分けるのが一番分かりやすい。

第一の時期は、彼の生地メルスで始まる。この町は、ライン地方にあったが、その地域は、運河が張り巡らされた平地というオランダの特徴をすでに帯びていた。テルステーゲンは、ドイツ人であり、聖性が、ロマンス語系の民族性やカトリック的資質をもたなくとも実現可能なこと、ドイツ・プロテスタントの情念を通じても開花できることを証明している。少年時代には、ラテン語学校へ通い、ギリシャ語とヘブライ語を修得し、後の高い教養の基礎が築かれた。大学での学習は、父親が早世したため断念せねばならなかった。そして、ルール河畔のミュールハイムで商売をしていた義兄のところで徒弟となる。だが、この義兄は、若いテルステーゲンに理解がなく、彼に与えられたのは、中庭で樽を転がす仕事が主だった。

そうこうするうちに、テルステーゲンは、たまたま或る聖職者が臨終のときに唱えた感謝の祈りを読み、深い感銘を受ける。この宗教的な感動に拍車をかけたのが、商売上の買い入れに行く途中、森の中で激しい疝痛に見舞われ、死ぬ思いをした体験だった。苦痛のさなか、永遠の国に赴く準備のために猶予が与えられれば、神に身も心も捧げることを誓うと、痛みが直ちに治まったように感じた。この約束を果たすために、彼は、当時、ミュールハイムで牧師補をしていたヴィルヘルム・ホフマンの指導下にあった敬虔派の集団に加わる。ホフマンは、若きテルステーゲンの霊的な父と呼んでよいだろう。この集会に熱心に参加し、そのおかげで霊的な目覚めを経験する。この目覚めには、キリスト教的特徴が欠けていたから、最初の回心と呼ぶのは不適切だが、その後、数年後に第二の変化を経験する。この変化は、福音派的と見做すことができよう。テルステーゲン自身は、自分の宗教的発展を、神的な領域に徐々に深く入って行くような体験と感じていた。「回心を数時間で、もしくは数日のうちに完全に完了させようと思うのは、軽率すぎるだろう」（『真理の道』）。

徒弟時代が終わると、自分の店を開いたが、仕事が楽しいとは感じなかった。商人の仕事は、絶えず客と顔を突き合わせねばならず、つねに周囲があわただしいことが、騒々しさを嫌う彼の性質には合わなかった。「精力的に飛び回る」ことが、彼には煩わしく、日々の仕事が重荷となった。二十二歳で、彼独特の決断力により、この不満足の状態から、即座に店をたたむ結論を引き出す。生業がこのような経過をたどったことは、明らかに敬虔主義的ではない。なぜなら、生業と信仰とを互いに巧みに関連させることが、まさに敬虔主義の特徴だからである。テルステーゲンは、手仕事に携わり、絹の飾り紐を織る技を修得した。通常、人は、テルステーゲンについて、彼が織職人で、敬虔な詩を作っていたこと以外は知らない。この見方は誤りではないが、スピノザが眼鏡のガラスの研磨職人だったということと同じで、テルステーゲンの本質とは関係がない。彼を無教育の織職人と呼ぶのは、とくにこの職は数年間の間に合わせの職だったことを考えれば、不適当である。

彼の生涯の課題にとって重要だったのは、むしろ彼の新たな織職人の職と関連した孤在への歩みだった。注目すべき重要な点は、隠棲を希求したことである。このことは、彼が意識して聖者の道に向かったことの最初の兆候だった。世俗に背を向け、神が彼に語りかける言葉に耳を澄まそうとした。「孤在は神の浄福の学校である。お前は、神との共同の交わりに招かれている。このため、人間とのあらゆる不必要な交わりを避けねばならない」（『全集』）。テルステーゲンは、世俗との一切の関係を断ち、何年間も完全に隠棲した。彼の周りには、絹糸の巻取りを助け、食物を彼のところへ運ぶ少女が一人いただけだった。この子供が、暫時、世人との接触を保つ唯一の連絡係だった。隠棲時、彼は生活必需品を必要最小限に制限していた。衣服は、織職人の流儀で質素なものであり、食物は、土地の職人たちのそれよりもはるかに少なかった。少しばかりの小麦粉、水、牛乳で、このプロテスタントの禁欲家は満足した。コーヒーや茶は、許されない嗜好品として拒否した。テルステーゲンは「一切の物が私たちを助けるのに役立ち、一切の物が私たちを助成できる」（説教集『主の食卓からこぼれ落ちた聖なるパン屑』一七八〇）ことを知っていたが、それでも、意識して出来るだけ物なしで生きようとした。「何故なら、私たちの外部にある一切の物は、私たちの生を助ける物であるだけでなく、私たちの魂の本質と折り合わぬものでもあり、魂は物には平安や生命を見出せないから」（同前）であった。

テルステーゲンによれば、物をもつことではなく、むしろ、物を否定することで落ち着きが得られる。人間が、こうした見方に逆らい、物欲に駆られ、出来るだけ多くの物をかき集めるのは、思い違いによるという。当時、この問題について、テルステーゲンが、どのような考えでいたのかは、次のような後の発言からうかがうことができる。

「私たちのなかの少なからぬ者たちが、彼らの霊的な出エジプトにさいして、つまり彼らの回心にさいして、なお沢山の大きな荷物を引きずっているのを、しばしば眼にするのは、なんと哀しいことか。見るがいい！　荷物を負ったひどく苦しい旅は中止するほかはない。私たちは、巡礼のように、自由に、身一つで何も持たずに遍歴しなければならない。多くの物を集め、保持し、売り買いするのでは、歩みは困難になるほかはない。そうなりたいのであれば、死ぬほど重い荷物を運ぶが良い。私たちは、独りで、僅かな物で満足して旅をし、最小限必要な物がありさえすればいい。魂の平安を真剣に求める者は、ひたすら巡礼として歩みを続けられるだけの小さい荷物以外は求めない」（『聖なるパン屑』）。

荷物を実際に小さくするために、彼は自分の稼ぎのうちから、必要不可欠な物以外は、貧しい人びとに施した。テルステーゲンはつねに、隠棲によって、さまざまな面倒な付き合いを免れていることを神に感謝していた。こうした彼の姿勢は、もとより興味ある人物を追い求めては、自分の心の貧しさをかき消そうとする大半の人間の態度とは逆である。「孤独のうちで神と語る者は、自らを脱出し、被造物の次元を脱出する」（『全集』）。

テルステーゲンが隠棲したさいに、彼にとって特に重要だったのは、静寂ということだった。彼の生涯の前半を特徴づける言葉を挙げるとすれば、静寂という言葉が挙げられよう。静寂を求めるきわめて強い欲求が彼の内部には生きており、単なる静寂という言葉が、彼の場合のように永遠の響きをともなう人間は少ない。彼の生に、魂を晴朗にし、情念に平安を仲介する聖なる輝きを与えているのが、この静寂を語る言葉である。彼は、この言葉をキリスト教徒に対して、改めて述べる使命を課せられていた。彼は外部に対しても、心のうちでも沈黙を守ることを好んだ。信仰とは、彼にとって、今日の人間が、ほとんど耐えることができないような静寂な修行であった。このミュールハイムの聖者は、かつてこの世に存在した最も静かな人間の一人と言えるだろう。キリスト教徒は、「しばしば、聖なる静けさのなかへ赴き、内省する」必要があると、彼は考えていた。静けさの中でのみ神の声が聞き取れるからである。静寂に、テルステーゲンは、決定的な重要性を与えていた。静寂の中でこそ、真の祈りができるからである。人間が心の静寂のなかへ赴く時にのみ、神は人間の内部へ訪れる。「私たちは祈りを通じて神と語るべきである。祈りは口に出して、または心のうちで行うべし。だが、私たちは祈るだけではなく、神に対し沈黙し、神が私たちの心に語りかけることができるようにすべきである」（『聖なるパン屑』）。

スペインの神秘家たちのように、テルステーゲンも内的な祈りを捧げるのが常だった。内的な祈りとは、彼の理解では、魂を神に近づけ、神の面前に留まることだった。「祈りとは、現前する神を見、神に見られることである」（『全集』）。この語らいを、彼は甘き沈黙と呼び、彼の全存在が祈りと化したのである。黙っていても、彼は心に神を抱いている人びとを見分け、テルステーゲン自身の生は、永遠の沈黙のうちの一瞬以外の何ものでもなかった。この静寂の中で、彼は魂の幸せを知ったのだが、さまざまな外的変化や心の緊張にさらされている人間は、この種の幸せを知らない。こうした内的な現実が彼に大きな影響を与え、彼の魂は明るい歓喜にあふれたものとなった。

彼の次のような言葉は純粋な喜びの感情から出ている。「私が、独居している時、どれほど満ち足りた思いで生きているか、言葉にはならない。しばしば私は、世界のどのような王侯も、私が当時生きていたほど満ち足りた思いで生きることはできないだろうと考えていた」（『著作選集』）。テルステーゲンは、神が、彼に、象徴的な表現で、まだ被造物が入ったことのない部屋を与えたことを感謝した。彼は、魂にとって人間との交わりが、もはや何も意味しないほど、神が満ちたりた存在であることを自ら経験した。この体験は、彼の独自性に帰せられ、通常の信仰覚醒者の模倣体験とは区別される。神に結ばれた良心にのみ従う彼の霊的独立性は、プロテスタンティズムの聖者であることを示している。テルステーゲンは、外的影響を受けることが次第に少なくなり、このため、彼の生は、晴れた天空が映る静かな、人気のない湖面のようになった。

もちろん、彼も、孤独のなかで激しい誘惑を体験している。昔のキリスト教の隠修士のように、悪霊に襲われたように感じたり、自らと闘うこともしばしばあった。神の光が曇るような時間も体験している。結婚生活を断念したことも、彼には容易なことではなかった。「この点でも、肉と血が彼を大いに悩ませた」(ゲーベル)。テルステーゲンは、「結婚はしても真の聖者」にはなりうることを心にとめてはいたが、多くの聖者のように、独身のほうが、完徳への、より確実な道であり、より高い段階であると考えた。加えて、別の誘惑にもさらされた。「キリスト教に様ざまな教派が存在することから見て、唯一の神が存在するのかどうか疑うといった深刻な誘惑に襲われ」(『著作選集』)てもいる。人間の最悪の敵が自分の内部に隠れていることを、彼は自ら体験した。その孤独な生き方は、彼が病気になり、見捨てられた状態を経験せねばならなかった時、とくに辛いものとなった。後になって、彼は、二カ月の間「病気で寝具か床《ゆか》の上に横たわり、当時、身を寄せ、賄付の下宿代を支払っていた友人たちも、ぶらぶらしている賄の娘に水を運ばせただけだった。だが、私はいつも、これでよいのだと考えた」(同前)と述懐している。何の変哲もないように聞こえるこの最後の文章に、何という恭順な姿勢が隠されていることか。彼は運命に逆らうことをせず、ひたすら神の意志と一つになろうと努めていた。これは、彼が、とくに「聖者の意識があれば、苦しみが喜びに変わるであろう」(『著作選集』)と考えていたことからも分かる。だが、こうした彼の態度は、他の人間からは理解されず、近親者たちは彼を痴れ者扱いして相手にしようとしなかった。

彼が隠棲してから五年が過ぎたころ、彼独特の出来事を体験するが、この体験が、彼の宗教的発展の転機となった。テルステーゲンは、一七二四年の聖木曜日、ペンを取る。だが彼は、このペンをインキ壺にではなく、自分の血に浸して、この特別な液によって厳粛に次の言葉を紙に記した。

「私は、私の唯一の救世主であり、私の花婿であるイエス・キリストに、貴方の完全かつ永遠の所有となるように私を捧げます。悪魔が不当にも私に与えた私のあらゆる正当性と能力とを、今夕から心底より断念いたします。今夕、私の血の花婿であり、私の救世主である貴方は、ゲッセマネの園で死と戦い、苦闘し、血の汗を流すことにより、私を貴方の所有物ならびに花嫁として贖《あがな》われました。地獄の門は破れ、貴方の御父の心は私に開かれました。今夕より、私の心とすべての愛を、貴方に当然示すべき感謝のしるしとして永遠に捧げ、犠牲に供します。今より永遠に、私の意志ではなく、貴方のみ旨が行われますように。貴方のご意志が、私の内部で命じ、支配し、治められますように！」(『著作選集』)。

このぎごちない文言の約束の書が書かれたことは、パスカルの有名な回想録が書かれたことと並ぶ出来事である。いずれの記録も、言葉では完全には言い表せない尋常でない出来事を伝えている。二人の書き手が、それについて誰とも語り合っていない点でも、類似している。それは、きわめて個人的な体験であり、二人が完全に沈黙を守った体験だった。この血のインクに、感情過多のバロック的振る舞いを見てはならない。すでに早い時期から宗教的な感情過多とは無縁だったテルステーゲンのような人物には、そのような疑いをかける余地はない。この約束の文言を分析することも、同じく適当ではない。畏敬の念をもって、一つの神秘的な現象として、これを見なければならない。好奇の目で見るのは適切ではない。この文言は、意識的なキリスト教的認識を示しており、この認識は、彼の生涯にわたって変わることがなかった。キリストは、彼の生にあって、この時以降、支配的な位置を占めるようになる。すべてが、この聖者にとって、イエス・キリストの内的認識にかかっていた。彼のキリスト神秘主義は、もとより、同じように深い神に関する神秘主義と結合していた。

テルステーゲンの生でのこの約束の書の意味は、この書が、いわば彼の口を解きほぐし、最初の詩『貴方は良きお方』を書くに至ったことから見てとれる。この詩は、書こうと思ったわけではないのに、突然、彼の心に浮かんできたものである。霊感を受けたかのように、この詩は彼の口から流れ出し、彼のうちに詩人が生まれたのだ。同じようなことは、別の詩の時にも起こっている。「こうした韻文や祈りは、たいていの場合、思いがけず偶然、短時間に、その時その時に浮かんできた。技巧だの装飾だのを考えることなく心に浮かんだものを、そのまま紙に記した」(テルステーゲン『優しい魂たちの霊的花園と敬虔なロッテリア』)ものと言う。この言葉から、テルステーゲンの詩の作法をうかがうことができる。詩は、作ろうなどと考えることもなく、いつの間にか出来上がり、何日も推敲するようなこともなかった。このことは、彼の詩から、はっきり見て取れる。テルステーゲンの多くの詩は、単に敬虔な韻文にすぎず、芸術的な価値はない。実際、彼をすぐれた詩人に数えることはできないし、彼自身、そのような存在になろうとしたこともなかった。あまりにも多くの無趣味な造語が、彼のペンから生まれている。テルステーゲンは、それによって終わりゆくバロック時代に敬意を払ったのだ。バロック時代には、教会音楽が最盛期にあったのとは異なり、宗教詩は下降線をたどっていた。彼の詩集の題名『優しい魂たちの霊的花園と敬虔なロッテリア』からしてすでに、今日の読者には我慢できない印象を与える。

だが、奇妙なことだが、こうした詩の中に、突如として、おどろくほど美しい詩が現れる。数こそ少ないが、それらは、ゲーテ以前の抒情詩のなかで最も美しい真珠に数えられる。文学史的に見れば、テルステーゲンの宗教的な魂の歌は、文学本来の束縛から解放されている。多くの駄作のなかに混じって、後々まで残る詩がつくられたのだが、それらの詩は、まず讃歌の観点から評価せねばならない。ヴィルヘルム・ネルは、宗教詩作者のテルステーゲンについて、「最も深い意味で典礼詩作者」と評価しているが、この見方は当を得ている。価値ある彼の抒情詩で、彼はアンゲルス・ジレージウスやゴトフリート・アルノルトらの先例にとらわれることなく、独自の道を歩み、彼特有の歌を奏でている。

すべてが満ちたりた存在、
それを私は選び、
永遠の宝とし、
貴方は独り
私の霊の場所を、
すべて、親密に、
清らかに満たす。
貴方を心に抱けば
静かに満ちたり、
貴方を心で慕う者は
もう何も欲しない。

テルステーゲンの場合、駄作に混じって、まぎれもない貴重な詩が存在するのが特徴である。この謎は、それらのすぐれた詩が、どのような種類の詩かに着目することで解くことができる。彼が、宗教的な詩作をする場合は、つねに何らかの形式で静寂を話題にする場合である。その瞬間、彼の詩は、畏敬の表現となり、聖なる歌唱と呼べるものになる。静寂という主題に触れるや否や、彼の歌は、空の雲雀に似て、重力を克服する一方、下方の深淵を飛び越えるのだ。その稀な例が『夜、目覚めた時の祈り』である。

今、人びとは眠りについている、
眠れぬ者は
私とともに祈るがよい、
偉大な名を、
昼も夜も
天の使いにより
讃美、称賛、栄誉がもたらされる、
おお、イエス、アーメン。

幻よ、去るがいい！
我らが主と神ここに在り。
私の見張り役の貴方は、決して眠ることがない、
私は眠らず貴方を守りましょう。

私は貴方を愛し、
私を犠牲として捧げ、
永遠に貴方と共に在りましょう。

天の光の飾りが
貴方に輝くように、
私は貴方の星となり
そこここで光を発します。
今、私は自らのうちに帰り、
主よ、貴方だけが、
暗い静寂のなかで
私に語りかけられんことを。

第三章

テルステーゲンの生の後半は、それまでの隠棲に代わって、世俗での活動の時期に当る。はじめは、交わりを避けて静かに生き、次いで活動期に入るという順序は注目されてよい。実際に、まぎれもなく宗教的な順位を示すものだからだ。彼は、静かな準備期間が不可欠なことを認識しており、記憶に値する警告を発している。「私たちのイエスは、世俗を離れた生への愛を私たちに目覚めさせるために、は

じめは沈黙を守り、かつ隠在し、しかる後、世のなかで四年間を過ごされた。しばしば私が考えるのは、

私たち目覚まされた者たちが、世で活動する前に、静かに死んだように生き、かつ祈る試練の年を一年

でも耐えることができれば、それに続く活動は、僅かではあっても一層純粋になり、私たちの内部や外

部の神の国を汚すことが少なくなるだろう」（『全集』）。

とはいえ、彼は、世の中に登場することで、静かな生を捨てたわけではない。静かな生は、彼の生涯にわたる同伴者だった。また、彼は、一足飛びに活動的な生活に飛び込んだわけでもない。彼の性質に即して、段階的にゆっくりと移行したのである。隠棲の克服は、先ず人びとに近づく扉を少し開けることで始まった。手はじめに、彼の兄弟の子供たちを教えることに決め、たっての頼みに応じて、意見を同じくする友ハインリヒ・ゾンマーを同居人として迎え、規律ある共同生活を始める。テルステーゲンは、世の中での活動を求めていたわけでは決してない。それは、いわば神から割り当てられたことなのだ。「私の場合、自分の生き方を私自身が選ぶことができたのであれば、まったく違った生き方をしたことだろう。私は語り、書き、人びとと交わらねばならないが、私の望みどおりにできるのであれば、ほとんどつねに沈黙し、人目につかないところで、神と語らいたい」（『テルステーゲン書簡選集』一八八九）のだった。だが、彼には仕事が任され、この福音の種まき人の仕事を逃れることは、彼の良心が許さなかった。彼が、どのように静かな隠棲の場から抜け出し、人びとの間で活動するようになったかをたどる作業には、独特の魅力がある。その過程は、きわめて物静かに、少しの騒ぎもなしに進められた。その活動は、今日まで然るべき注目を浴びることも稀であったため、あくまで聖者の神秘的な雰囲気に包まれている。

テルステーゲンの世の中での活動は、目立たない形ではじまる。不自然なところは全くない。時がた

つにつれて、部屋の中にいる彼の周りには、次第に多くの人びとが集まりはじめる。皆が彼の言葉を聞きたがった。何の宣伝もなしに、聞き手の数は次第に多くなり、このため、住まいの扉はすべて開けはなたれ、人びとは、隣接する部屋部屋に頭を並べて、少しの言葉も聞き逃すまいとした。それればかりか、どこかから梯子をもってきて、窓辺に立てかけ、梯子の桟の上で話を聞こうとさえした。このように著しい霊的な飢えの現れには、使徒言行録のなかの記述を思い出させるものがある。このほとんど初期キリスト教的な状況のイメージには、幾分絵画的な美しさが伴っている。テルステーゲンは声が弱々しく、小さな声でしか語れなかったので、人びとは物音ひとつ立てずに聞き耳を立てた。彼は耳目を引き付ける効果を狙うことが全くなかったので、人びとは息を殺して耳を澄ませていた。

彼は、あらゆる美辞麗句を嫌い、「未熟な布教熱」を、キリスト教の体をむしばむ病と見て嫌悪していた。彼の話が人びとを引きつける未聞の力をもつことになったのは、そのためだ。「回心は、神の霊的な業であり、人間の説得の業ではない」（『真理の道』）というのが、テルステーゲンの見解だった。また彼は、反論できないような言い回しは避け、簡単に言えることを難しく言うようなことも全くなかった。作為的なところが全くなかったところに、素朴な偉大さ、高貴な強さがある。テルステーゲンは、キリスト教徒の同胞を福音書の真実に再び近づけること以外のことを望まなかった。こうした彼の努力のために、彼は、すでに当時から「信仰復興の説教者」と呼ばれていた。実際、彼はヴッパタールの町では、後々まで残る影響を与えており、その影響は、今日でも指摘できる。だが、説教者という呼び方は適切ではない。通常、説教と理解されるようなことはしなかったことが、まさにテルステーゲンの秘密だからである。彼は人びとの心に徹する調子で語りかけ、人びとを、あくまで儀式ばることなしに「遥かなる永遠」の前に立たせたのである。彼は人びとに言う。「見るがいい、あなたも、あなたが在りたいと思っているその人なのだ。あなたが意図しているのは、あなたのことでもあるのだ」(『聖なるパン屑』)。彼は、主に自分の住居で話をしたが、時には、他の所でも話をし、クレーフェルトでは、メンノー派の説教師に招かれて一度だけだが、説教壇に上ってもいる。

何人かの者が、彼の話を書き取って、彼の没後、『主の食卓から落ちこぼれ、良き友人たちにより拾い集められ、飢えた人びとに分かち与えられた聖なるパン屑』(Geistliche Brosamen von des Herrn Tische gefallen, von guten Freunden aufgelesen und hungrigen Herzen mitgeteilt, 1780) という、彼自身も認めていた題で出版された。この題名から見ると、彼も伝統的な信心用語を使っており、この題名も、今日の感覚では耐え難いほどの長さになっている。彼の話には、人柄がにじみ出ている。テルステーゲンにとって重要だったのは、「さまざまな慰めの言葉をしゃべり立てる」ことではなく、聞いている人びとの眼前に聖化の目標を示すことだった。「私たちは、今、私たち人間を幸せにすることについて話している。幸せについて語ることは、聖化されることを意味している。私たちが聖化されれば、それだけ私たちは幸せになる。キリストが、私たちを聖化し給うたことで、私たちは幸せになるのだ」(『聖なるパン屑』)。

テルステーゲンにとって、「聖化と幸せとは同じこと」だった。何事にも、強制的な在り様を彼は拒否していたから、「聖性」についても、「人を寄せつけない聖性」など語ることはなかった。なぜなら、「キリスト教とは、あれやこれやの振る舞いでもなければ、何らかの状態にすることでも、何かのふりをすることでもなく、成ることであり、現実の生であり、その現実の生からは、神による幸せのあらゆる業が強いられることなく生まれてくる」(『聖なるパン屑』)からであった。テルステーゲンは、つねに真似のできない言葉で語るので、人びとは耳を傾けずにはいられなかった。一見、何でもないような彼の言葉が、消えがたい感銘を与えたのである。生の奸計に対し、反抗もしなければ、不平も言わず、次のような示唆は、どんなに貴重なことか。

「生の途上で出会う一切のことに対して、祈りを唱え、神と対話しなさい。……あなたは他者を見る必要はない。自分だけを見るようにしなさい。自分の過ちに眼をやり、他者の過ちには目をつむりなさい。他の信者を見て是認できないことがあったとしても、彼らを気の毒に思い、嘆くだけにとどめ、ひたすらそれから祈りを引き出し、救世主に向かって言いなさい。主イエスよ、私の兄弟は病んでおり、傷ついています。彼らは無気力になってしまいました、と」（『聖なるパン屑』）。これは、単純な言葉のように見えるが、きわめて貴重な、類例のない福音である。生の苛酷さを考えに入れて、キリスト教徒に「そこから祈りを引き出すこと」を勧めているからだ。その深さは、人が自分の生で繰り返し実行することで、はじめて体得される。こうした衷心からの言葉を語ることができた者は、福音派の教会では極めて少なく、ほかにマティアス・クラウディウスや子クリストフ・ブルームハルトを数えるのみである。テルステーゲンの言葉には、神の内にある喜びが輝いている。「人間も人間の心も、神により喜びの、純粋な喜びのため以外には造られていない」（『聖なるパン屑』）。彼は、無駄に長いこと隠棲していたわけではない。この内的な集中の年々が、彼の内部に豊かな実りを結ばせたのである。

理解できないことだが、牧師たちは、テルステーゲンの家での集りが、教会の礼拝時間を、意図的に避けて行われていたにもかかわらず、自分たちの活動を妨げていると感じていた。教会の番人たちは、このアウトサイダーが、プロテスタンティズムには常に重要であった万人祭司主義以外のことは何も主張していないにもかかわらず、快く思わなかった。彼らは、説教壇からテルステーゲンを攻撃し、彼の著作を責め立てもした。この聖者の場合も、はじめは教会から敵視されることが避けられなかったのだ。どの聖者の場合にも見られることだが、彼は、外部の敵とだけではなく、内部の敵とも闘わねばならなかった。結局、宗務当局を味方につけた牧師たちは、一七四〇年、テルステーゲンに対し集会禁止令を発令させることに成功する。これに対し、彼は、聖職者側に一言の抗弁もすることなく、この発言禁止令を受け入れる。以後、満十年間にわたり、テルステーゲンには、福音派のドイツで聖書の言葉を告げることが許されなかった！　集会は、十年後に再開できるようになったが、当局は、ふたたび禁止令を出すことを考えたが、同じような命令を発することは躊躇した。それに対して、テルステーゲンは、ひるむことなく自由な集会の権利を得ようと力を尽くしている。キリスト教の歴史の中で常に脅かされてきた宗教的な自由を得るための恐れを知らぬこの行為は、注目に値する。そして、今回は、集会は邪魔されることなく開くことができた。これには、教会側の拒否の態度が、徐々に変わってきたことも関係していた。牧師たちは、テルステーゲンの霊的な力に感化されて、この人物が神からキリスト教に送られたことを認めたのである。

テルステーゲン自身は、教会や教派の問題を超越する態度を取っていた。牧師候補のホフマンの影響で、彼は、若いころ改革派の教会から遠ざかりはしたが、離脱したわけではなかった。あくまでプロテスタントとして留まるつもりだったからである。教会から遠ざかったのは、とくに聖餐を敬遠したためだった。洗礼のように救いに不可欠のものとは見なかったからである。彼は、当時のプロテスタント教会の嘆かわしい状況を悲しみはしたが、教会破壊者とは全く異なり、堕落した教会を、彼が尊敬するゴトフリート・アルノルトが有名な歌で呼んだように、バベルの塔とは呼ばなかった。別の派を立てようとは、さらさら思わなかった。彼には分派主義者のにおいは全くない。そうでなければ、どうして聖者と言えるだろう。彼自身は前面に立つことは決してなく、つねに人びとに神を求めるよう戒め、「テルステーゲンは放っておく」ように求めた。「真に心ある人びとは特別な分派はつくらない」と、ある手紙に彼は書いている。どのような分離も、彼には無縁だった。新たな心を求めたので、新たな教説を求めたのではなかったからだ。「真の神秘家は、簡単には分離主義者にならない。より重要なことにかかわっているからだ」(『真理の道』)。彼には、このより重要なことが問題だったのであり、このため、彼は、どのようなものであっても、教派替えは「危険な愚行」として拒否した。内的緊張が、無考えに曖昧にされるからである。ある手紙に中で彼は、あらゆる宗教紛争に対する彼の態度を詳しく明らかにしている。

「私が確信するところでは、ローマ・カトリックの宗派にあっても、ルター派、改革派、メンノー派等々の教派にあっても、固有の見解や慣習はさまざまだが、人びとの魂は、分離主義者の場合と変わらず、聖性の頂点や神との合一に達することができる。…私自身の在り様としては、分派主義的な考えで教派に与っているわけではないが、宗派から形式上は離脱しておらず、そうすることも今は考えていない。…同じように、どのような民にあっても、神を愛し正義を行う者であれば、誰にも同じように喜びがあり、そのような人びとは、どの教派の衣をまとっていようとも、私にとっても喜びである。そういうわけで、私は、実際にあらゆる宗教的な親族と交わり、彼らに対して、キリストにあっての神の恩寵を語り、否認、祈り、神への愛について語るけれども、彼らの固有の教会制度や見解の一切の建物を、そこに神が存在する限り、手を付けることなく、彼らに任せるのだ」(著作集)。

テルステーゲンは、超宗派的な立場を実現しており、その立場にあっては、魂がどこから来てどこへ行くのかが、人間の関心事となる。だが、超教派的な立場にあったからといって、どの教派にも無関心だったことはなく、また、どの教派をも同じように評価したわけではなかった。多くの敬虔な信者には気の毒なことだが、ツィンツェンドルフ伯の兄弟団には、はっきり否と言い、その甘ったるい愛の宣伝に対しては、つねに厳しい姿勢を示していた。彼の冷静な感覚からすれば、ベンゲルは高く評価できたが、ツィンツェンドルフの過剰なやり方は認められなかったのだ。「枝葉のことでは、誰もが、目標に達するのに最も適していると思われる道をとる」のがよい（著作選集）と、彼は見ており、「偽善的、分派的な活動をしないのであれば、その点では誰でも愛することができる」（著作選集）という。彼は、福音の宣べ伝えを統一しようとは努めなかった。統一しようとすれば、神の多様性を無視した宗教的な画一化に終わるほかはないからである。当時の伝記によれば、テルステーゲンは「誰もが、神の前で自分が最善と思うように行動する完全な自由を有している」（著作集）としていた。彼は、自分の言葉を神の言葉と称するようなことは決して考えず、権威と見なされ、人びとが恐れ服従するようなことも決して望まなかった。

テルステーゲンの召命は、牧会活動への召命となった。この活動の場合にも、彼の聖性が極めてはっきりと現れている。牧会の能力は、彼に贈られた恩寵の賜物であり、このかつての織職人は、あらゆる時代を通じて最大の牧会者に数えられると言っても過言ではない。牧会上の助言が、どれだけ学校では習得できない知識や内的経験に基づいているかを明らかにしたのが、彼の場合だろう。牧会は、神がとくに聖者に恵む宗教的な才能である。それは、愛もなしに、面と向かって人びとに罪を責め立てることではない。彼も罪の何かを知っていたが、キリスト教徒に高い霊性を想起させることのほうが重要と彼は考えていた。善悪を超えた神の慈愛に担われた彼の牧会活動は、穏やかな優しさにあふれており、心の窮状に天才的な理解をもつ彼は、苦しむ人間を断罪するようなことはなかった。この穏やかな優しさを、神秘家との通交により彼の内部へ流れ込んだ繊細な心理的思い遣りのみで説明するのでは、彼の心の最も内奥の核心には到達できない。もちろん、それにはあらゆる真正な牧会同様、心理の直観的な知識が含まれてはいる。だが彼の主要な努力は、人間を常に神の光のなかに在らせることであり、人間の萎縮した心を神的なもののなかへ導き、「狭隘なところから限りない広い世界へ」導くことに向けられていた。この物静かな人物は、薄明のうちに心が最終的に求めるものが、人間存在の超地上的な意味であることを承知していたが、同時に、そうして憧憬が成就される唯一の道をも心得ていた。

比較的昔のイメージからすれば、テルステーゲンは魂の導き手と呼ばれるにちがいない。だが、スペイン神秘主義を通じて彼には馴染深いこの名称を、彼自身は拒否し、「お願いしてよければ、手紙の中で導き手という言葉は用いないようにしていただきたい」（ネレ）と述べている。この拒否は、彼の謙譲な心の故である。実際には、生まれながらの魂の導き手であり、カトリックのフランシスコ・サレジオに対応するプロテスタントの存在なのだ。もちろん、テルステーゲンは、改革派のキリスト教徒として、魂の導き手という判定に服することはなかった。「魂と関わる者は、子守娘のようでなければならない。歩行補助の紐に括り付けて、子供が危ない目に遭ったり転んだりしないように守りはするが、そのほかは自由に歩かせる」（著作選集）のが原則で、決して無理強いはしなかった。彼の牧会活動の本質は、生の意味を支える大きな秩序の精神から人びとを導くことにあり、このことは聖者以外には不可能なことなのだ。人びとは、このことを本能的に感じ取って、遠くから彼のもとにやってきた。彼らはテルステーゲンに限りない信頼を寄せ、自分たちの過ちを自ら進んで告白した。多くの人びとが詰めかけていたため、何時間も待って、彼と数語を交わすことしかできなかった。彼自身が、ある時、述べているところでは、数週間来、朝から晩まで一人また一人と絶え間なく話を聞かねばならず、また、五度も六度も引き返してくる彼らにほんの十五分の時間しか割くことができない、のであった。十人、二十人どころか、三十人もの悩める人びとが、同時に、彼のもとに在ることが、しばしば起きた。当時の伝記によれば、彼は「重い心を抱いた人びとを慰め、励ますことなく去らせることが、なかなかできなかった」（著作選集）。牧会活動は、テルステーゲンの生の中核を形作っていた。彼が、この分野で成し遂げたことは、たとえ彼に奇蹟が生じたとしても、それ以上に価値あることと言えるだろう。

後世の人間には、テルステーゲンの牧会活動について、残された彼の手紙からおおよその見当がつく。手紙には、牧会の領域で読むことのできる極めて貴重な示唆が含まれている。理解に苦しむのは、今日でも依然として、学問的要求を満足させる全集が欠けていることである。彼の手紙の多くは未だ印刷されてもいない。これは、手紙を書くのにまだ時間をかけていた頃の話だが、彼は、世界文学の中の優れた手紙の書き手の一人だった。彼の手紙は全霊を打ち込んで書かれている。その明晰な文体は、以前から注目されており、その姿勢は受け取り手が貴族であろうと、世間から無視されていた老嬢であろうと変わりなかった。その姿勢の根底には、人間の魂の限りない価値の認識がある。テルステーゲンは、世界の大きな出来事に比べれば、個々の人間をめぐる事柄は些事に過ぎないといった意見には、決して与らなかった。個々の人間の魂は、あらゆる社会的な出来事以上に意味のあるものになりうるものだった。彼の手紙のすべてに、稀に見る優しい雰囲気が漂っているが、この雰囲気は、読者が、どのような気分の時にも気づくというものではない。だが、悩める心的状態の時には、苦しみを和らげるバルサムのように働こう。その牧会的な手紙は、悩める受け取り手に呼びかける。「安心するがいい！　そのような状態でも、あなたは未だ聖者になることができる」（『全集』）。

彼の手紙に絶えず回帰する旋律は、「私たちは自分のことより、神のことを考えねばならない」（『全集』）というものだった。彼は、己を慮《おもんぱか》ることは、人間を病にするだけだが、神を慮ることで快癒すると確信していた。この点で、彼は、患者に常に自分のことだけを考えさせる精神科医より当を得ている。テルステーゲンによれば、救いは、自分自身を考えることにではなく、なすべきことを真剣に考えることにある。心を病む人間を、その人間の外部に存在するものへ導き、そうすることで、その人間が自分の感情にさらされないようにした。彼は、意気阻喪《そそう》し、悲しみ、不安に襲われ、心がふさぎやすい「生来心配性の人間」について、深く認識していた。そのような人間には、いつまでも自分にかかずらわず、過ちを犯したのであれば、不安になるのではなく、謙虚になるように助言した。「罪のことを悩みなさんな！　罪や誘惑を感じた時に冷静さを欠く態度を取れば、悪い状態が一層悪くなるだけのことです。……罪は、あなたの意志に反して心のうちに生じる罪も含めて、自分に関わりのないものと見なしなさい。その怪物を放っておきなさい。あなたが思い出したり、関わったりする価値のないものなのですから」（『全集』）。

　犯した罪に心を掻き乱されないだけではなく、「忘れること、忘れることが、すべてです。そして、また思い出したら、また忘れなさい。無理に忘れるのではなく、持っていようとは思わない何かの物を捨てるように忘れるのです」（『全集』）。同じように、テルステーゲンは、気を病むことのないように、手紙の受け取り手を戒めている。「あなたの生き方で、切に求められるのは、あれこれ考えることなく、まだ口のきけない子供のように単純で無心になることです。先のことを考えたり、過ぎたことを思い返したりしないようにしなさい。どちらも心を掻き乱し、あなたの今の心の状態を害することになります。今を、あなたの住居になさい。そこ以外に、あなたは神を、神のご意志を発見することは無いでしょう」（『全集』）。

　テルステーゲンの手紙によれば、人間は、どんな窮乏状態や暗闇の中にあっても、現存する眼に見えない神を、感じることも見ることもなしに信頼せねばならない。同じように、彼は、人間が、自己の内部では能動的であるより、耐え忍ぶよう戒めている。疑いに対しても、受け身の姿勢を勧めている。「私たちの内と外の無神論者は、疑いを入念にあれこれ考えて、答えを与えることで支えられ、強くされる」（同前）からである。とりわけ、彼は、みじめな思いを抱いている人間を慰めるすべを心得ていた。「そのようにみじめで、身を滅ぼし、無気力になったあなたを、神は気に入られているのですから、あなたも、そのような自分を気に入るようになさい！……そして、自分がみじめであることを喜び、神が聖なる存在であり、完全な存在であることを喜ぶようになさい。みじめで、何者でもないことが、私たちの本来の姿であるのに対し、聖であり、すべてであるのが神の姿なのです。……ヨブとともに、あなたは、みじめさという塵埃《じんあい》の上に安心して腰を落ち着け、神を愛する決心をなさい」（『全集』）。

手紙の受け取り手を、彼は、これまで以上に神を求め、その努力のために一日もゆるがせにしないよう励ました。「私たちのなかには、これ以上ないほどみじめな状態から出発しなかった者は一人もいない。神以外に休むところはない」（同前）。彼の手紙から魅力的な芳香が発しているのは、彼の助言には、つねに彼自身が含まれているからである。「他の人びとにあてて書いているように見えても、私は、時には、私自身にあてて書いている」（同前）のだ。神学者のアルプレヒト・リッチュルさえも、こう述べている。「柔らかな陽が射す涼しい部屋という快い印象を受ける。この部屋の中で暑さを避け、激しい労働の疲れを癒し、ぎらぎらする陽射しで眩《くら》んだ眼を休めることができる」（『ピエティズムの歴史』一八八〇）。宗教的な力で測ると、テルステーゲンの手紙は、彼に親近するハシディズムの祖バールシェムの発言に比肩すると言って差し支えない。後者の言葉も、同じように神の同じ太陽に照らされているからだ。

テルステーゲンの牧会活動には、ミュールハイムとエルバーフェルトの間に位置するオタベック農場に設けられた共住共同体も含まれよう。巡礼小屋と呼ばれたこの住居は、福音派の修道院と呼ぶことができ、いずれにしても、プロテスタンティズム内部での唯一無二の現象であり、彼が、いかに端的に常ならぬ考え方を幾度も実行に移していたかを示している。この巡礼小屋の共住者は、みな独身であり、このことは、彼の帰依者の特徴だったが、彼らをテルステーゲン自身と混同してはならない。彼らは、祈りと労働から成る彼らの生活の基本を定めた規則にしたがって生活した。この規則は、ひとえに真の聖化を助成する目的のものだった。テルステーゲン自身は、この修道共同体に居住はしなかったが、この共同体は、完全に彼の指導の下にあった。テルステーゲンは、彼らの霊的導き手であり、そのような資格で、何度も、そこを訪れていた。手紙でも、しばしば、彼らに修道士のように振る舞うことを勧めている。彼は修道院制の本質を見誤ることはなかった。福音派の修道院というものに、彼は深い関心を抱いており、この試みが成功しなかったことに心を痛めていた。

彼の牧会活動には、著作家としての活動も含めなければならないが、文芸面の名声を得ることなどは念頭になかった。その著作は、あくまで人びとに仕えるためのものだったからである。孤在の年々にすでに、広範囲の学問に専念しており、多くの学者をしのぐほどの学識を身に着けていた。とくに彼が関心を抱いたのはフランスのクィエティスムであった。プロテスタンティズムの教育と並んで、このクィエティスムが彼の人格形成に極めて大きな影響を与えている。彼は、これを信奉していたが、彼の場合、福音派的な在り様によって変化を受けている。ひどい中傷を受けたマダム・ド・ギュイヨンの主張するクィエティスムに特に共感し、ドイツでの彼女の著作の普及を助けている。彼が、ド・ギュイヨンの著作を知ったのは、ピエール・ポワレを通じてだったが、これは、ポワレの残した蔵書がテルステーゲンの手に入ったからだった。また、ゴトフリート・アルノルトの著作の影響も、テルステーゲンには明らかに認められる。こうした様ざまな影響を受けて、テルステーゲンは、先ずその著作活動を翻訳者として始め、アルベルトゥス・マグヌス、タウラー、トーマス・ア・ケンピス、フィリッポ・ネリ、ジャン・ド・ラバディエ、マダム・ド・ギュイヨンらの著作を独訳した。これらの翻訳は、レッシングの意味で彼らの著作の「救出」だった。テルステーゲンは、埋もれていた思想家や聖者を発掘し、正当に評価する義務を感じていたからである。こうした翻訳は、ロマンス語圏とドイツ語圏の精神生活をつなぐ重要な仲介活動になったと言ってよい。この点でも、彼は、まぎれもなくライン地方の息子だった。とくに、その重要な著作『聖なる魂たちの生の記録選』を通じて、スペインの神秘主義をドイツへ導入した最初の人物の一人として先駆的な仕事を成し遂げたが、この仕事は、のちにゲレス、シュヴァープ、ディーペンブロク、シュトルクらによって受け継がれた。だが時とともに単に翻訳するだけでなく、自らの考えを述べるよう内的促しを覚えるようになる。彼の考えが極めて簡潔にまとめられたのが、『真理の道』であり、この書物は、今日に至るまで再三、版を重ねている。テルステーゲンの著作は、通常の教化的書物の部類に組み分けすることはできない。きわめて親密な優しさをもつ一方、きわめて厳しいのがその著作の特徴であり、これは彼が「キリスト教徒の挫折」を、あまりにもはっきりと見ていたからにほかならない。

彼の牧会の一つの分野は、医療の分野だった。孤在の生活を終えて間もなく彼は帯織職に見切りをつけ、薬剤作りに専念した。どのような経緯で、薬を造るようになったのかは明らかではない。彼自身の健康状態の衰えから、そう考えるようになったのか、ハレの孤児院の薬局主ジーギスムント・リヒターと、おそらく知り合いだった関係からなのかは、はっきりしない。当時の伝記によれば、テルステーゲンは「薬学に十分な知識をもっていた」という。小さな実験室に、ランビキ、ガラス器具、フラスコ、容器などを備えていた。薬剤の調製時に、ひどいやけどを負ったこともあった。今も残っている処方の文献に従って、丸薬、粉剤、エキスを造るのに多くの時間を費やした。彼自身が扱っていたのは簡単な家庭薬であり、医師の治療を妨げたわけではない。自分の造った薬は求める人びとに無料で分け与えた。彼には友人たちからの寄付があり、経済的に生活の心配はなかった。医療に努めたのは、体の病からキリスト教徒にそぐわない行動が、場合によって生まれると考えていたからだった。テルステーゲンは、己の医術を誇ることはなかったが、医術に無経験では全くなかった。施術の機会が増えるにつれて、助手を雇う必要が生じてきた。彼には大きな信頼が寄せられ、治療を望む人びとが遠方からもやって来た。彼は、偽医者ではなかったし、奇蹟を行う人間となる誘惑に陥ることもなかった。そうしたことにまつわる厄介ごとを望まなかったからだ。

テルステーゲンの医療活動は、医師としての牧師の理想の最終的な体現と見てよい。彼は、この二つの活動が内的につながっているものと感じていた。おそらく、テルステーゲンのこの点での努力は、パラケルススにさかのぼることができるだろう。パラツェルズスの存在は、ヴァレンティン・ヴァイゲルやヤーコプ・ベーメの著作を通じて知っていた。彼の医師としての活動は、過大に評価してはならないが、彼の本質を示す一つの魅力的な特徴ではあるだろう。人間は、霊的にだけでなく肉体的にも理解できることを証明したからだ。こうしたことは、聖者の歴史には、しばしば認められる。

彼の言葉による告知、牧会活動、著作活動、医療活動は、ドイツ北西部の広い地域に及んでいた。それにとどまらず、彼の世の中での活動は、オランダ、スウェーデンから北米にまで及んでいた。一八一四年、外国の軍隊がミュールハイムを通った時、ロシアの兵士たちがテルステーゲンの家を訪ね当て、彼の墓で祈りを捧げている。ユング゠シュティリングのいささか感情過多の表現によれば、使徒の時代以降、彼ほど人びとをキリストへ導いた人間はいないという。だが、この様ざまな広範囲の活動が人を引きつけるのは、彼が、それによって少しも自分を裏切っていないためである。こうした活動は努力を要するものだが、忙しさに紛れて自分を失うことが彼にはなかった。人びとから、どのような重荷を負わされようと、静かな姿勢を失うことがなかった。すべての彼の行動は、そこから流れ出ており、その静けさは、彼の聖性の証と評価せねばならない。

第四章

テルステーゲンの活動は多岐にわたっていたが、世俗の中で活動するにあたって彼が重視したのは、常にただ一つのことだけ。彼のすべての職は一つの職に集約されていた。だが彼は、この職を神学とは解釈しなかった。「私は、知られているように、職業神学者ではないし、大学に行ったこともない」(ゲーベル)。彼は、自分の課題を、むしろ彼に課せられた福音を伝えることと理解していた。福音を、時代の状況に適用し、固定的な体系として主張するだけに留まらなかったのである。彼の福音の告げ知らせは、暗い部屋にさす光に比せられ、室内のすべてが独特の姿に照らし出される。彼が言わんと努めたのはただ一つのことだったが、つねに同じ言い方をしたわけではない。福音は、向かい合う相手に応じて告げ知らせた。彼の場合、とくに注目するに値する対決は時代との対決である。彼が時代の諸潮流の緊張関係を意識していないと言って非難するのは、誤りである。

テルステーゲンの時代の特徴は、著しく統一が失われていた点にある。ドイツは当時、まだ三十年戦争が残した傷跡に苦しむ一方、バロック時代は終りを告げようとしていた。西欧キリスト教は分裂し始め、その過程でプロテスタンティズムがカトリシズムよりも大きい割合を占めるようになった。キリスト教の内部は、もはや固い結束が失われ、著しく空洞化が進んでいた。この時代の窮状が強調されるたびに、衰えゆく正統主義と徐々に勢いを増すピエティズムの二大陣営への分解といった事態が推測されるが、実際の歴史的状況は、推測される状況より、はるかに活気にあふれていたように思われる。両陣営は当時、敵対的な関係にあった。だが教会内部でのこうした争いのなかから、啓蒙主義が勝利者として姿を現して、他の勢力の影を薄くしてしまう。

テルステーゲンの精神的に曇りのない眼を証しているのは、彼が啓蒙主義の威力を鋭敏な本能で認識していたことである。この闘いで何が問題かを彼は明確に感じ取っていた。時代の転換を感じ、信仰意識の大きな変化を感じていた。もちろん彼は、慧眼な同時代人レッシングのように、啓蒙主義にキリスト教的近代を見ることはできなかった。地平線に新たな陽が上りつつあるのを見なかったし、合理主義的な精神の動きの、より深い要請をも理解しなかった。啓蒙主義にも、魔女裁判や不寛容についての神の言葉を伝える役割があったのだが、そのことを示す使命が、彼には与えられていなかったのは確かである。この点は、テルステーゲンの限界と言えるが、この限界があるからといって、彼の存在意義はいささかも減じない。テルステーゲンは、普通、考えられているよりはるかに強く自然と結ばれており、「生けるもののすべてを通じて神を讃える」ことを知っていた。だが、文化と呼ばれるものは、すべて心の奥底では彼には無縁のものであり、固有の法則性をもつ事態に対する感覚を、彼はほとんどもっていなかった。生を文化的な観点から見ることは、彼には縁遠いことだった。あらゆる時間的な事象を、福音の観点から以外は見ていなかったからである。したがって、啓蒙主義をも当初は、闘うべき敵としか見なかった。とくに冷徹な悟性的思考は、彼には異質に思われ、聖なる存在に対して合理主義的な見地に立つ理性の時代に彼は理解を示さなかった。

テルステーゲンのこのような啓蒙主義観は、もとより一面的ではある。だがあの時代には、啓蒙主義の留まるところを知らない勢いに対して抵抗が必要であったことや、キリスト教に対する理性の嘲笑が現実に悪影響を及ぼしていたことも、考慮に入れなければならない。テルステーゲンは、その必要性を、より若い同時代人ヨーハン・ゲオルク・ハーマン同様、明瞭に認識しており、自分に課せられたこの対決を無考えに行ったわけではなかった。理性に対する闘いは、きわめて困難な闘いであり、十分な思慮を必要とする。理性に盲目的に反抗したところで、的外れに終わり、むしろ害が大きい。理性に対する闘いの背後には、思考の怠慢が隠されていることが多過ぎる。通常、人間は考え過ぎるより、考えなさ過ぎることのほうが多い。結局のところ、理性に対する闘いが許されるのは、聖者以外にない。これは、理性を超える立場にある聖者以外は、その資格をもたないからである。

理性の原理に対する闘いは、テルステーゲンの多くの行論に見出すことができる。基本的に、彼は理性信奉者を、とりわけ「神の憐みに任せ、暴風が吹き荒れて、彼らの建物を倒壊させるまで、彼らの本来の領域では彼らとあまり深く関わり合わない」(『全集』)考えだった。とはいえ彼は、『理性についての書簡、その神的領域での能力、使用、誤用』のなかで、理性信奉者と対決している。ただ、理性の敵として立ち回ったわけではなく、常に次のような考えだった。「理性自体は、霊に従属しているかぎりでは貴重な能力だが、霊を支配するようであれば、きわめて有害なものになる」(『聖なるパン屑』)。彼は理性が支配者になることは許そうとは思わなかった。実際、理性は聖性を志向する土地とは別の土地に住むものだからである。理性が人間の、神との関係に容喙《ようかい》しようとすることに対しては、テルステーゲンはこう叫ぶのだ。「理性よ、静かにするがよい！　海は、ここではあまりにも広くかつ深い。汝の賢さや思量は、ここでは水底を見出すことはできない」(同前)。この聖者にとって、概念化された神は神ではなかった。手紙の中にも、再三、この「悪しき隣人」に対する戒めが現れている。悪しき隣人とは、「己の内部の嘲笑的で悪賢い理性」を意味していた。理性は、彼にとって「人間の頭に見せかけの原因」を吹き込む「人を欺く弁護士」であった。それどころか、ある時には彼は理性を反キリストとさえ呼んでいる。

テルステーゲンが啓蒙主義との闘いのなかで、理性の思い上がりを証明するだけでは満足せず、闘いをむしろ肯定的な方向へ向け、合理主義的な立場に対して別な在り様を主張したことは注目に値する。「あまり長いこと頭脳に関わり合っていてはならない。できるだけ早く再び心に沈潜せねばならない」(『真理の道』)。テルステーゲンは、人間の場合に二種類の思考を区別していた。すなわち頭による思考と、心による思考である。キリスト教徒が、心の道を悟性によって表そうとすれば、きわめて回りくどくならざるをえず、多くを語ったとしても、言いたいことはほとんど何も言えないだろう、という。「したがって私たちは、心の近くにあるように変わらねばならない」(『聖なるパン屑』)というのがテルステーゲンの意義深い願いであり、彼にとって重要だったのは、パスカルのように合理主義的な思考に対して、心の思考を示すことであった。

「頭から心へ」と、彼は言い、それは「神と神にまつわる物事を認識するための真の理性は、頭にではなく心の中に発見され、そこにこそ、神により開かれる理性の眼が存在するから」(『真理の道』)であった。テルステーゲンは、再三にわたって、「神と真理は、心と愛の行為によってのみ見つけることができ、頭脳の活動によっては決して見つけることはできない」(書簡集)ことを強調している。これは、テルステーゲンが明言しているように、心のみが象徴的に考える能力をもち、心的なものを表す比喩を用いることができるからである。この基本的な認識により、このプロテスタンティズムの聖者は、あらゆる宗教的理解の基礎を書き換えた。キリスト教が心での思考の道を捨てた時、内的に衰弱し、宗教的領域にのみ相応しい思考形式を放棄することになった。このような禍多い過程に抵抗したのは独り聖者たちのみであった。

啓蒙主義に対するテルステーゲンの抵抗を、最も鮮やかに示しているのは、フリードリヒ大王に対する彼の態度である。偉大な、世に知られたプロイセン国王と、謙譲な、かつての織職人との対比は、一見ありえない企てに思われよう。反マキャベリズムを標榜しながら、行動はこのイタリア人の原則に従い、義務を意識した生を送ろうとし、その懐疑的な思想により致命的な冷たさを発散させた二枚舌の国王と、神的な、極めて不思議な光を屈折させ、永遠を志向する純粋で情緒豊かなテルステーゲン、これほど異なる二人の人間は、容易には考えられまい。だが、この二人の名に言及することは、決してこじつけではない。フリードリヒ大王は、実際にテルステーゲンの敵手だったからである。彼は、王の著作を精読し、『サンスーシーの哲学者の著作について』というエッセイを著している。その中で、彼は「平和については、かくも僅かしか触れず、戦争の術については、かくも長ったらしく」論じるこの「貧弱な哲学」の欠点を容赦なくえぐり出す。フリードリヒは、テルステーゲンの批判を読んで驚いたが、その率直な行論を不快には思わなかった。多分、彼の内部には、宗教的な欲求が、まだ完全には死なずに隠されていて、それを啓蒙主義的な疑いによって鎮めようとしても無駄だったのだろう。ライン地方を訪れた時、フリードリヒは、テルステーゲンに会いに来てくれるよう乞うた。だが、テルステーゲンは、この要請に従わなかった。王の丁重な要請があったからといって、虚栄心をくすぐられるようなことは、もとよりなかったし、考え方の違いは、あまりにも明らかで、会ったところで何かが明らかになるわけではなかったからだ。単に臣下としての礼を尽くすことは、この真理を愛する人物には向いていなかった。この状況で唯一相応しかったであろうことは、王に対してあからさまに闘いを宣言することだったろうが、それは、身分の違いが許さなかった。このような考慮から、彼は王の要請を断った。要請は招請であって、命令ではなかったからだ。だが、フリードリヒ二世が、啓蒙主義的な不信仰により、テルステーゲンが最も強く抵抗し、つねに闘いを挑んできた精神を体現していたことは疑いない。二人の見解が相容れないことについて、キリスト教徒は、これまでの場合以上に、はっきりと認識しなければならない。民族的な先入見のために、火と水とを融和させようとしてはならない。

テルステーゲンの第二の敵は硬直化した教会だった。ルター派の正統主義を、全体として単純に死せる構造物と評価することはできない。バッハの音楽に対して、正統派は、ピエティズムより開かれた態度を示していた。とはいえ、正統派の場合にはキリスト教の空洞化が遥かに進んで、見せかけだけのものになっていた。テルステーゲンは、キリストの霊により生まれ変わることをせず、聖書の知識があれば十分と信じ込んでいるキリスト教徒に対して異議を唱える必要を感じていた。彼の攻撃は意表外に激しいものだった。「人間は、どんなに理論的に正しくても、誤った道を歩めば、永久に破滅する」（『聖なるパン屑』）。彼の攻撃は、明らかに「なすべきことをなそうとしない」人びとに向けられていた。新たな行為義認の言葉を語りはしなかったが、彼には、人間が自らを助ける能力を欠くことが明らかだった。その点で、彼にとって、むしろ重要だったのは、硬直化したキリスト教を肯定的に概観する可能性に注意を促すことだった。次のように述べているのは、そうした努力からであった。

「かつて、キリストによる義認を打ち立てるために、パウロのような人物がユダヤ教徒の行為義認を覆すことが必要だった。同じように、今日でも、私たちの兄弟パウロが、彼に与えられた知恵に従ってあちこちで書いたことが、必ずしも正しくは理解されず、時折、ねじ曲げられたり、祭り上げられたりしている。それでも、真理自体は決して傷つけられないことを神の霊によって示すためには、再びペトロやヤコブのような人物が必要なのだ」（『真理の道』）。

あまりにも都合よく解釈され、徐々に柔らかな枕になってしまった義認論に対するこのような闘いや、ヤコブの名誉回復は、『自己検証のために』でのキエルケゴールの行論と取り違えるほどよく似ている。このデンマークのソクラテスが、ミュールハイムの聖者テルステーゲンの見解を知った時、喜びのあまり、日記に「全体として、テルステーゲンは比類なき存在だ。彼には真正かつ高貴な宗教性と単純な真理が見られる」と記したのは偶然ではない。テルステーゲンとキエルケゴールとの精神的親近性は、とりわけ、きわめて真剣なキリスト教解釈にある。それについて、テルステーゲンは、「キリスト教徒であることは、大きな出来事か、何でもないことか、いずれかだ」（『真理の道』）と記している。表面的なキリスト教解釈に対して彼は明確な言葉で攻撃している。

「私はキリスト教徒である、私はキリストを信仰しているという、ごく短い言葉が、キリスト教の初期の何世紀かには、今日考えられる以上に、多くの重要なことを表すものだった。当時、この簡単な信仰告白を行うには、次のような決意が不可欠だったからである。すなわち、すべての世人から憎悪され、辱めを受け、自然的に快いものすべてを否定し、生命財産を捨てることを辞さず、非人間的な悪意が案出する非道の極みのすべてに耐える決意である。したがって、《私はキリストを信じる》という重大な言葉を口にする者たちの心の中では、すでにかなり多くのことが生起していたに違いなかった。こうしたことを軽々に見逃して、キリスト教が銀の上履きを履いて歩きまわっている今の時代に、私はキリストを信じるという言葉に、熱烈な信仰が存在した初期の諸世紀に意味したのと同じ意味を安易に与えようとするのであれば、自らや他の者たちを欺くことになるであろう」（『真理の道』）。

こうした主張をしたからといって、テルステーゲンは、キエルケゴール同様、プロテスタントとしての在り方に不実になったわけではない。すでに宗教改革期初期の数名のアウトサイダーたちが始めていたプロテスタンティズムの内部批判を、彼の立場からおし進めたということにほかならない。テルステーゲンによれば、宗教改革は、「多くの罪や感謝を知らぬ行為によって、望ましい事態を実現し完成するには至らず」、「新たに、またしても嘆かわしい経過をたどることになった」（『全集』）のであった。

真正なプロテスタント精神に忠実であろうと思うならば、教説に生き方を対抗させようとしたプロテスタンティズムの内部批判を簡単に否定してはならない。この批判によって、テルステーゲンが、プロテスタンティズムの最も忠実な息子の一人だったことが分かる。宗教改革の原則を、繰り返し適用せねばならない生きた在り様と捉えるのがプロテスタンティズムだからである。聖書に則ったこのプロテスタンティズムの内部批判（『ローマ人への手紙』第七章についてのテルステーゲンの理解はルターのそれとは異なっている）は、正当な要請であり、受け入れなければならないものだ。宗教改革者たちを、唯一の基準と見てはならない。彼らがいかに重要であろうと、プロテスタンティズムの先駆者にすぎない。プロテスタンティズムには、テルステーゲンの人格が示したような別の可能性が存在する。テルステーゲンの宗教的本質は、彼自身がルターやツヴィングリやカルヴァンの名を常に尊敬の念を抱いて口にしていたとはいえ、彼らとは別種のものだった。別の可能性を否定しようとすれば、宗教改革を偶像化する危険が生じる。彼の批判は、宗教改革を生み出したのと同じ力から発している。

テルステーゲンは、必要とあれば自分の意見を極めて精力的に押し通すことができたが、そうするような闘争心にあふれる性質ではなかった。闘争心は、彼の場合、ルターのように生得の要素ではなかったし、聖者としての彼の本質に適《そぐ》うものでもなかった。聖者の闘いは、他の者の闘いとは異なる。彼らは、基本的に憎しみを抱いて争うことはしない。聖者たちの最も大きな影響は、存在すること自体にあり、存在自体が、通常とは別の可能性を想起させるのだ。誤った見方は、テルステーゲンによれば、誤りを証明したところで正すことはできない。むしろ、真の立場を対照させることで正されるという。彼にとって、つねにこのことが重要だった。理性に異議を唱える時には、彼は心の道を示し、一面的なパウロ理解を是正するさいにも、対照的に使徒ヤコブを前景に登場させた。彼には、つねに肯定的な要因が重要だった。彼が福音について述べるさいにも、とりわけ、肯定的な点を述べているところに注目せねばならない。

彼が目標としたのは、イメージも、意志も、形もなしに神に流入することだった。したがって、彼の中心的な関心事は、つねに神秘主義と見なされてきた。彼自身、神秘主義的な観点をさまざまな形で示しているが、すでに誤って主張されているように、自分の能動性を鎮静化するために神秘主義を利用したわけではない。彼にとって重要だったのは、神の導きに無条件に同意することだった。その場合、人間は、神の霊を受け入れるために、自分の祈りを放棄するのがよいと彼は考えていた。また、聖書が与えられたのは、「神が他の手段では、否、全く手段なしでは、活動できず、また活動しようとされない」(『真理の道』)からだとは考えなかった。神が人間に「聖書だけを与えた」というのは、ごまかしだと彼は言い、「私たちが聖書以外何も知らず、神による幸せへの途上に他の交わりが存在しないのであれば、正しい道は分からない」(『聖なるパン屑』)と言う。とどのつまり、彼は読者に意表外の要求を突き付ける。「あなた自身が聖書になりなさい」(『真理の道』)。

彼は、さまざまな形の神秘主義に精通していたが、神秘主義は、彼にとって学識の問題ではなく、生の問題だった。浄化、照明、合一の神秘的状態を、彼自身が魂の中で経験し、その状態を他者に語っただけではない。また、「神を求める人びとにとって、真の神秘主義的著作の一頁には、力も精気もない何頁もの講壇神学の著作よりも豊かな神の実質、光、助言、慰め、平安が見いだせる」(『真理の道』)ことは、彼には明らかなことだった。本来、神秘主義をどう理解せねばならないかという問題に、彼は、自分の経験から、こう答えている。「そのことについては、誰も正確なことは言えない。自分が神秘家になるほかはない。自分自身が神秘家になる途上になければ、誰も適切な理解は得られない」(『真理の道』)。

神秘主義の本質は、テルステーゲンによれば、尋常でない秘密を知る要求にもなければ、浄福の脱魂状態にもない。手紙のなかで、「あくまで神のために存在すること、それが、内的な、つまり神秘主義的な生の真の秘密なのだが、人びとは、それについて奇妙な、恐ろしいイメージを抱いている」と、テルステーゲンは語っている。彼が語っているのは、明らかにキリスト教的神秘主義であり、そこには汎神論的な要素は全く含まれていない。彼は、正統主義と啓蒙主義の時代に緊急に必要とされていた神秘主義を、福音派のキリスト教に贈ったのである。テルステーゲンは、同時代人のヨーハン・ゼバスティアン・バッハが音楽で表現したことを、言葉で告げ知らせたとも言えよう。アルベルト・シュヴァイツーによれば、バッハもドイツ神秘主義の歴史の中の一現象なのだ。この二人の人物には、プロテスタントの神秘主義の最も貴重な宗教的表現を見ることができる。その宗教性によって、正統派と敬虔派の潮流を、より高い第三の立場から宥和させることができたからである。

テルステーゲンの神秘主義は、思弁的な道を歩むことがなかった。マイスター・エクハルトやアンゲルス・ジレージウスに見られるような大胆さは、彼には見られない。彼の場合、神秘主義は、むしろ内的な人間をめぐるものなのだ。この内的な人間が、彼の場合、きわめて広い範囲を占めており、外的な広がりが現れる余地のないほどである。その点では、彼を、調和的に形成された人間の理想像と見なすことはできない。だが、実際に人間の生に見られるのは多くは逆の現象である。つまり、しばしば出会うのは、外面ばかりが発達した人間であり、内的に十分に形成された人間には稀にしか出会わない。ドイツの内面性は、聖者テルステーゲンにあって、この上なく純粋に開花した。

「私たちの内部には、さまざまな世界がすべて内包されており、心の奥底には、悪の秘密と神の浄福の秘密が、悪魔の深みと神の深みが、霊により発見できる。……外部の一切は、私たちの内部に見出せるものの反映であり、反映以外の何ものでもない」(『全集』)。

彼は、心情の領域へ深く沈潜した結果、外部で起こるどのようなことも、彼という内面的な人間を不安がらせることはなかった。すべてが心の内部へ移され、啓示さえも、彼の場合、心の奥底で実現した。罪は内部にあり、したがって、救いも内部で行われねばならない。人間は、魂の外部に留まっていては浄福は得られない。「だから、キリストも実際に心のうちに生まれる必要がある」(『聖なるパン屑』)という言葉も、その確信から来ている。人間は、残念ながら外的楽園を喪失しただけでなく、「大半が心の楽園をも失ってしまった」(同前)。もっぱら内部へ向くことで、テルステーゲンには、稀な内面性が与えられ、それが高い次元の音楽のように感動を呼び、美しい言葉を生み出す。

「真の内面性は神の業であり、人間の業ではない。……内部の心は、何も行為せずとも、十分に行為しているのだ。静かな沈潜、黙せる同意、単なる目視が、心にとっては十分な仕事なのであり、その心の中で神は働き給う」(書簡集)。彼にあっては、内面的人間が、生の現実中の現実として姿を現し、心との驚嘆すべき対話を行う。

とくに彼が努めたのは、神の現存を覚《さと》ることのできる静けさの中へ内面的人間を導くことだった。彼は、神が単なる理念ではなく、現存することを覚らせる驚くべき天与の才を備えていた。テルステーゲンの最も深い志向は、何かを言うことなく、もしくは何かを行うことなく、ただ自らを神の傍に在らせることだった。他の何事でもなく、ただそのことだけを達成するよう努めたのである。彼の詩のなかに記されているように、そのことだけで彼には十分であり、それが詩歌の基調になっており、彼の生は、その基調に合わされていたのである。

現前する神を
崇め、神の眼前に
畏敬の念をもって歩み出よう！
神は中心に在り
私たちの内部のすべてが黙し
心より神の前にひざまずくべし！
神を識る者、
神の名を呼ぶ者は
眼を伏せよ、
来たりて、再び身を捧げよ。

神を現前させることが、彼の努力の出発点であり最終目標であった。手紙を書いても、レトルトを熱しても、人びとに助言しても、彼には常に神が現前しており、この神の現前を、彼は静かな隠棲時に初めて体験し、それが彼の生の中心であり続けたのである。彼の実存の内部に神は現前し、そのことが、すべての輻《や》が集まる車輪のこしきとなり、彼の生に独特の庇護を与えており、このため、いかなる恐れの感情も生じない。この言表しがたい神の現前が、彼の言葉に力を与え、彼の牧会に光を与えている。神の現前から以外には、謎の多い彼の影響は理解できない。神秘的在り様は、どのように述べても述べ尽くされない。このため、説明不可能なこの人物の不可侵の領域となっているのが、神の現前ということなのだ。テルステーゲンは、神の現前という現実を証明しようとしたことはない。どの聖者もそうだが、彼も「神の存在を証明しようとする書物ほど、世の中で余計なもの」（『全集』）は無いと考えていた。試練の時期を例外として、彼は、つねに神の現存を確信していた。神の現存は、彼にとって何ら難しい問題ではなく、神が、詳しくは述べられない仕方で彼の心の内に現存していると信じていた。このことは、一見、単純に思われるが、すべての単純な物事同様、きわめて大きなことであり、人間は、このようなことを、震えかつ歓喜の心をもってしか口にはできない。テルステーゲンの宗教性の中核をなしているのが、キリスト教徒の心のなかには神が常に現存する、という信仰だった。それによると、「恵み深く親密で甘美な、神の現存への信仰は、魂を短時間で聖化する最も強力な手段」（『聖なるパン屑』）なのであった。彼は、全生涯にわたって、首尾一貫して神の現存の光の中に身を置いていたので、その位置から印象深い言葉を語ることができた。

「私たちは空気の中に生き、その空気は私たちの身近にある。私たちの内に空気があり、私たちは空気の内にある。神は限りなく私たちの近くに在り、私たちは神の内に生き、神の内に漂っている。私たちは、神の内で食べ、飲み、働く。私たちは神の内で考え、罪をなすものは、――私がそう言っても驚くなかれ――神の内で罪を犯す。この神の現存は理解不可能である。私たちは、それについて想像できず、ただ信ずるのみである。…神は、私たち内部の最も親密な要素よりも、はるかに親密であり、だからこそ、神は私たちに呼びかけ、私たちを待ち、自らの心を打ち明け、私たちを幸せにする。この神の現存は、理解することなしに、否、感じようとすることもなしに、常にそのまま信じなければならない」（『全集』）。

この言葉は、テルステーゲンにとって単なる理論的な発言ではなく、現実の事態なのだ。当時の伝記には、こうある。「神の現存が、彼の心に深く刻み込まれていたように思われる。彼の全行状が、そのために、愛と畏敬にあふれていた。彼は、神が特別な仕方で彼の心に現存していることを確信していた。自分の内部を神が見入っていることを知っていた」（著作選集）。この言葉から分かることは、彼が、神が現存する体験を、どこにもある体験としてではなく、特別な仕方で彼に与えられた体験と見なし、最も幸せな恩赦と感じていたということである。神の現存は、永遠ということについて、まだ何の印象も覚えたことのない者たちに相応しくないだけではない。「神の現存は、隠されているので、少数の者にしか真実とは信じられない。だが、誰もがそれを信じれば、その時には、全世界が聖者で満たされ、この世が真の楽園となるであろうことは、あなたにも、お分かりでしょう」（書簡集）。

この世を楽園にする神の現存は、絶えずそこに到達しようと努める人間にのみ分け与えられるものである。神の現存は、感情とも僅かなつながりがあるだけである。神の現存は、感じと異なることは強調しておかねばならない。なぜなら、それは、不確かな基礎の上には築くことはできないからである。感じようと感じまいと、神の現在の事実には、何ら変わりはない。彼は、三種類の神の現在を区別している。第一の種類は、すべてを満たす遍在であり、第二は、人間の心の扉を叩き、悔い改めを促す神の恩寵の現存であり、第三は、前の二つの実りである内部の神の現存である。彼自身の場合、この内部の神の現存を感得しており、彼の全生涯は、ひたすら神を見、神を崇め、神を賛美し、神を愛することにあった。神の現存についてのテルステーゲンの神秘主義的発言に表されているのは、神の現実についての揺らぐことのない確信である。この静寂の中で、永遠の秘密が目に見えるようになる。神の絶えざる現存は、テルステーゲンの生の秘密であり、それゆえにこそ、彼は聖者と見なされねばならない。

第五章

テルステーゲンは、あるとき手紙の中で、神の子たちには、三つの誕生日があると書いている。第一の誕生日は、この世に生まれた日であり、第二の誕生日は、暗い自然状態から恩寵の光の中へ段階的に移行し始める日である。古代の殉教者のように、彼が第三の誕生日と見なしたのは死であった。死は、「神の子たちを不安なこの世から、卑しめられた肉体の狭い監獄から、あらゆる圧迫、あらゆる心の危険から、解放する。なぜなら、死は、彼らが好ましくも甘美な永遠の広大な世界へ移される喜ばしい契機だからだ。この最後の誕生時にも、しばしば、きわめて不快な、困ったことが起こることもある。このため、それを切り抜けるまでには、呻き苦しんだり泣いたりせねばならないが、すべては彼らのためなのだ」（書簡集）。どの聖者もそうだが、テルステーゲンも、死を積極的に肯定し、憧れに近い態度を示している。信仰を覚醒させる彼の話の中で、彼はある時、こう言っている。「敬虔な人物が死ねば、私たちは、死んだとは言わず、天国へ向かった、昇天したというべきだ」（『聖なるパン屑』）と。

彼のキリスト教精神の特徴は、内的な巡礼として、この世の生に対する愛着が僅かな点にあった。キリスト教徒は、彼によれば、この世のためには創られておらず、モグラのように世の中にもぐりこむべきではない存在なのだ。キリスト教徒は自らを巡礼と見なすべきだという。

子らよ来たれ、行こうではないか、
夕べが近づいている。
この荒野に
危険あり。
来たれ、勇み立て、
永遠に向かって歩むために、
一つの力から別の力へ、
終りは良し。

この世からの解放は、七年戦争とその結果により彼の晩年に射していた暗い影を払うものだった。荒々しい軍隊の侵入で掻き乱されることなく、当時の政治状況に対して、こう述べている。「さまざまな事象、国、町、村の変化は、私たちの心の内に変化を引き起こすようなことはなく、何処にあっても、私たちの精神は、変わることはない。すなわち神と共に、神の意志と共にある」（ケルレン）。この言葉からうかがえるのは、世の出来事に対する情感の乏しい無関心ではなく、世の出来事を超越した聖なる認識である。

テルステーゲンは辛抱強く人間の営みを眺め、それについてソクラテスの言葉に近い言葉を発することができた。この落着きは、彼の光にあふれた神との関係に相応しい。「神を専制君主や人間憎悪者に仕立てようとする者は、すべて恥じるがよい。神の内には悪に対する怒り以外に怒りはない。神が私たちを創り給うた目的は、私たちを憎むためでも、私たちから憎まれるためでもなく、私たちを愛し、私たちから永遠に愛されるためである」(『聖なるパン屑』)。この確信は、彼を病が襲い、呼吸困難で幾夜も寝床の外で過ごさねばならなかった時にも揺らぐことはなかった。実際、死も、彼の場合、ひっそりとしており、彼の傍の適切な場所に存在している。死は、独立的な意味は持たず、永遠への移行現象と見なされていた。彼が永眠する前に発した最期の言葉の一つは、自己との短い対話だった。「おお、哀れなラザルス(ラザロ)よ! だが、聖なる天使は、お前に手を貸すのを恥とは思うまい」。

テルステーゲンのこの聖者的な生は、外的な事件を伴わない点で印象的ではないだろうか。実際、神の静かな現在のうちに受け入れられたこの生ほど印象的な生は、滅多に見られない。その内的な輝きや神的な静謐《せいひつ》さは、もとより誰にも見られるというものではない。それは、しばしば、注目されることなく世を照らす太陽の光の印象深さに似ている。彼の生の非凡な点は、ほかでもない非凡であることを断念した点にある。この人物で目立つ点は、ただ一つ首尾一貫して内部への道を歩んだことである。確かに、テルステーゲンは、プロテスタンティズムを全体的には体現していない。相対的なものを絶対化することに対する永続的なプロテストは、彼には見られない。だが、プロテスタンティズムを、単にプロテストするだけの勢力と解するのは、一面的な見方である。彼は、その聖者的な生によって一つの深い次元を切り拓き、プロテスタンティズムを豊かにしたのである。彼は、疑いもなく、ドイツのプロテスタンティズムの中で最も崇高な言葉の一つを語ったのだ。福音に対して限りなく開かれている点を特徴とする心を明らかにしたからである。テルステーゲンは、真正のプロテスタントの俗人として、日常生活の中で永遠の光を発する新たな型の聖者の最初の告知なのである。

10 アルスの司祭 ヴィアンネ（一七八六—一八五九）

照明を受けた痴れ者

第一章

フランスの現代文学の中で、ジョルジュ・ベルナノスの長編は特別の位置を占めている。ほとんどの長編に聖者の姿形が登場し、この著者の思考は、聖者を中心にめぐらされていることが分かる。ベルナノスのように、聖者の姿形を、生命のない拵え物に終わらせず、驚くほどの真実性をもって描くことに成功した詩人は、ほかにはいない。このフランスの作家は、現代の宗教的な長編小説を、意味深い技法を通じて、大多数の文学作品の水準を超える精神的な高さに引き上げるのに相応しい存在だった。ベルナノスの、さまざまな問いを喚起する作品には、聖者の内的な姿形が捉えられ、聖者の弱さから永遠の輝きが発せられている。彼の描写からは、信仰をひけらかして謙譲の心を踏みにじることの多い紋切り型の聖者伝より、聖者を誤りなく理解する上で、はるかに多くのことを学ぶことができる。ベルナノスは、聖者の辛苦を余すところなく明かしているが、聖者の悲哀からは内的な喜びが噴出している。「主よ、幸せに過ごせた生は、すべて貴方の栄光の証です。しかし、聖者の証は、生きた肉体から灼熱の火ばさみで捥《も》ぎとられたものなのです」（『悪魔の陽の下に』）。『背教者』のシェヴァンス神父、『悪魔の陽の下に』のドニサン神父、『田舎司祭の日記』の書き手らのモデルとしてベルナノスの脳裏にあったのは誰あろうと問うなら、アルスの司祭以外の何者でもないことに気づくだろう。詩人自身の言葉によれば、ドニサン神父は、「もう一人のアルスの司祭と呼ばれる栄誉を得た」のであった。作者は、実際に、かの著名な聖者の言葉そのものを、ドニサン神父に語らせている。アルスの司祭、ラシーヌの名に何ら感興を覚えることもなく、おそらく文学書などは手にしたこともなかったであろう非文学的な人物。そのような人物が、なぜフランスの現代作家のモデルとなり得たのか、奇妙なことではある。それが可能だったのは、アルスの聖者が、ベルナノスの詩的な処理に対して、いささかも引けを取らない確かな性格をそなえていたからこそだったろう。

ジャン゠マリー・バティスタ・ヴィアンネが、この人物の本名だが、彼は、きわめて強靭な宗教的人格だった。あれやこれやのことは知らず、知っていたのは、ただ一つのことだけだった。他のことを一切捨てて、神的な存在とだけ向き合っていた。聖性に至る義務を、彼は早い時期に受け入れ、完全に自己のものとしていた。彼が語った言葉は、すべて宗教的な次元の言葉であった。彼が成し遂げたことは、誰にも真似のできないことだった。この人物の影響は、見晴るかしがたく、皮肉屋でも否定できない。

外から見れば、ヴィアンネは、重要人物には全く見えなかった。着古したスータンをまとい、粗末な農民の靴をはいた姿自体には、魅力的なところは皆無だった。彼の本質に見られる不器用な性格が、そうした姿で隠されるというよりは、むしろ強調されていた。しばしば滑稽というに近かった彼の姿には、高貴な品位といったものは全く見られなかった。アルスの司祭を超人的な存在に引き上げることはできない。事実を曲げる気がなければ、泥くさい田舎司祭と呼ぶほかはない。それ以外の呼称は、すべて事実に反している。実際、彼には白痴的性質が付きまとっていた。世人の眼には、自分の利益になることを知らない愚か者と映っていた。

この人物が同時代の人びとに与えていた謎めいた印象を理解するには、尋常でない宗教的な素質と愚かに近い在り様という二つの事実を考え合わせなければならない。人びとは、その印象を整理できず、ある自由思想家の意見によれば、「アルスの司祭が十九世紀を攪乱しているのは、不愉快きわまりないこと」（フランシス・トロシュ『聖者アルスの司祭』一九二九）だった。実際、近代の啓蒙された意識にとって、彼の存在は憤激の種だった。近代が一人の重要な人物から得た観念を、この男がひっくり返したからである。ヴィアンネは、形而上学を欠く人間観を信奉する世紀の自己意識を掻き乱す不快な存在だった。アルスの司祭の中核には、別の道が現在しており、当時は、そうした道に対する感覚を備えていたのは、ごく少数の者に限られていた。彼が人びとに示した容易には解きがたい謎は、聖者の世界から以外は解くことができない。照明を受けた痴れ者として、彼は、新約聖書が次の言葉で暗示した背景から歩み出てくる。「汝らのうち、この世にて自ら賢しと思う者は、賢くならんために愚かなる者となれ。そは、この世の知恵は神の前に愚かなればなり」（一コリント3－18）。

第二章

ヴィアンネを根底から理解するためには、彼の生国や時代を考えても役に立たない。この人物の生には、すでにアンリ・ゲオンが指摘しているように、国が背景となってはいない。彼の伝記を読んでみても、ヴィアンネがフランス人だったことは全く分からない。フランス特有のエスプリといったものは、彼には全く認められない。同じように、イギリスに生きてもドイツに生きてもよかったように思われ、マルセイエーズを歌うフランス人たちに似ている以上に、いつも同じように人びとに親切だった幾分年下のアルトエティングの教会の門番、聖コンラート・フォン・パルツァムに似ていると言ってよい。時代も彼には、ほとんど影響を与えていない。幼少時は、フランス革命の時期に当るが、その頃もそれ以後も、革命の原因や、革命をめぐるもろもろの問題について、何の理解ももってはいなかった。彼を革命の敵手に仕立て上げるのは、見当はずれも甚だしい。彼は《自由の樹》の周りで踊ったこともなければ、バスティーユ襲撃の熱い息吹に感動したこともなかった。幼い彼が気づいたのは、教会の閉鎖と革命側が命じた教会の鐘の沈黙のみだった。彼の敏感な魂に消しがたい印象を残していたのは、極秘裏に行われた礼拝だった。迫害されている教会の姿が、革命時から彼の内部に刻みつけられていた。青年期から壮年期の始めにかけては、ナポレオンの支配の時期に当る。ナポレオンの支配の時期も、ヴィアンネには革命期同様、何の痕跡も残さずに過ぎていった。フランス全土が陶酔したナポレオンの成功も、彼には何の印象も残さない。さまざまな国民を踏みにじった皇帝ナポレオンも、ヴィアンネについては言及していない。ヴィアンネとナポレオンが同時代人だったと考えるのは、きわめて難しい。

ヴィアンネの本質を理解する上で、はるかに得るところが多いのは、彼の出自が農家だった点である。きわめて教会に忠実な彼の家柄は、固い慈善心が特徴だった。祖父の家には、トリエント公会議以後のカトリシズムの最も驚くべき聖者の一人、当時、まだ人に知られぬ乞食として、家々の戸口に立っていた聖ブノワ・ジョセフ・ラブルが宿泊したことがあった。また、ヴィアンネの母親は、きわめて敬虔な人柄で、幼い時からジャンを宗教的な心で育てていた。「私の敬虔な心は母親に負うている」と、後にアルスの司祭は語り、こう付け加えている。「徳行は母親から容易に子供の心に受け渡され、子供は母親の行いを見て、同じことを行う」（ジョセフ・ヴィアネ著『アルスの司祭ジャン・バティスタ・ヴィアンネの生涯と活動』一九〇八)。ヴィアンネは、敬虔な母親を貴重な模範とした多くの男たちの一人だった。母親の影響は、全生涯に及ぶことが多い。彼は、青い目をし、褐色の髪をした気立てのよい少年だった。活発な気性だったにもかかわらず、後になって意味深長なことを告白している。「若いころ、私は悪いことを知らなかった。私がそれを知ったのは、告解の聴聞時に罪びとたちの口から聞いたのが最初だった」(同前)。彼自身は無垢な心をもち、ドストエフスキーの長編『白痴』の主人公ムイシュキン公爵のように、悪とは無縁だった。ヴィアンネは、若年時に悪事に巻き込まれることもなかった。幼い少女が無邪気な子供心で、いつか二人が結婚することをにおわせたとき、彼は仰天して尻込みした。少年ジャンは、よく働き、おどけた言葉も口にする陽気な子供だった。ごく小さいころから家畜の世話をし、後には、下男のように朝早くから夕方遅くまで、農家にまつわるあらゆる仕事を厭わなかった。多くの宗教的な人物同様、ヴィアンネも敬虔な伝統に深く根差した農民層の出だったのだ。知的な問題や町の雰囲気には、生涯縁がなかった。彼は、つねに田舎の子であり、外見からしてすでに、そのことは否定できなかった。農家の子供として民衆と直接のつながりもあった。苦しみに耐える能力も民衆から受けたものだった。

ヴィアンネの生の歴史は、ある時から、家柄の枠から抜け出し、彼自身の性格を示すようになるが、そのきっかけは、彼にとって不名誉な出来事だった。当時、ナポレオンは兵士を必要としており、このため、二十三歳だったヴィアンネのところへも召集令状が届けられた。金を出して代役を見つけることができなかったため、背嚢《はいのう》を背負うことを余儀なくされる。入隊はしたものの、間もなく、仲間の新兵たちの下劣な冗談が彼には我慢ができなくなる。そうこうするうちに、スペインへ送られることになった。だが、途中で脚が言うことを聞かなくなり、部隊から取り残されてしまう。追いつこうとしていたとき、一人の男に出会い、その男からセヴェンヌの山中に隠れたらどうかと示唆され、脱走する。自分の行動の結果を考えることなく、動物的な本能から安全なところに逃げ込んだのだ。これが彼の最初の痴れ者としての行動だった。ヴィアンネは、思慮を欠いたため、危険な状況に落ち込む。その後、彼は、この脱走行為を正す努力を全くしなかった。脱走後の最初の数カ月は家畜小屋に隠れ、後には警官の捜索のたびに乾草の中にもぐりこんだ。満二年間にわたって、ヴィアンネは、ジェローム・ヴァンサンという偽名を使って地下生活を送る。父親は、まともな考えの人間だったから、彼の脱走に腹を立て、直ちに軍当局に出頭するように命じた。だが息子は、父親の要求に従わず、脱走兵のままでいることを選んだ。

彼の聖伝作者が一人ならず、この具合の悪い出来事にひどく困惑したことは理解できる。実際、この出来事は、いささか腹立たしい出来事ではある。アルスの司祭が若年時に勇敢な兵士でもあり、ジャンヌ・ダルクや聖王ルイが示したような高貴な愛国心に充たされていたら、はるかに気分がよかったろう。だが、事実は違った。ヴィアンネの生涯には、聖者の光輪に相応しくないこのような汚点が存在する。ヴィアンネのこの不快な行動を無視することはできない。脱走は、脱走である。そのことは動かしがたい。祖国を愛する人間は、ヴィアンネの行動を非難に値する行動と見ないわけにはいくまい。だが、宗教的人間は、愛国的な観点を最高の価値とは見ない。彼が最高の価値と見るのは神的要因である。ヴィアンネは、全生涯にわたって、軍隊に対しては何の関心も示していない。軍隊は彼の視野にはなかったのだ。だから、自分の行為の不当なことが意識には上らず、また、その行為に少しの悔いも覚えなかったのである。この痴れ者は、きわめて鈍感だったが、おそらく、当時、すでにキリスト教と戦争とが相容れないことを、二人の主に使えることができると信じている者たちよりも、遥かにはっきりと感じていたのだろう。

結局、彼の末弟が代わりに軍に出頭して、ヴィアンネは名簿から抹消され、隠れ処から這い出ることができた。だが、続く何年かの間にも、彼についての良い知らせは報告できない。召集令を受ける前に、彼は、すでに司祭になる希望を明らかにしていた。彼が敬虔なことは明らかだったから、この希望は意外ではなかった。だが、農作業の有能な助手を失いたくなかった父親は、これに猛烈に反対した。父親の堅い頭をほぐすには、大変な忍耐が必要だった。十九歳になり、ようやくエキュリのバレ神父のところで準備教育を受けることが許される。ヴィアンネの、より高い召命を最初に認識したのは、この慧眼の神父の功績である。将来を見通したバレ神父のこの洞察は、さまざまな障害にあっても揺らぐことがなかった。ヴィアンネは、村の学校で教えられる極めて簡単な知識もなければ、学習能力にも欠けていた。とくに文法は最も苦手で、数カ月の間に、ほとんど進歩が見られなかった。学習には向いていなかったから、どんなに努力しても進歩はしなかった。その上、学んだことを記憶するのは、さらに苦手だった。学ぼうとしたことが、すべて、ざるから水が漏れ落ちるように、頭を素通りした。とくに、よりによって教会の言葉であるラテン語は、どんなに苦労しても、このごつい農民の若者の頭に入ろうとしなかった。知的能力の不足は明らかだった。知恵遅れというのに近かった。教科書に吐き気をもよおし、やる気を失い、召命を疑い始めたのも不思議ではなかった。ヴィアンネは、修業をあきらめ、再び鍬を取る気になりかけていた。だが、独り彼の師バレはあきらめなかった。司祭になる計画が、一抹の誇りによってヴィアンネの胸に覚醒されなければ、学習の受苦の道は完全に断たれてしまったことだろう。学習の時代には、ひたすらへりくだる態度に徹していた。山積した難事を禁欲によって克服しようともした。エキュリの司祭館では召使のように働き、自由時間には鋸で木を挽《ひ》き、庭を掘り返した。学修の苦渋で思い焦がれていた司祭への夢が壊れかけていたとき、この危機を脱するために、彼は徒歩での巡礼を思い立つ。より容易に習得する能力が恵まれることを望んだのだ。だが、ラテン語の言葉を敬虔な行動によって身につけようというこの新たな方法は、実を結ぶはずもなかった。

脱走事件の後、ヴィアンネは、学修を再開し、今度は神学校に入るが、事態は好転しなかった。召集による学修の中断の間に、以前よりも学修の精神的要求に応えられる程度に成長していることが期待されたが、この期待は裏切られた。神学校では、バレ神父のもとでの個人授業のさいに経験した事態より、一層気の滅入る事態が待っていた。修得意欲は欠けていなかったが、修得能力が欠けていた。司祭になるために要求される教育水準は、当時は、それほど高いものではなかったが、ヴィアンネは、その要求に応えられなかった。言語的な能力が欠けていただけではない。スコラ学やデカルトの方法は、ヴィアンネにとってラテン語以上になじめないものだった。哲学の授業が、彼には冷たいものに思われ、その設問には、全く関わりが感じられなかった。ラテン語による講義についていけなかったため、彼には例外的に母国語で授業が行われたが、それでも哲学の基礎を身につけることはできなかった。彼には、さまざまな問題が極めて分かりやすい形で説明されたが、何も理解できなかった。読誦のさいには、つかえるのが常で、どもりもした。教師の質問を理解しないことが多かったから、まともに答えることもできなかった。ヴィアンネは、そのたびに困った様子で、人の好い眼で教師を見つめ、羊の鳴くような声を発するので、周りの学生たちは大笑いし、ヴィアンネは、ひどく恥ずかしい思いをした。その様子は全く哀れなものだったから、教師たちは、しばしば彼の愚鈍さに絶望的になった。

致命的な点は、神学の諸部門を理解する能力にも全く欠けていたことだった。神学校にとって、彼は耐え難い重荷となり、同学の者たちには嘲りの対象にしかならなかった。この哀しい状況下で、慰めは、どこからも得られなかった。ヴィアンネは、後に、神学校では「少しばかり」苦しまねばならなかったことを認めている。「彼が、どれほど自分については控えめに語っているかを知る者は、《少しばかりという言葉》を《ひどく》と言い換えるのに何のためらいも感じないだろう」と、彼の最初の聖伝作者ジョセフ・ヴィアネは述べている。神学校の成績表では、彼の品行、性格、作業は《良》だが、知識は《不可》だった。こうした能力不足に対して、彼の顔に浮かぶ限りない悲しみや、心を打つ謙譲な態度が何の助けになったろう！　学修能力の欠如を埋め合わせるものではなかったからだ。教授たちは、結局、さらに彼に問いを掛けることをあきらめる。努力させても無駄と見なし、退学するよう求めたのだ。ところが、彼には、退学するつもりはさらさら無かった。当時、フランスでは司祭が著しく不足していたが、この痴れ者が使いこなされる見込みは全く立たなかった。司祭に加えるには不適格と見なされたからだ。退学は、十九歳になったヴィアンネには、恐ろしい衝撃だった。苦労して学んだ挙句に放り出されるというのは、残酷な試練だった。それというのも、この痴れ者は魂を救う熱い気持ちに燃えていたからである。この状況は、若年時のコペルティーノの聖ジュセッペの場合に酷似している。聖ジュセッペも、白パンと黒パンの区別もできず、どこの修道院にも留まれなかったが、近代には稀な溢れる恩寵に担われていた。ヴィアンネの場合、退学が決定されなかったのは、ひとえに父親の友人だったバレ神父が断固として譲らなかったからであった。教え子と一緒に暮らしたことがあり、彼の宗教的な能力については、誰よりもよく知っていたこの精力的な司祭の陳情によって、ヴィアンネには、少なくとも試験を受けることだけは許された。だが、試験の部屋を見ただけで、すでに度を失い、この最後の機会に絶望的な混乱に落ち入って、見当違いの返答をしてしまう。出席していた司教総代理が「よろしい、彼を合格させよう。後のことは神の恩寵にお任せしよう」と、寛大な決定を下したのは、試験官たちが彼を「信仰の模範」と見なしたからに他ならない。ヴィアンネは、叙階のため司教にゆだねられたが、条件付きだったことは言うまでもない。その条件は、「この新任司祭には、罪の赦しを与える全権は、後日、彼の教会の上長の自由裁量により与えられるものとする」というものだった。こうして、彼は助任司祭として主任司祭バレのもとに、いわば更に修業するように戻されるが、三年後、バレの死によりアルスへ主任司祭として派遣される。

ヴィアンネの苦渋の修学時代の意味が、これまで適切に解釈されることはなかった。聖者の弱みを白日の下にさらさないために、彼の知的能力の欠如が揉み消されてきたからだ。説話によって、そうした話は一掃する時機だというようなことすら口にされた。通常、彼の修学が失敗した原因は、就学時期が遅れて、他の者たちが修学を終えた頃に就学したためとされる。だが、この言い訳めいた説明は通らない。彼よりはるかに遅く就学しても、好成績で終った例はいくらもある。このことは別にして、そのような微温的な説明では、その深い意味が奪われてしまい、ヴィアンネの無能力に毒にも薬にもならない解釈が加えられるだけである。この農民の息子の痴性を抹消しようとすれば、彼の生に秘められた壮大な奇蹟を認識することはできないだろう。有能な人間が世の中で大事業をなし遂げるというのなら、それ自体何の不思議もない。だが、白痴に近い知的能力の低い人間が、人びとが脱帽せざるを得ないほどのことを成し遂げたとすれば、自然的な理由では説明がつかない。ヴィアンネは、実際に薄のろというのに等しかった。彼の行動は不器用というだけではなかった。白痴的な無能力に近かったからだ。ヴィアンネ自身、自分の知性の不足を認めており、こう述べていた。「他の司祭たちの間で、私はブロディエのようだった」。ブロディエとは、当時、その地域にいた白痴の名だった。ヴィアンネ自身、自分の知能が著しく低いことを知っていて、こんな言葉を漏らしている。「本当に私は能無しだ！　見るがいい、私がどんなに馬鹿な顔をしているか！」。

彼は馬鹿を装っていたのではない。聖なる白痴だったのだ。ヴィアンネをみじめな姿にした才能の欠如は、同時に、聖性が知的能力とは別次元にあることの反駁不可能な証明と言える。宗教的な特性は、知的な理解力とは全く無関係に存在する。知性の薄弱な人間が、どんなに知能が高くともなしえない業を成し遂げることがある。宗教性は、理性の道では達せられず、直観的に感得されるもので、人間には、とりわけ贈られる性質のものなのだ。だから、ヴィアンネの独特な生は、簡単に約言できる。摂理がこの愚か者を動かしたのだ、と。これが、アルスの司祭の最も内奥の秘密と言ってよい！　アルスの司祭から推測されるのは、大きな仕事が人間自身の能力には帰せられないことを示すために、神が無能な人間を選ばれたということである。啓蒙思想を経た近代には、神的な要因が痴れ者の衣を着て現れる。神は、当初、教会が、よりによって十九世紀のフランスが生んだ最大の司祭を、司祭職には不適格と見なすことを許したのだ。この観点からすれば、白痴を讃えることには、もはや何らいかがわしい点はない。ヴィアンネが白痴だったとしても、その愚かしさには、固有の色調がある。彼は、その愚かしい在り様によって、形容しがたい全く別の前提にもとづいて生きており、そのことが、彼の行動のすべてから顔をのぞかせている。このキリストの痴れ者は、真っ正直で、キリスト教的な性格を腐敗させる要領のよさ、狡さ、抜け目なさといったものを全く持ち合わせていない。ヴィアンネは、キリストが祝福し天国を約束した霊的に貧しい者たちの一人であり、彼らについて、主は謎めいた言葉を述べている。「これらのことを賢き者、聡《さと》き者には隠して、嬰児に顕《あらわ》し給えり」（マタイ11－25）。

第三章

アルスは小さな村で、リヨンの北三十五キロほどのところにあるドンブ高原に位置している。当時この村には、二百三十人ばかりの住民が、藁ぶき屋根で煉瓦造りの家に住んでいた。フランス革命や、それに続くナポレオン時代の混乱を経て、この辺鄙《へんぴ》な小村にも、戦後の嫌な気分が蔓延していた。風俗は乱れて、宗教生活も著しくないがしろにされていた。四軒ある酒場は、いつも満員で、娘たちは踊りに熱をあげていた。村の当時の風紀は、すでにジョセフ・ヴィアネがこう伝えている。「アルスでは、誰もが隣にいる男のポケットから小銭をくすねるわけではなかったが、家畜を売る時には相手をたぶらかし、麻を束ねる時には不良品を分からないように混入させた。子供たちが盗んだ蕪《かぶ》で前掛けを一杯にして帰ってくると、父親たちは大喜びしたものだった」。アルスの村民は、乱れた時代に人びとが陥る行状を見せていたに過ぎない。

いずれにしても、こうした小村に司祭として赴任することは、取り立てて名誉なことではなかった。だが司教は、無能な司祭にはこの村が適任と見なし、ヴィアンネ自身も、取るに足りない小村だからと言って気分を害するようなことは全くなかった。だが、ヴィアンネがこの村と緊密に結ばれ、多くの人びとから本名ではなく、アルスの司祭という名で呼ばれ、この名で歴史に登場するまでに時間はかからなかった。農民の息子だった彼は、農村の住民とたちまちのうちにつながりが出来た。ヴィアンネは、この新しい任地の教会の状況を把握するや否や、村人が霊的に放置されている状況と闘う決意を固めたのだ。

若い熱血漢は、誰でもそうだが、彼も村民に対して容赦のない厳しさで臨んでいる。アルスの新司祭は、一面、熱狂的な信仰者だった。冗談を全く理解せず、単純に道徳的な振る舞いを文字通りに要求した。アルスの住民には、この厳しい要求がはじめのうちは、すこぶる不愉快だった。村の信仰心のある家の者たちも、ヴィアンネの厳しいやり方になれるのに苦労した。若者たちが足しげく酒場に通って、踊りに熱中している状態に対しても、彼は容赦のない闘いを挑んでいる。イェレミーアス・ゴトヘルフが、物語のなかで偏見なしに描いているような村人の楽しみは、ヴィアンネには無縁だった。そうした楽しみには全く理解がなかったのだ。「人間を愛する者は、彼らの喜びをも愛する」といった言葉が、彼の口から出ることは考えられなかった。ヨハネ福音書のカナの結婚に表されている喜びの聖化を、ヴィアンネは知らなかった。人びとには、そうしたくつろぎが必要であることを、彼は見なかった。その点で、ヴィアンネは、若者の天才的な教育者だったドン・ボスコとは異なる。ドン・ボスコは、若者と遊ぶことを知っていたからだ。

アルスの司祭にとっては、ごくささやかな楽しみも罪への誘惑であり、その誘惑から、彼を信頼する人びとの魂を守ろうとした。彼は、第二のサヴォナローラのように、踊りを「香水漬けの罪」として断罪し、罪のない催しすら教区から追放するまで、彼の狂信的とも言える姿勢は変わらなかった。楽士たちには、直ぐに荷物をまとめて村から出て行くことを条件に、酒場の主人が約束していた額と同じ額の謝礼を自分のふところから支払った。アルスの司祭は、こうしたことから、しばしば話の分からない「蒙昧な人間」と思われてきた。

多くの若い司祭たちも分け持っているこの厳しさへの熱意だけでは、おそらくヴィアンネは意図を貫き通せなかったろう。村人たちは、この厳しさを本能的に過剰と感じていた。村人たちが単純にアルスの司祭を嫌うようなことにはならず、当初の不平も口にされなくなったのは、彼の慈愛の心による点が大きい。おそらく、彼の溢れる隣人愛は、知能が限られていることとも関係していた。知能が限られていることによって、彼は金銭の価値を見落とし、人間の略奪欲に無防備でさらされることになった。また、物惜しみすることも全くなかった。近代的意味での社会問題に関わることはなかったが、彼の心は隣人の苦境には常に開かれていた。貧しい人びとの困窮には心を痛め、無関心に黙過することはできなかった。人びとの貧しさは、絶えず彼を苦しめた。このため、アルスの司祭は自分の持ち物の一切を与えてしまい、無一物で通した。イエスの「一着の上着のみをもて」という言葉を、彼は文字通り解釈し、数少ない持ち物をすべて分かち与え、自らは窮乏に耐えた。こうして彼には、身に着けているもの以外何もなくなった。自分の収入、衣服、食べ物、簡単に言えば、すべての物を与えたのである。ある時には、道で出会った貧しい男に、履いていた靴と靴下を与え、自分は裸足で戻ったこともあった。植え込みの陰で、乞食のぼろ同然のズボンを自分のズボンと取り換えたこともあった。この燃えるような同情の気持ちは、分別のある気前の良さをはるかに超えており、ヴィアンネの真正のキリスト教精神のまぎれもない証左であった。このような際限なく人に与えてしまう振る舞いは、お利口さんの眼には無分別と映り、鼻先であしらわれようが、そうしたことは、実は彼のうちに限りない隣人愛が秘められている証だったのだ。聖ヴァンサン・ド・ポール（ヴィンセンシオ・ア・パウロ）同様、アルスの司祭も寄る辺のない子供たちの存在に、ひどく心を痛め、助けの手を差し伸べ、孤児院を設けて、《摂理の家》と名付けている。資金もなしに、この施設を作り出したので、維持は全くの神頼みだった。この溢れる慈愛の印象は間違いではなかった。アルスの人びとは、間もなく、この新任の司祭が、これまで彼らが住んでいたのとは別の現実を切り拓こうとしていることに気づき始める。

厳しさと慈愛のこうした結びつきは、説明しがたい影響を与えた。辛うじて司祭職に就いた無知の司祭に、多くの司祭が実現できなかったことが実現できたのは、この影響に帰せられよう。小さな村は、一夜にして変わったわけではないが、徐々に変わり始めていた。村人たちは時がたつにつれて、この司祭の変った人柄から発せられる宗教的な香気から逃れられなくなった。ヴィアンネが、アルスの村を一新するのには、たっぷり十年の月日がかかっている。教区の変りようは、誰の眼にも明らかで、外部の者の眼にも分かるものだった。日曜日に仕事をする者はいなくなり、教会を訪れる者の数は年々増え、酔いどれの数も減った。酒場も、最後には訪れる者がいなくなり、店じまいせざるを得なくなった。家同士の争いもおさまった。アルスには、新たに、まじめな空気が流れ込んだ。ヴィアンネ自身が言っているように、「アルスはもうアルスではなかった」。すっかり変わってしまったのだ。この小村は、ヴィアンネの指導の下に、彼が意識して目指した模範的な教区に変った。ヴィアンネが、村で育てた助力者の一団と一緒に、少ない年月の間に教区で成し遂げたことは、驚くべき業績であり続けるだろう。この仕事の背後にどれほどの大きな努力が隠されているかは、大酒飲み一人を立ち直らせるだけでも、どれほどのことが必要かを知る者のみが判断できるだろう。悪徳に染まった人間を変えることは、山を移すより困難なことが少なくない。アルスでは、しかし村全体が変わり、しかも良いところもあれば悪いところもあるといった具合ではなく、すべてをひっくるめて例外なしに変化し新しくなったのだ。奇蹟のように思われるこの仕事の偉大さは、ペスタロッツィの『リーンハルトとゲルトルート』の注意深い読者であれば、判断できるだろう。

この業績には、彼の説教が与っていたことは確かである。村人に理解してもらうことが彼の念願だったから、説教には念には念をいれて手を加え、言葉を選択した。聴いている者に、再三、死と最後の審判を想起させることによって、考えのない習慣的生活に埋没しないよう促した。カトリック以外の信者を誹《そし》るようなことは決してなかった。彼がとくに攻撃したのは生半可なカトリック信者だった。生ぬるい信者を鞭撻するために、激しい言葉を使った。説教壇から、次のように呼びかけることも辞さなかった。「一人がこの世のはかない商売に血道をあげれば、他の者は遊びに夢中になっている。こっちで居眠りしているかと思えば、あっちでは退屈をかこっている。こっちでは欠伸をしているかと思えば、あっちでは身体を掻き、一人が本をめくっているかと思えば、別の者は礼拝が早く終わらないか気もそぞろである」(『日曜・祭日の説教集』)。ある時には、このような言葉で教区を描いて見せたが、この激しい攻撃は、ほとんどすべての説教に含まれていた。責めることが第二の天性のようになり、始めのころの何年かは、それが長い説教の特徴となっていた。しかし、叱責調になることが多いこの説教には、彼の死後に出版された巻に見られるような彼独自の特徴が欠けている。村人へのこの著しく道徳的な説教には、古来の真理についての新たな見解は全く含まれていない。内容的にも言葉の上でも、傾聴に値する文章は見られない。ヴィアンネが告げたことは、彼以前にまた彼以後に、多数の司祭が述べたことと全く同じであり、人びとが、この真面目な説教を高々正当に評価したこと以上の成果が挙げられたわけではない。

こうしたわけで、アルスの驚くべき刷新は、とくに彼の説教のためとは言えない。刷新の功績は、彼が説教壇上でときおり突然、言葉につまったことから見ても、説教には帰せられない。知能の低さが、ここでも顔を出す。ヴィアンネは神の言葉を霊的な武器として、正確に的を射る勢いで語るすべを承知していた偉大な人物には属さない。悔い改めを勧める説教師が激しい身振り手振りで説教している途中で、突然、記憶が途切れて、それ以上進めなくなると、耳を澄ませて聞いていたアルスの村民は、実際、ひどく当惑しないわけにはいかなかった。このようなさらし者になる事態を、ヴィアンネは何度も体験している。そんな場合には、説教を中止して、元気なく説教壇を降りるほかはなかった。言葉に詰まってにっちもさっちもいかなくなる恥ずかしい姿が、アルスの司祭の一面だった。だが、この宿命的な不手際に、彼の聖なる熱意は少しも揺らぐことはなく、結果として、彼が前にもまして説教の準備に力を注ぐようになっただけだった。

アルスの謎めいた変化の答えは、したがって、別のところに求めなければならない。注目すべきなのは、生きるにあたって、少数の人間しか理解できず、それも、大よそのことしか理解できないことを、この痴れ者が理解していたことである。それは、つねに自分から始めねばならないということ、教区の宗教的な再生も、己の経験を踏まえることなしには達成できないということであった。自らの生のなかで体現できないことを、人に要求してはならない。この認識から、ヴィアンネは、教区民に要求する理想を、先ず第一に自分が実現することに徹していた。自分の宗教的な義務を、彼はきわめて真剣に考えていた。村人が、そのことに気づこうが気づくまいが、気にしなかった。どのつまり、アルスの村人たちが口にしたのは、「おらが村の神父さんは、言うこととすることが同じだ。教える通りのことをやっている。神父さんが楽しんでいるのは見たことがない」（トロシュ）ということだった。

村人たちが、みな未だ深い眠りに落ちているころ、彼は寝床を抜け出すのが常だった。「夜中の二時ごろ起きて、夜課の祈りの後、観想的な祈りに没入した。四時には教会へ行き、聖体礼拝を行った。教会を出るのは、ようやく昼になるころだった」（ヴィアネ）。毎日、教区民の回心を神に切願し、教会の石畳を涙で濡らした。この絶えざる祈りによって、彼は些細なことに煩わされず、自分の仕事全体を神との内的合一の意識から実現することができた。アルスの村人たちは、次第にこの司祭が「只者ではない」ことに気づき始めたのである。

祈りと並んで、アルスの司祭は徹底した禁欲を実行した。彼の行為は、すべて十九世紀の精神とはかけ離れているが、禁欲の実践はその最たるものと言える。十八世紀には、人間の生活を快適にするために、あらゆる手段が用いられたが、そうした努力で、人間は末梢的な安楽な生活に次第に深くはまりこむことになった。近代人は、禁欲を単なる無意味な自虐行為と見たり、抑圧と解釈して逃げるのが常である。そうした解釈は、もとよりアルスの司祭の行為には当てはまらない。その種の解釈は、彼にジャンセニズムの傾向を見るのと同じで、彼に通じる道を閉ざすことになる。それらの解釈はすべて、別次元に存在する本質的な要因を見逃している。

アルスの司祭ヴィアンネは徹底した断食を実行していた。この目的のために、食物は生きるに必要な最低限のものに限定した。食事は日に一回、葡萄酒は禁じ、通常は、黒パン少しと、ゆでたジャガイモ一、二個のみだった。ジャガイモは、一週間分、自分で土鍋でゆでたが、カビが生えることが多かった。時には衰弱して倒れるまで、終日何も食べないこともあった。このような生活だったから、どっちみちほとんど彼が不在の司祭館には家政婦の必要もなかった。こうした苦行にも満足せず、さらに贖罪衣を仕立てて、素肌にそれをまとい、その結果肌が擦られて間もなく赤褐色に染まりもした。地下の穴倉で粗朶の上に寝ない場合は、たいてい藁布団に寝た。

彼の禁欲への努力は、人が入るのをしり込みするほど殺風景な寝室で頂点に達する。実際、この荒涼とした寝室を見て、はじめてアルスの司祭の深みの全容が理解できる。ヴィアンネは、死の床にある霊的父親のバレ神父から、贖罪具を贈られていた。なんという遺産だろう！　それらの贖罪具は、アルスの司祭のもとに、使われぬまま放置されていたわけではない。鉄の棘の付いたこの鞭で、トラピストの修道士のように、毎日容赦なく血がほとばしるまで背中を鞭打ち、ついには鈍いうめき声をあげて床に倒れ伏すほどだった。この尋常でない苦行が人に知られないように注意していたが、むち打ちの激しい音は、夜のしじまを通して近隣に聞こえていた。今日もなお、アルスの司祭館の寝室の裸の壁に残る血痕は、この部屋で演じられた苛烈な闘いを明証している。その痕跡を見る者は、心底から揺り動かされ、思わずたじろがないわけにはいかない。ヴィアンネが、己の体に対して行ったこの激しい闘いには、文字通り愕然とさせられ、息が詰まる。

十九世紀の、このきわめて特異な場所から受ける印象は、なかなか言葉では表現できない。健全な人間の常識は、侮辱されたように感じ、直ちにさまざまな異議を唱えることだろう。そんな苦行は行き過ぎだ、極端過ぎる、人間の品位を傷つけている等々。アルスの司祭の敬虔な聖伝作者も、ヴィアンネの行動を理解せず、「彼の禁欲行は、倣うものと言うより、讃美すべきもの」（トロシュ）と見なしている。限度を超えているというのである。実際、霊的に貧しい者でなければ、十九世紀という時代になお、このような特異な道を歩むことはできなかったろう。だが、愚かと言うに近いこの行為は、イエスの言葉と驚くほどよく似ている。「しかし、この種のものを追い出すには、祈りと断食によらなければならない」（マタイ17－21。「最も重要な古写本」には、この箇所が欠けている。マルコ9－29に同様の文言が見られる）。

ヴィアンネは自己満足で己を鞭打ったのではない。彼の禁欲は、他者のための贖罪の業であった。「友よ、私の手立てはこうだ。あなた方も少しは罪を贖わねばならない。残りは、あなた方に代わって私自身が贖う」（トロシュ）とアルスの司祭は言う。自分を鞭打つ彼の驚くべき行為の最も深い意味は、教区民の罪の贖いなのだ。この贖罪には、理性を超えた代理思想と言う深い意味が基礎になっている。この代理の思想は、イザヤ書第二部（40章から55章）の神の悩めるしもべの歌に不滅の言葉で表現されている。ヴィアンネの寝室の壁の血痕を長いこと観察し、何度も見ているうちに、突然この部屋の中で演じられた贖罪の闘いのなかに、アルスの村の変貌の謎を最終的に解き明かす答えがあることが分かる。この部屋の中で起こったことが、村の再生を引き起こした。だが、この出来事を分かるようにすることはできない。それは分かる者には分かる、と言われる類の秘義だからである。

アルスの司祭は、その禁欲で更に第二の目的を達成しようとした。ヴィアンネが実際に自分のものにした唯一の教材は、聖者伝だった。彼は、彼の精神が聖者の不可思議な表象世界に浸されるまで聖者伝に没入し、突然彼自身が、その頁の中から説話の人物が蘇ったように現れる。彼の説教の最も深い秘密は、道徳を説く不手際は別にして、聖性の理想にあったのだ。「私たちは、禁欲を実行せねばならない。聖者はすべてこの道を歩んでいる」と、ヴィアンネは説教壇で語る。彼は意識して自らの犠牲を経て聖性への道を歩む偉大な伝統に身を投じたと言えよう。聖化は彼にとって、すべてのキリスト教徒を拘束する義務だった。「だが、まだ私たちが聖者でないとすれば、大きな幸せだ。これから聖者になるのだから。だが、心に愛を抱くことがなければ決して聖者にはなれない」（『説教集』）。聖者は、彼にとって例外的な人間として讃美するだけの存在ではなかった。聖化は、すべてのキリスト教徒に開かれた可能性であり、神学校で学業に脱落した痴れ者の田舎司祭にも開かれていた可能性なのであった。ヴィアンネは説教のなかで明言する。「キリスト教徒であることと罪のなかに生きることとは、甚だしい矛盾である。キリスト教徒は聖でなければならない」。神学に疎いヴィアンネに、聖性について与えられた認識は平凡なものではない。彼が、まぎれもないキリスト教的痴性によってこの事柄を熟考し、直観的に心によって理解したことは明らかである。こうした道は、単に学問的な立場で考える理性的な人間には閉ざされている。ヴィアンネは、聖書のどこにも、洗礼者ヨハネ、マリア、ヨゼフが奇蹟を行ったとは書かれていないことに、注意を促している。「聖性に与るとは大きなことを行うことではなく、神の掟を忠実に守り、神により置かれた立場で義務をはたすこと」（『説教集』）だと、彼は言う。

アルスの司祭には、聖者に倣うという目標があるのみだった。他のすべてのことが、彼の眼には色褪《あ》せて見えた。「忘れてならないのは、私たちは聖者になるか、永劫の別を受けるか、天国に行けるか地獄に堕ちるか、どちらかかしかない。中間の道はない」（『説教集』）。ヴィアンネ自身、絶えず聖性の境位に近づいていた。アルスの村人たちは次第に、我らの司祭は聖者だという思いに迫られるようになる。彼らはこの聖者に脱帽した。ヴィアンネのうちに隠れていた聖者が、村の変貌を可能にしたので、このことは、ある村人が述べている通りなのだ。「この村の人間が、他の人間より善いわけではない。だが、この村の人間は、聖者の傍で罪を犯すようなことがあれば、心の底から恥ずかしく思うことだろう」（トロシュ）。

だが、アルスの司祭の聖性は、近づきがたい崇高さとは何の関係もない。彼の場合、聖性さえも著しい弱さの形で実現したからである。痴れ者の場合には、それ以外の形で実現することは期待できず、また、それが福音書の精神に相応しい形でもあったのだ。ヴィアンネは、恐れで震えおののきながら聖性への道を歩んだのである。彼の心中で演じられたこの驚くべき劇の証拠が、五十七歳のとき、重病にかかり死の縁まで行ったときに経験した死の恐怖である。このことも、聖者のイメージにそぐうものではないが、アルスの司祭が冷静な心で死を見ることができなかった事実は、否定できない。哀れなヴィアンネは、医師から余命いくばくもないことを告げられると、神の審判に対する恐ろしい不安に襲われる。そして、数分後に神の前に手ぶらで立つ姿を想像した。この恐ろしい運命に納得できなかった彼は、懇願する。「主よ、私が、この世で、まだ役に立つのであれば、なおここに置いてください」（ヴィアンネ）。

ヴィアンネの感動的な延命の祈りは聞きとどけられた。彼のあからさまな死の恐怖は、アルスの司祭の生全体にわたる著しい弱さを示している。彼の驚くべき体験は、「そは、我、弱きときに強ければなり」(二コリント12－10)という言葉を証するものであった。

第四章

教区全体が変るようなことは稀有の出来事だったから、知られないままでは終わらなかった。おのずと周囲の地域の注目を集めることになった。アルスの司祭は、数年後には、単なる小村の《偉人》ではなくなり、その名は教区を超えて遠くまで鳴り響いた。ほとんどすべての人間が、何かしらの点で、ヴィアンネが普通の司祭ではないと感じており、スータンをまとった人間のすべてがすべて、彼のようではないことに気づくようになる。アルスの聖者は、周囲の村々の人びとに強い印象を与え、次第に多くの人びとがアルスに足を運ぶようになった。教会史のなかでは、純粋に宗教的な泉が湧き出し始めると、人びとが集まり始め、魂の渇きを癒そうとする事態になるのが常である。一八二七年からは、アルスへの有名な巡礼行が始まり、これがヴィアンネの死まで止むことなく続いた。人びとは、フランスのあらゆる地域からのみならず、ベルギー、イギリス、アメリカからさえ、アルスにやってきた。新聞や書き物が彼の名を喧伝したわけではないのに、農民、商人、県知事、大学教授、貴族、司祭らの群れが、アルスに足を向けた。人びとの群れは、年々数を増し、しまいには数千人にまで膨れ上がった。二台の駅逓馬車が、毎日、リヨンとアルスの間を往復した。この目立たない小村に、ついには、毎年八千人から一万人の人びとが巡礼するようになった。この大量の巡礼は、初めのうちこそ、ある程度、好奇心からだったにしても、単なる一時的流行には終わらなかった。三十年間続いたからだ。

この巡礼行については、一義的な判定はできない。大抵の聖伝作者を興奮させた巡礼の数の多さは、それ自体には大して意味はない。数の多さが重要ではないからだ。もっと少なくても一向に差支えなかったろう。どこの巡礼地にも見られることだが、アルスでも宗教商売が始まった。アルスの司祭が、それから収益を得ようと思えば得られたことだろうが、もとより、彼はそのようなことには無縁だった。彼は素朴な田舎司祭のままであり、時には、ミルクの入ったマグを片手に、僧帽を頭にのせて、村の広場を横切る姿を、遠くからやってきた人びとは一目見てがっかりした。丸い眼鏡をかけ、何度も繕った不細工な靴を履いたこのいくぶん知恵遅れに見える男が、大騒ぎされている有名な司祭だとは、誰も思わなかったからだ。村人たちは、訪れる多くの巡礼相手に実入りの多い商売をしていたが、ヴィアンネは全く関わらなかった。巡礼客の宿泊を当て込んでホテルも出来、店々では彼の画像が売られていた。礼拝は、彼自身が行ったが、過剰な信仰心から多くの者たちが聖遺物にする目的で、ひそかに彼のスータンを切り取ったりして、盗みを働いたため、謙譲な心のアルスの司祭には、礼拝がきわめて不快なものとなった。だが、礼拝をやめる権限は彼には無かった。巡礼地の過熱した雰囲気を抑えることはできなかった。聖者が行った奇蹟がひそひそ話されたが、彼自身は、そのような噂話は打消していた。だが、こうした不快だが、避けがたい随伴現象にあまり長くかかわりあっても得るところはない。

多数の巡礼の群れがアルスの司祭を訪れた動機は、ひとえに彼に告解し、霊的な助言を得たいためだった。巡礼たちは、彼等の居住地で告解ができたにもかかわらず、難儀なことの多い旅をしてやってきては、三十時間、五十時間、時には七十時間も待って、ようやく司祭の告解室へ滑り込むのだった。このようなことは、ヴィアンネが全く近代的な精神性を意識しておらず、——このことは近代人が考えるほど重要なことではないのかもしれない――フランシスコ・サレジオが行ったような個人的な霊的指導の時間もなかったことを考えると、ますます奇異に思われる。あまりに多くの人びとが殺到するので、おそらく、一人一人の事情を詳しく聞いて話し合うこともできなかったろう。アルスの教会の告解室は、精神分析医の診療室の先取りではなかった。だが、バルザックやスタンダールがフランスで心理的な長編小説を書いていた時代に、人びとは群れをなして、この痴れ者の田舎司祭のもとに殺到していたのである。

ここでまたしても、この痴れ者の、人びとを引きつける稀有の力の謎に突き当たる。アルスの司祭が特別に開放的だったということは全くない。宗教的なこと以外のことには、ヴィアンネは全く関心がなかった。彼はヘラスの美しさも、インドの深遠な思想も知らず、近代技術の成果も知らなければ、その他近代人に感銘を与えた一切の事物を知らなかった。自己の内部に沈潜していた彼が、司祭館の前に植えられていたニワトコの花の玄妙な香りに気付いていたかどうかも疑わしい。「アルスから数キロ離れたところには、毎日多くの巡礼者を運んでくる鉄道が通じていたが、彼が、それを見たいというようなことを言ったことはなかった」(トロシュ)。ヴィアンネがこのように非近代的な人間だったにもかかわらず、アルスへの人の流れは止むことがなかった。人びとは、他に見るべきもののない、すこぶる見栄のしない痴れ者の田舎司祭がいるだけのアルスへやってきたのだ。この事実は、学問的に説明することはできない。アルスの司祭が立ち現れてくる聖性の背景に留意して初めて、この出来事は理解できる。

告解室へ人びとが殺到したため、ヴィアンネ自身に重い負担がのしかかることになった。部外者は、聴罪について、誤った観念を抱いているのが普通である。彼らは、聴罪司祭が、さまざまな興味ある話や告白や秘密を聞くものと考えている。だが、実際は、告解を聞くのは容易な仕事ではない。告解者が、覚えてきた単調で眠くなるような文言をぼそぼそと語るのを聞かねばならず、しかも、その内容は、通常、その人間の心の実際の状態を明かしてはいない。素朴な人びとは、自分の心の隠れた動きを、漠然とした思いのかたちでしか他者に伝えられない。アルスの司祭は、数えきれないほどの人びとの単調な告白を注意して聞き、つねに、その背後にひそむ決定的な部分を聞き取ろうとした。また、どんな答えにも満足しない疑い深く一筋縄ではいかない連中や、意図的に「興味ある質問」を持ち出して、長時間、聴罪司祭と話したがる手前勝手な輩の相手もせねばならなかった。こうした厄介ごとを、他の多くの司祭たち同様、我慢せねばならなかっただけではない。彼の場合には、ほとんど耐え難いまでに、それが増大した。実際、大勢が殺到した結果、毎日、十六時間から十八時間、体を動かすことなく暗い告解室に閉じ込められることになったからである。それが、彼には、どれほどの心的苦痛であったかは、伝えられていない。その重荷を感じるには、そうした状況にあることを想像してみなければならない。彼は、暑い夏のさなかにも、冷たい冬のさなかにも、何時間もの間、課せられた聴罪の椅子に座る殉教者だった。彼の教会には朝早くから夜遅くまで、人びとが詰めかけていたので、ほとんど眠る間もなかった。アルスの司祭は、以後、彼の人生の大部分を、この小さな告解室のなかで過ごし、告解を望みながら、そうしようとしない人びと、告解を望みはするが、そうできない人びとの話に耳を傾けた。人びとの哀れな魂はみな、ヴィアンネを通して、たとえその後に再び生の荒波にさらされるとしても、少なくとも一瞬の間、神の光に与ることを望んだのだ。

多数の見知らぬ人びとが、満席のヴィアンネの告解席に押し寄せた理由は、魂の現実に精通する一人の司祭に、何とかして一度会うことへの憧れ以外にはない。アルスの司祭は、人間の魂を裸の姿で、いわば肉体から引離した姿で見ることができた。この能力に恵まれるのは例外的な人間のみである。ヴィアンネは、人びとの心の内を無遠慮に嗅ぎ探るようなことは決してしなかった。好奇心などというものは彼には無縁だった。フランシスコ・サレジオのように、彼は「すべてを見、誰も見ない」天賦の才を与えられていた。罪について深遠な知識をもっていたこの稀有の男が、聴罪のさいに努めたのは、ただ一つ、魂を救うことだけだった。これが、彼の燃えるような望みであり、そのために彼は、あらゆる苦痛に満ちた難事を引き受け、その結果、毎日、何時間もの聴罪の務めを果たさねばならなかったのだ。魂を救うためには、人間に対する聖なる愛が必要であり、その愛にアルスの司祭は焼き尽されていた。告解室で彼は、しばしば泣くことがあった。なぜ泣くのかと問われると、彼は「友よ、私が泣くのは、あなたが泣かないから」(トロシュ)と答えたのであった。この魂救済の燃えるような欲求から、かつては厳しかったヴィアンネの判定も、次第に穏やかなものになってゆく。キリストの模範にしたがって、彼は罪ある人間には、とりわけ愛が必要であることを認識したのである。「聖者は柔和で涙もろい」と彼は言い、柔和な優しさが、老年のアルスの司祭を光明に満ちたものにしている。「苦しみを引き受けること以上に人間的なことはない」(トロシュ)というのが、彼の結論だった。ヴィアンネには、瞬時に人間の魂を掴む才があり、長々しい説明なしに、どのような内的危機が魂を苦しめているかを直ちに感じることができた。反抗的な心、委縮した心を、彼はよく承知していた。試練を受けた魂を、彼は短い言葉で適切に慰めることができ、きわめて込み入った良心にかかわる問題に、間をおかずに明確な答えを与え、つねにその時々の状況を完全に理解した上で助言することができた。アルスの司祭は、告解者の心の奥底を見抜き、彼らの魂の思いを読むことができた。彼は予言的な眼をもち、しばしば、ある人間の未来に何が起こるかを、予め言うことができた。この直観的な理解が彼の告解室を訪れ、赦しの言葉を求める人びとを圧倒した。

この聖者の場合も、とりわけ彼の存在の宗教性が重要である。したがって、アルスの謎は学問的には解くことができない。知的次元とは別次元の事柄だからである。むしろ、この聖者の言表不可能な面を感じなければならない。秘密は彼を取り巻く雰囲気に存在するが、その雰囲気は、哀しいまでにみすぼらしい。だが、限りなく慰めに満ちたものを発散させている。このことに気づくことにより、正しい理解への道を歩むことができる。

当初、教会当局は、彼の決疑論上の弁別能力を疑って聴罪を禁止したのだったが、聴罪を禁止されたその痴れ者司祭が、十九世紀フランス最大の聴罪司祭となった事実は、いつまでも不可解であり続けるだろう。この矛盾した出来事は、アルスの司祭が超自然的な光に照明された存在であるという言葉以外では説明できない。神から直接に照明を受けたこの痴れ者は、乏しい知的能力にもかかわらず、神学校で教えられた知識より、限りなく深い知識をもっていた。この照明が何かは、言葉では言い表せない。神秘というほかはなく、人間は頭を下げる以外にない。ある修道女が彼に「神父さま、あなたは無学だという噂ですが」と言うと、彼は、すこぶる明るく「わが子よ、その通りです。でも、それは、どうでもいいことです。私は、あなたがするであろう以上の助言を、あなたにするでしょう」（トロシュ）と答えた。彼の近くにいた人びとは、彼の口から、ほかの人間からは聞けないことや、どの本にも書いていないことを聞いたと告白している。人びとをアルスに引き付けたのは、この照明以外の何ものでもない。人びとは自分の居住地の司牧者からは、この照明を経験できなかった。神の光の直接の照明は聖者の特権なのだ。

アルスの司祭のもとへ人びとが殺到したことが、大きな成果として常に強調される。しかし、キリスト教的思考では、成果は神の真の報いとは見なされない。おそらく、ヴィアンネの生にあって、この多くの巡礼行は、最も疑わしい出来事といってよい。この無数の人びとの群れが不快な印象を与えないのは、ひとえに、こうした成果の只中にあっても、変ることなく謙譲だった聖ヴィアンネの人柄のためである。アダムの息子たちには、生まれつき自己満足の素質が備わっているから、神による照明を受けていなければ、大勢の巡礼にのぼせ上って傲慢な態度を見せたことだろう。だが、アルスの司祭は、例のない巡礼の殺到のなかで、以前に増して己の内的な至らなさに悩まされ続けた。ある時には、祈りのなかで、自分が何者でもないことを示す姿を示してくれるよう、神に懇願している。このような願いは聞きとどけられるのが常だが、ヴィアンネの場合、覚悟していなかったことを経験する。それはきわめて恐ろしいもので、彼は自分が押しつぶされたように感じた。己の虚無の深淵を覗いたこの思いを、単なる劣等感などと混同してはならない。すべてが、聖者のみが接近できる遥かに深い次元で起こったことだからである。他者を限りなく慰めることができたこの人物自身は、慰められることなく、彼が世にあることを神がそもそも許していることに驚く。「何者でもない私の姿を、私は十八カ月にわたって見続けた。だが、私は不安に陥り、最後には、その姿に意気阻喪しそうになったので、私は神に願った。その姿を再び除いてくださいと。すると、神は実際にそうしてくださった」(ヴィアンネ)。

第五章

アルスへの人びとの殺到に並行して、ヴィアンネは異常な試練を切り抜けねばならなかった。これらの試練は、神秘的な性質のもので、簡単には理解できない。だが、アルスの司祭の姿は、これによって初めて完全なものになる。

第一の試練は、司祭仲間からの攻撃だった。アルスの聖者に対する聖職者からの異議を、単なる嫉妬からヴィアンネの宗教的な偉大さを認めようとしなかったためと見るのは、事態の単純化であって、許されることではない。妬みがあったことは確かだが、この動機からだけでは、聖職者たちの態度は説明できない。あの地方の司祭たちは、実際に、それまで経験したことのない状況に直面していた。ヴィアンネの人柄は、通常の枠に収まるものではなかった。司祭仲間は、身なり構わぬ彼の姿を、意図的に奇《てら》ったものと感じて、常軌を逸した振る舞いを責め立てた。多くの巡礼が押し寄せ始めると、彼らはますます、説明不可能な事態の前に立たされることになる。なぜ、アルスの司祭の司牧上の指示が、あのように人を引きつけるのか。人びとは、居住する教区で告解し、赦しを受けることはできないのか。ヴィアンネは、どんなに努力してもラテン語を修得できず、知的能力の不足から神学校を退学せねばならなかった神学生ではなかったか。その知能の低い男が、いまや聖人を気取ろうとしている！　過剰な厳しさを司祭たちが肩をすくめて嘲笑し、評判が傷つけられていることに、彼は気付いていないのか。司祭たちは、ヴィアンネを嘲《あざけ》るだけでは足りず、揶揄したり、非難したり、疑ったり、誹謗したりした。また、自分の教区民にアルスへの巡礼行に加わらないように警告もした。ヴィアンネは、後に、このように敵視されていた時期について、「あのころは、説教壇で福音を説くことはそっちのけにされ、哀れなアルスの司祭のことばかりが説教された」（ヴィアンネ）と述懐している。彼はこのような非難を受けて、外から分かる以上にひどく苦しんだ。こうした非難が同僚の司祭たちから加えられたこと、しかも、その非難が、一見、しごく妥当に見えることが彼には衝撃だった。アルスの司祭は、ともかく無教養の司祭だったことは動かしがたかった。神が、なぜ彼のような無知な者を気に入られたのか、彼自身が理解できなかった。しかし、ヴィアンネは失意に陥ることはなかった。こうした敵視を神の摂理と受け止め、謙虚な態度で神を受け入れた。自分に課せられた天命として、進んでこれに耐えた。恭順の姿勢こそが、試練から得られる内的な実りだった。最終的には、司祭仲間も中傷が無根だったことを認めないわけにはいかなかった。これは、とくに司祭の集まりで、司教がアルスの司祭を擁護したことも影響していた。「司祭の皆さん方、私は、あなた方が嘲笑ったこの痴性のいくばくかを身につけることを、あなた方に望みます。これが、あなた方の知恵を損なうことにはならないでしょう」（ヴィアンネ）。

司祭仲間の侮辱的な非難よりも深刻だったのは、ヴィアンネが悪魔から受けた苦しみだった。悪魔は、彼の苦渋にあふれた生の最も悪しき道連れだった。この現象をどう解釈しようと、アルスの司祭の生にあって、悪魔が重要な役割を演じていたという認識は避けられない。ヴィアンネは、悪魔に《グラッピン》というあだ名をつけており、この悪魔と実際に接触があった。彼の意見では、「悪魔から激しい闘いを挑まれない」キリスト教徒は嘆かわしい存在だった。ヴィアンネは司祭館のなかで、夜になると異様な物音を耳にする。ベッドのカーテンが引き破られ、部屋のなかの像が汚物で汚され、夜の眠りが妨げられた。激しく扉を叩く音が聞こえたり、司祭館の中庭に気味の悪い叫び声が響いたりした。その声は、時には熊の唸り声のように、時には犬の吠え声のように、また時には蝙蝠の羽ばたきのように聞こえた。部屋のなかで、《このイモ食い野郎め》と罵る誰の声とも分からない声が聞こえたり、家具が動くのが見えたりした。こうしたことが、本式の魔女の宴会になることも少なくなかった。「ヴィアンネは、しばしば手で顔をなでられたり、ネズミが体の上を走り回ったりするように感じた」（トロシュ）。アルスの司祭は、彼の脚を掴んだり、部屋のなかを引きずり回したりする悪魔と、何年もの間、不気味な性質の闘いを続けた。この悪魔との闘いにより、彼は少数の人間しか予想できない深淵を覗くことになった。ヴィアンネの見るところでは、「これは、最も恐ろしい誘惑であり、これに誘惑されてはならない。これに誘惑されると、人間は悪魔に地獄行きの準備をされた状態になる」（説教集）。

こうしたヴィアンネの体験は、理性的な人間なら、真面目には受け取らない埒《らち》もない迷信として片づけるだろうが、それでよいものなのか。言うまでもなく、このような悪魔の誘惑は、考えられる限りの非近代的な出来事である。実際、人びとは、近代的な生の感情を掻き乱す不快な出来事と感じていた。ヴィアンネが悪魔に襲われると聞いて、彼の生時にすでに、隣接する司祭館のなかでは大笑いの種になった。司祭仲間は、彼に言った。「悪魔が出て来る地獄とは、あんたがジャガイモにカビを生やす鍋のことだ」（ヴィアンネ）と。学識のある神学者には、当時からすでに悪魔は当惑の種でしかなかった。彼らは、悪魔を妄想と見なしはしたが、どうすることもできなかった。特徴的なことは、ヴィアンネの助任司祭には、どんなに耳を澄ませても不気味な物音が全く聞こえなかったことだ。このため、悪魔にかかわる事柄は、ヴィアンネの過敏な神経や偏屈な心根のためと見られがちだった。そうしたことは、痴れ者の場合には別に珍しいことではない。

だが、ヴィアンネが神経過敏だったので、幻影が現実の出来事に見えたという説明は、大して役には立たない。この自由思想的な解釈は、肉体を備えた悪魔という中世的な見方が、形の問題に触れているだけで、悪魔自体の本質には触れていないことを見過ごしている。新約聖書によれば、「われら血肉と闘うに非ず、権勢、威力、この世の闇の支配者、天にある悪の霊と闘う」（エフェソ6－12）のだ。グリューネヴァルト、ボッシュ、ブリューゲルらの偉大な画家たちは、昔の砂漠の教父たちの闘いに現れた悪魔の姿を、悪魔の観念の近代の否定者たちより、はるかによく把握していた。ルターも、「昔からの悪しき敵」と劇的な仕方で闘ったが、悪魔の力の行使については、ほとんど知らなかった。ヴィアンネはアルスで悪魔に眠りを妨げられていたころ、プロテスタントの牧師、父クリストフ・ブルームハルトもシュヴァーベンのメトリンゲンで悪魔と闘っていた。この闘いは、十九世紀の教会史の最も計り知れない出来事の一つである。おそらく、近代への悪魔の侵入も、この驚くべき規模でのみ可能だったのだろう。なぜなら、啓蒙された知性が不遜になり、人間が悪魔に対する敏感な感覚を失っていたからだ。

光の国にまで伸びている魂は、これを引き留めようとする暗い力とも接触している。この超現実的な経験を知らずに済むのは、微温的なキリスト教徒のみである。聖者はニヒリズムの敵手だが、ほとんどの聖者は、悪魔との激しい闘いを経験している。並はずれた恩寵に恵まれた人間は、それ相応に並はずれた脅威にさらされる。克服すべき誤謬は、悪魔信仰が完全な悪魔論に仕上げられた場合に初めてはじまる。この悪魔論は、暗い力が福音によって原理的に打ち負かされることを見過ごしているからだ。悪魔の現実の力は、肉体をもつ悪魔という唯物論的な観念を不十分なイメージとして否定したところで阻止はできない。ヴィアンネの悪魔との闘いも、最終的には、外的な出来事と同じ現実性をもった霊的な内的体験と理解せねばならない。悪魔が彼の内部にいたか外部にいたかは、枝葉の問題であり、決定的に重要なのは、ヴィアンネが悪魔と現実に闘ったという一事である。悪魔は、現実であると同時に非現実と解釈せねばならず、暗示はできるが、説明はできない。このような見方によってのみ、超人間的な力の秘密に近づくことができる。

深い意味をもつ体験をした人間として、アルスの司祭は多忙な状態を、かつてパウル・ゲルハルトが歌曲のなかで表現したような「キリスト教にそぐわぬ競り合い」を、心から嫌っていた。アルスの聖者は、絶えず間断なく活動することより、沈黙と自制のほうが高い段階にあると考えていた。静寂への激しい憧憬が彼を支配していた。残りの生を、修道院で独り祈りと禁欲に捧げる望みを抱いていたが、これは聖者に相応しい望みだった。アルスの司祭職は、彼にとって騒がしすぎた。この重荷を下ろすことができれば、喜んでそうしたろう。「死ぬまで司祭ではいたくない。それまでに、しばらく準備の時間が欲しい」と彼は言い、「司祭では死にたくない。司祭職で死んだ聖人はいない」（トロシュ）と付け加えている。こうした思いから、彼の内部には、静かなところへ行き、自分の哀れな生を嘆き、残りの日々を贖罪者として生きる望みが膨らんでいた。

この宗教的な欲求は、次第に強くなる。そして徐々に具体的な形を取り始め、強い誘惑となり、彼の生に独特のニュアンスを与えるものとなった。どの人生にも誘惑はあり、誘惑の全くない人生はない。ツェルリーナがドン・ジョヴァンニに城に来るよう執拗に迫られる類の誘惑だけが、誘惑なのではない。その種の誘惑は、感覚的人間が逢着する最低段階の誘惑である。霊的人間は、より高次の誘惑に出会うが、誘惑を免れることはない。イエスさえ、何度も誘惑を経験せねばならなかった。福音書が伝えているように、イエスの場合には、誘惑がさまざまな形を取っており、「悪魔はあらゆる試みを尽くして後、しばらくイエスを離れたり」（ルカ４－13）のだった。聖者の生の場合、誘惑は、広い範囲を占めている。誘惑によって、聖者の宗教性は低下し、しばしば慄然とすることなしには観察できない内的なドラマが生れる。アルスの司祭の場合、誘惑は仏陀やトルストイの場合の誘惑に似ている。それは教区を逃れて、トラピスト修道院で完全な沈黙のうちに生を終わりたいという激しい欲求の形で現れた。この欲求自体は、この哀れな村の司祭が、毎日、独りで何時間にもわたる聴罪の職務を果たさねばならなかったことを考えれば、理解できなくはない。人間的に見れば、彼には教区を離れて独り死への心の準備をしようと考える十二分な資格があった。この考えは尤もだが、アルスの聖者の場合には、神から課せられた使命に対する不服従を意味した。その使命のために、彼は神から照明されていたからだ。

最初の逃避行は、一八四〇年に企てられた。暗夜、ひそかに街道を歩いているうちに、突然、立ち止まり、自問する。「私が今行っていることは、本当に神の意志なのか。ただ一人の回心でも、私が孤独の内で行う、どんな祈りより遥かに価値がありはしないか」（ヴィアンネ）。きわめて深刻な良心の呵責に悩む無数の人びとを、ほとんど自由自在に適切な決断へ導くことのできた人物が、自分のことについて、このように心の動揺を見せるのは奇異なことではある。ヴィアンネは、この時、突然、自分のもくろみが誘惑に屈したものと感じて動揺し、長いこと足を止めていた。だが、ついには「倒れるまで耐えることにしよう」（ヴィアンネ）と決意し、足をめぐらせる。孤在への憧れを、悪の奸計と感じたのだ。

しかし、アルスの司祭は、この件に関して、完全に心が鎮まったわけではなかった。数年後に、彼はこのもくろみを繰り返す。ふたたび彼は、こっそりと司祭館を抜け出した。だが、前回の逃避行以来、疑心暗鬼になっていたアルスの村人たちは、ヴィアンネが出て行ったのに気づき、引き留めようとする。彼は逃げ、村人は追いかける。逃げ足を速めたヴィアンネは脇道に入って、とうとう村人の追跡を逃れる。己を抑えられなかったヴィアンネは、はじめ父親の家へ行き、その一室に身をひそめる。一方、アルスの村では大騒ぎとなり、村人すべてが、行方をくらました聖者を捕まえようとしはじめる。司教も報告を聞いて、自分の司教区を彼が勝手に出て行ったことに納得できず、ヴィアンネに戻るよう求めた。それからさらに長いことヴィアンネの心は定まらなかったが、結局、あらゆる方面からの要望にしたがってアルスに戻り、大喜びの村人たちに迎えられる。

だが、この平穏な状態は四年続いただけだった。一八四七年、ヴィアンネは突然、また姿を消す。極秘で彼はリヨンに赴き、カプチン会修道院に受け入れてくれるよう懇願するが、拒否される。ふたたび村へ戻らざるを得なかった彼は、一八五三年に、最後の脱出を試みるが、不注意のために失敗する。この時以降、ヴィアンネは、司牧の職務を放棄しようとは考えなくなり、二度とアルスを去ることはなかった。重大な誘惑が克服された。ヴィアンネの絶望的な逃避行の繰り返しを考えてみると、この出来事の衝撃的な点が感じられる。この誘惑の形態が稀なもので、当時は、ほとんど誰にも理解されなかったとはいえ、魂の深刻なドラマのきっかけだったのである。独りで真の幸せを見出したいという心の衝迫は、ヴィアンネのうちに深く根付いていた。だが、ほかでもないその静かな生が、彼には拒まれており、平穏な時間を体験すべくもなかった。孤在の断念は、彼に対する神の要求だった。そうこうするうちに、アルスの司祭は老齢に達する。とうに彼は、髪に白いものが混じるようになっており、過度の禁欲から年齢よりもふけて見えた。疲労困憊の状態が酷くなる一方で、自分の最期が近いことを感じていた。ある日のこと説教の後で、虚脱状態に陥り、横にならずにはいられなくなる。彼の生が、余計なものを一切そぎ落とした生であったのと同じで、彼の死にも余計なものは一切存在しない。あらゆる大げさな振る舞いを、この素朴な村の司祭は、最後の瞬間まで嫌悪した。ある雷雨の日、彼は死の痙攣もなく魂を創造主のもとへ返した。

第六章

ヴィアンネの死後、アルスへの巡礼者の関心は、彼の聖遺物に向けられるようになり、それが間もなく崇拝の対象となった。二十世紀初頭に始まった列聖手続きの結果、一九二五年、この謙譲なアルスの司祭は教会の最高の敬意を受けることになり、聖者の名簿に記載されることになった。四年後、ヴィアンネは教皇ピウス十一世により司祭の守護聖人とされ、この任命によって、最後の考察のきっかけが与えられる。

デンマークのピエティズムによれば、「地獄は聖職者の厚顔で舗装されている」（オーラフ・P・モンラド著『ゼーレン・キェルケゴール、生涯と作品』一九〇九）という。この言葉は、ピエティズム的な驚きの心象としても、聖職者の職務が実際に大きな心的な危険を秘めていることは間違いない。つねに教える者として、説教壇から、あらゆる人びとに彼らがなすべきことを語り、しばしば、自分の内部に生きていない美言を口にする一人の人間が、どうして己の魂を傷つけずにいられようか。教える者としての役割は、必然的に傲慢な態度を生じさせ、これが極めて禍多い結果を生むが、聖職者の多くは、それに気づかない。それから生じる頑迷固陋《ころう》な聖職者の態度は、日々謙譲の心を修練することなしには防ぐことはできない。ヴィアンネは、聖職の実行を脅かすこうした障害をはっきりと認識し、きわめて注意深く避けようとした。田舎司祭のテーマをめぐる彼の行論には、攻撃的な性格が全くなく、誰も傷つけることがない。ほかでもない、この他者に対して何も要求することのない謙虚な姿勢のゆえに、彼の言葉には、あらゆる攻撃的な告発以上に意味深く、忘れることのできない認識が含まれている。

彼の言葉は、この上なく単純だが、そこには、どんなに多くの真実が含まれていることか。「この世に司牧者ほど不幸な者はいない。司牧者は、どうやって時を過ごすだろうか。神が侮辱され、神の名がつねに誤用され、神の掟が踏みにじられ、神の愛がないがしろにされるのを見て過ごすのだ。司祭が見るのは、そうしたことばかりだ。司祭が聞くのもそうした話ばかりだ。……ああ、司祭がどんなものか私が知っていたら、神学校などに行かずに、さっさとトラピスト会の修道士になっていたろう」（ヴィアンネ）。ヴィアンネは、「哀れで不幸な司祭」と署名しているが、そのような思いのゆえに、彼は多くの聖職者を蝕《むしば》む自惚れをまぬがれていた。ヴィアンネは、知能に恵まれなかったために、本を書くことはできなかったが、彼が司祭職に関して残した数少ない言葉は、実践神学に関する浩瀚《こうかん》な書物以上に重みがある。それらの言葉は、知識の上では完全には理解できないテーマにかかわるものだった。ヴィアンネの生や言葉から、すべての司祭が、限りなく多くのことを学ぶことができる。次の言葉以上に適切な原則はほとんど考えられないからである。「司祭は、長い間、自分の努力が実らなくとも、自分の教区で何もしなかったと思い込んではならない。また、きわめて多くの仕事をしたとしても、自分が充分に働いたと考えてはならない」(ヴィアンネ)。

だが、とりわけ司祭職について、アルスの司祭はすぐれた考えを示しているが、その場合でも、思い上がった自負心を擁護するようなことはない。「司祭が何であるかは、天国で初めて正しく理解される。……そのことが、この世で、すでに理解されたような場合には、驚きのあまりというよりは、愛のあまり死んでしまうだろう」(トロシュ)。毎日、無知なアルスの司祭のこの言葉を思い出すならば、聖職者の内部には注目すべき変化が起こらないわけにはいくまい。司祭館からは聖者が生まれないというヴィアンネの懸念が聖職者に伝わり、そのことに気付くことで好ましい刺激が与えられよう。

「列聖された司祭は、いったい何人いるだろう？　ほとんどいないだろう。おそらく、一人もいまい！　ある聖者は修道士だったし、別の聖者は宣教者だった。また別の聖者は信徒だったし、多くの聖者は司教だった。だが、何世紀も前から、司教の数は司祭の数よりはるかに少ない！　ヴァンサン・ド・ポールやジャン・フランソワ・レジも、最後まで司祭でいるつもりはなかった。また、司祭は、何という困難な使命をもっていることか！　観想、祈り、神との内的合一が、司祭には必要である。だが司祭は、世俗のなかに生き、政治を語り、政治を行い、新聞を読み、読んだことを記憶する。司祭は、聖務日課にしたがって祈り、ミサを執り行い、そうしたことを日常の些事のように行う。そしてその後で、秘蹟を授けるのだ！　ああ、司祭であることは、何と驚くべきことなのか！」(ヴィアンネ)。

ヴィアンネは、世俗の人間が生きているのとは別の世界を代表する司祭の生をめぐる苦衷のなかに、意識して留まり続けた。ヴィアンネには、司祭から聖者になる使命が神から与えられていた。「人には能わねど、神はすべてのことをなし得るなり」(マタイ19－26)なのだ。

11 リジューのテレーズ（一八七三―一八九七）

神的な微笑

第一章

一人の修道女に人びとは精神的に真剣な関心を抱けるだろうか。時折、電車の中で見かける修道女といえば、時代遅れの手提げを脇に置き、古風な傘を立てかけ、目を伏せて祈祷書に見入っている姿が眼に浮かぶ。閉鎖的な修道院で生を営む人間が体験することに、取り組むに値する何があるというのか？

この疑問は、その人物が殺風景で無趣味な十九世紀という時代のカルメル会の修道女ということになれば、一層当を得たものになることだろう。テレーズ・マルタンを語る詩や肖像画は、全く当時の見方を出ておらず、フランスの地方の小市民的な環境を抜け出してはいない。彼女の有名な自伝でさえ、嘆息や心情の流露が過剰である。花の直喩を、彼女は多用するが、彼女が『愛する小さきイエス』を書く筆法は、しばしば読み手の我慢の限界を超える。その自伝が、「小さな置物が一杯に飾られ、手入れの行き届いた小市民的な部屋の雰囲気」を醸し出していることは、すでに指摘されている。没後、はじめのうちは、こうした感傷的な道具立てが依然として強調されていた。テレーズの顔は、眼が真珠のような涙に曇る夢見がちな修道女の顔に画くのが好まれた。甘ったるい「薔薇の聖女」として画こうとしたのである。どこにでも顔を出す商売気が、人びとの感傷的な気持ちを、ここぞとばかりに掻き立てて利用したというわけだ。そうした傾向に対して、ついにはカトリック教徒自身も物を申さざるを得なくなる。「苦い薬を口当たり好くするために、幾ばくかの砂糖を必要とする人びとが少なからず居たのは確かである。テレーズ自身、そのような心づかいを見せた。おそらく彼女の修道院が後押しをし過ぎたのだろう。それは善意であり、疑いもなく巧みにしつらえられたものだった。そうでなければ、このように多くの人びとが、この薬を飲むことにはならなかったろう」（アンリ・ゲオン『リジューの秘密』一九三五）。オイル印刷のこの肖像画が、戦前の時代に、彼女が広く知られることに貢献したのは確かである。だが、その真実ならざる情緒的雰囲気に背が向けられて以来、今日ではむしろ、その種の肖像画はテレーズ理解を阻害するものになっている。世紀の転換期の俗悪な趣味に迎合したこの砂糖をまぶした肖像画は、怒りを呼び起した。この怒りは、「小さき聖女は、本当に俗悪な肖像画が描くような存在だったか」（イーダ・フリーデリケ・ゲレス『隠された顔』一九四四）という疑念から生じたものだった。

だが、そのような肖像画は、すべて表面を画いたに過ぎず、背後には全く別の人間が隠されていたのである。彼女の真の姿を眼にするには、着古した修道衣、十字架、ロザリオにたじろいではならない。彼女の本質の中核は、十九世紀後半の精神とは全く無縁だった。テレーズは、近代世界との精神的なつながりはほとんどもっておらず、近代精神からは説明できない。彼女をより深く理解するには、十九世紀末期の歴史を詳しく説明したところで全く役には立たない。彼女は時代の脈動を感じてはいなかったからだ。彼女の内的意欲を理解するためには時代を知る必要は全くない。同じように中世に生きることもできただろう。アルスの司祭と同じように、彼女の存在は、別の世界に属している。近代の出来事に彼女が捉われたことはない。一八九〇年代のアール・ヌヴォーの世界に彼女が内的に無関係なことは、不愉快な煙幕を払拭《ふっしょく》して彼女の真の顔に迫ろうとする誰もが感じることだ。彼女に向かい合った場合、眼前に現れるのは、どんなに不毛な荒廃した時代であっても、その時代に生きる人間は永遠を志向できることを印象的に証明した一人の人間の姿である。アンゲルス・ジレージウスの「人間よ、本質的になるべし！」という要求に従うことは、どの時代にあっても可能なのだ。キリスト教徒は、時代の空転を言い訳にすることはない。きわめて上滑りな時代でも、神的な世界に根差すことができるからである。

テレーズの狭い生活圏には、人目を引く体験は見られない。彼女の生には、関心を引くような人物との出会いはない。だが、この修道女は上品に着飾ったご婦人方より、はるかに強い心的魅力を発している。ご婦人連の最新流行の優雅な衣装には空疎な心が隠されているのが普通だが、テレーズの場合は逆である。彼女の場合は、見栄えのしない衣裳が、稀に見る高い宗教的な資質の人間を包み込んでおり、この人物を究めれば究めるほど、そのことが明らかになる。テレーズは、世をすねてヴェールをかぶった女たちの一人ではない。彼女は綺麗だったから、小さい時から、ちやほやされてもいた。ブロンドの髪、鋼青色の眼をもち、目鼻立ちの整った顔で、背の高いテレーズは、今日でも写真に見られるように普通以上に美しかった。だがこの美しさは、さまざまな人工的な手段で整えられた美しさではない。この修道女の美しさは、かつてロシアの詩人が言った「世を救う」美に他ならない。この言葉は、一見、突飛に聞こえるが、まぎれもない真実である。テレーズの顔からは、超地上的な世界に根差す内的な美しさが見て取れる。ギリシャ人が霊的な美への愛を表したフィロカリアという言葉は、古来、宗教分野では重要な役割を演じてきたが、この流行遅れの衣をまとった修道女の内部への扉を開く鍵にもなるだろう。

テレーズは、魂の高貴な美を実現したが、それは海のように究め難い。有名な『ある魂の物語』の著者として、この若きカルメル会修道女には、魂が心理の集積であるだけではなく、神的な次元につながる開かれた要因であり、人間内部の永遠の場であることが明らかだった。テレーズを捉えようとすれば、人間の魂という不可思議な存在に限りない驚きを覚えないわけにはいかない。この魂は、永遠の次元に飛躍することができ、その計り知れない性格は星辰の世界に比較できるからである。近代世界には、ヴェーラ・フィグナーやエレオノーラ・ドゥーゼのような極めて印象深い女性が生きていた。だが、若くして完成したテレーズからは、他の誰にも見られない魂の力が発せられている。この魂の美は、一見動きのないテレーズの生涯に、興奮を掻き立てるどのような外的な出来事も対抗できない内的な力を与えている。この修道女は、息を継ぐ間もなく新たな冒険を求める性急な人間より、はるかに多くのことを神的に体験している。実際、人間の内部は、その持続的な性格の点で、外的なものを遥かにしのいでいる。

第二章

テレーズ・マルタンの幼時には、淡い憂愁が漂っている。この憂愁は、ノルマンディーの冷たい霧に包まれた小都リジューと関係している。尖った切妻の家々が立ち並び、メランコリックな印象を与えるこの町は、フランスの現代作家たちが、胸を圧迫する悪夢のように描くことができた物憂い地方の一部である。口には出さないが、この沈んだ気持ちは、幼時に母親を失ったことで増幅され、父親や姉たちとの親密な関係によっても癒されることはなかった。熱心に教会へ通ったり、信仰上の会話をしたりする以外に、この家には、精神的な刺激が多くはなかった。当時のフランスの精神的な動向などは、この恵まれた境遇の小市民的な家庭には、ほとんど伝わらなかった。この家庭は、敬虔ではあったが、どの点から見ても模範的というわけではなかった。より活力の乏しい人間なら、このように周到に守られた環境の中で、憧憬が満たされなければ、容易に委縮したことだろう。

女子ベネディクト会の寄宿制学校へ送られた時、テレーズには、さらに暗い影がさす。灰色の塀に囲まれたこの修道院学校の殺風景な教室は、うら若い少女にとって耐えられるものではなく、幸福感はほとんど得られなかった。変わり種だったため、他の生徒たちとも馴染めなかった。ひどく内にこもりがちで心を開くことがなかったから、つねに孤独だった。寄宿生のころから、すでに内的に一人であり、後になっても、精神的な孤独から脱することはなかった。彼女自身、幼児のころのことを、こう書いている。「私の心を満たしていた沈んだ気持ちのことは、誰とも語り合ったことがなかった。私は、すべてのことを、人が私に隠そうとしていたことをも、黙って見、黙って聞いていた」（『ある魂の物語、幼いイエスのテレーズ自叙伝』一九三八）。このように寡黙で打ち解けない態度だったから、友達もできなかった。身内以外に、心を打ち明けられる人間と知り合うことはなかった。テレーズは、つねに単独者だった。さらに、彼女を苦しめたのは、多くの敬虔な人間が陥る過度の良心の呵責だった。この宗教的な病のために、言い表しがたい苦痛を味わった。「何を考えても、何をやっても、私には不安と困惑の原因になった」（同前）。彼女の青春時代には、その自虐状態の中で、どのような過ちも不安と困惑を生み出した。

彼女の生涯の鍵を探し求めるとすれば、すでに少女時代に起こった小さな出来事が注目される。彼女が、まだ「神のことと子供の遊びを半々くらいに」考えていたころの出来事である。誰かが子供の喜ぶ雑貨の一杯入った籠をもってきて、欲しいものを選ぶように言うと、幼いテレーズは、しばらく考えた末に、「みんな選ぶわ」と言って、籠の中のものを全部手に入れたのだった。彼女自身、幼時のこの傾向のなかに、「いわば全生涯の内容」が現れていると見ていた。確かに、「みんな選ぶわ」という言葉には、全体を要求する常ならない彼女の性質の最初のきざしが表れている。この全体を求める要求は、無条件的なものを求める傾向をもち、中途半端な状態では満足しなかった。テレーズが、ジャンヌ・ダルクに強く惹かれるものを感じていたのも、このような素質による。これは、まだジャンヌが列聖（一九二〇）される前からで、後にテレーズは、ジャンヌをテーマにした宗教劇を書いてもいる。とはいえ、この出来事は彼女の生の宗教的な説明の出発点にすべきものではない。どんな脅かしにも屈しない「ほとんど折れることのない強情な性質」（『ある魂の物語』）も、同様である。頑固な性質は、自分の固い意志を貫くすべを心得ていたこの少女に相応しいものだった。この固い意志は、自伝からも、はっきりと読み取ることができる。感受性の過多、忍耐力の欠如、野心をなかなか抑えられないことなどが指摘されるが、そうした性格上の特徴は、幼少時に見られたもので、彼女の一部分にすぎず、全存在にわたるものでは決してない。

彼女の若年時の最も重要な転換が起こったのは、むしろ、十歳のとき、後に舞踏病ではないか検証が試みられた謎の病気に襲われた時である。この病にかかったのは、母親代わりだった姉が修道院に入った時だった。誰よりも愛していた姉との別離に、少女の心は耐えられなかった。長い失神の発作に襲われ、危篤状態に陥った。医師たちは手の施しようがなかった。回復が疑われ始めた時、彼女は幻視を体験する。部屋に置かれていたマリア像が、突然、生き返ってテレーズに歩み寄ったという。「この上なく浄らかな聖母は美しく、その天国のような美しさは、どう表したらよいか分からなかった。顔は言いようもなく穏やかで、善意にあふれ、優しかった。でも、私の魂を奥底まで感動させたのは、恍惚とさせるような微笑だった」（『ある魂の物語』）。テレーズは、この幻視によって至福の状態に陥り、即座に病から癒された。家のなかは、突然の快癒で驚きに満たされ、快癒が奇蹟と感じられた。

この出来事は、一見、取り立てて語るほどのことはない些細な話のように思われる。熱病にかかった少女が、譫妄《せんもう》状態で聖母の微笑を見るというのは、超自然的現象では全くないし、テレーズ自身も、後に何度か、これが現実だったかどうか疑っている。この場合、重点を置いて見なければならないのは、病気の奇蹟的な快癒ではなく、むしろ聖母の微笑である。奇妙なことだが、この出来事は、テレーズの宗教的な発展にとって決定的な重要性をもつという観点から評価されたことがない。だが、彼女が世界苦の気分に埋没することから守ったのは、実は、この体験だったのだ。テレーズの宗教的発展に決定的な性格を与え、すでに後の宗教的立場を告げ知らせているのが、この最初の宗教的感銘だったのである。マリアの微笑を見た時、まだ十歳の子供だったとはいえ、その微笑を彼女は誤りなく解釈している。彼女の言うところでは、マリアは静かに微笑んでおり、声高に笑ってはいない。このことは、何でもないことのように見えるが、微妙な識別力以上のものが、その見方には現れている。つまり、彼女が言っているのは、神的な契機は微笑として現れるということに他ならない。この事実をテレーズのフランス的な素質で説明することはできない。また、ロマンス語系文化とも何の関係もない。その根源は宗教的な深みに達している。テレーズの内的本質の解明に、彼女が神的な契機を微笑のかたちで体験したということ以上に役立つものはない。大きな罪を負った人間であるという感情が、彼女の最初の宗教意識なのではない。彼女の生には、神的な契機が、人間を地面になぎ倒すような稲妻や雷鳴のかたちで現れはしなかった。宗教史上、聖者の多くが、そうした恐ろしいかたちで神的な契機を体験している。だが、テレーズの場合には、神的な存在が言いようもない優しい姿で、温和な陽光のような存在として現れている。キリスト教的なものを、彼女は天国的な温かさとして体験した。しかも、初めての体験として。この体験が、彼女の魂に埋め込まれ、消えることがなかった。微笑などというものは、これ以上容易なことはないように思われるが、実際は、きわめて表現力を要するものである。テレーズの生涯で、微笑をどう解釈するか問うことで、どれだけ深くテレーズを理解するかが決まる。

この体験で最も重要な点は、しかし、比類のない微笑がテレーズに伝えられ、テレーズがそれを受け取り、あらゆるものに微笑みかけるように、テレーズを促したことである。彼女の微笑は、神的微笑を反映するものになった。以後彼女は、「地上のあらゆるものが私に微笑みかける」(『ある魂の物語』)印象をもち続けた。テレーズは、全く模倣できない仕方で微笑みかけ、そのことは彼女の同時代人が繰り返し強調している。彼女の微笑は、多くの人間が見せる空虚なお愛想笑いとは何の関係もない。また、単なる隠れみのと解釈されてもならない。それは、言葉以上に多くのことを語る無言の微笑なのだ。この微笑に範例としての価値を認めねばならないが、単なる模倣では意味がない。そこに、ほんの僅かでも無理があれば、わざとらしい作り笑いに終わるだろう。テレーズの場合、微笑は神的体験によるもので、沈んだ気分とは反対のものである。彼女の抑うつ傾向は、これまで見逃されてきたが、自伝から明らかに見て取れる。音楽の響きに「心はふさぎ込み」、日曜日には「一抹の憂うつな気分」に襲われ、楽しい出来事の余韻は、彼女を「哀愁に包み込み」もした。テレーズには常に哀愁がともなっていたことは、彼女の顔から明らかに見て取れ、彼女の生の運命から見れば、別に驚くにはあたらない。だが彼女は、ベートーヴェンの音楽から聞こえてくるティンパニーの陰鬱な打音のように、再三、現れるこの抑うつの発作を、まぎれもなく聖なる微笑によって克服し、雄々しい努力によって消散させた。彼女の見解によれば、神の最終的な意志は喜びを目指しており、テレーズも「大きな言いようもない喜び」を感じていた。しかもそれは、彼女の打ち震える心が耐えることができず、歓喜の涙と化してしまうほどであった。彼女の言葉によれば、「私たちを取り巻く物事のなかにではなく、心の奥底に存在する」（『ある魂の物語』）超地上的なこの喜びの表現が、テレーズの微笑なのである。涙のなかで微笑むテレーズの顔は、暗黒の力に対する勝利と見なければならない。

テレーズがもつ愛すべき子供らしさも、この繊細な微笑の作用と考えられる。この子供らしい本質は、このフランスの女性テレーズに先ず眼につく性質であり、どの伝記作者からも指摘されている。実際、彼女が、偉大なスペインの聖女イエス（アヴィラ）のテレサと区別されて、「幼いイエスのテレーズ」という名で歴史に登場したのは理由がないことではない。疑いなく、テレーズには、山の青い湖のように広々とした子供のような魂があった。彼女は、底意や狡さとは無縁だった。邪気が全く見られないのが、彼女の資質だった。その心はあくまで純粋であり、天国的な邪心の無い状態で生きていた。だが、これがキリスト教的子供らしさであり、あらゆるこだわりから自由で、生の問題を複雑には見ない彼女の天衣無縫の在り様もそこから来ている。だが、この天国的な微笑に起因する子供らしさを単なる素朴さと混同してはならない。そうした解釈は、マティアス・クラウディウスの場合同様、彼女の場合には当てはまらない。《ヴァンツベック日報》の発行者でもあったクラウディウスの書き物も、はじめは子供のように無邪気な印象を与えた。だが、それは表面に過ぎず、背後には別の在り様があった。単純に表側を見るのではなく、より深く見れば、一見、クラウディウスの罪もない酔狂が、いかに予想外の重みをもつかが感じられる。それは、ヘルマン・クッターの、ほとんど注目されることのない『大人と子供のための神の絵本』に似ている。同じような見方が、テレーズの子供らしさにも当てはまる。この子供らしさは、すべてを矮小化する志向とは何の関係もない。彼女の子供らしさは、実現の難しいイエスの言葉、「もし汝ら幼児のごとくならずば、天国に入るを得じ」（マタイ10－3）の心に徹する表現なのである。理解されるのが稀なこのイエスの言葉を、テレーズは新たに解読しようと試み、霊的に子供として存在するという考えを自からの生を導く考え方とした。彼女の眼には、福音書の子供らしさがあふれている。彼女は、明らかに大変な重さで良心を圧迫する暗い罪を知らなかった。彼女が、この新たな子供らしさを、どれほど馨《かぐわ》しいものと受け取っていたかは、彼女自身がすこぶる優雅に語っている。「少し前から、私は幼いイエスに小さなおもちゃとして私を差し上げていた。見るだけで触ることも許されない貴重品のように扱われるのではなく、価値のない毬《まり》のように、床に投げ出され、足蹴にされ、穴を開けられ、隅に放っておかれたり、抱きしめられたりするよう、お祈りした。一言で言えば、私は幼いイエスを喜ばせ、彼の無邪気な思いつきに私をお任せしようとしたのだった」（『ある魂の物語』）。この願いは、何と魅惑的なことか。こうした願いは、フランスの少女以外は抱くことはないだろう。ここには、聖者にふさわしい女性の心の音楽が明かされている。そこに単なる遊び心しか見ないのでは、この言葉を見誤ることになる。もちろん、そこには遊びの動機も含まれてはいるが、それは、「この世で遊ぶ」永遠の知恵（箴言８－30）の意味での遊びである。マグデブルクのメヒティルトも『神性の流れる光』のなかで遊びについて、神は魂とのみ遊び、肉体は、その遊びを知らないと述べている。毬のイメージは神秘主義の文献に見出せるが、テレーズはその知識なしに、このイメージに思い至ったのである。幼いイエスの手の中の小さな毬として自分を感じることは、決して不遜な友達意識のためではない。むしろ、「霊的幼さの道」は、テレーズの深い謙譲の心を示している。この道は、「事実、文字通りの意味で幼いころに始まって、新しい姿のきわめて純粋な幼さに終わっている」（ゲレス『隠された顔』）。

自然に対するテレーズの普通でない関係も、彼女の控えめな微笑の反映として理解できる。ノルマンディー地方の牧場や森、庭園や果樹は、彼女の子供らしい魂に大きな影響を与えていた。とくに愛していたのは、心を込めて育てた花々だった。「野に矢車菊、雛罌粟《ひなげし》、雛菊が一杯に咲き乱れているのを見ると、心が躍る深い詩的な印象を受けた。そのころ私は、すでに遠いところを愛し、高い樹木を愛していた。一言で言えば、素晴らしい自然全体が私を魅了し、私は魂を天国に移していた」（『ある魂の物語』）。ベルノヴィユの鮮やかな表現によれば、テレーズは、「野に陶酔する」（『幼いイエスの聖テレーズ』一九二八）ことを知っていた。野は、彼女にとって絶えることのない歌声であり、彼女の心を際限なく感動させるものだった。雪を愛したように、星々をも、彼女は言葉を発することなく、恍惚として眺めつくした。海を初めて見た時には、その光景が忘れられなかった。この自然との親密な交感は、夢の中まで追いかけてき、「森や花や小川や海の夢を見た。ほとんどいつも、私は、可愛い子供たちが、蝶を捕まえたり、眼にしたこともないような美しい鳥をおびき寄せるのを見た」（『ある魂の物語』）。彼女の下意識には、このような自然に対する喜びがあふれていた。テレーズが体験したのは、魔的な、謎に満ちた自然ではなかった。創造の苦痛に満ちた暗い面は、彼女の光あふれる本質には無縁だった。彼女は、もっぱら自然の、人間にやさしい面にのみ触れ、しばしば見逃される野の花のような目立たない自然を愛した。あらゆる手段で自然を屈服させようとする征服欲、人類史上、自然を荒廃させた悪しき征服欲とも、同じように無縁だった。テレーズが目指したのは、ひとえに、進んで相手を助ける出会いであり、いわば、パウロの言う「切に慕いて神の子たちの現れんことを待つ」（ローマ８‐19‐20）呻吟する被造物を楽園に連れ帰ることだった。

この開かれた態度から、彼女の心には自然に対する共感関係が生じる。この関係は、超自然的な性質のため、合理的には説明できず、あくまで聖者の世界に属している。その関係は、「私の生のどの出来事の場合にも、自然は私の心の反映だった。私が泣けば、天も私と共に泣き、私が喜べば、天も青く、雲一つない」（『ある魂の物語』）という関係だった。こうした驚くべき相互関係について、彼女は自伝の中でさまざまな形で証明しているが、そのような関係は、自然と姉妹関係にある者以外には明かされない。自然は彼女にとって、とりわけ神の創造物であり、象徴に満ちたものだったから、彼女は宗教的な畏敬を抱いて自然を見ていたが、自然との彼女の関係は、畏敬では尽くせない。むしろ、彼女は、独特な光を発している自然に対して、あくまでも親密な信頼関係に立っていたのである。彼女は被造物の神的な秘密を心で聞き取っていた。彼女の前には自然の書物が開かれており、その自然の秘密のしるしを、彼女は、いともやすやすと読むことができたからである。自然に対するこの新たな親密さは、彼女が自身を聖フランシスコのように自然の一部と感じていたからにほかならない。彼女は花を愛しただけではない。自分自身を神の庭のなかの「野の花」と理解していた。彼女の自伝は、もともと『白い小さな花の春の物語』という題名だったし、自分の名前が空の星座のなかに書かれているのを見付けていた。この新たな親密さは、自然に対する夢想とは何の関係もない。おそらくテレーズは、多くの聖者同様、自然感情の歴史の中で重要な位置を占めるに違いない。彼女の自然との結びつきは、西欧の精神史のなかに深く埋もれていた可能性を再び露わにした。この可能性については、おびただしいテレーズ文献にも、奇妙なことにほとんど言及されたことがない。彼女は、近代の人間のように、宗教的な根を失った代償を自然に求めたのではない。テレーズは、自然と愛の関係に立っていた。知的な問題の所在を知ることなく、子供のもつ的確さで、新たな自然との関係を見出した。この目立たぬ修道女は、きわめてさりげなく神の創造への愛の道を探り当てた。だが、この道は十九世紀に、彼女よりも偉大な人物たちが求めて到達しえなかった道だったのだ。

結局のところ、テレーズの少女時代の特徴であるひたむきな面は、彼女が見ることを許された神的な微笑に由来している。テレーズの生涯で際立つ点は、発達期が欠けていることである。思春期には、自分にも他人にも耐えられなくなる不安を経験し、心の平衡を失うことが多いが、テレーズは、こうした思春期を経験することがなかった。また、生涯のどの時期にも、小生意気な小娘であったことはなく、くすくす笑いをしながら何もかも小馬鹿にしたり、自己中心的に自分のことばかり考えたりすることもなかった。思春期に、度々職業を変える類の無計画な人間では全くなかった。テレーズには、一つの確かな基準があり、自分が何を望んでいるか知っており、自分の目標が何かに阻害されることを許さなかった。彼女の最も早い時期の記憶の一つが、「私も修道女になる」という考えであり、九歳では修道院には受け入れられないと分かっても、この意図を変えることはなかった。だが、十四歳になると、何度も口にしていたこの考えを実現する思いがつのり、もはや抑えることができなくなる。そして、十五歳になると、カルメル会修道院に入る願望を、きわめて明確に口にする。しばし、その状況を思い浮かべてみるといい。一人の少女が、十四歳で確かな宗教的本能に突き動かされて、直接に永遠の世界へ飛び込む考えを固める。この早熟の子供は、修道院入りの憧憬を強めてゆくが、この世だけを意識する近代の人間には、この憧憬は全く理解できないだろう。己の本質から言って理解できない欲求を無理に理解しようとしてはならない。一つだけ確認しておく必要がある点は、テレーズが、倦み疲れて世を断念したのではない点だ。彼女は、ハムレットが再三「修道院へ行け」と言わねばならなかった失意のオフェーリアとは違う。テレーズのうちには、世から隔離された修道院での生への激しい衝迫が生きていた。その頃すでに彼女は、自分がこの世へ追放された人間だという思いを抱き、全く非近代的に天国への憧憬にいざなわれていたからである。

もちろん、早い時期に表明された彼女の企図は、若すぎたために、大きな障害に逢着する。だが粘り強い性質で、不屈の意志をもっていたから、こうした反対に遭ってもあきらめることなく、むしろ克服の糧とした。敬虔な父親は同意したものの、影響力の大きい伯父が、先ず強く反対した。次いで、高慢な修道司祭が、よりはっきりと拒否し、最後には、彼女がその目的のために訪れた司教が断固として反対した。すでに述べたように、この反対は、彼女の年齢が若すぎたためだった。これらの人びとの反対を非難するのは誤っている。反対しなければ、義務にもとる責めを負わねばならなかったろう。まだお下げ髪の、全人生を決定する歩みの道程を見渡すことのできない十四歳の少女が、永久に修道院に閉じこもるのを直ちに許すことは、実際、無責任に近い。大人たちが、「とんでもない、フランス中から批判されるスキャンダルになる」（『幼いイエスの聖テレーズ――聖マリア・マダレーナ・デ・パッツィ修道院の一カルメル会修道女により記された聖テレーズの生涯』一九二七）と言ったのも当然のことだった。だが、少女テレーズは、ただ独り、こうした分別のある考量を肯《がえ》んじなかった。大人たちの声は、彼女には、あまりにも命令的に聞こえた。固い決意を抱いた彼女にとって、残された道は、上からの声に従うことだけだった。教会が決めた最低年齢に達していなかったが、この禁令で意気阻喪しはしなかった。関連機関に次々と訴え続けた。最後には、この目的のためにローマへの巡礼行に加わりもした。教皇の祝福のさい、高鳴る胸を抑え、制止の声も聞かず、勇気を奮って教皇レオ十三世の前にひざまずく。教皇に、十五歳で修道院に入る許しを乞うたのである。教皇に対するこの制止を振り切っての嘆願は、明らかにヴァティカンの規定に違反していた。教皇の前にテレーズがひざまずいた行為は、おごり高ぶった十九世紀には、ほとんど意味が認められない些細な出来事と思われた。だが、この小さな出来事にも、テレーズの浪漫的な心に相応しい独特の魅力がある。レオ十三世が、すでに言われているように、自分の前にひざまずいた十四歳の少女に未来の聖女を見たとするのは、きわめて疑わしい。そう見たのであれば、スイス人の護衛兵が力づくで少女を教皇の椅子から引き離し、少女が泣き崩れるような事態にはならなかったろう。だが、そうした予見は、誰にも要求はできないし、後にテレーズの公式の伝記を書いたラヴェイユが、巡礼行に同行した少女テレーズのことを全く無視していることも非難はできない。テレーズ自身は教皇の態度に痛く失望し、以後、このことについて一言も口にしていない。不成功に終わったローマへの巡礼行からリジューへ戻った後、テレーズには、全く思いがけず陳情が認められる。

この未成年の少女は固い決意を貫いた後、愛する父親と別れ、花の咲き乱れる野を逍遥する喜びを断念する厳しい時を体験する。ふたたび彼女は、高鳴る胸を抱いて、修道院の扉に向かうが、今度は涙を流すことはなかった。「何という瞬間だろう！　何という死の不安か！　こうしたことを理解するには、それを体験せねばならない」(『ある魂の物語』)と彼女は書く。世の中への扉は、彼女の背後で閉じられ、二度と開かれることはなかった。数か月後、白鳥の毛皮とアランソン・レースの飾りが付いた、白百合をあしらった白いビードロの衣服に身を包み、キリストの永遠の花嫁となったが、その後は、厳格なカルメル会の粗末な修道服をまとうことになる。

第三章

テレーズの短い一生の後半は、魂の登攀という言葉で表すことができる。以後、彼女の思索と行為のすべてが、この大きな主題を中心をめぐって行われることになる。修道服を着たテレーズは、この目的以外に関心はなかった。彼女が目前にしていた登攀は、決して容易なことではなかった。登攀の道は、軽快に一段一段行われることはなく、むしろこの上なく困難なものだった。恍惚とするような神の恵みの数々、例えば真似のできない独特の微笑、親密な自然への愛、目標への迷うことのない歩み等々が、いわば、すべて試練にさらされることになったからである。これらの恵みは、彼女に与えられた豊かな材料であり、今やそれらにもとづいて自らの生を形成しなければならなかった。彼女の魂のこれらの貴重な表現形式は、彼女が世の生活にけりをつけた後に実証したことで、消えることのない価値を得たものなのだ。

修道院は、彼女の魂の登攀の不可欠の手段だった。修道院という現象は、さまざまな観点から評価することができる。以前からしばしば、浪漫的な性質の修道院の庭が夢見られてきた。そこでは、咲き誇る薔薇の茂みの間で、牧歌的な小さな泉が音を立てていた。他方、修道院生活は自然に反し、塀の中では人間が偏狭になる、といったことが強調されることもあった。テレーズの場合には、どちらの見方も当てはまらない。修道院を、何世紀にもわたってキリスト教的経験が蓄積された宗教的な仕組みと捉えていたからである。まだ少女の頃に修道院の門をたたいた時、同じことを彼女は神から与えられた可能性と見ていた。確かに、聖性は修道院内でだけ達せられるわけではない。だが彼女にとっては、それが予め定められた道だった。彼女の修道院入りは、唯一適切なことだった。彼女の魂が誤りない本能で、修道院の生活が彼女の望んだ登攀に不可欠の前提であることを予感していたからである。リジューのカルメル会修道院なしでは、テレーズは、多数の人びとに語りかける聖者にはならなかったろう。

テレーズが修道院で逢着した困難な経験は、この観点から以外は考察できない。「修道院では、すべてが私を魅了した」と、彼女は自伝に書いている。修道院内で、彼女は新しい家族を見つけ、「その家族の献身と優しい愛情のことを、世間の人びとは何も知らない」。このくだりは、彼女の自伝の中で疑問符がつけられる数少ない個所の一つである。確かに、彼女は自伝を書くさいに真実を述べる義務を課せられており、彼女も真実に対する燃えるような愛を示していた。「実際、人は常に真実を言わなければならない。……そして、私も常に真実を言う。……それで私が愛されなくなるとしても、どうだと言うのか！　人が真実を聞こうとしないのであれば、私に背を向ければいい」（『幼いイエスのテレーズ―考えたこと、言ったこと』一九一八）。確かなことは、彼女の明らかな真実愛にもかかわらず、ある事柄について彼女は沈黙を守っているということであり、しかも、その沈黙は修道会を傷つけまいとする配慮からであった。彼女は、幾つかのことに、いわばヴェールをかぶせており、その目の混んだ織物は、若干の伝記作者には、すこぶる歓迎すべきものだった。だがテレーズの自制に惑わされることなく、行間に語られていることを読み取れば、彼女が自らに課した抑制が極めて大きいにもかかわらず、間接的な批判が隠されていることが分かる。しかもこの批判は、多くの粗雑な修道院攻撃より、本質的に重大な性質のものなのだ。テレーズの感情は、自分の魂の失望を、あからさまに表現するには繊細すぎた。だがこの失望は、否定しようのないものだった。リジューの修道院で彼女が逢着した環境は、劣悪なものだった。三メートル四方の、備え付けの調度の乏しい小房のみでなく、とりわけ、彼女の性質に反した人間関係が、彼女を圧迫した。「テレーズは修道院での年々を、晴れやかに、穏やかに、陽ざしのように微笑みながら過ごした。だが、この微笑みは、彼女の肉体と魂の償いの最も厳しい道具だった」（『隠された顔』）のだ。

この勝利の微笑みの背後に、彼女は多くの涙を隠していた。規律と秩序に従う修道院での歩みは、常軌の外の道である。だが、この常軌の外の道を、厳しい要求には向かない尋常の人間が、あまりに多く歩きすぎる。毎日が同じようで、気晴らしもできない厳格に定められた生活方式は、普通の人間には耐えられない。修道院には、発散されることのない多くのものが鬱積した生が見られるのは、そのためだ。

修道院の塀の中には、驚くほど多くの嫉妬や悪意が見出せる。テレーズが「天国では嫉妬の眼で見られることはないだろう」(『幼いイエスのテレーズ－考えたこと、言ったこと』)と考えて、自ら慰めたのは偶然ではない。修道院内では、不当なことを行ったり圧力をかけたりすることが、しばしば行われ、そうした行為を受けた者は、それに対して自分を守ることはできなかった。「修道院も、やはり《世間》の一部であることに変わりはない。人間の住むところには、何処にも《世間》がある。そう神が取り計らったのだ」(『リジューの秘密』)というアンリ・ゲオンの言葉にも一理がある。テレーズがリジューの修道院で遭遇した状況を正しく判断するには、このような真実を考える必要がある。この修道院は、躍進中の修道院でも崩壊途上の修道院でもなく、普通の修道院にすぎなかった。修道院の司牧者で聖堂参事会員のデラトロワトは、テレーズを見る眼が欠けた小言の多い司祭だった。彼女が、この司祭の粗野で思い遣りの無い態度に、それほど驚かなかったと思われるのは、すでにイタリアへの巡礼行のさいに、「司祭たちは、力がなく、弱々しい人間」(『ある魂の物語』)であること見抜いていたからである。彼女の手紙の一つには、そうした事情が漏らされている。「聖性を欠くどれだけ多くの駄目な司祭がいることか！　私たちは彼等のために祈り、苦しむ。……この私の心の叫びが分かるかしら」(『隠された顔』)。

テレーズは、心ない修道院長ゴンザガのマリアのために、一層苦しめられることになる。だが、ゴンザガのマリアを悪者にして、テレーズの敵に見立てるといった、白か黒かの論法に陥ってはならない。マリアが、興奮しやすく平静心を欠く人間だったことは疑いない。その病的な嫉妬心は、修道女の理想には遠かった。最悪のことは、彼女が、全く相応しくない指導的な地位についていたことだった。多くの精神病質者同様に、この不幸な修道院長は、監督欲に駆られて、野心的な権力衝動から修道女たちを支配しようとした。テレーズには、無理解な拒否的な態度で接し、不信の念を隠さなかった。絶えず心ない仕打ちで、この若き修練女を苦しめた。咎めだては止むことがなく、十五歳の少女の仕事が不十分だと言っては意地の悪い言葉を投げつけた。テレーズは庭で草むしりをしなければならなかったが、院長は、その仕事ぶりを散歩だと言って叱責した。修道院規則に従い、テレーズは弁明ができず、黙々とこの叱責を受け入れるほかはなかった。テレーズに会えば、そのたびに叱りつけ、励ましの言葉をかけることは絶えてなかった。家で可愛がられて育った少女にとって、こうした敵意に満ちた態度に耐えることは、二重の意味で難しかったに違いない。しかも、このような侮辱的な扱いを、他の修道女と分かち合って埋め合わせることも全くできなかった。天使のような生活を送るために修道院に入りはしたものの、実際には、悪意を一時的に隠しているだけの修道女が多かったからだ。「テレーズが見たのは、一群のごく当たり前の修道女であり、その一部は偏屈な変り者、一部は病人、一部は微温的で怠惰な女たちだった」（『隠された顔』）。二人の肉親の修道女を例外として、どの修道女からも宗教的な理解は得られなかった。

このように、修道女たちに高い宗教性が欠けていた結果、彼女たちの間では摩擦が絶えなかった。些細なことに過敏に反応し、意地の悪いあら捜しが横行した。テレーズは、とりわけ悪意をもって重箱の隅をほじくり返すような小姑根性に苦しめられた。洗濯場では、修道女たちから、汚れた水を顔にひっかけられたが、そうした意地悪い行為も、何事もなかったようにやり過ごした。テレーズが受けたこうしたチクチクした嫌がらせは、いくらでも挙げることができようが、いくら挙げたところで、修道院内の不快な雰囲気は十分には想像できないだろう。こうした雰囲気を、修道院長は、煽り立てこそすれ、除去することはなかった。事実テレーズは、彼女が書き記したいじめは、最も酷いいじめからは程遠いという意味深長な言葉を残している。彼女か経験したのは「踏み殺される鵞鳥の殉教」（キェルケゴール）

だったのだ。

こうした痛ましい状況の誤解しようのない現れが、寒さだった。テレーズ自身が告白しているように、修道院の生活で一番苦しめられたのは寒さだった。体中震えながら、多くの夜々を藁布団の上で眠れずに過ごした。「死ぬかと思うほど、寒さに苦しめられた」(『ある魂の物語』)。ノルマンディーの荒々しい気候の中で、じめじめした廊下を歩き、氷のように冷たい小房にあって、今日も凍え、明日も凍え、冬中凍えるという思いが浮かばないわけにはいかなかった。だが、絶えず凍えているという彼女の嘆きを文字通りに受け取るだけでは十分ではない。隠された意味があるからだ。冷たく湿気の多い修道院での身体的な冷感は、愛なき環境に心が凍えていたことの表れと思われる。生来、ロシア的な優しさが備わっていたテレーズを取り巻いていたのが、そうした環境だった。温かな心や姉妹のような共感を得ることはできなかった。こうしたすべてのことが、修道院では意識的に避けられていた。修道女間の友情は望まれなかった。このため、修道院の無趣味な設備以上にひどい心の冷気が発生した。こうして、愛情深いと称される修道女の習い性となっていたのが、愛の欠如だった。隣人愛がなおざりにされた状況の中で、テレーズは消耗する。

人間にまつわるこのような経験以上にテレーズに耐えがたかったのは、修道院に入った後に経験した宗教心の枯渇だった。宗教心の昂揚の後には起こりがちなことだが、反動で、自分が遺棄された恐ろしい状態にあるのに気づく。彼女には突然、自分の使命がはかない「夢であり、妄想の産物」のように思われた。薄気味悪い予感に襲われ、足元の地面が沈み込むように感じて愕然とする。テレーズは暗闇の中に、一時的ではなく長い間、置き去りにされる。聖母の微笑が彼女に向けられることはなくなった。己自身とだけ共に在り、陰鬱な気分に身を任せた。「この世では、全く慰めを味わうことがないのが私の慰め」(『ある魂の物語』) という彼女の言葉は、そのころの事情を明かしている。

このような抑鬱的な体験が、どんなに厳しいものであったにせよ、決定的に重要なのはテレーズがそうした体験に対してとった態度である。人間にとってつねに重要なことは、自分が置かれた状況をどう生きるかである。テレーズは、修道院内では全く理解されなかったが、「無理解を嘆く女」を気取りはしなかった。そうした不毛な態度は、テレーズには無縁だった。彼女は運命に反抗したことはない。反抗的に振る舞うには、あまりに教会の娘であり過ぎた。どの点から見ても耐え難い状況を、彼女は神への登攀の天与の機会と捉え、その道を行く決意を固めたのである。実際、彼女が修道院入りしたのは、自らを犠牲にして魂に対し贖うためであった。「偉大な聖者になる」明らかな意志があった。かつて彼女がブリノ神父に、かの偉大なアヴィラのテレサのように、神を愛し聖者の道を歩みたいと言った時、神父は、身の程知らずの願いだと言って叱責した。だが彼女は、容易には否定できない偉大な存在への抑えがたい欲求を内に秘めていた。テレーズは聖性への激しい思いがあり、つねに聖化されることを熱望していた。自分が完徳の域にあるとは、全く感じていなかった。後に、人から「あなたは、本当に聖者だ」と言われた時、彼女は即座に答えている。「いいえ、私は聖者などではありません。聖者の行いをしたことは全くないのですから。主から重ねて恩寵をいただいているつまらぬ者にすぎません」(『幼いイエスのテレーズ――考えたこと、言ったこと』)。自分が聖者と思い上がることはなかったが、聖者になろうとはしていた。この努力が、この時から彼女の中心となった。テレーズによれば、聖性は恩寵であり、人間に贈られるもので、その基礎は神の召命にあり、己の評価ではなかった。しかし、労せずして得られるものではないので、求める努力が必要だった。テレーズは、聖性を目標に生きた数少ない人間の一人と言えよう。彼女が求めた聖性は、奇蹟を生じさせる類のものではなかった。テレーズは生存中に、一度も奇蹟を成就しなかった聖者に数えられる。彼女にとって聖化とは、内的な形成、それも神の意志に従った生の形成であり、それは完徳への絶えざる努力にまで及ぶものだった。彼女が不当な修道院長に少しも腹を立てなかったのは、こうした認識からである。むしろ修道院長の酷い仕打ちを神から与えられた、聖性に至る機会と捉えていた。修道院の困難な教育を、彼女は明確に計り知れない恩寵として感謝した。「修道院で私が、世の人びとが思うように、玩具のように扱われたとしたら、私はどうなったことだろう」(『ある魂の物語』)。こうした聖性への努力のゆえに、テレーズは軽蔑されることも歓迎した。認められることなく在ろうとした。「他者の眼からも、自分の眼からも隠れていなければならない」と彼女は書き、「ただ一つ望むに値する大事なことは、知られずにいること、何者でもないと見られるようにすること」(『ある魂の物語』)だと付け加えている。イエスがザアカイの家に泊まる話(ルカ19-1-7)について、彼女が特に強調している点は、この取税人が急いで樹から降りてこなければならなかった点である。それによると彼女は、イエスとの現実の出会いを、すべて絶えず下に降りることと解釈していた。彼女は、さまざまな物事から離脱する気持ちに捉えられていた。修道院の生活をより快適にするために、自由を求めるようなことは絶えてしなかった。例外を求める権利は、どのようなものも、彼女が達成しようとする神への登攀を不可能にするからだ。

聖性への途上で、彼女はさまざまな苦難を歓迎すべき機会と捉えていた。受苦の問題に対する態度から、テレーズが一般に言われているより、はるかに厳しい人間だったことが分かる。彼女は、ある厳しさを内に秘めており、最初の瞬間、それが意外というのに近い印象を与える。彼女の内では、犠牲を捧げる考えが大きな役割を演じていたため、受苦に引かれるものを感じていた。ほとんどすべての人間が苦を避けようとするが、テレーズは不平を言うことなく受け入れようと決意していた。酷く苦しめられ、ついには耐え難い苦しみを覚えない日は一日もなかったと語るほどだったが、そのような時でも苦しみを避けようとはしなかった。進んで苦を受け入れるこの類のない態度で、彼女はどのようなことにも耐えようとしたが、彼女のこうした態度は、現代人の眼にはこの上なく非近代的に映る。すでに幼児のころから、彼女は苦に耐えるように努め、頭痛、胃痛等々の小さな不快を笑って耐えようとした。心の中には、受難への燃えるような希求が生きていたのである。「私の心の動きは、前にもまして受難に向かっていた。私は受難に魅力を感じていた。この魅力は、はっきり分かっていたわけではないのに私を恍惚とさせた」（『ある魂の物語』）。受苦を渇望し、「殉教者となる恩寵を願いもした」。彼女に対して決められたことには無条件で従い、守らなかったというようなことは全く伝えられていない。彼女は、苦しみに満ちた運命と一つになるよう希求していた。この目標を強い心的能力で達成した。この事態を、「可愛いらしいテレーズちゃん」式のお涙ちょうだいの皮相な物語にしてはならない。

受苦を愛し進んで受け入れる努力により、彼女は英雄的で偉大な存在に高められ、疑いもなく神への登攀の途上にあった。テレーズの内部には、尋常でないものを望む豊かな素質があったが、彼女はそれを日常生活の中で失うことなく守りぬいた。むしろ、意識を失うまで苦しむ決意が目覚めていた。第二のヴェロニカのように、キリストの受苦を共有し、彼女の手巾《てぬぐい》にイエスの新たな像を刻印したのだ。このような、あらゆる受苦を進んで受け入れる飽くなき意欲の前に、人はしばしば言葉を失う。彼女の場合、不可解なことだが受苦が高まることで喜びに変る。「私は一つの喜びしか知りません。それは苦しむことです。感情のなかには無いその喜びは、あらゆる他の喜びを超えています」（『幼いイエスのテレジア——考えたこと、言ったこと』）。この受苦の喜びを、彼女は修道院内で仲間の修道女に巧みに隠すすべを心得ていた。つねに快活に振る舞い、上機嫌で冗談を言うかのような印象を与えていたからだ。病の日々の終わりころ、それとは知らぬ人から、あなたは苦労を知らずに過ごしてきたのでは、と問われ、微笑み返しながらこう答えた。「赤いきれいな液体の入ったグラスを指して、《このグラスを見てごらんなさい。貴重なリキュールだと思うでしょう。実際には、私が服用しているとても苦い薬なのです。これは私の生の象徴です。人の眼には、いつもこの上なく綺麗な澄んだ色に見えたことでしょう。あなたは、私がとても美味しいリキュールを飲んでいると思うでしょうが、これは苦い薬以外の何ものでもないのです。苦いと言いましたが、私にとって生は苦いものでは全くありませんでした。どんなに苦いものでも、私はそれから甘美な喜びを得ることができたからです》」(『ある魂の物語』)。

この発言は、テレーズの最も深い認識を示している。すなわち受苦を喜びに変換することである。この理解しがたい態度が彼女の最も本質的な秘密ということができる。テレーズは喜びを知っていたが、それは受苦から克ち取った喜びであり、彼女の到達した最高の境地を意味している。この瞬間にも、不意に神的な微笑が再び現れる。「私は多くの苦しみに遭い、不快なことに遭遇しても、微笑をもって受け入れ、哀しい顔をすることはなかった」(『ある魂の物語』)。

テレーズは、十字架を負っているような素振りは全く見せなかった。苦しみの中にあっても、人びとの記憶に残る微笑を忘れなかった。この微笑は、もとより彼女の前半生の微笑と同じ微笑ではない。受苦の試練を通過することにより、その真実性が証明された神的な微笑と呼んで差支えない。彼女の心は歌う心と言わねばなるまいが、この苦しみの中での微笑は、これを超える発展はもはや存在しない段階にある。この微笑は、東アジアの諸民族の微笑でもなければ、病的な要素を含むものでも全くない。この受苦能力にもとづく微笑は、あらゆる受難の神秘同様、受苦なくしては魂の昂揚もない聖者の内的世界から以外は理解できない。この関連から以外は、真の理解は得られないものなのだ。キリスト教的な知恵では、心によって己のものとされる苦難が、つねに神への最短の道とされてきた。この真理を体験することによって、テレーズは、あらゆる苦難を無条件で肯定するようになった。このためにも彼女は、究極の完成度に達した苦難の体験者の一人に数えなければならない。

苦しみが、聖性を求める人間の助けとなるには、人間は、愛ゆえに苦しみ、苦しみの中で愛さねばならない。テレーズの姿の最も美しい点は、限界を知らない愛の能力だが、これは苦難に対する彼女の態度と密接に関連している。彼女は、これを彼女の最良の詩の一つで歌っている。

私が愛する方に私は微笑を輝かせる、
私を試すため、あの方が隠れても、
私はあの方を待ち焦がれる、
夜の間、苦しみながらも、微笑みつつ。
それが、私の心を満たす天国。

マリアのように語ることができたこの聖女は、愛で心が、いわばはじけ散ってしまった。リルケには与えられることなく終わり、この詩人を内的に失血死させた契機が、彼女には与えられていた。すなわち、愛し得ることである。人は愛すること以外に、真に生きることができない。過半の人間は、この真理を束の間の愛欲体験としてしか知らない。だがテレーズは、神に対する愛を永続的な在り様と化した。もちろん、彼女は愛を、幻想に終わりがちな単なる感情と理解していたのではない。彼女にとって、「真の愛は、犠牲によって養われる」（『幼いイエスのテレジア——考えたこと、言ったこと』）ものであり、己の自我を完全に犠牲に供することでのみ、幻滅を体験することのない在り様となるものであった。愛は、人間が完徳に至る唯一の手段であり、この認識が、彼女の最も内奥の本質に通じる扉なのである。

テレーズが愛について語ったことは、すでにヘルフタの大聖ゲルトルート、ジェノヴァの聖カタリナ、パッツィの聖マリア・マグダレナ、その他の神秘家たちが語ったことに尽きている。だが、彼女は、その愛を自らの生を通じて新たな形で体現し、感動を与え、どのように絶えずより高い次元に登攀したかを示している。自伝の始めの頁で、彼女は神を讃え、神の意向により、愛の精神が彼女の小さな心に与えられたと記している。彼女の考えでは、「愛により、長い人生は正される」のだった。この考えに基づいて、彼女は日々の生活で愛を実践した。「隣人愛は、私の心の中にしみこみ、それと共に、つねに私自身を忘れる欲求が生まれた。それで、私は幸せになった」（『ある魂の物語』）。彼女は、隣人愛の掟を実現しようとした。だが、修道院のなかではこの掟に従うことが忘れられていた。この偉大な掟を、彼女は余すところなく理解しようと試み、ついに「真の愛は、隣人のあらゆる欠点や誤りに耐え、隣人の弱点をあげつらわず、隣人のほんの小さな善行をも喜ぶこと」にあると気づく。「だが、とくに私が学んだのは、隣人愛は心の中に閉じ込めておいてはいけない」（『ある魂の物語』）ということだった。隣人愛についてのこの言葉以上に深い印象を与えるのは、テレーズがそれを実現した仕方である。修道院には、誰からも好かれず、テレーズ自身も大嫌いな修道女がいた。だが、テレーズは、嫌悪感を抑えて、たいていの場合は、この嫌われ者の修道女の相手になった。乏しい自由時間を彼女のために使い、語り合い、魅力的な微笑を彼女に向けた。テレーズの周囲のだれも、肉親の修道女さえも、彼女の克己に気づかず、テレーズが、よりによって、この大きな顔をして愚にもつかぬことを喋り散らす修道女を好むように見えることに、訝しい思いを隠さなかった。

とはいえ、テレーズの愛は、とりわけ修道院入り以来、彼女にとって重要な存在となる一方だった神に対する愛だった。イエスによれば、最も高貴な掟である神への愛が、テレーズの場合には、まぎれもなく灼熱の焔となっていた。彼女は繰り返し述べているように、神を「愚かしいほど」愛していた。テレーズの神への愛は、限りがなく、文字通り彼女の心を奪い、忘我の境地に置くものだった。愛の意識は、次のように語るほどの高まりを見せている。「煉獄の炎のなかへ投げ込まれようとかまわない。私は、火の燃えさかる炉に投げ込まれた三人の若者（ダニエル書3－23）のように、炎のなかを歩き、愛の歌を歌うだろう」（『ある魂の物語』）。地獄の深みから、愛の行為によって神のもとへ浮かび上がれない意識に苦しめられた時には、思いがあふれて、こう言ってもいる。「苦しみと瀆神のこの場所へ、喜んで追放されましょう。そこにあっても、主を永遠に愛します」（同前）。こうした言葉の愚かしさは、彼女自身よく承知していたが、こう言ったからといって、天国へ行きたくないと言っているわけではない。どんなことがあっても神を愛する決意を述べているにすぎない。「愛し、愛され、この地上に再来することで、愛が愛されるよう努めること」（同前）を、彼女は自分の使命と見なしていた。神は、「とりわけ過剰なまでに」（同前）、したがって、これまで愛されたことがないほど、愛されねばならない。

こうしたテレーズの態度を、人は傲慢と見た。だが、そう見るのは誤解である。他の場合であれば、人間に課せられる最も重要な態度は、節度を守ることだが、神への愛の場合、とくにテレーズの場合だけは、明らかに無際限なことが決定的な試練だった。事実、彼女の場合、過剰なことが重要だった。愛の焔が、あらゆる制限を焼き尽くしている点が、テレーズの忘我の魂の最も卓越した点である。キリスト教は、尋常一様の道を歩めば、退屈なものに成り下がってしまうが、その神的な陶酔を想起すれば、その瞬間に最高の次元のものに高められる。テレーズの場合、キリスト教が再び灼熱的な形をとっており、「愛に捧げる程度に応じて、愛に焼き尽される」（『幼いイエスのテレーズ－考えたこと、言ったこと』）という彼女の主張が、当を得ているのはそのためだ。この修道女は詮ずるところ、「愛に死すことを愛する以外の、いかなる大きな希望も抱いていなかった」（『ある魂の物語』）。この愛に死すという不敵な渇望を抱いて、テレーズは、新たな歌を歌い始める。その歌は、すでにパウロがコリント人への第一の手紙の中で歌った愛の雅歌以外にはありえず、テレーズにあっては、それが新たな響きとなったのだ。テレーズが、「とうとう、私は私の使命を見出した！　私の使命は愛」（同前）と記したのも当然で、驕慢のそしりを受けるべきものではなかった。この言葉は、彼女の場合、事実に合致しているからだ。死の床にあって彼女は、幾度となく「愛に自らを捧げたことを後悔していない」（同前）という言葉を口にしている。このような充溢する愛が、人間相手に向けられることは、ほとんどありえなかった。その愛が彼岸の存在へ及ぶほかはなかったのは、永遠の存在以外には、この渇望に完全には応えられないからである。テレーズの姿からは、人間のキリスト教的な心を決定するのは愛の力以外にないことを改めて気付かされる。この愛の力は、神から与えられるものだが、人間が日々修得に努めるものでもあるのだ。

テレーズの場合、この灼熱の愛を解明するのに、彼女の本質を形成している教養の要素をたどってみても、ほとんど役には立たない。修道院入り以前の彼女の教養は、知識欲があったとはいえ、問題にはならない。テレーズがパリや伊太利を見聞したことは、すでに指摘されてはいる。だが、その見聞は、大した意味をもたない。とりわけ彼女は博物館を意識して避けており、しかも当時はようやく十四歳だったからである。いずれにしても、彼女はパリの芸術や文学の精神性については、何も理解してはいなかった。彼女の絵を見れば、印象派の絵画も見ていなかったことが分かる。テレーズの教養について言及に値するのは、修道院から得たものであり、それには幾人かの神秘家の著作が含まれている。宗教的な著作のなかでは、とりわけトマス・ア・ケンピスの『キリストに倣いて』を読むことを義務付けられ、暗記するまでになっていた。また二年間にわたって、きわめて熱心に十字架のヨハネの著作を読み続けた。ヨハネの著作を、テレーズが干天の慈雨のように感じたことは理解できる。他方、アヴィラのテレサの著作からは、それほど感銘は受けなかった。修道院の生活で、彼女が経験した意外な発見は、とりわけ聖書であり、彼女には、聖書が、次第に重要なものになり、最終的には唯一の書物となった。聖書の中でも、とくに福音書が、貴重に思われた。だが、「個々の翻訳の間の相違」に気付いてからは、その問題を追及できないことが、ひどく気になっていた。だが結局、書物も彼女にとっては邪魔なものになる。これは、「祈りの決まり文句が窮屈に感じられ、礼拝堂で常に信心書に目を向けていなければならないことも、彼女には煩わしいだけで、何の助けにもならなかった」(『隠された顔』)からだ。言葉なしで祈る彼女の立場から、彼女は、あらゆる教化的な書物や決まり文句の祈りは頭痛の種でしかないと言う。「ロザリオは、克己のさいに数を数えるのにしか使わない。これは、修道女仲間の一人のためだったが、その時には、私は煩わしい網の中に囚われていた」。と、彼女は書く(ラヴェイユ著『幼いイエスの聖テレーズ』一九二六)。

宗教的に創造的な人間として、テレーズは神との直接的な関係の中で生きていた。「私が教えられたのは、イエスただ独りからであり、どんな書物からも、どんな神学者からも教わったことはない」(『隠された顔』)。自伝の中で、「自分は神秘家では全くない」と述べてはいる。ある意味で、この言葉は正しい。幻視は、彼女の生のなかで僅かな部分を占めるにすぎないからだ。彼女の神秘主義的な部分を重視して、彼女の言葉を神秘主義の体系に押し込むようなことをすれば、誤った像を画くことになろう。とはいえ、神秘主義的傾向がテレーズに全く無かったわけではない。テレーズは忘我の愛を知っており、彼女自身の証言には、こうある。「死ぬに違いないと思うほど強い火のような光を浴びて、私は突然、傷を受けたように感じた。私は、このような状態を、どう記述すればよいのか分からない。この炎の威力をまざまざと描くことができるような比喩は存在しない。見えない力が私を炎の中へ投げ込んだように思えた。ああ、何という炎か、何という甘美さか」(『幼いイエスの聖テレーズ』)。宗教的に卓越したどの人間もそうだが、テレーズも神秘主義的素質を備えており、それなくしては、神への登攀は考えられない。このことは、すでに彼女の初聖体の話に現れている。「すでに長いこと、イエスと小さなテレーズは見つめ合い、理解しあっていた。……でも、この日の私たちの出会いは、互いに溶け合ってしまったので、もはや単純な見つめ合いではなかった。私たちは、もはや二人の別々の存在ではなくなっていた。テレーズは、大海のなかに水滴が姿を消すように、消えてしまっていた。そこには、イエスだけが残されていた」(『ある魂の物語』)。テレーズは、「イエスの抱擁を感じていた」(同前)。だが、彼女の特質の本質的な点は、忘我の境地にはない。実際、彼女自身、こう言っている。「己を現すことなく、その声を聞かせることとなく、イエスは、ひそかに私に教え給うた」(同前)。自伝は詳しいにもかかわらず、神との極めて内的なかかわりについては、用心深く沈黙を守っている。「私は、すべてを語ることはできないし、語るつもりもない。空気に触れた途端に、芳香を失ってしまう事柄がある。言葉に表せば、直ちに深い天国的な意味を失ってしまう考えや感情も存在する」(同前)からであった。

彼女の聖性の理想も、この抑制的な態度に相応しているが、その理想については、はっきりと表現している。彼女は、神への登攀を、瞠目すべき観照や途轍もない贖罪の業を通じて行うつもりはなかった。フランスのカルメル会修道院の厳しい規定によって、テレーズは、週に三回、他の修道女同様、わが身を鞭打ち、とげ付き十字架を素肌にかけたりはした。だが、肉体を痛めつける苦行は、彼女には重要ではなかった。そうした強引なやり方は、宗教的な傑物にこそ相応しいように彼女には思われ、自分は、小道を歩むように命じられていると感じていた。彼女は再び、前半生のころの願いである子供らしさを、より高い意味で実践した。日常の目立たない義務を忠実に果たすことに努め、その点で、彼女自身気付くことなしに、フランシスコ・サレジオのひそみに倣ったと言えるだろう。「崇高なことを考え、書物を書き、聖者伝を著したところで、呼びかけに愛をもって答えることの埋め合わせにはならない。私は呼びかけに答え、そのことから得られる平和を経験した」（『隠された顔』）のであった。大きなことを小さな称呼で隠す努力に、「リジューの秘密」が隠されている！　彼女には「小さなことの実行」が大事だった。自分が「神に小さなことしか捧げられない」取るに足りない人間であると感じていたからだ。このことを、テレーズは小さい道と呼び、この道が、きわめてありきたりの状況の只中で神的なことを実行する道だった。自分が行うすべてのことは、常人にも可能でなければならない。「それが、霊的な子供らしさの道であり、信頼と完全な献身の小径なのです。私は私の場合に役に立った小さな手段を彼等に示し、ただ一つのことを、すなわちイエスに小さな犠牲の花を散らし、愛によりイエスの心を得ることを勧めたい」（『ある魂の物語』）というのであった。小さなことを行うというテーマを、テレーズは、あらゆる可能な形に変化させようと試みた。「小さいままであることとは、小さいことが何ものでもないことを認識すること、すべてを神に期待し、誤りを過度に悔やまないことです。小さな子供は、しばしば転びますが、悲しみ過ぎるには小さ過ぎます。これは、さらに功徳を積んだり、不安になったりしないということでもあります」（『幼いイエスのテレーズ——考えたこと、言ったこと』）。この小さいという彼女の観念には、些事拘泥、狭量、せせこましさといった性格が全くない。小さなことを大仰に騒ぎ立てるというようなことでは、さらさらない。この小さいということには、さまざまな予想外の可能性が含まれている。例えば堕地獄の恐怖からの解放である。「堕地獄の恐怖は私にはない。地獄に堕ちるには、私は小さすぎ、取るに足りない存在です。幼児は地獄に堕ちることはないのです」（『幼いイエスのテレーズ――考えたこと、言ったこと』）。小さいという考え方には、宗教的な告白が含まれており、明らかに、彼女は「小さいテレーズ」と呼ばれることを望んでいた。だが思い違いしてはならない。彼女が教えたこの小さい道は、一見、小さく見えるだけで、きわめて大きい道と呼んでも、宗教的な手品のそしりを受けることはない。小さな犠牲を供する行為は、困難なことであり、きわめて困難とすら言え、それを果たすことは限りない努力を必要とする。当たり前のことを当たり前でない仕方で行うことは、誰にもできることではない。あまりにも多くの人間が、この小さな道を歩むことを断念している。この道は、中世的な平静な態度の別称だからである。この小さな道については、ヘルダーリンの言葉が当てはまる。「しばしば明らかになることは、最少の事象のなかに最大の事象が存在すること」なのだ。テレーズはこの小さな道の教えによって、ヒロイズムに目立たない衣をまとわせた新しい種類の聖性を発見した。彼女が切り拓いた新たな道は、近代の聖性に予想外の意味を与えることになった。テレーズが修道院内で長いこと誤解されていたのは、この霊的に子供として存在するというこの在り様が与っている。すべてが、彼女の場合、人に知られないように隠されており、表面に惑わされない眼をもつ者以外には気づかれなかったからである。彼女は修道院内では評価されず、そのことが、しばしば面と向かって口にされてもいた。ある修道女仲間が言うには、「何でテレーズ修道女のことで騒ぐのか、私には分からない。何も注目されるようなことをしていないし、彼女の善行を見たこともない。だから、彼女が実際に善い修道女とは到底言うことはできない」（『隠された顔』）というのであった。彼女の死の少し前には、ある修道女は、テレーズが死の床にある小房の開け放たれた窓の外で、こう言った。「この小さい修道女は愛らしくはあっても、何も取り立てて言うようなことはしなかった」(『ある魂の物語』)。また、別の修道女によれば、「テレーズ修道女は、間もなく亡くなるだろうが、修院長は死亡証明書に何が書けるだろう。当修道院に入り、生活し、亡くなったということ以外に書くことはないだろう」(『隠された顔』)と言うのであった。

修道院時代の全期間を通じて受けていた誤解から、テレーズがようやく抜け出したのは、彼女の最後の時期だった。そのころのテレーズは、不治の病が発病したうえに、きわめて困難な事柄を実証せねばならなかった。テレーズが実現したような法悦の境地に長期にわたって耐えることは、人間には難しい。神への燃えるような愛が、彼女の力を早期に燃え尽きさせた。この世は、彼女のような人間たちに向くようには造られておらず、彼らは世に少しばかり触れるだけで、姿を消す。テレーズは、つねに夭折する予感にあふれていた。死への強いあこがれが、彼女の内部に生きていた。夜々、喀血し、手巾を赤く染めるような段階に結核が進行したが、そのことを誰にも言わなかった。彼女は明らかな喜びに襲われたが、これは永遠の生命を得られる最初の兆候を、そこに見たからだった。長いこと、自分の健康状態の悪化を秘し続けた。「死という大きな掟」を独りで克服しようとした。暗い夜々に、孤独な床の中で、発熱しながら声を殺して喉の詰まりと闘い、翌朝には、そのような苦しみを少しも気づかせることがなかった。急激に進行する病に、修道院内の周囲の者たちが気付いたのは、あまりに遅すぎた。激しい悪寒に襲われ、歯をカチカチ言わせながら、すでに呼吸困難に陥った時になって、はじめて彼女は病床に伏す。だが、そうなっても、満足な看護は受けられなかった。酷い痛みが自殺の縁まで彼女を追い込み苦しめたが、鎮痛処置は取られなかった。この病気が、このような形で現れるのは見たことがないというのが、医師の見立てだった。間もなく、骨が皮膚を突き破って、多くの傷ができても、修院長は、最後まで鎮痛剤の使用は許さなかった。

だが、この肉体の酷い痛みも、なお彼女が耐えねばならなかった最も苦しい痛みではなかった。この痛み以上に彼女を苦しめたのは、この最後の数カ月に、なお経験せねばならなかった心的な痛みだった。テレーズは、またしても暗黒の中に包まれて、難しい試練にさらされる。「マロニエの樹の横の、何も見分けがつかない黒い箇所を見るがいい。……私の心も体も、あのような暗い場所にいる。おお、この暗闇よ！」（『幼いイエスの聖テレーズの生涯』）。暗い考えが夜の幽霊のように彼女を驚かせる。この世間を知らない、近代人の疑いとは無縁の少女テレーズは、神の否定は不可能と思ってきた。だが最終段階で、悪霊と闘うはめになった。信仰が基礎から揺らぎはじめる。ゲッセマネの夜が彼女の上に垂れこめる。十字架上のイエスの、神に見捨てられた体験を彼女も味わうことになったのだ。「どんなに恐ろしい考えが私を苦しめているかをあなたが知ったら」と、死の床で、テレーズはつぶやく。「神を否定する物質主義者の見せかけの理由が私の心に迫って来て」（『幼いイエスの聖テレーズの生涯』）、答えようがなくなった。恐ろしい論拠が心に浮かんでくる。それまでの生活は、あまりにも守られた状態だったので、そうしたことを話で聞いていても受け入れるには至らなかった。この試練は意表外のことだったので、肉親の修道女たちには理解できなかった。「私は、この体験を表現しようとしたができなかった！　この暗さを理解するには、この暗いトンネルを歩いてみなければならない」（『隠された顔』）と、テレーズは呻き、こう付け加える。「青い空を眺める時、私はこの世の空が美しいこと以外は考えなかった。別の空が、私には次第に見えなくなってしまった」（『幼子イエスの聖テレーズの生涯』）。神の沈黙は、彼女がめまいに襲われ、虚無の世界に転落するほどまでに彼女を苦しめた。病床で、霊的な虚無の極限的な苦しみを体験せねばならなかった。彼女の内部からは、恐るべき言葉が発せられる。「私の周りには悪魔が徘徊している。見えないけれども、それが感じられる。……悪魔は私を苦しめ、私を鉄の爪で押さえつけ、ほんの少し苦しみを軽くしようとしても、邪魔をする。悪魔は私の悪を助長し、私を絶望させようとする。……だから、私は祈ることができない」（『ある魂の物語』）。セラフィムのようなこの人物の魂にのしかかるこの不安は、神が聖者たちに報いとして安穏な死を贈ることがないしるしである。だが、この恐ろしい状態の只中でも、「口元には、つねに穏やかな微笑が浮かんでおり」（同前）、亡くなった日にも、部屋に入ってきた修道女たちに「魅力的な微笑」で挨拶した。

それは、これ以上不気味なことは想像できないほどの、ほとんど終りのない苦痛に満ちた死との闘いだった。テレーズの死と比較できる死を与えられた聖者は少ない。結核で息を詰まらせながら、彼女は苛酷な死との闘いを味わい尽くした。「慰めのかけらもない純粋の死の恐怖」と、彼女自身がつぶやいている。ほとんど二カ月の間、何を摂っても嘔吐し、もはや聖体も受け付けなかった。「秘蹟を受けることは大きな恵みであったことは疑いない。だが、神がそれを許されなければ、それもいい……すべては恩寵なのだから」（『隠された顔』）と、彼女は言い、すべては恩寵という最後の文章で、福音書の決定的な福音を印象的に要約している。テレーズは、長い苛酷な死の床で筆舌に尽くしがたい苦しみを味わった。頬はほてり、足は氷のように冷たく、全身汗まみれの姿で横たわり、ほとんど息もできない状態だった。小さな聖女が偉大になったこの無情な死の苦しみの中でより以上に、テレーズが著しく己を超越したことはなかった。驚くほど冷静に、この戦慄すべき死の過程に耐え、死を微笑によって光明化し、最後の瞬間まで微笑の態度に忠実だった。「いいでしょう、いいでしょう、苦しみは厭いません」（『ある魂の物語』）。この苦境にあって、なお、神に何を言いたいかという問いに対して、テレーズは、こう答える。「何も言いません。私は神を愛しています」。彼女が最後の最後の口にした言葉は、こうだった。

「おお……私は神を愛します……わが神よ、私は……あなたを……愛します！」（同前）。

この最後の苦痛の極限の瞬間に苦しい息の下から絞り出されたこの言葉で、修道女たちも、ようやく、彼女らの間に生きていたのが聖女だった事実に気づく。だが、それに気づいたのが、死の直前だったというのは、いかにも遅すぎた。死に近づいて初めて、テレーズは無名の存在から抜け出し、修道女仲間からも彼女の聖性が認められたのである。一八九七年九月三十日の夕刻、苦しみに満ちた日々の後、二十四歳のこの修道女の眼に、突如、彼女のあらゆる希望を上回る浄福感が浮かぶ。それから目が閉じられ、彼女の目標が達せられた。「死にさいして、彼女の顔には臨終の幸せが刻印され、優しい微笑が彼女の表情を明るくした」（『ある魂の物語』）。神的微笑が最後の言葉となり、彼女の永遠の顔に刻印された。

第四章

死は、人間に終りのない問いを突きつける。近代人には、死の問題が、それまで以上に心的な悩みの種となった。死の問題は、生に組み込めないからである。近代の人間は生に執着しているため、ヨブのように「年を取り、生に飽きて」死ぬ心境にはならない。死の運命に逆らい、死と折り合いがつけられない。トルストイのイヴァン・イリッチの問いに悩まされる。「私が死ぬと、どうなるのだろう。何も起こりはしないだろう。私が死ねば、どこに行くのだろう」。死後という永遠の問題でも、近代人は心が休まらない。死によって無に転落するという仮定は、死の意味の否定だから、感情的に受け入れられない。多くの場合、この見方は、あからさまには主張されず、婉曲に「分からない」という言葉で隠蔽される。だが、そうした態度は一時しのぎにすぎない。キリスト教的な天国という伝統的な観念は、近代の世界像によって破砕された。不死の希望も、自然科学により人間と動物の親近性が明らかにされ、言葉なき生き物の運命に思いを致すことで、同じように重い痛手をこうむることになった。これらの理由や、その他類似の理由から、近代人には死の問題が重くのしかかっている。

リジューのテレーズは、この死後の問題に、きわめて印象的に答えている。実際、永遠の生の問題は、病床で彼女が体験した重大な疑いの主要な内容だった。自分の不死の確信が、当時のテレーズからは失われていた。「さあさあ、喜んで死ぬがいい。死は、お前が望むものではなく、より深い夜を、虚無の夜をもたらすだろう」と、彼女はつぶやき、一度は、きわめてはっきりと「私は、もう永遠の生を信じない。この死すべき生の後には、もはや何も存在しない。すべては消えてしまい、もう残るのは愛だけだ」（『隠された顔』）と告白している。聖性に到達することだけを目指していた一人の修道女の口から出たこの言葉が、何を意味するか、ほとんど推し量ることはできない。この暗い状況を如実に想像できる者だけが、テレーズの最後の数カ月に耐えた苦悩を少しは理解できるだろう。だが、この暗黒の中でも、神への服従は変わらなかった。彼女が、きわめて重大な試練を切り抜けることができたのは、この揺るがぬ姿勢による。

どの聖者の場合もそうだが、テレーズの場合も、最も重視されるのは、思想表現ではなく存在自体である。彼女の使命は、不死の問題を宗教哲学的に考究することではなかった。その問題について、さまざまに想像力をめぐらせることもなければ、理論的に解明することもなかった。だが、テレーズは、苦痛に満ちた闘いの後に、実際的な性質の答えを得た。それが、死後の問題一般に対処できる唯一の意味深いやり方だった。修道女たちに、彼女は「天国から報いる」（『ある魂の物語』）ことを約束した。またテレーズは、きわめて明瞭に「天国での時は、地上で善いことをして過ごしたい」（同前）と述べていた。

自分の幸せを求めることはなかった。早い時期から天国を希求していたこの女性は、苦痛に満ちた最後の時に、死後、新たに愛の業を行うため地上に戻ることを望んでいた。テレーズ自身の言葉によれば、生の終りに、突如として自分の使命が、死後に初めて始まるという確信を得たという。この世では発言できなかったことを、彼岸の世界から人間に理解させるために、彼女は、死を希求した。修道女仲間の一人が、テレーズに天上から彼女たちを見下ろすのかと訊ねると、テレーズは、意外にも、いいえ、見下ろすのではなく地上へ降りて行きますと答えた。こうして最後に、彼女は、有名になった言葉を口にする。「死んでから、私は薔薇の雨を降らせます」(『ある魂の物語』)。昔の聖者の説話に見られるこの大胆な言葉によって、テレーズは、死後の生の問題に聖者のやり方で答え、死の問題をキリスト教的に照明し、死から生が生まれることを明らかにした。テレーズは生み続ける力を放射し、それによって死者の超感覚的実在を証明しようとした。現実のしるしが、死者の、眼に見えない現在に由来する場合にのみ、死者の現存が、論議の余地なく明らかになる。

詩人の言葉にあるように、普通の死者でも「それなりに善いことを行う」ことが多いのだから、聖者であれば、どれほどのことを行うのか。テレーズは、実際に薔薇の雨を降らせ、そのことが、この無名の修道女を、一躍、近時の教会史の最も著名な人物姿形の一人に変えた。だが、そのことはまた、彼女の自伝『ある魂の物語』が及ぼす見晴るかしがたい影響によるものでもあったのだ。テレーズは、この自伝を修道院長の命令に従って書いた。自分が求めて書くことは、彼女の考えでは謙譲の掟に背くことだったから、「自分自身については、何も書かないほうが謙譲」なのであった。自分自身を考察することには、何の価値もないと考えていた。命令を受けると彼女は、どんな女生徒も欲しがらないような粗末な紙に一気に書き上げ、訂正することもしなかった。最後の部分は、車椅子で苦痛を抑えながら一文一文、鉛筆で書き殴った。この自伝は、前もって計画もされず、書いた後で手を加えられることもなかった。最後に、この自伝について「私が述べ、そして書いたことは、すべて真実であることを、はっきりと感じる」（『隠された顔』）と記している。彼女の死後、これらの紙葉は、はじめカルメル会の修道女のために印刷に付された。だが、それが感激の嵐を巻き起こす。後には一般にも公開され、『ある魂の物語』は、世界のほとんどすべての言葉に翻訳され、数百万部が出版された。このことが納得できるのは、この書物には、テレーズ自らの証言を通じて彼女の全魂が注ぎ込まれているからである。宗教的な素質に恵まれた読者は、この自伝に読みふけり、内心の躍動を抑えられまい。その散文を読むと、両手で炎をすくうような感じを受ける。この書物は、例えようもない使命感に満たされており、通常、宗教書などには手を出さない人びとさえ読者に加えている。テレーズは、「フランスの小さな魂」（petite soeur de France）となり、その魂は、この自伝を通じて後世の人びとをも神的微笑で幸せにした。確かに、テレーズの薔薇の雨は豊かに降り注ぎ、おそらく、この行文にも薫り高い薔薇の花が降り注がれたことだろう。

訳者あとがきと解題

本書は、ヴァルター・ニックの『偉大な聖者たち』《Grosse Heilige》（一九四七、アルテミス社刊）の翻訳である。翻訳の底本には、一九六二年第七版を使用した。

本書はまた、二十世紀前半に始まる新たな聖者伝の道を拓いた代表的な著作で、戦後間もなく出版されて以来、各国語に訳されて版を重ね、発行部数が二百万部を超え、宗派を問わず、現在まで多くの人びとに読み継がれてきた聖者伝の基本文献である。

著者ヴァルター・ニック（一九〇三―一九八八）は、ツヴィングリ系の改革派の牧師で、二十世紀を代表する聖者伝作者（Hagiograph）として知られるスイスの教会史家。だが、単なる聖者伝作者ではない。このことは、彼が聖者を否定したプロテスタントの牧師であることから見ても既に明らかであり、この聖者伝が狭い範囲の信者向けの教化的な従来の聖者伝でないことは、一般人を含む多くの人びとに読まれていることからも推測できる。本書はまた、二十世紀の宗教的な書物の中で最も重要な書物の一冊に数えられており、聖者ないしは聖者伝を語る場合はもとより、西欧近代の精神史を語る場合にも、逸することのできない著作と言ってよい。

彼の聖者伝の根底には、近代西欧の《世俗化》状況、聖性を欠く人文主義化状況に対する切迫した危機意識があり、この危機意識には、当然のことながら、近代西欧文明批判が内包されている。本書が多くの読者を獲得している理由の一つもそこにある。

著者は、スイスのゲルザウで改革派の家庭に生まれた。その後移り住んだカトリックの町ルツェルンで、家族は異端者として白眼視される。十二歳で父親を自殺で失い、二年後に母親をガンで失った。孤児となった彼は、預けられた親類にカトリックへの改宗を強要され、家出をする。ある時、チューリヒのYMCAでエードゥアルト・トゥルナイゼン（一八八八―一九七四）との出会いを通じて、ヘルマン・クッター（一八六三―一九三一）やカール・バルト（一八八六―一九六八）と知り合う。クッターからは、宗教に対する基本的な在り様の上で大きな影響を受け、生涯、師父とした。バルトとは危機意識は共有していたが、彼の神学は、クッター同様、拒否している。以前の状態への逆戻り（Repristination）だというのであった。ゴトフリート・アルノルト、ゲルハルト・テルステーゲンの影響を受け、彼らの精神的系譜に立ち、表面的な信仰や公的教会の誤りに対する批判精神を生涯失うことなく、アウトサイダーとして偏見の無い超教派的立場を貫いた。名誉教授としてチューリヒ大学で教会史を講じたこともある。

本書でニックは、後述するように聖書の「唯一の妥当な注釈」である聖者たち、「聖書を生きた聖者たち」の姿を甦らせている。選ばれているのは、西欧キリスト教の十一名の聖者たち。これ等の聖者が実現している聖性や宗教的要因を示し、それらの意味を明らかにしている。その主なものは、世俗的には無知・無能な人間に恵まれる神的な知、所有を含めて現世的なもの一切の放棄、すなわち貧・禁欲・自己否定・自己卑下、悪魔ないし悪霊の存在の非現実的な現実と、悪魔の誘惑との闘い、幻視・幻聴・脱魂の形而上学的な意味、動物に対する憐れみと交感などである。これらは、世俗化の結果、近代西欧から失われ、現代人に再考が求められている要因にほかならない。聖者たちが、神への愛と隣人愛という二つの主要な掟を共に実現していることも、強調されている。

ニックはアウグスティヌス、トマス・アクイナス、ビンゲンのヒルデガルト、ベネディクトら著名な聖者たちについても書いているが、本書ではどちらかと言えば無名の、世俗的な価値からは遠い《無学》、《無知》、《無能》の痴れ者、つまり「キリストが要求する鳩のような単純さ」で、ひたすら神の声を聴き、神の意志を実行した聖者が多く選ばれている。この無知は、福音書の言う単純さと、ほとんど同じものであり、恩寵や神的な知との間には、後述するゲレスも言うように、深いかかわりがあることに注意をうながす。とりわけ、ジャンヌ、フリューエのニークラウス、ジェノヴァのカタリナは、世俗的には全くの無知、無教養であり、コペルティーノのジュセッペ、アルスの司祭ヴィアンネにいたっては、それに加えて日常生活では全くの無能であった。彼らの在り様は「これらのことを賢き者、聡き者に隠し、幼児に顕し給えり」（マタイ11－15）を想起させる。

フランシスコも痴れ者として生きたが、彼の場合は、ヴィアンネやジュセッペの場合のように生得の痴れ者というより、「世に痴れ者として在る」召命を受け、「愚か者のように振舞うことで、原キリスト教の最も深い秘密の一つを再生させていた」（本書）のだろう。そこには、世俗学的な知、科学的な知、つまりは最終的な知ではない本来不完全で、部分的な人知のみを力とし、《知識人》であることを一面的に評価する近・現代社会に対する根源的な批判が秘められている。

さらに、キリスト教に対する異論の一つに、動物に対する姿勢がある。キリスト教は、現世的には人間中心主義であり、動物は人間のためにと主張するかのような見方が流布しており、表層のキリスト教には、そのように傲慢な面があったのは事実だが、聖者や詩人の精神世界には、そうした差別は存在しないことを筆者は明らかにする。アッシジのフランシスコ、ジェノヴァのカタリナ、コペルティーノのジュセッペ、テルステーゲン、リマのローザらの聖者たちは、動物との心の通交を実現していた。ドロステ－ヒュルスホフ、レーナウ、ル・フォール、ラインホルト・シュナイダー、フランシス・ジャムらの詩人たちにも、動物や魚や植物に対する限りない共苦と愛情の思いが認められる。こうした点からも、流布しているキリスト教と聖者や詩人たちのキリスト教との間には、明らかな相違がある。ジェノヴァのカタリナが語るように「愛は、身分の高低を問わず人間、動物一切を包含している」（本書）と。

フランシスコの動物との交歓は知られているが、その本質は何なのか。ニックは、自然とのフランシスコの関係の根は、「彼自身を何らかの被造物の上に位置づけることを禁じた彼の卑下の精神」にあり、フランシスコにより「…動物との間の誤った分離が是正されると同時に、キリスト教が何世紀もゆるがせにしてきたことが取り戻された」（本書）のだと言う。

さらに、「フランシスコの場合、救世主の国での動物との関係が示唆されることで、何かが先取りされている。〈服従させ、支配せよ〉という言葉に誘惑され、とりわけ近代に人間が自然に対し加えてきた野蛮な暴力が、全被造物に対する愛にあふれる責任を感じたアッシジの貧者の限りない献身に道を譲った」のであり、このため、「動物との全く新たな接触が生じ、動物たちが、彼の玄妙な神的力に引き付けられた」（本書）のであった。

また、聖者たちが喜びのキリスト教、平和なキリスト教を体現している点も明らかにされる。キリスト教と言えば、マニ教に感染しやすく、陰鬱で、攻撃的な宗教というのが、日本での一般的な印象であり、事実、キリスト教ほど、否定面を暴きやすい宗教はないほどである。西欧キリスト教の歴史を紐解けば、血なまぐさい出来事に事欠かず、異端審問、魔女裁判、聖バルテルミの虐殺等々、血にまみれた事件が続出し、近世に至っては、対立する教派が相争い、政治がらみで数十年にもわたる戦争まで引き起こし、土地や民を疲弊させている。植民地主義に加担し、先住民を抑圧し、大きな犠牲を強いるなどして現代に至っている。

だがニックは、聖者の生が、そうした否定面を持つキリスト教とは全く異なるキリスト教を具現していること、とりわけ、アッシジのフランシスコ、ジェノヴァのカタリナ、コペルティーノのジュセッペ、フランシスコ・サレジオ、ゲルハルト・テルステーゲンらは、本来的な平和な宗教、喜びの宗教としてのキリスト教の本質を体現していること、とくに、フリューエのニークラウスは、ブルゴーニュ戦争後のスイスの現実の政治の中で、相争う州間の和平を実現したこと、スイスの永世中立の精神的な源がニークラウスにあることを明らかにしている。

また、コペルティーノのジュセッペの隣人愛が、異端者やトルコ人（イスラム教徒）にも及んでいることは、聖者の隣人愛が本物である何よりもの証左となると。ジュセッペの愛は、先ず第一に神に向けられていたが、隣人愛の掟がないがしろにされることは全くなく、隣人愛は神への愛と等置されていた。そして信者にも非信者にも、善人にも、罪びとにも、異端者にも、トルコ人にも、同じように向けられていた。「彼らすべてがイエスの血により救われるから」（本書、傍点訳者）であった。

ニックの聖者伝には、このようにキリスト教への批判に対する答えや、近、現代文明に対する様ざまな批判を含んだ聖者たちの生が、きわめてアクチュアルな視点で浮き彫りにされている。

ヴァルター・ニックとその聖者伝の現代的な意義

西欧精神史の主な流れの一つは啓示の解釈の歴史だが、近代には、この歴史が、啓示の宗教的解釈の歴史から人文主義的解釈の歴史に変わる。その内実は、人文主義とキリスト教の相克の歴史であり、とりわけ啓蒙主義以降、人文主義優位の、つまりは《世俗化》の流れが主流となった。この相克の歴史は西欧近代の精神史の中核をなすテーマだが、日本では、この視点からの論考はほとんど見られず、むしろ自由主義またはマルキシズムの系統に立つものがほとんどである。

知られているように、この世俗化の歴史の過程で、キリスト教は合理主義的に解釈され、キリストの神性やキリスト教の超越性が否定され、十九世紀には、「神の死」まで云々されるようになり、《聖性からの疎外》状況が生まれ、当然のことながら、聖性を体現した聖者の存在も希薄化し、『キリスト教的エートスの崩壊』(シュタインビュヒェル)が言われる事態ともなった。

世俗化の過程は、とりもなおさず、いわゆる近代化の過程であり、大きく見れば、宗教的世界から人文主義的世界への、死後の救いを求める世界から現世の幸福を求める世界への、西欧の人間の生のあらゆる分野を包含する大きな転換の過程であり、この転換に当たって、さまざまな宗教的な価値が、現世的な価値に置換され、聖者たちが体現していた貧、禁欲、自己否定などの価値も、富、欲望の充足、自己主張など、現世的な価値に取って代わられた。

世俗化にはいくつもの局面があり、それぞれの局面で歴史を左右する転換が行われた。宗教哲学が神学にとって代わり、民族や国家の歴史などの世俗史が超越的な救済史に取って代わったのが、その一例だが、救いなどの宗教的主題を美的形式で扱うことも、その転換の一つだった。この転換は、西欧近代文化の、とりわけ芸術の分野で大きな成果を生み出しはしたが、宗教的・歴史的には深刻な負の遺産を残しもした。ニックは、ヘルダーが、諸民族の歴史に置き換えた救済史を、再び世俗史に結び付けようとしたとも言える。西欧の救済史観、終末論は、彼の『永遠の国』（一九五四）に論究されている。

本書のフランシスコ・サレジオの章で著者は、キリスト教にとって、人文主義が、「真理を芸術的に表現する」傾向によって、自然科学に劣らぬ脅威となったことを指摘し、サレジオが、この問題を、アンリ・ブレモンの言う「信仰厚きユマニスム」という人文主義とキリスト教の宥和の形で解決したことを明らかにしている。だが、これもサレジオが聖性を体現していたから可能だったことであった。

ドイツ語圏では、プロテスタント、カトリックいずれの世界でも、古典主義以降、宗教的主題を人文主義化し、問題を美的形式で表現したり、宗教を美的形式に代替させる方向が現れ、サレジオに見られるような真正な宗教性を損なうことのない宥和的な形は稀にしか生まれなかった。主流となったのは、聖性の人文主義化ないしは人文主義の聖化の形であり、この流れは、ドイツ語圏の近代文化に豊かな成果をもたらしはしたが、ニックが危惧したように、「最終的には信仰を空洞化」し、疑似宗教を生む結果となった。

ヴァーグナーの舞台神聖祝典劇『パルジファル』が、その典型である。ヴァーグナーの芸術の両価性は、つとにアドルノが『ヴァーグナーのアクチュアリティ』の中で「悪の表現による告発」として指摘している。だが歴史は、このような両価性には耐えられない。その緊張関係は崩れ、悪の容認へと転回する。ヒトラーがヴァーグナーに心酔したのが、それを象徴している。そこには、宗教と近代芸術の関係の問題性、聖性の人文主義化の問題性が、同時に露わになっている。救いの判定を芸術に求めるのは、芸術に対する過剰な要求であり、そこには、ドイツ観念論に見られる知性の傲りと同工異曲の美の傲りが看て取れ、聖者の自己否定を捨てた人文主義の末路が示唆されている。

ニックは、こういった文学や絵画や音楽の、聖性からの疎外状況に対しても、『永遠なるものの画家』（グリューネヴァルト、グレコ、レンブラント、ゴッホ、ルオー、コルヴィッツ、バルラハ、アルトヘル、フリース他）や『詩への巡礼』（ドロステ－ヒュルスホフ、ゴトヘルフ、ゴーゴリ）と題する著作や、個々の作家論（マリー・ノエル、ジョゼ・オラブエナ、ジョルジュ・ベルナノス、ジュリアン・グリーン、レオン・ブロワ、ニコライ・レスコフ、ドストエフスキー、ラインホルト・シュナイダー）を通じて、聖性にもとづく芸術表現を可能にした画家や作家を語ることにより、芸術の分野での聖性回復をも志向している。本書に収められている十字架のヨハネについては、彼の原体験が詩的であり、彼が《聖なる器》である真の意味の宗教詩人であることを明らかにしている。

ちなみに、ニック自身も、人文主義とプロテスタンティズムの稀に見る調和を実現していると言えるだろう。彼の聖者伝では、人間的に繊細かつ暖かな詩人的共感によって聖者の生が捉えられる一方、神と直接に通交する聖者の超越的な苛酷な面が一瞬たりとも忘れられることがないからだ。

聖者に対する関心の喪失は、基本的には、西欧近代の世俗化の大きな転換の流れのためだが、直接的には、カトリックの聖者伝による紋切り型の聖者像、聖者崇拝の習慣化、形骸化が影響している。だが、それ以上に、プロテスタントによる聖者ないしは聖者崇拝の否定が大きく影響している。聖者崇拝の否定は、「二十世紀初頭に教会一致の動きが始まるまでは、両教派を区別する最も目に付きやすい特徴の一つ」（『聖者および聖者崇拝事典』、執筆者ゲルハルト・ルートヴィヒ・ミュラー）であった。聖者崇拝を、最も明確に否定したのは、ほかでもないニック自身の属する改革派の教会であり、そのニックが聖者再生の最も根源的な主唱者となったことの含意は、きわめて大きい。

彼の聖者伝は、超越的聖性を失った無制限の人文主義化状況、それによる聖者不在の状況への極めて緊迫した危機意識と切り離すことはできない。この危機意識は、聖者を否定し、神秘主義を排除したことでプロテスタンティズムが「貧困化」したことへの彼の痛切な思いに裏付けられている。

聖者の不在が、なぜ問題なのか。キリスト教の最も核心的な要素のひとつ、聖書の言葉を体現する証が失われ、西欧の人間の、ひいては人類の現実の一つの極限的な生きた範例、超越的な基準、眼に見える実例が失われたことを意味するからである。揺らぐことのない拠り所を失った現代人の根無し草状況を見れば、事態が危機的なことは誰の眼にも明らかだろう。聖性から疎外された人文主義が、なぜ問題なのか。人間的なものの尊重は不可欠だが、人間の不完全で部分的な知性の無際限の展開、禁欲を欠く人文主義は、必ず傲りを生み、逆に人間性を侵蝕する。すでに終末を迎えた近代が、それを証明している。今もなお人間の知性が無制限に、たとえば科学技術に投入されている。だが、科学技術は中立ではなく、本質的に両価的であることを肝に銘じるべきだろう。

失われた聖者を復活させるにあたって、ニックは、新たな聖者伝を提唱する。従来の聖者伝の叙法では、新たに聖者を捉えることはできないからである。従来の聖者伝に対する彼の批判の一つは、聖者の人間的な欠点を不問に付す点だった。聖者の「欠点を黙して語らないのは、聖者伝作者の偏見であるだけでなく、われわれが神の使者と親しく交わるのを阻害することでもある。……聖者の影の部分を見過ごせば、彼らの真正の光の部分をも奪うことになる」（ニック『聖者と詩人』一九八二）。

新たに提起した聖者伝の叙法の原則を、彼は「宗教的リアリズム」と呼ぶ。これは、いわば聖者の現実をありのままに記述する方法だが、同時に、聖者の「現実に神的な契機を見る」(同前)方法でもあった。聖者は、美化する必要がない。ニックの新しい聖者伝には、通常の聖者伝に付きものの在り来たりの賛美調が皆無なのは、聖者の真実に迫るこの「宗教的リアリズム」による。コペルティーノのジュセッペやアルスの司祭の現実生活での無能ぶりが、有りのままに語られるが、同時に、そのことが神的な契機と密接に関連していることが指摘されている。

彼の新たな聖者伝の提起にさいして、当時、ニックの共闘者と目されていたカトリックの聖者伝作者イーダ・フリーデリケ・ゲレスも、同じような観点から、従来の聖者像を批判している。そこには、聖者の聖性を、聖者の優れた《素質》や意志力や倫理的努力の開花として説明するペラギウス主義の傾向が認められると言い、この聖者像には、人間を変える神の神秘的な恩寵の働く余地が、わずかしか残されていないこと、「現実に、恩寵が下されるのは、しばしば、……素質に恵まれない人間である」ことに注意を促し、さらに、聖者が、「挫折、過ちの繰り返し、脱線をともなう長い闘いの果てに完徳を闘い取れるのは、恩寵による」ことを指摘している(《ナイチンゲールは聖女か》、ゲレス『聖者の世界より』一九五五、所収)。

聖者を語るには、通常の伝記とは異なる聖者伝(Hagiographie)と呼ばれる特別なジャンルがある。これは、聖者伝には、世俗的な通常の伝記とは異なり、超越的な次元が介入するからである。「聖者の生は、実際には、普通の伝記形式では語れない。別の法則に支配されているからだ。単なる文筆家的な基準では、聖者たちの神秘に満ちた存在形式には歯が立たない」(本書の《テルステーゲン》の章)。

ニックは、彼の新たな聖者伝のジャンル上の特徴を後に「聖者の形而上学」(『模範的な人間』一九七〇)

という言葉で表している。この特徴は、第一の原則「宗教的なリアリズム」と内的につながるものだが、ニックの聖者伝を、世俗学的な聖者伝から分かつ重要な特徴となっている。

聖者の伝記は、二十世紀初頭から、世俗諸学、とくに精神分析学を含む心理学、歴史学、文化人類学その他の観点から書かれるようになったが、それらの伝記では、聖者の生とは切り離せない超越性、神秘性などの宗教的な要因が考慮されないことがある。事実、ノルベルト・オーラーは、その社会史的な著作『チューリンゲンのエリーザベト』（一九八四）では、エリーザベトの見神には立ち入らないと断っている。また、トーマス・マンが高く評価した精神分析学者ブッセ－ウィルソン女史の著書『聖エリーザベトの生涯』（一九三一）を、ニックが、「優れた人間理解にもかかわらず」、最終的には聖者像の破壊に終わっていると評するのも、「聖者の形而上学」の観点による。したがって彼の聖者伝は、西欧近代文明の崩壊にともない二十世紀前半に現れ始めた自然科学をも巻き込む《形而上学の復活》の精神史的な動き（ヘートヴィヒ・コンラート－マルティウス『自然科学的－形而上学的視角』一九四六、ペーター・ヴスト『形而上学の復活』一九二〇参照）に対応するものでもある

ニックの聖者伝の重要な主張内容のひとつは、啓蒙主義以来の、宗教の主知主義化、合理主義化に対して、柔らかな心の思考の系譜を復活させることであった。プロテスタントの聖者として、本書に加えられたゲルハルト・テルステーゲンは、この心の思考の体現者にほかならない。概念的な神学をニックが忌避するのは、一つには、この心による思考を阻害するからである。ニックの聖者伝自体も、この心による思考に則っている。ちなみに、ニックは、アシジのフランシスコについても「心による思考」を指摘している。アヴィラのテレサの『自叙伝』もその優れた一例であり、本書にも詳説されている。こ

の自叙伝は、エーディト・シュタインが、たまたま訪れた親しい女友達の哲学者コンラート－マルティウスの家の図書室で偶然手にし、夜を徹して読みふけり、深い感銘を受け、ユダヤ教からカトリックに改宗する機縁となった書物としても知られている。

ニックの場合、心による思考の再確認は、さらに、プロテスタンティズムが排除した神秘主義の再生にもつながっている。フランシスコについては、「すべてが、彼特有のキリスト教神秘主義から生まれ出ている」と言い、貧者フランシスコは、神秘主義を弁じはしなかったが、「まざまざと神秘主義が現前するような直接的な形で神秘主義を生き…」（本書）、彼の全存在が神秘主義そのものであったことを指摘している。神秘主義は、ニック自身の精神的な基盤のひとつであり、彼が大著『秘められた知恵－十六世紀から十九世紀の神秘家たち』（一九七五）のなかで、ルター以降のプロテスタントの神秘主義の系譜を掘り起こしているのは、そのためであり、ニックが求める聖者の再生は、いわば、プロテスタントの神秘主義の再生でもあったのだ。

ニックの新しい聖者伝の内容面の特徴の一つは、信者のみでなく、広く一般の人間が読むに耐えるものになっている点である。これは、彼が広く東西のキリスト教精神史の二千余年にわたる伝統の中に聖者を位置づけているだけではなく、それぞれの聖者を、西欧の文学史、音楽史、美術史、思想史を含む西欧、東欧、ロシアのキリスト教精神史全体への広く、深い理解にもとづいて、それぞれの領域からの引用によって、対照的に聖者像を照らし出していることによる。ニックが深い影響を受けた、テルステーゲンの著作『聖なる魂の生の記録選』を、バッハのロ短調ミサ曲に比しているのが、その一例である。

加えて、聖者を語る彼の文体が、概念的専門用語をほとんど用いないエッセイ形式で貫かれていることとも、広く読まれている理由のひとつと言えるだろう。また彼は、マルティン・ブーバーの説話から神体験の物語的（narrativ）な叙法を示唆されたとも言われている。

一方、彼の叙法は、直截に宗教的な本質に迫るもので、伝記的記述や出来事の記述も、本質的な事柄を表すのに最低限必要なことに限られている。彼は、つねに直截に中心から語る。彼の聖者伝が、ほとんどが数十頁から百頁前後なのはそのためだ。

また、彼が、聖者を語るその語り方は、きわめて細心であり、肖像画の修復師が、長い年月の間に積もり積もった埃を払い、変色した色を注意深く復元して元の姿を再現するように、それぞれの聖者の本質的な原像を浮き出させる。そのさいのニックの眼の働き、手の動きは、きわめて繊細かつ鋭敏で、どのような微細な違いも見逃さず、取りこぼさない。それぞれの聖者の本質的特徴そのものを、全く先入見なしに探り出し、キリスト教精神史のなかでの各聖者の位置を、さまざまな方向から見定め、その過程で、それぞれの聖者に対するそれまでの謬見、過去の聖者伝の捉え方、聖者に対する世人の偏見が批判され、否定され、正されてゆく。本書では、ニックの後の著作に見られるような直接的な批判は極力抑えられているが、そのようにして造形された聖者の姿は、いっさいの粉飾が除かれた聖者そのものの姿であると同時に、新たな観点からの生まれ変わった聖者の姿でもある。聖者伝が踏まえるべき基礎を置いたといっても過言ではないだろう。本書が、二十世紀の最重要な宗教書の一冊に数えられているのも、故なしとしない。

ニックは、聖性の人文主義化に対する危機意識を、カール・バルトと共有していたが、彼が選んだのは、神学論議の屋上に屋を架すことではなく、聖者の実存を現前させることであった。ニックは、いわばバルトが神学分野で成し遂げたことを、新たな聖者伝によって成し遂げたと言うこともできる。人文主義化への共通の批判意識にもかかわらず、ニックがバルトの神学だけでなく、神学全般を拒否するのは、「神学論争は、すべて際限のない論議」に陥るからであり、霊性の働きは、決して知性の働きと同じではない（《ブルームハルト》、ニック『隠れた輝き』一九七二所収）からであった。

ニックが重視するのは、聖書の言葉を生きることであって、聖書を解釈することではなかった。「私たちに課せられているのは、実存であって、神学ではない。私は何ら神学者に反対するものではない。彼らに神の恵みあれ！　だが、彼らが今日述べることは、専門の学問であり、知性の修練であって、道を指し示し力を与えることではない」（ニック『範例的な生』一九七四）と言う。また、「福音書の唯一の妥当な注釈」は聖者たちなのであり、「重要なことは、釈義家が聖書についてどう語っているかではなく、聖者が聖書をどのように体現しているか」（同前、傍点訳者）であるとも語っている。

プロテスタンティズムの原則の一つに《聖書のみ》の主張がある。この原則は、後代に大きな影響を及ぼし、近代における聖者の存在基盤の崩壊にかかわることにもなった。聖書のみとは、本来、聖伝や聖者による仲介を排除し、神の、聖書の啓示を直接に受け取り、啓示ないしは言葉の実現を一義的とする事柄のはずだが、これが、聖書を生きることよりも、むしろ、聖書を読むことを主眼とする方向に発展し、聖書の言葉の批判的詮索、解釈の道を拓き、聖書や宗教が言葉の次元の、学問次元の問題となり、聖書学や神学や宗教哲学の発展を助長する結果となった。聖書の言葉の批判的検証は、信仰の近代化には不可避であり、貴重な成果をもたらしはしたものの、学が進展するにつれて専門化し、自己目的的となり、啓示の主知主義的な解釈に関心が集中し、結果として、より重要な宗教本来の要請である啓示ないしは聖性の受肉化、実現、ひいては聖者の誕生が阻害され、《聖性からの疎外》状況が進展することになった。

啓示との間に、人間の傲慢な知性による解釈を介在させる事態になったのは、当初の意図とは明らかに矛盾している。ニックが危機的と認識したのは、プロテスタンティズムが、例外はあるにせよ、このように主知主義に陥り、言葉の受肉への志向を失ったことであった。ニックの聖者伝の意図は、言葉を生きた聖者の姿を再び現前させることにあった。

聖者が実現している宗教的価値として重要なのは、貧の要求である。貧の要求は、キリスト教に限らず、どの真正な宗教にも共通して見られるものだが、所有を神聖視する現代人に、所有の否定、宗教的な貧、聖なる貧とどうかかわるかという問題を突きつける。西欧世界では、唯物主義的な世俗化の結果、宗教的な貧が、一面的に物質的な窮乏に解釈換えされ、克服されるべき経済的な惨めさとなった。経済的な惨めさは克服されるべきだが、そのことで宗教的な貧、所有の放棄の要求が見逃されたことは大きな誤りだった。

三十数年前、西ドイツの大統領選挙で、ヴァイツゼッカーの対立候補として緑の党から立候補した非伝統的カトリックの女流作家ルイーゼ・リンザーは、聖フランシスコについて、こう指摘している。「彼は所有を拒否することにより、発生しつつあった資本主義を拒否した。すなわち、人間の思考が貨幣に束縛され、人間の共同生活が、貨幣経済の循環に、財産の有無に、財産所有の意欲に、物的資産の維持と保全に還元されることを拒否した」(『《キリスト教文学》の現況』)というのである。政治の場に、聖者の本質を知る人物が登場する事態は注目に値する。事実、緑の哲学には「所有ではなく存在を」という標語が見られたことは記憶に新しい。

欲望の最大限の充足を目指す資本主義の弊害は、すでに明らかだが、聖者の禁欲は、これに対する極限的な抵抗と言えるだろう。フランシスコの禁欲について、ニックは指摘する。「禁欲なきフランシスコは、もはやフランシスコではない。……禁欲は、彼の姿を美化して誤用する傾向から、彼を守っているとも言える。浮わついた態度でフランシスコと戯れようとして彼に近づく者は、招かれざる客であり、厳しい禁欲に跳ね返されるだろう」（本書）と。

さらに聖者が実現している自我の断念、自己否定、自己卑下は、いわば内的な放棄、内的な貧の実践であり、外的な貧、財の放棄に対応する。聖者の極限的な自己放棄は、自己卑下にまで達し、軽蔑される存在になるまで己を貶めようとした。こうした聖書そのものを実践した中世的な自己否定、自己卑下は、たとえば聖エリーザベトに見られるように、侮蔑されることを喜びとする意識や、ロシア正教に見られる「まともな人間であることを恥じる」（アンドレーエフ、フェードール・シュテプーン『ボルシェヴィズムとキリスト教的実存』一九五九）意識にまで高まる。この極限的に己を低くする意識は、近代に至り、逆に、その反動として、過剰な人文主義を覚醒させたが、自己否定や同罪意識を否定した人文主義は、必然的に傲りのとりこになり、破滅的な結果を招くことになった。

フランシスコに限らず西欧キリスト教の聖者の《貧》は、たとえば《清貧》といった小綺麗な小市民的イメージでは到底言い表せない。ニックは、世人から「狂人」と見られたフランシスコの「異様さ」に注意を促し、安易な気分で近づける存在ではないことを警告している。事実、フランシスコは「汚れており、臭くもあった」（ゲレス『神の乞食－フランシスコ解釈試論』一九五九）。とくに、フランシスコが生きた貧しさは、伝統的な修道士の貧しさではなく、「必要なもの、不可欠のものまで放棄する極限的な貧」（同前）だった。この貧を可能にしたのは、貧との神秘的な「婚姻」（傍点訳者）であり、主知的な解釈を超えていることを、ニックは明らかにしている。

また、長い断食のために肉の落ちたフリューエのニークラウスの顔貌は、「荒々しい不気味さを秘め」、人を慄然とさせた。ある者は「〈はじめて彼を目にしたとき、ギクリとし、実際に総毛立ち、声も出なかった〉という」（本書）。いずれにせよ、聖者の極限的な現実は、われわれ常人の想像を絶している。

聖者が闘う重要な相手のひとつとして、ニックは悪魔、ないしは悪霊を挙げている。悪魔は、近代世界では迷妄視され、現代ではオカルト的な興味の対象に転落しているが、ニックの悪魔についての論議は、オカルティズムにも合理主義にも堕していない。悪魔ないしは悪魔の誘惑は、宗教世界、つまりは存在世界では現実の問題であり、ちなみにニックには、悪魔を主題にした著書（『悪魔とその下僕』一九八三）があり、そこにはテーオドール・ヘッカーの言葉が引用されている。「歴史は、悪魔と悪魔の働きなしでは説明できない」。エジプトの聖アントニウスの「悪魔は、われわれが心中に抱く思いに応じた幻像として現れる」という言葉をニックは重視しているが、これは、近代主義者が考えるように、悪魔が心理現象だということではない。「悪魔は、現実であると同時に非現実と解釈せねばならず、暗示はできるが、説明はできない」と、ニックは言い、この見方はドストエフスキーにも見られ、これが悪魔の存在論だと言う。本書では、とくにアルスの司祭とニークラウスの場合に、悪魔の介入が語られる。その『病（父ブルームハルトにも、ゴトリービン・ディトゥスという女性に憑いた悪魔を祓った体験がある。その『病誌』が刊行されているが、ブルトマンは、これに嫌悪を覚えたと言い、ニックは、それに対して、神学者は、この種の体験を語る言葉を知らないと評している）。

人文主義的な作家は悪魔を戯画化ないしは無害化して描くことが多いが、宗教的な作家は、とくにドストエフスキー、ベルナノス、ジュリアン・グリーンらは、ニックの言葉通り、悪魔との出会いを体験し、悪魔との対話を通じて、悪魔の諸相を真剣に究明している（『悪霊』やベルナノスの『悪魔の陽のもとに』に記述されている悪魔との長大な対話は、悪魔を考える上で参考になるだろう）。

ところで、ニックが聖者と呼ぶのは、カトリック教会が公式に列聖した聖者だけではない。彼は、カトリック教会が聖者の誕生の貴重な土壌であり、聖者を認定する教会の機関が必要であることを認めながら、それが不十分であることも認めている。ニックは、公式には列聖されていない聖者を発掘し、彼らの宗教的本質を、つまりは聖性を注意深く探り出しながら、聖者の列に加える。そして、彼らを《列聖されない聖者》（unkanonisierte Heilige）と呼ぶ。

聖者崇拝を否定したにもかかわらず、プロテスタンティズムにも聖者が生まれたのは、聖者は、本来、否定不可能な存在だということだろう。彼は、プロテスタントの聖者と言える存在として、テルステーゲンのほかに、オーバリーン、父ブルームハルト、ペスタロツィ、ナイティンゲール、ボーデルシュヴィングらの名を挙げ、別の著書で、それぞれ一章をささげている。

彼が語るどの聖者も、どの思想家も、どの詩人も、それぞれの宗派に生きながら、根源にある一つのキリスト教を生きる存在、《分かたれざるキリスト教徒》（ungeteilte Christenheit）（ニックは同名の双書十六巻をヴィルヘルム・シャモニと共同で監修している）にほかならない。あるいはむしろ、彼らが、そのような存在であることをニックは探り出す。つまり、彼が聖者に見る極めて重要な本質的在り様は、あらゆる宗派の分裂、抗争にも関わらず、深いところで分裂不可能なキリスト教を生きているという点である。

教会一致への貢献が大きいとされるが、彼が目指したのは、分裂した教会の一致というよりは、聖者を代表とする根源的に超宗派的なキリスト教徒の伝統の掘り起こしと言ったほうがよい。このことは、「聖なる一つの教会（Una Sancta）は、苦労して設立する必要はない。目に見えない形で既に常在していたからだ」（『巡礼の回帰』一九五四）という彼の言葉からも、はっきりとうかがわれる。この点でも、彼は、テルステーゲン、ゴトフリート・アルノルト、コペルティィーノのジュセッペらの精神を受け継いでいる。

テルステーゲンは、讃美歌の作詞者として知られた存在だが、彼に聖者を見たのはニックが最初である。プロテスタントでありながら、その著書『聖なる魂の生の記録選』（一七八五）のなかで、カトリックの聖者たちの在り様を肯定的に叙述したゲルハルト・テルステーゲンについて、ニックは、この著作が「カトリシズムの最良の要素が未だ生き生きと隠されている福音派の意識の稀有の記録」（本書）であるとして、そこには「カトリシズムとプロテスタンティズムの内的関連の感情が生きている」（本書）ことを明らかにしている。ニックの指摘によれば、この著作によって、「福音派のキリスト教徒は、はじめてジェノバのカタリナ、フォリーニョのアンジェラ、パッツィのマグダレーナ、グレゴリウス・ロペス、アヴィラのテレサその他多くの聖なる魂たちに親しむことが可能になった」（本書）という。

ニックは、また、テルステーゲンが超宗派的であり、福音の宣べ伝えを統一しようとは努めなかったこと、統一しようとすれば、神の多様性を無視した画一的な宗教性に終わるほかはないと述べたことを指摘している。

この見方は、旧来のカトリックの枠には収まりきらない現代のカトリック作家、さきに引用したルイーゼ・リンザーの見方にも通じている。彼女は言う。「一つの宗教が完全な真理を有しているようなことは決してないだろう。神は、あらゆる宗教に自己を顕し給うたのである。しかしながら、各宗教は互いに異なっており、基本的には、どの宗教も同じだということではない。……それというのは、こうした《複数》の状態に、私たちが神と呼ぶものの秘義の無限定の性格が現われているからである。私は、数十年にわたり東洋の宗教や哲学に接するという道を経て、キリスト教を、よりよく理解し、評価することを知ったのだった」（『誰と語る』一九八〇）。多にして一の在り様はキリスト教にとどまるものではない。世界の真正の宗教すべてとの関連でも言えることだろう。

教会の一致は、今日でこそ、分裂した教派の間でも意識され、時代のモードになり、相互の敵視も薄れて、協働作業も進んでいるが、二十世紀初頭には、宗教学者のフリードリヒ・ハイラーを共同設立者とする《聖なる一つの教会》（Una Sancta）運動を主唱したパロティ会司祭マックス・ヨーゼフ・メッツガーら一部で意識され始めていたに過ぎなかった（ちなみに、一九二八年に出された教皇ピオ十一世の回勅は、この運動を誤れる融和神学として参加を禁じている）。

ニックの本書は、まだまだ対立意識の生きていた戦争直後に出版されている。しかも、最も明確に聖者崇拝を否定した改革派の牧師であり教会史家であったニックが聖者伝を書くこと自体、きわめて異例のことであった。これが可能だったのは、彼に、《分かたれざるキリスト教徒》の存在、「眼に見えない教会」、「隠れたキリスト教」、「聖なる一つの教会」に対する明確な認識があり、聖者にその証しを見るきわめて強い意志があったからだが、同時に、彼自身が、プロテスタンティズムの精神をいささかも曲げることなく、教派を超えて分かたれざるキリスト教徒の伝統を生きていたからにほかならない。分裂したものを再統一することが極めて困難なこと、改革が分派を生みがちなことを、ニックは熟知していた。彼が取った道は、すでに分裂した教会の一致を声高に叫んだり、改革を呼びかけたりするより、はるかに根源的かつ肯定的な道だった。宗派間の抗争や神学上の主張の対立にもかかわらず、キリスト教精神史の底流には《分かたれざるキリスト教徒》の伝統が脈々と流れており、対立の次元より遥かに深いところに、争いを知らない聖なる宥和の世界が実存次元で存在すること、それが、聖者のキリスト教の世界なのであった。

超教派の在り様は聖者のみに見られるのではなく、詩人たちにも見ることができる。ニックは、彼がドイツ最大の宗教詩人と評価するカトリックの女性詩人アネッテ・フォン・ドロステ・ヒュルスホフに、そのような在り様を見出している〔『詩への巡礼』〕。また、超宗派性は、プロテスタントからカトリックへ改宗した女性詩人ゲルトルート・ル・フォールにも見出すことができる。

また、ニックの遺稿となった『フリードリヒ・シュペー――イエズス会士、魔女妄想と闘う』（一九九一）のアントン・アレンスによる序文の冒頭には、次のニックの言葉が引用されている。「学生時代から、私はシュペーを感激の思いを抱いて胸の内に秘めてきた。シュペーは、私が教派的な先入見から解放されるのを大いに助けてくれた。彼は、私にとって生涯の伴侶だった」。

ニックが、いわばカトリシズムのなかにプロテスタンティズムを見出したとすれば、カトリックの聖者伝作者、イーダ・フリーデリケ・ゲレスも、ピエティズムのなかに原カトリシズムの諸要素が「底流として流れ込んでいる」ことを指摘している。

ゲレスは、ニックの本書が出版された年の翌年、一九四八年の五月、ヴァルター・ディルクスとオイゲン・コーゴンが編集するカトリック左派の雑誌《フランクフルター・ヘフテ》誌に掲載された本書の書評『教会の聖者たちについて』と題するエッセイの中で、ニックの、それぞれの聖者の本質を突いた把握を、いち早く高く評価し、「真正のキリスト教的価値を、近似する倫理的価値や外見的に類似するにすぎない価値と区別する能力を証していることが、本書の優れた点の一つ」と述べている。後にニックは、その著書『聖者と詩人』（一九八二）の中に、ゲレスを語る一章を設け、彼女が前記の書評で高く評価してくれたおかげで、オランダでは司教団により禁書とされた本書がドイツで認められる道が拓かれたと述べ、彼女が厳格なカトリックの立場を保ちながら、他教派や他宗教に深い理解を示していた点を指摘している。彼女は、当時、新たな聖者伝を提唱する上で、教派を超えてニックの《共闘者》と目されていたが、残念なことに、彼女の名は、今ではほとんど忘れられているという。

ちなみに、彼女は旧姓クーデンホーフェ、青山光子とオーストリアの貴族クーデンホーフェとの間に生まれた女性で、カール・ムートの創設した《ホーホラント》誌を中心に、二十世紀初頭から中葉にかけて活動したカトリックの著述家の一人である。聖伝作者、エッセイストとして知られ、主著『隠された顔――リジューのテレーズについての習作』（一九四九）は、名著とされ、ニックはこの著作を新しい聖者伝への転回点として高く評価し、本書にも引用している。

現世での聖者の在り様の重要な一面は、抵抗者としての一面である。ニックは各聖者の場合に、そのことを折に触れて語っている。聖者は、世俗の歴史のなかで、世俗的価値や倫理に対する絶対的ないしは極限的抵抗者として現れるだけではく、時の教会に対する抵抗者として現れることもある。

教会は、一面では、神の意志による毀損されることのない永遠の超歴史的存在だが、他面では、時代の影響を受け、世俗の論理や権力を行使し、世俗の価値観に屈服し、しばしば罪を犯しもすれば堕落もする世界内的、歴史内的な存在でもある。この両面を切り離すことはできない。

聖者は宗教改革者のように、教会に反旗を翻すことはない。改革者は別の教派、別の教会を生む可能性があるが、聖者は、あくまで一つの、分裂不可能な教会を生きる。そのために、己を断念する。この犠牲が無ければ、教会は果てしなく細分化し、単なる世俗集団や教説になり果てることだろう。ベルナノスが、「教会が必要とするのは、聖者であって改革者ではない」と言うのは、その意味である。

アッシジのフランシスコは、この文脈でも典型的な聖者と言える。フランシスコは、「山上の垂訓の不可解な知恵」（本書）により最終的には己を断念し、教会に従った。ニックは、フランシスコのその面を的確に抉り出している。ニックは言う。「フランシスコは、キリスト教の歴史に見られる偉大な無防禦の人間であり、一切の自己主張を放棄した人間である。この一切の防禦の断念は、弱さとは全く別のものである。この屈服を無意味と見るか否かで、フランシスコの魂を真に理解できるか否かが決まる。なぜなら、修道会の不幸な歩みに、このように屈服することによって、フランシスコは、彼の最大の聖性を明らかにしたからである。この瞬間以上に、彼が聖者であったことはない。フランシスコは、起こったことを正しいとは思わなかったが、教会の指示に従った。とはいえ、それを了解したわけではなかった。教皇の指示に己を断念して服した姿勢は、解明不能な深さまで達した聖者の真正な姿勢である。この姿勢は、外的な反抗に要求される勇気以上の内的な力を必要とする。まさに、この服従の姿勢に、真に宗教的な偉大さが存在する」（本書）と。そして、フリードリヒ・ハイラーの言葉が引用される。「不完全な罪深い教会当局に謙譲かつ無私の姿勢で服従したことにより、アッシジの貧者には、ローマ教会内で、世界を支配するイノケンティウス三世の権威より高い権威が与えられた」（『アッシジの聖フランシスコと《聖なる一つの教会》としてのカトリック教会』一九二六）。

またニックは、ナチス政府に対する反逆罪に問われ、絞首刑に処せられたイエズス会司祭アルフレート・デルプについて、信仰のゆえに処刑された抵抗者の代表として選んでいる（『光輪なき聖者』一九七八）。デルプ神父は獄中の手記『死に直面して』の中で、「群集的人間、集産主義、独裁制の成立に教会が寄与したことについて、後世の誠実な文化史並びに精神史は苦い数章を書かねばならないだろう」と記している。事実、カトリック教会は、中央党がヒトラー・ドイツの独裁制の法的基礎である授権法（カール・シュミットは、この法律を第三帝国の「暫定憲法」と呼んだ）の成立に議会で賛成したことに加えて、ヴァチカンが各国に先駆けてヒトラー政府を承認し、政教条約を結んだことで、ヒトラーの信用を結果的に高めもしている。

また、教会は、反共の立場からヒトラーの対ソ戦に協力し、司教が回勅で信者に戦争協力を要請し、従軍司教ラルコフスキーらが戦意を掻き立てるなか、オーストリアの農民フランツ・イェーガシュテタ一や既出のパロティ会司祭マックス・ヨーゼフ・メッツガーらは、ヒトラーの対ソ戦争を明確に侵略戦争と認識し、徴兵を拒否し、斬首刑に処せられている。精神史家フリードリヒ・ヘーァは、イェーガシュテターについて、「この素朴な農民は、自分が命をかけて愛した教会が、ヒトラーの勝利に歴史的な共同責任を負っていることを、はっきり認識していた」（『アードルフ・ヒトラーの信仰』一九六三）と記している。ちなみに、この二人は列福されている。これらの例からも、教会に対する聖者の一つの位置が明らかになる。彼らの行為は、世俗の独裁政権への抵抗であると同時に、そのような政府を承認した教会への抵抗でもあった点は見逃せない。

現代社会は、基本的に病んでいる。人間や事物に関して、どのように見えるかで判断され、どのように在るかで判断されない。末梢的な事柄に関心が集中し、本質的な点が問われない。ニックが明らかにしているのは、本質的な生以外を生きることのない聖者の姿である。聖者の生は、超越的な存在との通交なしには有りえず、この通交のゆえに究極的な基準となり、地上の生の極限的な抵抗形式となることができる。その点で、非西欧の人間に対しても、一つの基準を提供している。学問の進展により知識は、ますます豊富になり、知識が豊富になるにつれて、好事家まがいの知識を満載した聖者伝も現れるだろうが、本質的な要素を欠けば、単なる興味本位の読み物に終わるだけだろう。ニックの論考は、基本的にキリスト教徒を対象にしているが、非キリスト教徒にも無関係な記述ではない。真正な宗教であれば、仏教であれ、キリスト教であれ、イスラム教であれ、ユダヤ教であれ、ヒンズー教であれ、聖性の極限的な体現者の生は、由来は特殊であっても、あまねく人間に妥当する可能性を秘めているからだ。

追記

原本には、引用された原典や文献の引用頁についての詳細な注がほどこされているが省略した。エッセイ形式は、本来、注を必要としないからである。必要な引用原典名、文献名、最低限必要な訳注のみを本文中にカッコに入れて注記した。

末尾ながら、本書の出版に尽力してくださった天使館の林幹雄氏に心からお礼を申し上げたい。

訳者紹介

石井　良（いしい　りょう）

1931年東京生まれ。上智大学文学部ドイツ文学科卒。
専攻　キリスト教精神史としてのドイツ精神史。

訳書：
T.W.アドルノ『ヴァーグナーのアクチュアリティ』（上、中、下）（音楽之友社刊《音楽芸術》誌に連載。後に青土社刊《音楽の手帖》のヴァーグナー特集号に一部転載）。
S.フリートレンダー『抵抗のアウトサイダー、クルト・ゲルシュタイン』（1971、産業行動研究所）。
R.シュタイナー『神秘的事実としてのキリスト教と古代密儀』（1981、人智学出版社）。
G.ヴェーア『ユングとシュタイナー』（共訳）（1982、人智学出版社）。
G.ザーン『孤独な証者　フランツ・イェーガーシュテターの生と死』（1964）、（訳編を谷沢書房刊《状況と主体》誌に連載）。
リュトケ＆ディネ共編『西ドイツ、緑の党とは何か』（共訳）（1983、石井による長文の解説付き、人智学出版社）。
W.ハイト編『エコロジー・ヒューマニズム、成長妄想からの決別』（共訳）（1984、石井による解説付き、人智学出版社）。
J.オースタハメル『植民地主義とは何か、その歴史・形態・思想』（2005、論創社）。

エッセイ：
『ヒットラー・ドイツにおけるカトリシズムの抵抗の問題』（雑誌《状況と主体》92号に掲載）。
『もう一つのヨーロッパ』（ドイツのカトリック作家ルイーゼ・リンザーへのインタヴューについての論考）、（雑誌《第三の道》6号に掲載）。

偉大な聖者たち

2018年10月10日　初版第1刷発行

著　者　ヴァルター・ニック
訳　者　石井　良
発行者　澤畑吉和
発行所　株式会社 春秋社
〒101-0021
東京都千代田区外神田 2-18-6
電話　03-3255-9611
振替　00180-6-24861
http://www.shunjusha.co.jp/

印刷所　株式会社 丸井工文社
製本所　ナショナル製本協同組合
装　幀　Malpu Design
（清水良洋＋陳湘婷）

ISBN-978-4-393-33365-5
定価はカバー等に表示してあります